REVISTA TRIMESTRAL DE DIREITO PÚBLICO

15/1996

MALHEIROS EDITORES

Revista Trimestral de Direito Público

Órgão do

INSTITUTO GERALDO ATALIBA —
IDEPE — INSTITUTO INTERNACIONAL
DE DIREITO PÚBLICO E EMPRESARIAL

INSTITUTO DE DIREITO ADMINISTRATIVO PAULISTA
IDAP

REVISTA TRIMESTRAL
DE DIREITO PÚBLICO
publicação trimestral de
MALHEIROS EDITORES LTDA.
Rua Paes de Araújo, 29, cj. 171
CEP 04531-940
São Paulo, SP - Brasil - Tel. 822-9205
Fax: 829-2495

Assinaturas e comercialização:
CATAVENTO DISTRIBUIDORA DE
LIVROS S.A.
Rua Conselheiro Ramalho, 928
CEP 01325-000
São Paulo, SP - Brasil - Tel. 289-0811
Fax: 251-3756

Diretor Responsável: Álvaro Malheiros
Diretora: Suzana Fleury Malheiros
Supervisão Gráfica: Vânia Lúcia Amato

Composição: PC Editorial Ltda.
Impressão: Gráfica e Editora FCA
(Fundação de Ciências Aplicadas)

SUMÁRIO

HOMENAGEM A GERALDO ATALIBA
Roque Antonio Carrazza 9

DOUTRINA

O PRINCÍPIO DA IRRETROATIVIDADE DA LEI TRIBUTÁRIA
Carlos Mário da Silva Velloso 13
DIREITO ADMINISTRATIVO PARTICIPATIVO
Caio Tácito 24
SIGNIFICAÇÃO DO PRINCÍPIO DA ISONOMIA NA CONSTITUIÇÃO DE 1988
José Souto Maior Borges 29
ESTADO DE DIREITO E DEVIDO PROCESSO LEGAL
Lucia Valle Figueiredo 35
O DIREITO À LIBERDADE EM FACE DA PRISÃO PROVISÓRIA NO REGIME CONSTITUCIONAL DE 1988
Sérgio de Andréa Ferreira 45
CONTRATOS ENTRE ÓRGÃOS E ENTIDADES PÚBLICAS
Marçal Justen Filho 74
AÇÃO AFIRMATIVA – O CONTEÚDO DEMOCRÁTICO DO PRINCÍPIO DA IGUALDADE JURÍDICA
Cármen Lúcia Antunes Rocha 85
A DEMOCRACIA E SUAS DIFICULDADES CONTEMPORÂNEAS
Celso Antônio Bandeira de Mello 100
CONCEITO DE SERVIÇO PÚBLICO
Adílson Abreu Dallari 112
A COMPENSAÇÃO DE CRÉDITOS NO ICMS E NO IPI – TRANSFERÊNCIA DE CRÉDITOS DO ICMS COM DESÁGIO – O PRINCÍPIO DA NÃO-CUMULATIVIDADE – REFLEXOS NO IMPOSTO DE RENDA
Sacha Calmon Navarro Coêlho e *Misabel de Abreu Machado Derzi* 118
O REGIME CONSTITUCIONAL DOS PROVENTOS DA APOSENTADORIA DO SERVIDOR PÚBLICO EFETIVO
Carlos Ayres Britto 130
DIREITO E JUSTIÇA: UM COMPROMISSO (breves anotações)
Sergio Ferraz 147
OS JUIZADOS ESPECIAIS E OS MEIOS PARA SUA AGILIDADE
Michel Temer e *Johann Homonnai Júnior* 154
OS CONCEITOS DE REAJUSTE, REVISÃO E CORREÇÃO MONETÁRIA DE PREÇOS NOS CONTRATOS ADMINISTRATIVOS
Antônio Carlos Cintra do Amaral 163

OMISSÃO DE RENDIMENTOS PRESUMIDOS
Arnaldo Malheiros Filho 167

PARECERES

ORÇAMENTO ESTIMATIVO: INTERPRETAÇÃO DO § 2º, II, DO ART. 40 DA LEI N. 8.666/93
Eros Roberto Grau 180

A EFICÁCIA CONSTITUCIONAL E O ATO JURÍDICO PERFEITO
Valmir Pontes Filho 186

ISONOMIA – OFENSA AO PRINCÍPIO – CONTRIBUIÇÃO SOCIAL SOBRE O LUCRO – INSTITUIÇÕES FINANCEIRAS
J. A. Lima Gonçalves 192

SERVIÇO PÚBLICO: INTRIBUTABILIDADE POR MEIO DE IMPOSTO – SERVIÇOS DE TRANSPORTE AÉREO E ICMS
Aires F. Barreto 205

GERALDO ATALIBA

GERALDO ATALIBA

O presente volume da *Revista Trimestral de Direito Público* é um preito de homenagem e saudade ao eminente prof. GERALDO ATALIBA. Ninguém mais do que ele seria merecedor desta lembrança. Com efeito, este jurista notável foi o idealizador, o criador e o permanente organizador, primeiramente, da *Revista de Direito Público* – que, iniciada em 1967, perdurou até o número 100 (1991) – e, ao depois, da publicação que a sucedeu: esta *Revista Trimestral de Direito Público*; uma e outra sempre sob o competente comando editorial do velho amigo Álvaro Malheiros.

Figurei, desde o primeiro instante, ao lado de GERALDO ATALIBA como diretor destas *Revistas*. Isto, entretanto, por um generoso desejo dele, já que nelas não tive senão a mais insignificante das participações, puramente ancilar e tantas vezes omissa. Faço este registro para encarecer que a contribuição trazida por estas publicações ao direito brasileiro, por congregar estudos de juristas de todos os recantos do País, assim como de mestres do exterior, concorrendo para divulgação de tais trabalhos em proveito da comunidade jurídica nacional, por justiça, deve ser toda ela creditada ao homenageado. A partir do número 5 da *RTDP* incorporou-se, também, à sua direção, o prof. Adílson Dallari, mas somente depois do infausto passamento de GERALDO ATALIBA é que nos vimos, ambos, efetivamente, a braços com os encargos correspondentes.

É desnecessário encarecer os méritos excepcionais de tão notável publicista. Sua obra preciosa, como publicista de escol, que versou com invejável proficiência o direito constitucional, o tributário e o administrativo, segue sendo um fanal, um paradigma de rigor científico e um hino à democracia, reverenciada em si mesma ou no princípio que lhe serve de proteção, o da legalidade. Continua viva, e assim se manterá nas obras de seus colegas, de seus discípulos, e nas dos discípulos de seus discípulos, que são legião.

A ele, portanto, tributam saudosa e sincera homenagem todos os que escreveram neste número, os editores da *Revista* e seus diretores, em cujos nomes faço esta nota.

CELSO ANTÔNIO

HOMENAGEM A GERALDO ATALIBA*

ROQUE ANTONIO CARRAZZA
Professor Titular da Cadeira de Direito Tributário da Faculdade de Direito da Pontifícia Universidade Católica de São Paulo

O Egrégio Conselho Departamental e os formandos da Faculdade de Direito da Pontifícia Universidade Católica de São Paulo incumbiram-me de, nesta sessão solene, prestar uma homenagem ao inesquecível e querido mestre, o Professor Geraldo Ataliba, recentemente falecido.

Saibam todos que aceitei esta incumbência, com um misto de orgulho e de receio. De orgulho, por poder falar em nome não só de juristas consagrados, como de uma nova geração de bacharéis, que, muito em breve estará pontificando na cátedra, nos Tribunais, no serviço público. E de receio, diante da grande responsabilidade de ter que traçar o retrato de Geraldo Ataliba. Espero cumprir a contento a missão que generosamente me confiaram.

Anima-me o fato de ter conhecido muito bem o pranteado mestre e, por isso, ter podido apreciar de perto suas múltiplas qualidades. Deveras, fui seu aluno, nos cursos de bacharelado, mestrado e doutorado, galguei, sob sua orientação, todos os degraus da carreira universitária e acabei por sucedê-lo na Cátedra. Mas, acima de tudo, fui seu admirador e amigo.

Mãos à obra, pois.

Recentemente li num livro:

"Já repararam na diferença que existe entre o barro e a rocha? O barro, qualquer chuva dilui, qualquer enxurrada carrega. A rocha, porém, enfrenta a tempestade, levanta-se como um baluarte diante das ondas agitadas e, passada a tormenta, emerge vitoriosa, mais brilhante do que nunca. Assim são os homens, fracos ou fortes, como o barro ou a rocha".

Os primeiros, resvalam para o mais cômodo, substituem o melhor pelo mais fácil, ficam à mercê das opiniões alheias, deslizam pela vertente dos sentimentalismos e acabam jogados em qualquer valeta da vida. São barro.

Os outros, fiéis a seus princípios, não perdem a identidade ao enfrentarem situações adversas: as turbulências da vida mais e mais os agigantam. São rocha.

É a esta última classe de homens que pertenceu Geraldo Ataliba.

Como se sabe, o homem revela-se por suas obras. E a obra de Geraldo Ataliba garante-lhe a imortalidade.

* Discurso proferido, em 16.3.96, em São Paulo, no Auditório Anhembi, na Sessão Solene de Colação de Grau da Turma de 1995, da Faculdade de Direito da PUC/SP.

Trabalhador incansável, ainda que sem as aflições da pressa, soube empregar generosamente o tempo e, por esse motivo, tornou-se dono de uma obra admirável, que inclui doze livros (alguns, como o seu monumental *Hipótese de Incidência Tributária*, traduzidos para vários idiomas). Deixou, ainda, centenas de artigos e pareceres, publicados nas mais prestigiosas revistas jurídicas do País e do exterior.

Geraldo Ataliba foi, também, um conferencista brilhante, que percorreu – pode-se dizer – todos os grandes centros culturais da América Latina, além de ter ministrado cursos na Espanha, na Itália, na França, em Portugal e nos Estados Unidos. Participou, igualmente, de múltiplos simpósios e congressos jurídicos, sempre elevando o nome do Brasil.

Professor titular, por concurso, da PUC/SP e da USP, foi um dos grandes protagonistas da maior das aventuras humanas: a de pensar.

Mas Geraldo Ataliba foi, além de tudo, um homem de caráter, de posições definidas, que, pela força irradiante de suas qualidades, era por todos respeitado (até por aqueles que, eventualmente, não compartilhavam de suas idéias).

Homens como ele são raros. Com efeito, Geraldo Ataliba estava entre os que não desertam, entre os que não renunciam, entre os que não capitulam, entre os que não se mascaram, entre os que não se degradam.

Geraldo Ataliba estava, enfim, com a verdade. Com a verdade que liberta, segundo a palavra eterna de Cristo. E porque estava com a verdade, não se importava, se alguma vez, corria o risco de ficar só.

Por isso tudo, o dia 15 de novembro de 1995 foi um dia particularmente triste para o mundo jurídico nacional. Neste dia – em que comemorávamos mais um aniversário da Proclamação da República – faleceu Geraldo Ataliba.

O melhor, o mais talentoso, o mais criativo dos juristas brasileiros da atualidade.

Generoso com os amigos, homem permanentemente preocupado com a coisa pública, tinha lances de verdadeira genialidade.

Nunca conheci alguém capaz de, como ele, levantar um auditório (e sempre de improviso). Nunca conheci alguém com tanta capacidade de escrever um artigo, um prefácio, um arrazoado forense, um parecer.

Conta-se que, certa feita, uma mulher da alta sociedade perguntou, para Gustave Flaubert, se era difícil falar e escrever bem. O grande romancista francês não se fez de rogado: "Minha senhora, neste *ramo* ou é fácil ou é impossível".

E como para Geraldo Ataliba isto era fácil.

Aquilo que, para os comuns dos mortais é, quase sempre aterrorizante (falar em público, proferir uma conferência, escrever um livro, redigir um prefácio), para ele era coisa absolutamente natural. Tudo brotava perfeito, pronto, acabado, como Minerva da cabeça de Júpiter. Não havia rascunhos, apontamentos, tentativas fracassadas.

Orador impecável, impressionava pela postura na tribuna, pelo gestual, pelo timbre grave de sua voz e, acima de tudo, pela excepcional destreza no manejo da palavra. Era um verdadeiro espadachim do verbo, que sabia dar golpes certeiros, especialmente na defesa das instituições e dos sagrados direitos da pessoa humana.

Demais disso, Geraldo Ataliba foi, sem dúvida, o grande responsável pela transformação do Direito Tributário (antes um amontoado de noções econômicas, financeiras e pseudojurídicas), num "ramo" de primeira grandeza do Direito.

Deu-lhe dignidade constitucional. Fez, com o Direito Tributário, o mesmo que Michelangelo com aquele desprezado bloco de mármore, do qual retirou seu monumental Davi: de uma força comunicativa estonteante, de uma beleza ímpar, diante do qual os "Davis" precedentes tornaram-se toscos bonecos.

Geraldo Ataliba foi, ainda, um Chefe de Escola, na acepção mais lídima do termo. Soube conduzir homens. E a todos amparar com generosidade.

Ao invés de entristecer-se com as vitórias de seus discípulos, com elas se regozijava como se fossem próprias. E, na verdade, o eram.

Quantas e quantas vezes (incontáveis, diria eu) usou de seu inegável prestígio pessoal para indicar membros de sua "equipe" (como ele chamava seu grupo de colaboradores) para ocupar cargos de relevo.

Quantas e quantas vezes foi dar seu precioso e sempre ouvido testemunho pessoal, numa causa em que um amigo litigava. E sempre movido pelo senso de Justiça.

Como é fácil perceber, Geraldo Ataliba cumpriu, admiravelmente bem, a missão do Bom Pastor, que, nos falares bíblicos, não desampara suas ovelhas.

E o que não dizer do homem público Geraldo Ataliba?

Nos últimos trinta anos não houve uma luta cívica da qual não participasse com entusiasmo e desprendimento. Só para citar alguns exemplos lembro seu monumental trabalho na Constituinte de 88, feito com desambição pessoal e idealismo, com prejuízo de sua banca advocatícia, mas de inefável valor para o País. Lembro ainda de sua luta pelas *diretas-já*. Pelo *impeachment* de um presidente que se revelou indigno da confiança do povo brasileiro. Por uma tributação mais justa, voltada para os interesses das empresas produtivas, geradoras de empregos.

Às vésperas de sua inesperada morte, ouvi-o defender a causa dos *sem-terra*, demonstrando, a partir da Constituição (que ele tão bem conhecia e tanto amava), que famílias não podiam, com base na letra fria da lei civil, votada nos primórdios do século, ser escorraçadas, com risco da própria vida, das propriedades em que tentavam fixar-se, em busca de teto e meios de subsistência.

Contam-se às centenas as causas que patrocinou "de graça", apenas por amor à Justiça.

Consultor de Prefeitos, de Governadores, de Presidentes, nunca cobiçou honrarias e cargos. Quando lhe foram oferecidos (várias vezes) recusou-os com firmeza, dizendo que as glórias não o atraíam.

Homem caridoso (sem disso fazer praça, como nos recomenda Cristo, no Evangelho de São Mateus), ajudava indigentes, trabalhadores humildes, pessoas idosas e doentes; em suma, os "feridos deste mundo".

Geraldo Ataliba foi, ainda, um grande Reitor da Pontifícia Universidade Católica de São Paulo. E isto, de 1973 a 1976, em plena ditadura militar, que enfrentou com altivez e destemor.

Eu me lembro muito bem. Naqueles dias amordaçados, os jovens e os intelectuais de todo o País viam na PUC de São Paulo uma tábua de salvação. Um oásis abençoado. Por isso, acudiam em massa à Instituição. Vinham de todos os rincões do País, das lutas contra a repressão, dos comícios clandestinos, das células da liberdade, das barricadas do sonho.

Eram tempos de turbulência.

Os que vinham buscar abrigo na PUC tinham um objetivo comum: a volta do Estado de Direito. Para alcançá-lo, estavam dispostos a enfrentar o Poder.

Assim, infundiam medo nos órgãos da repressão, que os vigiavam, infiltravam "agentes" entre eles, não se constrangiam em exigir "informações" da Reitoria e, especialmente, do Reitor.

E aí entra a figura maiúscula de Geraldo Ataliba. Ao invés de colaborar, de ser conivente com as autoridades de então, sonegava-lhes informações e, com risco da própria liberdade, avisava os procurados e perseguidos, para que se pusessem a salvo.

Mais: corajosamente exigia que os agentes da repressão respeitassem, por mínimo que fosse, a dignidade da pessoa humana.

Esta atitude desassombrada trouxe a Sua Excelência muitas críticas e dissabores. Mas rendeu-lhe a admiração e o respeito de todos os que, como eu, testemunharam aqueles *dias de chumbo*.

Muitas outras qualidades tinha Geraldo Ataliba. Enumerá-las todas seria um nunca acabar de registros e elogios. Mas o que acabo de dizer – penso eu – revela, ainda que palidamente, a estatura intelectual e moral de nosso homenageado. Afinal, como diz o ditado, "pelo dedo se conhece o gigante" (*ex digito gigas*).

Para alcançar tais culminâncias, Geraldo Ataliba contou, sem dúvida, com o apoio precioso de sua bem constituída família. Sua amada esposa e companheira, Anna Maria, seus filhos Fernando (aqui presente), Eduardo e Mariana e, mais recentemente, suas noras Roseli e Alice e seu genro Marcos (isto sem falar na recém-nascida netinha Marina), deram-lhe a tranqüilidade e a base de que todos nós precisamos, para as lutas do dia-a-dia.

Com a prematura morte deste homem admirável, perdemos um pai, um irmão, um guia, um modelo. Mas Geraldo Ataliba deixa, a todos nós – mas principalmente aos formandos de 1995 –, um exemplo a ser seguido.

Afinal,

Enquanto houver injustiça social,

Enquanto a Constituição não for obedecida,

Enquanto houver homens *sem-terra*, *sem-saúde*, *sem-direitos*,

Enquanto houver arbítrio fiscal,

Enquanto as minorias forem amordaçadas,

Enquanto sonhos de cidadania não passarem de simples sonhos,

Estará sempre combatendo, a nosso lado, o grande Geraldo Ataliba.

DOUTRINA

O PRINCÍPIO DA IRRETROATIVIDADE DA LEI TRIBUTÁRIA*

CARLOS MÁRIO DA SILVA VELLOSO

Ministro do Supremo Tribunal Federal – Professor Titular da Universidade de Brasília

1. Palavras iniciais. 2. Os princípios constitucionais tributários. 2.1 Os princípios constitucionais gerais. 2.2 Os princípios constitucionais especiais. 2.3 Os princípios constitucionais específicos. 3. As imunidades genéricas e específicas, ou gerais e específicas ou tópicas (Geraldo Ataliba). 4. O princípio da irretroatividade da lei tributária. 4.1 Irretroatividade, direito adquirido e coisa julgada. 4.2 Retroatividade máxima, média e mínima. 4.3 Irretroatividade e as normas de ordem pública. 4.4 A irretroatividade e as leis interpretativas. 4.5 Irretroatividade e anterioridade. 4.6 A Súmula 584 do STF e o princípio da irretroatividade. 5. Palavras finais.

1. Palavras iniciais

Senhor Juiz Américo Lacombe, Presidente do Tribunal Regional Federal da 3ª Região, Senhor Juiz Oliveira Lima, Vice-Presidente, Senhora Juíza Diva Malerbi, Senhor Professor Geraldo Ataliba, Senhores Juízes José Kallás, Lucia Valle Figueiredo, Sinval Antunes, Senhores Juízes Federais, Senhores Advogados, Senhores Membros do Ministério Público, minhas senhoras e meus senhores.

Estou sempre a dizer que é bom retornar a São Paulo, conviver com os meus colegas e amigos paulistas, fazer novos amigos em São Paulo, sobretudo conviver com a magnífica escola de direito tributário de São Paulo. Começo as minhas palavras, portanto, agradecendo aos que me proporcionaram este encontro.

Devo falar-lhes a respeito do princípio da irretroatividade da lei tributária. O princípio da irretroatividade da lei tributária está expressamente inscrito na Constituição, como um dos princípios constitucionais tributários: Constituição, art. 150, inc. III, alínea "a". É significativo o fato de a Constituição ter inscrito, expressamente, como um dos princípios limitadores da tributação, o da irretroatividade da lei tribu-

* Notas taquigráficas, revistas pelo autor, da palestra proferida, em 17.5.93, no Curso de Direito Tributário, promovido pela Escola da Magistratura do Tribunal Regional Federal da 3ª Região (São Paulo) e coordenado pelo Juiz Américo Lacombe e pelo Prof. Geraldo Ataliba.

tária. É que, no capítulo dos direitos e deveres individuais e coletivos, art. 5º, expressamente está estabelecido que a lei não prejudicará o direito adquirido, o ato jurídico perfeito e a coisa julgada (CF, art. 5º, inc. XXXVI). No art. 5º, XXXVI, afirma-se que a lei não retroagirá, em obséquio ao direito adquirido, ao ato jurídico perfeito e à coisa julgada. Já no art. 150, III, "a", estabelece-se o princípio da irretroatividade da lei em qualquer situação, vale dizer, sem que se indague se há direito adquirido, ato jurídico perfeito ou coisa julgada.

2. *Os princípios constitucionais tributários*

Dizia eu que o princípio da irretroatividade da lei tributária está inscrito, expressamente, na Constituição, como um dos princípios constitucionais tributários. Vale a pena dizer pelo menos duas palavras a respeito de tais princípios, já que vamos trabalhar em torno deles.

Os princípios constitucionais tributários, que são princípios limitadores do poder de tributar, podem ser visualizados de forma tricotômica: ou eles são princípios gerais, porque aplicáveis a todos os tributos, ou são princípios especiais – as vedações, ou são princípios específicos, porque aplicáveis apenas a determinados tributos. Essa classificação foi exposta por José Afonso da Silva, em conferência proferida sob o pálio da Constituição pretérita e publicada pelo Instituto Brasileiro de Direito Tributário e pela Editora Resenha Tributária, em 1975.

Vejamos, ainda que rapidamente, a vôo de pássaro, esses princípios.

2.1 *Os princípios constitucionais gerais*

O primeiro deles é o da legalidade (CF, art. 150, I). É, seguramente, o mais importante de todos os princípios gerais, porque a sujeição do Estado ao princípio da legalidade e à jurisdição caracteriza o Estado de Direito, na lição de Giorgio Balladore Pallieri (*Diritto Costituzionale*, 3ª ed., Milão, Giuffrè, p. 85). Somente a lei pode instituir ou majorar tributos. Não há tributo sem lei que o estabeleça, lei escrita e estrita, que, na lição de Geraldo Ataliba, descreva "as hipóteses de incidências tributárias", dado que é esse "o conteúdo do princípio da legalidade. E se, por acaso, o legislador desenhar um tributo e deixar de mencionar explicitamente qualquer de seus dados essenciais, não criou tributo; só mostrou a vontade de criar tributo" (Geraldo Ataliba, "Sistema Tributário na Constituição de 1988", *RDT* 51/140).

Segue-se o princípio da igualdade tributária, a estabelecer que não é possível a instituição de tratamento desigual entre contribuintes que se encontrem numa situação equivalente (CF, art. 150, II). Quanto aos impostos, a igualdade tributária realiza-se mediante a observância do princípio da capacidade contributiva (CF, art. 145, § 1º). No que toca às taxas, realiza-se a igualdade na regra da remuneração: quem consome mais serviços, paga mais taxa, quem consome menos serviço, paga menos taxa, ensina Geraldo Ataliba, que acrescenta: "assim se resolve o princípio da igualdade nas taxas, onde não tem cabimento cogitar de capacidade contributiva" (ob. e loc. cits., p. 152). Referentemente às contribuições de melhoria, a igualdade realiza-se na proporcionalidade em relação à valorização imobiliária que decorre da obra, porque sem valorização imobiliária provocada por obra pública não há falar em contribuição de melhoria (RE 115.863-SP, *RTJ* 138/600; RE 116.147-SP, *RTJ* 138/614; RE 114.069-SP).

Seguem-se o princípio da irretroatividade, de que falaremos mais alongadamente (CF, art. 150, III, "a"), o princípio da anterioridade (art. 150, III, "b"), a proibição de tributos com efeito de confisco (art. 150, IV) e a ilimitação ao tráfego de pessoas ou bens por meio de tributos interestaduais ou intermunicipais, ressalvado o pedágio pela utilização de vias conservadas pelo poder público (art. 150, V).

2.2 *Os princípios constitucionais especiais*

Os princípios especiais são vedações genéricas impostas à União, aos Estados, ao Distrito Federal e aos Municípios: à União: *a*) uniformidade tributária, no sentido de que não pode a União instituir tributo que não seja uniforme em todo o território nacional, ou que implique distinção ou preferência em relação a Estado, ao Distrito Federal ou a Município, em detrimento de outro, admitida a concessão de incentivos fiscais destinados a promover o equilíbrio do desenvolvimento sócio-econômico entre as diferentes regiões do País (art. 151, I); *b*) não pode a União instituir isenções de tributos da competência dos Estados, do Distrito Federal ou dos Municípios (art. 151, III); *c*) aos Estados, ao Distrito Federal e aos Municípios é vedado estabelecer diferença tributária entre bens e serviços, de qualquer natureza, em razão de sua procedência ou destino (art. 152).

2.3 *Princípios constitucionais específicos*

Esses princípios, conforme falamos, aplicam-se a determinados tributos: *a*) quanto ao imposto de renda: *a.1*) é vedado à União tributar a renda das obrigações da dívida pública dos Estados, do Distrito Federal e dos Municípios, bem como a remuneração e os proventos dos respectivos agentes públicos, em níveis superiores aos que fixar para suas obrigações e para seus agentes (art. 151, II); *a.2*) o imposto sobre a renda será informado pelos critérios da generalidade, da universalidade e da progressividade, na forma da lei (art. 153, § 2º, I); *b*) quanto ao IPI e ao ICMS: *b.1*) não cumulatividade: IPI: art. 153, § 3º, II; ICMS: art. 155, § 2º, I; *b.2*) seletividade: IPI: art. 153, § 3º, I; ICMS: art. 155, § 2º, III.

3. *As imunidades genéricas e específicas, ou gerais e específicas ou tópicas (Geraldo Ataliba)*

Além dos princípios indicados, há as imunidades, que também limitam o poder de tributar, que são genéricas (referem-se a todos os tributos) e específicas (referem-se a certos tributos): *a*) genéricas: *a.1*) recíproca: art. 150, VI, "a"; *a.2*) templos: art. 150, VI, "b"; *a.3*) patrimônio, renda ou serviços dos partidos políticos, inclusive suas fundações, entidades sindicais dos trabalhadores, das instituições de educação e de assistência social, sem fins lucrativos, atendidos os requisitos da lei: art. 150, VI, "c"; *a.4*) livros, jornais, periódicos e papel destinado a sua impressão: art. 150, VI, "d"; *b*) específicos: *b.1*) quanto ao imposto de renda: aposentados e pensionistas com mais de sessenta e cinco anos de idade: o imposto sobre a renda não incidirá, nos termos e limites fixados em lei, sobre rendimentos provenientes de aposentadoria e pensão, pagos pela previdência social da União, dos Estados, do Distrito Federal e dos Municípios a pessoa com idade superior a sessenta e cinco anos, cuja renda total seja constituída, exclusivamente, de rendimentos do trabalho: art. 153, § 2º, II; *b.2*) quanto ao IPI: não incidirá sobre produtos industrializados destinados ao exterior: art. 153, § 3º, III; *b.3*) quanto ao ITR: não incidirá sobre pequenas glebas rurais, definidas em lei, quando as explore, só ou com sua família, o proprietário que não possua outro imóvel: art. 153, § 4º; *b.4*) quanto ao ICMS: *b.4.1*) Ouro: o ouro, quando definido em lei como ativo financeiro ou instrumento cambial, sujeita-se exclusivamente ao IOF: art. 153, V; art. 155, § 2º, X, "c"; *b.4.2*) Exportações: o ICMS não incidirá sobre operações que destinem ao exterior produtos industrializados, excluídos os semi-elaborados definidos em lei complementar: art. 155, § 2º, X, "a"; *b.4.3*) operações interestaduais em torno de petróleo e energia elétrica: o ICMS não incidirá sobre operações que destinem a outros Estados petróleo, inclusive lubrificantes, combustíveis líquidos e gasosos dele derivados, e energia elétrica: art. 155, § 2º, X, "b"; *b.5*) quanto ao imposto de transmissão *inter vivos* (ITBI): o ITBI não incide sobre a transmissão de bens ou direitos incorporados ao patrimônio de pessoa jurídica em realização de capital, nem sobre a transmissão de bens ou direitos decorrentes de fusão, incorporação, cisão ou extinção de pessoa jurídica, salvo se, nesses casos, a atividade preponderante do adquirente for a compra e venda desses bens ou direitos, locação de bens imóveis ou arrendamento mercantil: art. 156, § 2º, I; *b.6*) quanto às contribuições sociais para a seguridade: são isentas (trata-se de imunidade) de contribuição para a seguridade social as entidades beneficentes de assistência social que atendam às exigências estabelecidas em lei: art. 195, § 7º.

Para Geraldo Ataliba, as imunidades são *a*) gerais: art. 150, VI: protegem valores constitucionais básicos: federação, liberdade religiosa, política, de informação etc.; *b*) específicas ou tópicas: *b.1*) art. 153, § 4º: ITR; *b.2*) art. 153, § 2º, II: I.R.; *b.3*) art. 153, § 3º, III: IPI; *b.4*) art. 155, § 2º, X, "a": ICMS; *b.5*) art. 155, § 2º, X, "b": ICMS; *b.6*) art. 155, § 3º: impostos, com exceção; *b.7*) art. 184, § 5º: impostos federais, estaduais e municipais; *b.8*) art. 195, § 7º: contribuições sociais; *b.9*) art. 156, § 2º, I: ITBI; *b.10*) art. 5º, XXXIV, LXXVI, LXXVII: taxas.

4. O princípio da irretroatividade da lei tributária

Examinemos o princípio que devemos versar, nesta tarde, que é o princípio da irretroatividade da lei tributária, inscrito no art. 150, III, alínea "a", da Constituição, a dizer que é vedado à União, aos Estados, ao Distrito Federal e aos Municípios cobrar tributos em relação a fatos geradores ocorridos antes do início da vigência da lei que os houver instituído ou aumentado. É necessário que se faça, primeiro que tudo, um reparo à disposição constitucional mencionada. É que o constituinte, bem anotou Geraldo Ataliba (ob. e loc. cits., p. 152), usou palavra inadequada, ou seja, não poderia ter usado, no ponto, a palavra "cobrar", "cobrar tributos". É que o princípio da irretroatividade não diz respeito à cobrança de tributos. O que na verdade a Constituição proíbe é que o legislador institua tributo em relação a fatos ocorridos antes da lei. Noutras palavras, o fato anterior à lei instituidora do tributo não é capaz de gerar tributo. A cobrança segue-se num segundo tempo. O princípio da irretroatividade, então, deixemos isto claro, diz respeito ao fato gerador do tributo.

4.1 Irretroatividade, direito adquirido e coisa julgada

O princípio da irretroatividade da lei, em obséquio ao direito adquirido, ao ato jurídico perfeito e à coisa julgada, tem nível constitucional, no Brasil, desde a Constituição do Império, de 1824. É dizer, desde a primeira Constituição brasileira, que o princípio da irretroatividade, em obséquio ao direito adquirido, à coisa julgada e ao ato jurídico perfeito, tem *status* constitucional e é uma constante nas constituições republicanas. É verdade que a Carta Política de 1937 retirou o *status* constitucional do princípio. É compreensível que isto tenha ocorrido, dado que a Carta de 1937 simplesmente deu forma jurídica à ditadura do Estado Novo.

Em termos de Direito Constitucional Comparado, a primeira Constituição que, no mundo, cuidou do tema, foi a Constituição norte-americana, de 1787, que proibiu que fossem votadas leis com efeito retroativo. A Constituição norte-americana é, portanto, a matriz do instituto.

Registre-se, aliás, que o princípio tem *status* constitucional em pouquíssimas constituições. A Constituição do México o consagra. Votando, no Supremo Tribunal Federal, afirmei que apenas as Constituições americana, brasileira e mexicana cuidam do tema. Em memorial que me foi distribuído pelo ilustre advogado Saulo Ramos, tomei conhecimento de que a Constituição da Noruega também dá ao princípio *status* constitucional.

Certo é que a questão é posta, de modo geral, em obséquio ao direito adquirido, à coisa julgada e ao ato jurídico perfeito. De regra, pode-se afirmar que a ordem jurídica brasileira admite a retroatividade da lei, só não a admitindo se esta violar o direito adquirido, o ato jurídico perfeito e a coisa julgada. E só não admite, a Constituição brasileira, a irretroatividade, independentemente de direito adquirido, coisa julgada e ato jurídico perfeito, tratando-se de lei que institua tributo. Tratando-se de lei penal, ela não retroagirá, salvo para beneficiar o réu (CF, art. 5º, XL).

Um pouco de teoria geral não faz mal. Examinemos a questão sob o ponto de vista do direito adquirido. O direito se origina do fato, nasce o direito subjetivo de uma relação fático-jurídica, fato-direito objetivo. O legislador escolhe um fato e sobre ele faz incidir a norma. Desta incidência pode nascer o direito subjetivo. Nascido, então, o direito subjetivo sob o pálio de uma lei, é ele intocável, vale dizer, o legislador não pode desfazê-lo.

Os fatos são simples ou são complexos. Os simples, constituem-se de um só acontecimento; os complexos, de diversos acontecimentos. Se o fato é simples – apenas um acontecimento – não há problema na caracterização do direito subjetivo, assim do direito adquirido. Realizado o acontecimento, surge o fato que o legislador escolheu para dar nascimento ao direito. Esse fato, então, é um fato jurígeno, no sentido de que dá ele nascimento ao direito subjetivo. Quando o fato é complexo, entretanto, composto de vários acontecimentos, a questão se torna mais complicada, até tormentosa. É que, enquanto não se realizarem todos os acontecimentos que compõem o fato, este não se terá aperfeiçoado. Portanto, enquanto os acontecimentos estão ocorrendo, ou estão por ocorrer, há apenas mera expectativa de direito, certo que cada um desses acontecimentos deve reger-se pela lei então vigente, porque *tempus regit actum*.

A ordem jurídica brasileira, em termos de direito adquirido, adota a doutrina de Gabba, doutrina subjetivista. A teoria objetiva foi adotada em breve período. A Lei de Introdução ao Código Civil, vigente, adota a teoria subjetivista de Gabba. Assim também a Constituição, no art. 5º, XXXVI, ao estabelecer a irretroatividade em obséquio ao direito adquirido.

Segundo Gabba – *Teoria della retroatività delle leggi*, 1891, 1897 e 1898 – é adquirido o direito que é conseqüência de um fato idôneo a produzi-lo, em virtude da lei do tempo no qual o fato foi consumado, embora a ocasião de fazê-lo valer não se tenha apresentado antes da atuação de uma lei nova sobre o mesmo direito, e que nos termos da lei sob cujo império se entabulou o fato do qual se origina, entrou imediatamente a fazer parte do patrimônio de quem o adquiriu. Não obstante a crítica de Planiol, Bonnecase, Duguit, Jèze, Roubier, Chironi, Ferrara, Ruggiero, a doutrina de Gabba predominou, conforme se verifica das obras de Baudry-Lacantinerie, Josserand, Laborde-Lacoste, Sebatier, Trabucchi e Von Tuhr.

4.2 Retroatividade máxima, média e mínima

Na verdade, as leis devem dispor para o futuro. Os atos anteriores, repito, regem-se pela lei do tempo em que foram praticados, *tempus regit actum*. A partir daí, é possível formular – e há um magnífico acórdão do Supremo Tribunal Federal, de que foi Relator o Ministro Moreira Alves (ADIn 493-DF, em *DJ* de 4.9.92), em que o tema foi extensamente debatido. Nesse acórdão ficou estabelecido, magnificamente, no voto do Relator e de outros Ministros, que há três tipos de retroatividade: máxima, média e mínima. No voto que proferi por ocasião do citado julgamento, afirmei que me punha de acordo com o Ministro Moreira Alves, Relator, quando S. Exa. indicou, no seu douto voto, as graduações, por intensidade, da retroatividade, buscando o conceito de cada uma delas na lição de Matos Peixoto ("Limite Temporal da Lei", *Rev. Jurídica da Faculdade Nacional de Direito da Universidade do Brasil*, IX/9-47). Na verdade, a retroatividade das leis pode ser classificada, disse eu, quanto à graduação por intensidade, em três espécies: *a*) máxima, quando a lei retroage para atingir a coisa julgada ou os fatos jurídicos consumados (transação, pagamento, prescrição); *b*) média, quando a lei atinge os direitos exigíveis mas não realizados antes de sua vigência, vale dizer, direitos já existentes mas ainda não integrados no patrimônio do titular. Matos Peixoto, no trabalho citado, leciona que "a retroatividade é média quando a lei nova atinge os efeitos pendentes de ato jurídico verificado antes dela, exemplo: uma lei que limitasse a taxa de juros e não a aplicasse aos vencidos e não pagos"; *c*) mínima, quando a lei nova atinge os efeitos dos fatos anteriores verificados após a sua edição. Exemplo: um contrato fixa juros de 15% ao mês. A lei nova limita os juros a 10%, com aplicação no tal contrato, a partir de sua edição, contrato que foi firmado anteriormente a ela. A retroatividade mínima é confundida, muita vez, com o efeito imediato das leis. Registrou o Ministro Moreira Alves, no seu voto, que incorre nessa confusão, por exemplo, Planiol (*Traité Élémentaire de Droit Civil*, 4ª ed., I/95, n. 243, Librairie Générale de Droit & de Jurisprudence, Paris, 1906) e Roubier (*Le Droit Transitoire – Conflits des Lois dans le Temps*, 2ª ed., p. 177, n. 38, Daloz et Sirey, Paris, 1960).

4.3 Irretroatividade e as normas de ordem pública

Nenhuma dessas retroatividades a Constituição brasileira permite. A retroatividade mínima, confundida com aplicação imediata da lei, costuma ser comum na ordem jurídica brasileira, ou costuma ser admitida, em razão dessa confusão que se faz com aplicação imediata da lei, até por ilustres Tribunais.

Mas devemos estar atentos: na ordem jurídica brasileira tanto os *facta praeterita*, os fatos realizados, quanto os *facta pendentia*, os efeitos de fatos realizados, são inatingíveis pela lei nova.

Dizíamos que muita vez ouvimos – e ouvimos até de bons estudiosos do direito – que, no que toca às normas de ordem pública, não há falar em irretroatividade, ou, noutras palavras, que as normas de ordem pública se aplicam de imediato, sem observância do princípio da irretroatividade. Quantas e quantas vezes ouvimos que na relação estatutária não há direito adquirido. Essas afirmativas foram buscadas, sem maior conferência, em autores que escreveram sob o signo de regimes autoritários como, por exemplo, certos administrativistas franceses e italianos, que escreveram impressionados com o Estado fascista.

Há, efetivamente, duas posições a respeito.

A primeira, que sustenta o efeito retroativo das normas de ordem pública. O corifeu dessa posição é um civilista, Carvalho Santos. Clóvis Beviláqua andou impressionado com essa doutrina.

A segunda sustenta que mesmo diante de normas de ordem pública há de ser respeitado o direito adquirido. O melhor expositor dessa corrente, na minha opinião, é Caio Mário da Silva Pereira, que foi meu professor na Universidade de Minas. Também o professor Oscar Tenório versou o tema, com proficiência.

As normas de ordem pública têm, é certo, efeito imediato, mas com respeito ao princípio da irretroatividade: Pontes de Miranda, *Comentários à Constituição de 1967 com a EC n. 1/69*, 2ª ed., RT, 1971, V/99; Vicente Rao, *O Direito e a Vida dos Direitos*, São Paulo, 1977, Resenha Universitária, v. I, t. III, n. 296, p. 373.

O que deve ser considerado é que, nas ordens jurídicas que têm o princípio da irretroatividade como cânon constitucional, não se pode, repito, afirmar que a norma de ordem pública seria retroativa. As leis têm efeito imediato, mas com respeito ao direito adquirido.

Autores modernos estudam a questão sob o ponto de vista puramente do direito público, puramente sob o ponto de vista do Direito Constitucional. É o caso, por exemplo, de Geraldo Ataliba e de Roque Carrazza, e tendo em vista o critério objetivo. O professor Geraldo Ataliba tem um livro, *República e Constituição*, em que a questão é visualizada sob o signo do princípio republicano. É que o princípio republicano, leciona Ataliba, assenta-se em diversos outros princípios, como o princípio representativo, o princípio do consentimento dos governados, da segurança do direito, da exclusão do arbítrio, da relação de administração, do princípio da anterioridade, do princípio da legalidade.

O Estado há de sujeitar-se à legalidade e à jurisdição. Sem isto não há Estado de Direito. Que lei há de ser considerada quando se afirma o princípio da legalidade? A lei que tem caráter de abstração, de generalidade, de impessoalidade, que se aplica para o futuro. Aplicada com retroatividade, faz ruir o Estado de Direito.

Há sistemas constitucionais, já falamos, que não conferem ao princípio da irretroatividade *status* constitucional. Na França, na Itália, na Espanha e em Portugal, por exemplo, isto ocorre. Nestes Estados, geralmente, o Código Civil é que dispõe que a lei não retroagirá. Mas como o princípio não é constitucional, uma lei pode estabelecer que será ela retroativa. Isto pode ocorrer nas ordens jurídicas indicadas, mas jamais poderá ocorrer na ordem jurídica brasileira, em que o instituto tem nível constitucional. Isto precisa ser dito e repetido, a fim de servir de alerta aos distraídos por ignorância ou por má-fé.

No Direito Penal, conhecemos o instituto da *lex mitior*, da lei mais benigna, que retroage (CF, art. 5º, XL).

O Código Tributário Nacional, no art. 106, II, também adota essa postura ao estabelecer que a lei tributária aplica-se a ato ou fato pretérito ainda não definitivamente julgado, quando: *a*) deixe de defini-lo como infração; *b*) deixe de tratá-lo como contrário a qualquer exigência de ação ou omissão, desde que não tenha sido fraudulento e não tenha implicado falta de pagamento de tributo; *c*) lhe comine penalidade menos severa que a prevista na lei vigente ao tempo de sua prática (CTN, art. 106, II, "a", "b" e "c"). O fato há de estar não definitivamente julgado, administrativamente ou judicialmente. Se não estiver ainda definitivamente julgado administrativamente, tem aplicação o princípio. E, se já julgado administrativamente e ainda não estiver definitivamente julgado judicialmente, também tem aplicação o princípio.

4.4 A irretroatividade e as leis interpretativas

O Código Tributário Nacional, art. 106, I, estabelece que a lei expressamente interpretativa se aplica a ato ou fato pretérito, excluída a aplicação de penalidade à infração dos dispositivos interpretados.

Esta é uma matéria que necessita de uma palavra a respeito, ainda que de modo rápido. A primeira questão que ponho à reflexão dos senhores é esta: seria possível uma lei interpretativa na ordem jurídica brasileira, em que o instituto da irretroatividade da lei tem *status* constitucional? Ou, noutras palavras, em que o princípio se dirige não apenas ao juiz, mas também ao legislador?

Alguns, acostumados a ler nos livros dos civilistas franceses, costumam responder afirmativamente, vale dizer, que é possível a lei interpretativa com efeito retroativo.

A resposta, entretanto, há de ser negativa. Na ordem jurídica brasileira não seria possível uma tal lei, porque quem interpreta a lei, em caráter definitivo, é o Poder Judiciário. O legislador não interpreta a lei definitivamente, mesmo porque, promulgada a lei, o que vale é a *mens legis*. A *mens legislatoris* é de pouca valia. É de Pontes de Miranda a lição: "15. Leis interpretativas. Em sistemas jurídicos, que têm o princípio da legalidade, da irretroatividade das leis e da origem democrática da regra jurídica, não se pode pensar em regra jurídica interpretativa, que, a pretexto de autenticidade da interpretação, retroaja" (ob. e loc. cits., p. 103).

A questão deve ser posta assim: se a lei se diz interpretativa e nada acrescenta, nada inova, ela não vale nada. Se inova, ela vale como lei nova, sujeita ao princípio da irretroatividade. Se diz ela que retroage, incorre em inconstitucionalidade e, por isso, nada vale.

Desta forma, não há falar, na ordem jurídica brasileira, em lei interpretativa com efeito retroativo.

4.5 Irretroatividade e anterioridade

Em trabalho que escrevi a respeito da irretroatividade e da anterioridade em matéria tributária – "A Irretroatividade da Lei Tributária – Irretroatividade e Anterioridade – Imposto de Renda e Empréstimo Compulsório", *RDT* 45/81 – pretendi fazer a distinção entre os dois princípios, a dizer que o princípio da irretroatividade "estabelece que a lei deve anteceder ao fato por ela escolhido para dar nascimento ao tributo, valendo observar a lição de Garcia Maynes, no sentido de que "Una ley es retroactivamente aplicada cuando suprime o modifica las consecuencias jurídicas de um hecho ocurrido bajo el imperio de la anterior" (Garcia Maynes, *Introducción al Estudio del Derecho*, Ed. Porrua S.A., México, 1972, p. 399); o outro, o princípio da anterioridade, exige a anterioridade da lei em relação à data inicial do exercício para a cobrança do tributo. Na lição de Luciano da Silva Amaro, "o princípio da anterioridade qualifica a irretroatividade da lei tributária: se a lei tributária cria ou majora tributo por ele acobertado, a irretroatividade é qualificada, pois não basta a antecedência da lei em relação ao *fato jurígeno*, exigindo-se essa antecedência da lei em relação *ao ano* (ou exercício) da realização do fato" (Luciano da Silva Amaro, "O imposto de renda e os princípios da irretroatividade e da anterioridade", *RDT* 25-6/140, esp. pp. 151 e 152).

Duas correntes se formam: a primeira, é a dos que entendem que, devido ao princípio da anterioridade, dá-se, da edição da lei e até o exercício seguinte, um prazo de *vacatio legis*, como neste exemplo: uma lei institui um certo tributo, no dia 10 de julho de 1992. Pelo princípio da irretroatividade, os fatos ocorridos anteriormente a 10 de julho de 1992 não serão atingidos pela lei, apenas os posteriores à lei, vale dizer, posteriores a 10 de julho de 1992; acontece que, devido ao princípio da anterioridade, de 10 de julho de 1992 a 31 de dezembro de 1992, a lei não tem eficácia; então, somente os fatos ocorridos a partir de 1º de janeiro de 1993 é que constituiriam fatos geradores do tributo. É nesse sentido o entendimento de Roque Carrazza, ao dissertar sobre o princípio da anterioridade inscrito no art. 150, III, "b", da Constituição:

"Mas, que pretende significar a precitada norma constitucional? Simplesmente, que a lei que cria ou aumenta um tributo – esta é a regra geral – ao entrar em vigor, fica com sua *eficácia paralisada*, até o início do próximo exercício financeiro, quando, aí sim, incidirá, ou seja, passará a produzir todos os efeitos, na ordem jurídica" (*Curso de Direito Constitucional Tributário*, Ed. RT, 2ª ed., 1991, p. 111).

Mais:

"Retomando nosso rumo, o princípio da anterioridade exige, evidentemente, que a lei que cria ou aumenta um tributo só venha a incidir sobre fatos ocorridos no exercício subsecutivo ao de sua entrada em vigor. Caso contrário, a Administração Fazendária, por meio do ardil de retardar a cobrança do tributo até o exercício seguinte, com facilidade tornaria letra morta o art. 150, III, "b", da Constituição. Assim, *v.g.*, tributo criado em junho poderia incidir sobre fatos verificados em julho do mesmo ano, desde que o Fisco tivesse o cuidado de só realizar sua cobrança (mera providência administrativa) no exercício seguinte. Bem precário seria este direito constitucional, se fosse tão fácil costeá-lo. Com verdade, a palavra cobrar, inserida no artigo em foco, está, como tantas outras do texto constitucional, empregada num sentido laico, devendo o intérprete entendê-la sinônima de exigir. Neste sentido, pelo menos, tem-se pronunciado a melhor doutrina" (ob. cit., p. 112).

Desse entendimento não destoa Geraldo Ataliba, a dizer que a norma do art. 150, III, "b" – princípio da anterioridade – diz respeito à eficácia da lei. "Enquanto o princípio da irretroatividade (art. 5º, XXXVI) prende-se à questão da vigência – exigindo que as novas normas só alcancem fatos que venham a ocorrer após sua edição – o da anterioridade (art. 150, III, "b") exige o protraimento da eficácia dessas regras, que só poderá legitimamente ocorrer se assegurado ao contribuinte prazo hábil para ajustar seus negócios e atividades aos novos padrões de desembolso resultantes da modificação legislativa ocorrida" (Geraldo Ataliba e J. A. Lima Gonçalves, "Contribuição Social na Constituição de 1988", *RDT* 47/41).

Outra corrente, mais favorável ao Fisco, sustenta que a partir da vigência da lei, assim da validade da lei – vigência como sinônimo de eficácia, o que, na verdade, não é correto – ela começa a incidir, não obstante a existência do princípio da anterioridade, ficando para o exercício seguinte apenas a cobrança do tributo.

A tese que adotamos é a primeira, vale dizer, a que sustenta que, devido ao princípio da anterioridade, dá-se, da edição da lei e até o exercício seguinte, um período de *vacatio legis*.

4.6 A Súmula 584 do STF e o princípio da irretroatividade

A Súmula 584 do Supremo Tribunal Federal estabelece que, ao imposto de renda calculado sobre os rendimentos do ano-base, aplica-se a lei vigente no exercício financeiro em que deve ser apresentada a declaração.

Examinemos a questão.

A hipótese de incidência, quanto a sua estrutura, pode ser um fato simples, composto de um só acontecimento, ou pode ser um fato complexo, múltiplo, de vários acontecimentos. Para realizar-se, deverá ele integrar-se de todos os seus elementos. No que toca ao tempo, a hipótese de incidência ou o fato gerador pode ser instantâneo, continuado, periódico ou de formação sucessiva. No primeiro caso, temos, como exemplo, o fato gerador do ICM, que é a saída da mercadoria. No segundo caso, "o fluxo de rendimentos ou de incremento do patrimônio, em determinado período, como no imposto de renda" (Aliomar Baleeiro, *Direito Tributário Brasileiro*, Forense, 10ª ed., p. 457).

O fato gerador do imposto de renda é complexo, ou continuado, porque compreende a disponibilidade econômica ou jurídica adquirida num determinado espaço de tempo. Esse espaço de tempo costuma ser o exercício de um ano civil: começa no dia 1º de janeiro e termina no dia 31 de dezembro. Então, no dia imediato, nasce a obrigação tributária. A partir daí, cumpre ao contribuinte apresentar a sua declaração. No que concerne às pessoas jurídicas, finda-se o ciclo com o encerramento do balanço, ocasião em que são apurados os resultados da empresa.

O ano-base é o ano em que os rendimentos são percebidos, o ano em que se realizam os diversos acontecimentos que compõem o fato gerador do imposto de renda. Ele começa no dia 1º de janeiro e tem o seu termo final em 31 de dezembro. Ao imposto de renda calculado sobre os rendimentos do ano-base – auferidos de 1º de janeiro a 31 de dezembro – aplica-se a lei vigente no exercício financeiro em que deve ser apresentada a declaração, está na Súmula 584-STF, vale dizer, no dia 1º de janeiro seguinte, observada a regra do art. 104, CTN: a lei tem que ser editada no ano anterior, vale dizer, deverá preceder ao exercício financeiro da cobrança do imposto. Deverá, então, ser editada no ano-base.

A Súmula 584 deverá ser aplicada, entretanto, sem perder de vista o princípio da irretroatividade das leis. É que, no período-base, são realizados certos negócios, ou atos jurídicos, que, na forma da lei vigente, ou seriam irrelevantes na formação do fato gerador do imposto, ou influiriam de modo diferente daquele previsto na lei com vigência no primeiro dia do exercício financeiro seguinte.

Ora, tais situações de fato, ou tais acontecimentos, serão regidos pela lei vigente por ocasião de sua ocorrência, dado que *tempus regit actum*.

Quando do julgamento do RE 138.284-CE, que cuidou das contribuições incidentes sobre o lucro das pessoas jurídicas – Lei n. 7.689, de 15.12.88 – trouxe ao debate a tese acima exposta, como um dos fundamentos para a declaração de inconstitucionalidade do art. 8º da citada Lei n. 7.689/88. O meu voto, aliás, foi pela ilegitimidade constitucional do citado dispositivo legal, por ofender ele o princípio da irretroatividade, qualificado pela inexigibilidade da contribuição dentro no prazo de noventa dias da publicação da lei (CF, art. 195, § 6º). É que o lucro, disse eu, apurado no dia 31 de dezembro, é o resultado de diversos negócios jurídicos realizados durante o exercício, 1º de janeiro a 31 de dezembro. A incidência é sobre esse lucro, que é o saldo positivo de entradas e de saídas, de fatos ocorridos durante o exercício. O art. 8º da Lei n. 7.689, de 15.12.88, estaria, pois, a incidir sobre fatos já ocorridos.

Registre-se que o antigo Tribunal Federal de Recursos, julgando a AC 82.686-PR, Relator o Ministro Sebastião Reis, decidiu pela inaplicabilidade da Súmula 584-STF. E o Supremo Tribunal Federal, no RE 103.553-PR, Relator o Ministro Octávio Gallotti, confirmou a decisão do TFR. Posteriormente, em sessão plenária, apreciando os embargos de divergência opostos ao acórdão do Ministro Gallotti, a Corte Suprema deles não conheceu (ERE 103.553-PR, Relator o Ministro Carlos Madeira).

Isto quer dizer que a Súmula 584 deverá ser objeto de debates, no Supremo Tribunal Federal. Possivelmente, será reexaminada. Por mim, acho que é hora de a Súmula 584 ser repensada. Ora, se afirmamos que o princípio da anterioridade qualifica a irretroatividade, no sentido de que há um período de *vacatio legis* no exercício em que a lei é publicada, em que a lei vem a lume, não sei como seria possível sustentar a aplicabilidade de uma norma que tem eficácia após a ocorrência do fato gerador, ou dos acontecimentos que determinam o fato imponível do imposto de renda.

5. *Palavras finais*

Meus senhores, devo parar por aqui. Devo encerrar, não sem antes conclamar os meus eminentes colegas e, principalmente, os novos juízes, a refletirem sobre isto: de nós, juízes, depende a efetiva realização da ordem jurídica, porque a nós cabe guardar e proteger a Constituição e as leis. Penso que, quando bem aplicamos os princípios constitucionais tributários, nós estamos tornando realidade a maior tarefa que o povo, pelos seus representantes, nos conferiu, que é fazer cumprida, respeitada e protegida a Constituição.

Muito obrigado.

DOUTRINA

DIREITO ADMINISTRATIVO PARTICIPATIVO

CAIO TÁCITO
Professor Emérito da Universidade do Estado do Rio de Janeiro

O Direito Administrativo, como disciplina jurídica autônoma, nasce com o Estado Liberal. A atividade administrativa é inerente a qualquer grupo social organizado, por mais primitivo que seja. Contudo, somente quando a norma estatal afirma o direito dos administrados e, como conseqüência, limita a amplitude do poder político, é que a Administração do Estado ingressa no plano formal da legalidade.

Contudo, pelo próprio caráter da atividade administrativa, sensível às mutações da demanda da comunidade, a lei não vincula, estritamente, todas as suas manifestações, ainda que sempre sujeitas ao princípio superior do interesse público.

Se a competência da autoridade é expressa na lei, a prática dos atos administrativos guarda uma razoável margem de escolha do procedimento adequado a cumprir sua finalidade.

A par da necessária vinculação à lei, goza, em suma, a Administração Pública do poder discricionário, variável em extensão segundo a modalidade do serviço prestado.

O liberalismo firmou o princípio da garantia de direitos individuais oponíveis a terceiros e ao próprio Estado. Não são, todavia, direitos ilimitados, de tal modo possa o absolutismo do indivíduo suceder ao absolutismo do Estado.

Cumpre, assim, ao poder público gerir o equilíbrio entre direitos eventualmente conflitantes, mediante o exercício do poder de polícia, que é, por sua própria natureza, modalidade de competência discricionária.

Para que, no entanto, a prática do poder de polícia não se converta em denegação de direitos individuais, o sistema de direito público subordina os atos discricionários a um controle jurisdicional de legalidade, visando a obstar o abuso de poder do administrador.

O direito administrativo francês, na elaboração pretoriana do Conselho de Estado, criou, com esse objetivo, ainda no curso do século XIX a figura do desvio de poder (*détournement de pouvoir*) como norma específica de ilegalidade administrativa.

O instituto bem identifica a violação da ordem jurídica a se evidenciar quando o administrador se desvia da finalidade da lei, para servir a um interesse de outra natureza.

No plano do Estado Liberal, o direito administrativo se caracterizou, dominantemente, como uma prestação unilateral do Estado, ainda que submetido ao pressuposto de legalidade. Salvo casos específicos em que a relação administrativa prevê a adesão da vontade do administrado (como na progressiva formação do regime dos contratos administrativos) a Administração Pública goza, como regra, de uma margem autoritária no sentido de sobrepor seus atos ao consentimento do administrado.

A evolução do direito público, especialmente a partir das duas guerras de âmbito mundial que marcam o século atual, veio a acrescer aos clássicos direitos individuais, novas garantias e liberdades como categorias inovadoras de direitos humanos.

Aos chamados direitos públicos de primeira geração – a saber os direitos e liberdades individuais, consagrados nos modelos francês e norte-americano do término do século XVIII – as Constituições modernas aditaram novos direitos de destinação coletiva.

Quando a evidência de desigualdades entre pessoas fez realçar a inoperância no exercício de garantias individuais de direitos, uma segunda geração de direitos humanos consolidou o sistema de direitos econômicos e sociais, notadamente no âmbito das relações de trabalho, visando à proteção dos mais fracos.

E, a seguir, em nova etapa evolutiva do direito público, o reconhecimento da existência de relações comunitárias, carentes de especial proteção constitucional, institucionalizou uma terceira geração de direitos humanos, protegendo interesses difusos ou coletivos, atribuídos, indeterminadamente, a categorias sociais ou econômicas, desprotegidas de amparo individualizado.

Cuida-se não mais de amparar apenas o indivíduo, na garantia de sua clássica liberdade, ou ao cidadão, no acesso aos direitos políticos, mas de colocar sob o pálio da lei e ao alcance de instrumentos processuais específicos, o consumidor, o usuário ou diretamente a comunidade agredida sem condições adequadas de fruição de bens e serviços.

E, já agora, na iminência de um novo século, as inovações tecnológicas e a abertura de novos canais de comunicação colocam em pauta a expectativa de uma nova geração de direitos humanos que permita a garantia de segurança na vida comunitária e prestigie os princípios da solidariedade e da paz sob a ótica de uma ordem jurídica evoluída em busca de um novo ponto de equilíbrio.

A transição para o Estado pluriclasse – em que, como observa Massimo Severo Gianini, os parlamentos passam a atrair a presença de todas as classes sociais interessadas – é um desafio para os fundamentos do Direito Administrativo, como forma de relacionamento entre a Administração Pública e os administrados.

O Direito Administrativo contemporâneo tende ao abandono da vertente autoritária para valorizar a participação de seus destinatários finais quanto à formação da conduta administrativa.

O Direito Administrativo de mão única caminha para modelos de colaboração, acolhidos em modernos textos constitucionais e legais, mediante a perspectiva de iniciativa popular ou de cooperação privada no desempenho das prestações administrativas.

A participação política do cidadão se expressa na valorização do voto, no aperfeiçoamento dos partidos políticos e na iniciativa popular de projetos de lei.

A presença da empresa na ordem econômica e das instituições privadas na assistência e seguridade públicas marca espécies atuais de participação social.

Tendências semelhantes instituem, no plano administrativo, a participação do administrado, segundo parâmetros de Constituições recentes e de novos estatutos legais.

Constituições que (como a nossa) sucederam a regimes autoritários – a Constituição portuguesa de 1976, reformada em 1982 e 1989 e a Constituição espanhola de 1978 – refletem esta acolhida democrática da participação popular.

A Constituição portuguesa acentua, no art. 2º, entre seus objetivos, o aprimoramento da democracia participativa e situa entre as tarefas fundamentais do Estado "assegurar a participação democrática dos cidadãos na solução dos problemas nacionais" (art. 9º, alínea *c*).

Os direitos de participação política são assegurados em capítulo próprio (arts. 48 e ss.), inclusive pela via do direito de petição e da ação popular (art. 51) e às comissões de trabalhadores e associações sindicais faculta-se participar na elaboração de leis do trabalho e planos econômicos e sociais (art. 54, n. 5, alínea *d*; art. 56, n. 2).

Às associações de consumidores e às cooperativas de consumo é reconhecido o direito a serem ouvidas sobre questões que digam respeito à defesa dos consumidores (art. 60).

O Estado deve buscar o apoio popular aos programas de saúde, família, cultura, educação, habitação e meio ambiente e a participação de professores e alunos na gestão democrática das escolas é objeto de norma específica (art. 77).

Entre as incumbências prioritárias do Estado está a de assegurar a participação das organizações representativas de trabalhadores e das atividades econômicas no planejamento e execução da política econômica e social (art. 81, alínea *i*).

As experiências viáveis de autogestão devem ser estimuladas pelo Estado (art. 86, n. 3) e a participação efetiva dos trabalhadores na gestão de unidades de produção do setor público é assegurada no art. 90.

Representantes dos trabalhadores e das atividades econômicas devem integrar o Conselho Econômico e Social que é órgão de consulta e planejamento estatal (art. 95).

A definição da política agrícola deverá ter a participação dos trabalhadores rurais e dos agricultores, por meio de suas organizações representativas (art. 101).

A participação direta e ativa dos cidadãos na vida política visa à consolidação do sistema democrático (art. 112), a ser exercida tanto pelo voto universal e direto como pelo mecanismo do referendo (art. 118).

O regime da Administração Pública é objeto de Título especial (Título IX). Sua estrutura enfatiza "a participação dos interessados na sua gestão efetiva, por intermédio de associações públicas, organizações de moradores e outras formas de representação democrática" (art. 267, n. 1).

Aos cidadãos é garantido o direito de informação e de acesso a arquivos e registros administrativos e o direito de defesa (art. 268).

Em igual diretiva, a Constituição espanhola insere entre os deveres do Estado o de "facilitar a participação de todos os cidadãos na vida política, econômica, cultural e social" (art. 9º, n. 2) e assegura-lhes "o direito a participar dos assuntos públicos" (art. 23, n. 1).

A lei deverá regular a audiência dos cidadãos, diretamente ou por intermédio da associações reconhecidas (art. 105, alínea *a*) bem como a participação dos interessados na Seguridade Social e na atividade de órgãos públicos cuja função afete diretamente a qualidade de vida ou o bem-estar geral (art. 129) ou atendam à programação geral da educação (art. 27, n. 5). A participação livre e eficaz da juventude no desenvolvimento nacional deve ser promovida pelo poder público (art. 48).

A Constituição brasileira de 1988, dedicada a regular o Estado Democrático de Direito, caminha em semelhante diapasão.

Destaca, em seu Preâmbulo, os valores de uma sociedade pluralista, atribuindo ao povo o exercício do poder, diretamente ou pela representação política (art. 1º, parágrafo único).

Entre os direitos fundamentais arrola o acesso de todos à informação, especialmente à informação administrativa (art. 5º, n. XIV e XXXIII), o direito de petição e de certidão em repartições públicas (n. XXXIV) e a garantia do devido processo legal na esfera administrativa (LV).

A participação popular está presente em normas explícitas, que marcam sua ênfase no sistema administrativo.

A formulação de política e de controle de ações na área de assistência social terá a participação popular (art. 204, n. II), à semelhança do setor de seguridade social (art. 194, n. VII).

De igual modo, a política agrícola deverá ser planejada e executada com participação efetiva do setor de produção, envolvendo produtores e trabalhadores rurais, bem como os setores de comercialização (art. 187).

Igual presença da comunidade está fixada entre as diretrizes do sistema de Saúde (art. 198, n. III), da Educação (art. 305) e da Cultura (art. 216, § 1º).

A defesa e preservação do meio ambiente é dever conjunto do Poder Público e da coletividade (art. 225).

Admite-se a participação de entidades não governamentais em programas de assistência integral à saúde da criança e do adolescente (art. 227, § 1º).

Em terras indígenas, o aproveitamento de recursos naturais deve ser regulado com audiência das comunidades afetadas, às quais cabe participação nos resultados da lavra de riquezas minerais (art. 231, § 3º).

No processo legislativo, a Constituição consagra o princípio da iniciativa de leis mediante projeto subscrito, no mínimo, por um por cento do eleitorado nacional (art. 61, § 2º), e, nas Comissões do Congresso e de suas Casas, prevê audiências públicas com entidades da sociedade civil (art. 58, § 2º, n. II).

Integram o Conselho da República, órgão superior de consulta do Presidente da República, como representantes da comunidade, seis cidadãos brasileiros natos, com mais de trinta e cinco anos (art. 89, n. VII). A Ordem dos Advogados do Brasil participa da escolha de juízes de carreira, pela via do concurso público (art. 93, n. I).

As normas constitucionais, que regem a participação popular, não são necessariamente auto-executáveis.

As várias normas programáticas dependem da lei para abrigar modelos especiais e objetivos de real participação popular.

Assim, o Estatuto da Criança e do Adolescente (Lei n. 8.069, de 13 de julho de 1990, alterada pela Lei n. 8.242/91) dispõe sobre a articulação de ações de órgãos governamentais e não-governamentais que compõem o Conselho Nacional dos Direitos da Criança e do Adolescente (CONANDA) e os Conselhos Tutelares Municipais.

As associações constituídas por particulares são legitimadas para a defesa dos interesses dos consumidores e integram o Sistema Nacional previsto no Código do Consumidor, provendo, em convenção coletiva, sobre relações de consumo (Código do Consumidor, instituído pela Lei n. 8.078, de 1990 e suas alterações).

A tutela ambiental, regulada em legislação própria, aproxima a exploração da propriedade privada das diretrizes fundamentais de proteção ao meio ambiente, em harmonia com o comando superior da Constituição.

Como adverte José Afonso da Silva (*Direito Ambiental Constitucional*, 2ª ed., 1995, p. 206) a participação popular no procedimento de estudo ambiental é uma exigência da própria natureza dos bens de uso comum do povo, que formam o patrimônio ambiental. Daí o acesso do público aos registros de impacto ambiental, submetidos a audiência pública na elaboração dos respectivos projetos.

A lei subordina a prévia audiência pública a instauração de processo licitatório quando superem os limites nela estipulados (Lei n. 8.666/93, art. 39).

Gustavo Henrique Justino de Oliveira, em ensaio que mereceu o Prêmio Osvaldo Aranha Bandeira de Mello, outorgado pelo

Instituto Brasileiro de Direito Administrativo, documentou o papel das audiências públicas no processo administrativo brasileiro, destacando suas virtualidades no Estado Democrático de Direito, como instrumento de legitimidade do poder.

O recente projeto de lei sobre processo administrativo, elaborado por comissão que nos coube presidir, atualmente em curso no Congresso Nacional, prevê a audiência pública como instrumento prévio à tomada de decisões administrativas relevantes (art. 32).

Diogo de Figueiredo Moreira Neto, em aprofundados estudos do tema da participação popular em decisões estatais (*Direito da Participação Política-Legislativa-Administrativa-Judicial*, Editora Renovar, 1992 e "Transformações Juspolíticas do fim do século – Remodelagem do direito público", in *Revista de Direito Administrativo Aplicado*, edição Genesis, Curitiba n. 10, pp. 665 e ss.) relaciona treze institutos de participação administrativa, desde a simples influência do administrado em resoluções do poder público até a vinculação de ato decisório (ob. cit. 125).

Também Maria Sylvia Zanella Di Pietro se esmerou em caracterizar a atuação do particular no funcionamento da Administração Pública, sob variados títulos como as delegações de serviço público, ou a colaboração na gestão administrativa, aproximando o Estado e a sociedade ("Participação popular na Administração Pública", in *Revista de Direito Administrativo*, v. 191, p. 32).

O controle popular da Administração Pública constitui veículo de direta proteção dos princípios fundamentais de legalidade e se exprime, de modo concreto, mediante legitimidade processual atribuída a qualquer cidadão para propor ação popular destinada a anular ato lesivo ao patrimônio público, à moralidade administrativa, ao meio ambiente ou ao patrimônio histórico e cultural (Constituição, art. 5º, LXXIII).

Igualmente, prevê a Carta Magna a legitimação de entidade de classe ou associação privada, em defesa de seus membros ou associados, para propor mandado de segurança coletivo em oposição a ilegalidade ou abuso de poder (art. 5º, LXIX).

Outra perspectiva começa a se projetar, na solução de conflitos de interesse entre o Estado e o particular na possibilidade de admissão da arbitragem como solução consensual de composição patrimonial em contratos administrativos.

Diogo de Figueiredo Moreira Neto acaba de dedicar ao tema amplo estudo a ser publicado em número próximo da *Revista de Direito Administrativo*.

A moderna tendência do direito público marca, pela modalidade acima exposta de novos institutos jurídicos, a transição do Direito Administrativo que, absorvendo a ação participativa dos administrados, valoriza o princípio da cidadania e coloca o indivíduo e a empresa em presença da Administração Pública, como colaboradores privilegiados para a consecução do interesse público.

As aberturas do direito constitucional ainda não alcançam a plenitude da regulação legal e menos ainda a acolhida na burocracia tradicional, voltada para si mesma e mais atenta ao comando imediato da hierarquia do que aos avanços da Constituição. Contudo, são meios dinâmicos de alcançar a plenitude democrática.

De outra parte, ao lado da participação popular acolhida na lei, assistimos, em tempos presentes, às formas espontâneas ou dirigidas de participação popular à margem da lei, em explosões de carência coletiva dos sem-terra e dos sem-teto.

É o desafio das ruas a reclamar a atenção dos gabinetes na agitada consagração de demandas sociais em busca de um novo patamar da sociedade distributiva, que, afirmando o império da lei, não desconheça o senso de justiça.

O amanhã certamente será mais justo e equânime conciliando, em termos estáveis, os dois valores inscritos na legenda da nossa bandeira: Ordem com Progresso.

SIGNIFICAÇÃO DO PRINCÍPIO DA ISONOMIA NA CONSTITUIÇÃO DE 1988

JOSÉ SOUTO MAIOR BORGES

Professor da Faculdade de Direito da Universidade Federal de Pernambuco

1. Hierarquização dos princípios constitucionais. 2. Igualdade perante a lei e igualdade na lei: como se distinguem. 3. Ao decidir a questão constitucional o Judiciário não assume o papel de legislador positivo.

1. Hierarquização dos princípios constitucionais

1.1 No contexto constitucional, o princípio da isonomia não corresponde a uma norma igual em eminência a outra qualquer, ou mesmo aos outros princípios constitucionais. A análise do seu conteúdo revelará a sua insigne posição, que lhe realça decisivamente o significado normativo, em comparação com os outros princípios e normas constitucionais. Com surpreendente perspicácia, Francisco Campos já advertia o intérprete e aplicador da Constituição para a proeminência da isonomia no confronto com os outros princípios constitucionais:

"A cláusula relativa à igualdade diante da lei vem em primeiro lugar na lista dos direitos e garantias que a Constituição assegura aos brasileiros e aos estrangeiros residentes no país. Não foi por acaso ou arbitrariamente que o legislador constituinte iniciou com o direito à igualdade a enumeração dos direitos individuais. Dando-lhes o primeiro lugar na enumeração, quis significar expressamente, embora de maneira tácita, que o princípio da igualdade rege todos os direitos em seguida a ele enumerados" (*Direito Constitucional*, Livraria Freitas Bastos, Rio, 1956, v. 2º, p. 12).

1.2 Essa transcrição, de magistério ainda hoje atualíssimo, fornece, imune à ação do tempo, a pedra de toque para a exegese do texto concernente aos direitos e garantias fundamentais na CF de 1988. Deveras: na ordem da sua hierarquia *substancial*, isto é, de importância da matéria constitucionalmente regulada (e que não se confunde com a hierarquia *formal*, sintática, entre normas supra e infra-ordenadas), os princípios constitucionais, tais como a federação, a república (art. 1º, *caput*) e a tripartição do poder (art. 2º), manifestam essa proeminência no contraste com as restantes normas constitucionais, p. ex., o art. 87, parágrafo único, III, que dá ao Ministro do Estado competência para elaborar relatório anual da gestão de seu ministério. Esse privilegiamento constitucional é acentuado pela própria insusceptibilidade à reforma de alguns desses princípios, sobretudo a forma federativa de Estado, a separação de poderes e dos direitos e garantias individuais (art. 60, § 4º).

1.3 Pois bem: na região dos princípios constitucionais observa-se essa hierarquia também entre as normas-princípio. Porque não é aleatoriamente que o art. 5º, *caput*, da CF de 1988 enuncia a isonomia *antes* da discriminação dos direitos e garantias fundamentais que ele próprio institui. Dessa posição "topograficamente" eminente da isonomia resulta uma proeminência substancial desse princípio: ele penetra, como uma linfa, os demais direitos e garantias constitucionais, perpassando-lhes o conteúdo normativo: "rege todos os direitos em seguida a ele enunciados", na lição de Francisco Campos.

1.4 E a legalidade? Como situá-la nesse contexto? Quer no plano da sua institucionalização constitucional, quer no âmbito da aplicação das normas constitucionais aos casos concretos, a legalidade corresponde ao problema constitucional mais eminente. O mais digno de ser questionado. Sendo o mais universal dos princípios constitucionais, a legalidade há de ser porém confrontada com as exceções estritíssimas que a própria CF lhe estabelece (a título de exemplo: art. 153, § 1º). É cediço o ensinamento de que a norma excepcional tem por função "bloquear" a extensão da eficácia da norma-princípio. Mais precisamente ainda: delimitar o seu próprio âmbito de validade. O que não significa restringi-lo.

1.5 Essas ponderações poderiam levar ao entendimento de que a legalidade seria mais eminente do que a isonomia. Nada mais equivocado entretanto. Porque a legalidade é apenas instrumento de manifestação da isonomia. A CF de 1988 é peremptória: "Todos são iguais perante a lei". Legalidade e isonomia não correspondem a instituições constitucionais diversas. São uma só e única criatura da Constituição. A isonomia deve manifestar-se no âmbito da legalidade. E a legalidade no âmbito da isonomia. Não é a isonomia algo que extrapasse a legalidade. É apenas um dos seus conteúdos necessários. Nem existe igualdade como um dado social reconhecido *a posteriori* pela Constituição. Se assim o fora, não seria ela igualdade no sentido jurídico-positivo. É dizê-la uma instituição normativa.

Mas a CF vai além. Não se limita ao enunciado *tout court* da igualdade, ao lado dos outros princípios constitucionais. Situa-se a isonomia no próprio *caput* do art. 5º, diversamente desses outros princípios e garantias constitucionais, apenas enunciados nos diversos itens em que esse dispositivo capital se desdobra. De suas próprias dobras portanto, a CF já impõe ao exegeta o reconhecimento desse privilégio axiológico atribuído à isonomia.

1.6 A igualdade diante da lei poderia ser ardilosamente entendida como uma igualdade apenas *formal*, no sentido de que nada adiantaria quanto ao conteúdo da lei. A CF se limitaria a assegurar a igualdade de aplicação da lei. Não a igualdade *substancial*. Pois é para espancar esses ardis hermenêuticos que a CF, em mera aparência de redundância, enuncia, já no item I do art. 5º, a igualdade de homens e mulheres em direitos e obrigações. Já aí se manifesta o caráter substancial desse direito. Não se trata de mera igualdade formal diante da lei, mas de igualdade *substancial* no interior da própria legalidade. Esta é a morada da isonomia. Incumbe-lhe a custódia do princípio-dos-princípios constitucionais, a isonomia. Conteúdo necessário da legalidade.

1.7 E a CF é tão ciosa da necessidade de assegurar-se o primado da legalidade e isonomia e demais preceitos do art. 5º que, dando-se pressa em evitar sofismas exegéticos, solenemente proclama, no § 1º desse dispositivo:

"As normas definidoras dos direitos e garantias fundamentais têm aplicação imediata."

Significa afirmar que essas normas são auto-aplicáveis, bastantes em si, auto-executáveis (*Self-executing*, *self-acting*, *self-enforcing*).

1.8 Em tais condições, a CF dá o remédio para os claros de integração legislativa. Se há "espaço" na disciplina legal, que ensejam agressões escancaradas ou subreptícias à legalidade, impõe-se ao Judiciário assegurar o primado da CF. Pois ao Judiciário – e sobretudo ao STF – compete a guarda da Constituição (CF, art. 102, *caput*). Não lhe é então lícito alegar que, na ausência de disciplina legal expressa, ser-lhe-ia impossível restaurar a igualdade. Que teria de curvar-se à desigualdade porque não lhe seria viável atuar como "legislador positivo". Não é bem disso que na hipótese se trata. Restaurando a igualdade, o Judiciário não edita nenhum ato legislativo. Se, no âmbito da legalidade, há um claro, uma omissão qualquer que viabiliza a instauração da desigualdade, não estará o Judiciário exercendo função legislativa ao reintroduzir a igualdade. Esta não é susceptível de amesquinhamento pela legislação integrativa porque corresponde ao conteúdo de um princípio constitucional de aplicabilidade imediata. Conclui-se que o art. 5º, *caput* e seu item I são normas constitucionais de *eficácia plena*, a utilizarmos as categorias doutrinárias de José Afonso da Silva. O princípio constitucional de isonomia é auto-aplicável e, assim sendo, prescinde de integração legislativa. Não estará o Poder Judiciário a usurpar as atribuições do Poder Legislativo ao aplicar a CF, art. 5º, *caput* e item I, na ausência de provimento legislativo adicional que viesse a dispor sobre situações submetidas a uma desigualdade na lei.

Recorde-se ainda aqui, pela sua atualidade, o magistério de Francisco Campos sobre a isonomia na Constituição Federal:

"Esse princípio ela o enuncia em termos absolutos ou plenários, com isso manifestando a intenção de que ele se torne efetivo em toda a latitude do seu sentido e em qualquer circunstância, seja qual for a situação ou a condição da pessoa, a natureza da coisa, a espécie da relação, o estado de fato que a lei pretende reger. Não haverá condições à igualdade perante a lei. A lei será igual para todos e a todos se aplicará com igualdade. É um direito incondicional ou absoluto. Não tolera limitações, não admite exceção, seja qual for o motivo invocado; lei alguma, nenhum poder, nenhuma autoridade poderá, direta ou indiretamente, de modo manifesto ou subreptício, mediante ação ou omissão, derrogar o princípio da igualdade" (ob. e v. cits., p. 14).

2. Igualdade perante a lei e igualdade na lei: como se distinguem

2.1 Há duas formas distintas – nitidamente distintas, posto em geral inapercebidas – de positivação da igualdade jurídica. A primeira delas é a igualdade *diante da lei*. Esta pode existir até mesmo quanto a igualdade não corresponda ao conteúdo da lei. A igualdade perante a lei nada mais significa senão a simples conformidade da conduta normada (i. é., a conduta concretamente efetivada) à norma de conduta, em todas as situações que lhe forem subsumidas. É em suma a igualdade diante do ato de aplicação do direito:

"Com efeito, a chamada 'igualdade' perante a lei não significa qualquer outra coisa que não seja a aplicação legal, isto é, correta, da lei, qualquer que seja o conteúdo que esta lei possa ter, mesmo que ela não prescreva um tratamento igualitário, mas um tratamento desigual" (Kelsen, *A Justiça e o Direito Natural*, Arménio Amado, Coimbra, 1963, p. 79).

A rigor, a igualdade diante da lei somente postula que a aplicação da lei corresponda sempre à sua incidência. Daí o seu caráter formal: nada prescreve sobre a igualdade como o conteúdo da própria lei aplicada. A tônica é aí na inexceptualidade da aplicação concreta da norma, sempre que ocorrentes os seus pressupostos fácticos.

2.2 Não é essa contudo a única igualdade a que se refere o art. 5º da CF. Porque esse dispositivo trata da igualdade não só ante a lei, mas também como um *conteúdo* da legislação que lhe é integrativa. Vincula-a, numa relação sintática de supra-e subordinação, no tocante ao seu conteúdo, isto é, ao próprio âmbito material de validade da norma (igualdade *na* lei, igualdade contenutística – diria Pontes de Miranda). De tal sorte que, se desconsiderado o preceito constitucional, o ato legislativo ou administrativo de sua aplicação incorrerá em inconstitucionalidade. A igualdade na lei é igualdade material; somente existe quando a lei prescreve um tratamento igualitário. Será a igualdade, em tais condições, "matéria" do ato legislativo.

A CF, no seu art. 5º, não enuncia apenas a igualdade formal de todos diante da aplicação da lei. Não se circunscreve a anunciar o direito à reta aplicação da lei tributária, entendida como a adequação entre norma de conduta e conduta normada. Adequação a ser procedida no ato de aplicação pelos juízes e tribunais. Tal limitação, um amesquinhamento do princípio, somente poderia prevalecer se o art. 5º estancasse a formulação do direito à isonomia na parte inicial do seu enunciado: "Todos são iguais perante a lei" (e não *na lei*).

2.3 Um dos mais delicados, se não o mais delicado problema de exegese da isonomia, consiste na prefixação dos seus *limites*, isto é a caracterização das discriminações constitucionalmente toleradas e as que não o são. Sejam quais forem esses limites (que aqui não cabe predeterminar) pode-se concluir pela extrema amplitude de significado normativo do direito à isonomia como conteúdo da lei porque o próprio art. 5º é logo a seguir expresso: a igualdade não é só diante da lei. Ela se completa pela expressa interdição constitucional: "Sem distinção de qualquer natureza". Já aí a CF vincula o conteúdo da legislação integrativa, esclarecendo em que consiste o igual tratamento. Trata-se da consistência material da própria igualdade. Quando se considere que a igualdade é princípio dirigido primariamente à legislação integrativa da CF, há de concluir-se que a lei deve incluir a igualdade, a indistinção "de qualquer natureza" como um conteúdo seu, um componente material e pessoal do seu âmbito de validade normativa.

2.4 No geral, o conteúdo do art. 5º recolhe, dando-lhes positivação, as clássicas "declarações de direitos" da doutrina tradicional do direito público. Mas essas "declarações" somente conferem tecnicamente um direito público subjetivo quando atribuem aos cidadãos a faculdade de recorrer ao Judiciário contra eventuais procedimentos inconstitucionais dos órgãos do Estado. Quando as pessoas podem acionar um processo que culmine em nulificação do próprio ato cuja inconstitucionalidade vier a ser judicialmente proclamada (cf. Kelsen, *Teoría General del Derecho y del Estado*, Fondo de Cultura Económica, México, 1949, p. 279).

Ora, a CF, no seu art. 5º, § 1º, prescreve, como visto, que as normas definidoras dos direitos e garantias fundamentais têm aplicação imediata. Logo, o mais fundamental delas – a isonomia – independerá de qualquer integração legislativa. E mais ainda: poderá ser invocada sempre que a lei institua uma desequiparação constitucionalmente interdita entre iguais situações de fato. A sua aplicação imediata corresponderá a uma das mais relevantes atribuições do Poder Judiciário.

2.5 Não há no entanto confundir os *direitos* fundamentais da CF com as suas *garantias*, meios ou instrumentos assecuratórios instituídos pela CF, para preservar a efetividade dos direitos fundamentais:

"Ora uma coisa são garantias constitucionais, outra coisa dos direitos, de que essas garantias traduzem, em parte, a condição de segurança, política, ou judicial. Os direitos são aspectos, manifestações da personalidade humana em sua existência subjetiva, ou nas suas situações de relações com a sociedade, ou a indivíduos que as compõe. As *garantias constitucionais stricto sensu*, são as solenidades tutelares, de que a lei circunda alguns desses direitos contra os abusos do poder" (Ruy Barbosa, *Comentários à Constituição Federal Brasileira*, Saraiva, 1934, v. 5ª, p. 178 – os grifos são desse autor).

Nessas condições, o direito à isonomia se aperfeiçoa pela predeterminação constitucional do seu perfil, seu âmbito de validade: *(a)* igualdade perante a lei, *mais (b)* igualdade na lei, *mais (c)* a vedação de distinções de qualquer natureza. Como será no entanto garantido esse direito, cujas normas respectivas são de aplicação imediata (art. 5º)? Responde-se com a seqüência desse dispositivo constitucional, *caput*: "garantindo-se aos brasileiros e aos estrangeiros residentes no País a inviolabilidade do direito à vida, à liberdade, *à igualdade*, à segurança e à propriedade, nos termos seguintes: "I – homens e mulheres são iguais em direitos e obrigações nos termos desta Constituição".

2.6 Estranha vocação constitucional, a da igualdade. Sobre ser uma norma definidora de um direito (norma que tem aplicabilidade imediata) e um princípio (mais eminente até que os outros princípios do art. 5º) é ela ainda um instrumento constitucional de preservação de si própria. É dizer: constitucionalmente a igualdade garante a igualdade. O paradoxo é apenas aparente. A igualdade formal garante a igualdade material. Se todos são iguais na aplicação da lei, no sentido de que a lei indiscriminadamente a todos se aplica, mas o seu conteúdo não abriga a isonomia, há violação da igualdade *material*. Se reversamente a lei isonômica a todos não se aplica, nem todos são iguais perante a lei: iguais serão apenas os beneficiários da sua aplicação, ficando de fora da isonomia os que não o forem. Nessa última hipótese, há violação da igualdade *formal*. Por isso diz-se que a igualdade garante a igualdade. Essas normas somente podem ser interpretadas uma em conexão com a outra. Se essa conexidade for desconsiderada, abre-se oportunidade à aplicação da igualdade apenas formal (igualdade perante a lei), com prejuízo da igualdade material (igualdade na lei).

Torna-se manifesto por essa via que a CF, no seu art. 5º, estrutura a isonomia de modo refinadamente complexo. Primeiro como um direito à reta aplicação da lei (princípio formal). Segundo, como um princípio cujo conteúdo (não a mera forma de sua aplicação portanto) é inegavelmente amplo e até inexceptuável, pela vedação de distinções de qualquer natureza (princípio material e pessoal). Terceiro porque ela regula também os meios assecuratórios desse direito (a lei e outros atos normativos, como as sentenças judiciais).

2.7 Já nos seus *Comentários à Constituição de 1946*, v. 4º, p. 64, Pontes de Miranda advertia que, no tocante à igualdade, dois princípios fundamentais poderiam ser explicitados, a saber: 1º, o de igualdade perante a lei e 2º, o de igualdade na lei: "O texto começa a enumeração dos direitos fundamentais pelo *princípio de isonomia ou princípio de igualdade perante a lei*, dito também princípio formal porque não iguala 'materialmente'. Todos são iguais perante a lei. O princípio dirige-se a todos os poderes do Estado. É cogente para a legislatura, para a administração e para a justiça. Aliás podem ser *explicitados* dois princípios: um, de igualdade perante a lei feita, e outro, de igualdade na lei a fazer-se. Não é só a incidência e a aplicação que precisam ser iguais, é preciso que seja igual a legislação" (os grifos são desse autor).

Essa lição é ainda hoje atual e aplicabilíssima à CF de 1988.

2.8 São no entanto questões diversas, e portanto apartáveis entre si, a de saber se a norma foi feita conforme as exigências de Constituição revogada – na hipótese a de 1967 – e a de saber se a norma persiste em vigor com o advento da Constituição nova, a de 1988. Se se trata de norma instituída sob a regência da CF de 1969, é esta que responderá a indagação ser ela constitucional ou não à luz dessa Constituição então em vigor. Quanto a persistir a sua vigência sob a CF de 1988 é outra questão – que somente poderá ser resolvida com base na Constituição nova.

Nesse mesmo sentido é a lição de Pontes de Miranda:

"Se, com a nova Constituição, forem inconciliáveis implícita ou explicitamente todas as regras, escritas ou não, do direito anterior, todas elas deixarão de vigorar no instante mesmo em que se iniciou a vigência da nova Constituição" (*Comentários*, cit., v. 5º, p. 276).

Por força do princípio de continuidade da normatividade jurídica, somente pode anular-se *in concreto* norma instituída conforme o devido processo constitucional que lhe fundamentara a validação, se ela vier a chocar-se com a CF nova.

3. Ao decidir a questão constitucional o Judiciário não assume o papel de legislador positivo

3.1 A consideração de que as normas definidoras dos direitos e garantias fundamentais têm, na CF de 1988, aplicação imediata e pois independem de integração legislativa – ilumina a exegese do seu artigo 102, parágrafo único, em cujos termos:

"A argüição de descumprimento de preceito fundamental decorrente desta Constituição será apreciada pelo Supremo Tribunal Federal, na forma da lei."

Uma interpretação apressada e extremamente superficial desse preceito poderia nele vislumbrar uma norma constitucional de *eficácia limitada*, para utilizar-se a classificação tipológica das normas constitucionais preconizada por José Afonso da Silva (*Aplicabilidade das normas constitucionais*, 2ª ed., RT, São Paulo, 1982). A depender portanto de integração legislativa para a produção dos efeitos jurídicos que lhe são próprios.

3.2 Todavia os princípios consubstanciados na declaração dos direitos e garantias fundamentais são auto-executáveis. Logo, um dispositivo que apenas tem por função instrumentar a sua apreciação judicial, tornando-a efetiva, não deve jamais servir para furtar-se o Judiciário a sindicar a questão constitucional, sob alegação de que *só* na forma da lei superveniente lhe seria possível apreciar a questão constitucional suscitada pela alegação de violação à isonomia.

3.3 O art. 102, parágrafo único da CF de 1988 é portanto auto-aplicável. Na ausência da lei integrativa, aplicar-se-á esse preceito em toda a sua inteireza. Àquela incumbe tão-só disciplinar o procedimento judicial de apreciação da argüição de inconstitucionalidade. Não deverá o Judiciário, sob pretexto de ausência da lei processual integrativa, negar-se a apreciar de plano a questão constitucional suscitada, se a decisão recorrida, p. ex., objeto de recurso extraordinário, contrariar dispositivo constitucional (CF, art. 102, III, *a*). A cláusula terminal do art. 102, parágrafo único "na forma da lei" significa o mesmo que "segundo o devido processo legal". Quando no entanto a CF não estabelece – como é o caso – qual o procedimento a ser adotado pela legislação integrativa, a conseqüência será que, em decorrência da indeterminação constitucional mesma, todos os meios procedimentais são válidos e utilizáveis para o Judiciário aplicar de imediato o preceito constitucional. Demais disso, a lei processual pode ser tanto a preexistente à vigência da CF, quanto a que lhe for subseqüente.

DOUTRINA

ESTADO DE DIREITO E DEVIDO PROCESSO LEGAL

LUCIA VALLE FIGUEIREDO

Professora Titular de Direito Administrativo da Pontifícia Universidade Católica de São Paulo – Juíza do Tribunal Regional Federal da 3ª Região

I – Estado de Direito e Estado Democrático de Direito. II – Estado Democrático de Direito. III – O devido processo legal no Estado Democrático de Direito. IV – O devido processo legal e a igualdade material. V – A responsabilidade do Estado como decorrência do Estado Democrático de Direito. VI – A fundamentação das decisões administrativas. VII – O processo administrativo e o devido processo legal.

I – Estado de Direito e Estado Democrático de Direito

1. Qualquer Estado poderá ser Estado de Direito? Ou à noção de Estado de Direito deverá corresponder pressupostos mínimos?

Se não estiver o Estado curvado à *rule of law*, tal seja, à lei a que o poder estatal deve se submeter, sequer poderíamos cogitar na existência de um Estado Democrático de Direito.

Todavia, a sujeição à lei é insuficiente para caracterizar o Estado de Direito materialmente; há necessidade da existência de determinadas outras características absolutamente essenciais, tais sejam, a separação de poderes para a existência dos "freios e contrapesos", do "juiz natural", ou, em outras palavras, de juiz não de exceção ou *post facto*, e, além disso e certamente, de juiz imparcial, dotado de prerrogativas para o exercício da magistratura independente.

2. Enfim, não poderá a lei ser aparentemente respeitada e os conflitos entre administração e administrados não serem dirimidos imparcialmente, sem que a administração em juízo seja uma parte igual às outras.

Sem tais requisitos fundamentais não estaremos em face de *Estado de Direito*, porém ainda estaremos, na verdade, em arremedo, em aparência de legalidade. Se não fora assim, quaisquer regimes de exceção, como, por exemplo, o regime nazista, estaria amplamente justificado.[1]

1. Vejam-se a respeito as obras de Geraldo Ataliba, *República e Constituição*, pp. 93 e ss., bem como Biscaretti di Ruffia, *Direito Constitucional*, traduzido por Maria Helena Diniz, cap. I, ainda Santi Romano, tradução de Maria Helena Diniz, *Princípios de Direito Constitucional*, principalmente, caps. VI, VII, VIII e IX, Carlos Roberto de Siqueira Castro, *O devido processo legal e a razoabilidade das leis na nova Constituição do Brasil*, caps. I, II e III. Também consulte-se a importante obra de Sampaio Dória, *Direito Constitucional Tributário e "Due process of law"*, cap. II.

3. José Afonso da Silva enfatiza que não se pode apenas considerar o Estado de Direito pela legalidade. Afirma o eminente publicista:

"Por outro lado, se se concebe o Direito apenas como um conjunto de normas estabelecidas pelo Legislativo, o Estado de Direito passa a ser o Estado de Legalidade, ou Estado legislativo, o que constitui uma redução deformante. Se o princípio da legalidade é um elemento importante do conceito de Estado de Direito, nele não se realiza completamente".[2]

II – Estado Democrático de Direito

4. Como se depreende, ao Estado de Direito não é necessário, ou não lhe é essencial, a organização democrática. Se houver democracia, estaremos em face do Estado Democrático de Direito, ao qual, em seguida, nos referiremos. Mas, como se verifica também, ao Estado de Direito não é suficiente apenas o respeito à lei, pois, como já dissemos anteriormente, este grande equívoco validaria qualquer Estado, mesmo aquele em que atrocidades e desprezo total à liberdade e à cidadania existissem.

5. O Estado Democrático de Direito, como inserido na Constituição em seu art. 1º, necessita, além dos requisitos já enumerados, que o *poder emane do povo*. Em nossa Constituição, este é exercido direta ou indiretamente (parágrafo único do art. 1º).

Portanto, o Estado somente poderá ser democrático se e quando o povo exercer efetivamente o poder por meio de seus representantes, ou, em algumas circunstâncias, diretamente. Além disso, e, efetivamente sobremais disso, mister que direitos fundamentais constem das cartas políticas e sejam cabalmente respeitados. Em conseqüência, o Estado de Direito é estado de legitimidade.[3]

6. Enumera o ilustre constitucionalista precitado, José Afonso da Silva, os princípios necessários para existência efetiva do Estado Democrático de Direito. São eles: princípio da constitucionalidade, princípio democrático; princípio da justiça social, sistema de direitos fundamentais, como já assinalamos, princípio da igualdade, princípio da Divisão de Poderes, princípio da legalidade e da segurança jurídica.[4]

Consideramos essas noções necessárias como propedêuticas ao tema, embora também sejam seu núcleo fundamental. Haveremos de discorrer sobre alguns desses princípios na medida em que sejam de transcendental importância para caracterização do Estado Democrático de Direito e, nele, ser inserido o devido processo legal.

III – O devido processo legal no Estado Democrático de Direito

7. Devemos inicialmente recordar a extensão da cláusula do "devido processo legal". Lembremo-nos que o devido processo legal aparece com acepção meramente formal, em 1215, na Magna Carta, escrita em latim (exatamente para que poucos tivessem acesso a seu conteúdo), época em que o Estado era a lei. Na verdade, fazia a lei, cumpria a lei – ele mesmo – mas, a lei era a que o soberano ditava.

Destarte, aparece nessa época o devido processo legal, exatamente para que o

2. José Afonso da Silva, *Curso de Direito Constitucional Positivo*, 12ª ed. revista e atualizada nos termos da Reforma Constitucional, 1996, Malheiros Editores, p. 115.

3. Veja-se a excelente obra de Diogo de Figueiredo Moreira Netto, *Direito da participação política. Fundamentos e técnicas constitucionais da democracia*. São Paulo, Renovar, s.d.

4. Id., ib., pp. 107-108. É evidente que o princípio da separação de poderes deverá ser efetivo e não apenas formal. Se o Congresso estiver completamente subjugado ao Executivo, teremos apenas formalmente um Estado Democrático de Direito.

baronato tivesse a proteção da *law of the land*, a lei da terra, ou, como também conhecida mais tarde, a *rule of the law*. Os senhores feudais deveriam conhecer qual era a lei a seguir, a se submeter. Mas, verifica-se que, ainda, o devido processo legal tinha conteúdo meramente formal. Formal e sem a expressão com que, depois, passaria do Direito Inglês para as colônias americanas e, mais tarde, para a Federação Americana.

8. É, todavia, depois das Emendas V e XIV, que o devido processo legal toma outro corpo. A Emenda V deixa claro que o direito à liberdade e à propriedade obedecem o devido processo legal, o *due process of law*. Mas ainda persiste o caráter formal durante a Emenda V.

Na Emenda XIV, há grande transformação, isso porque já não mais se fala, apenas, do devido processo legal, mas na igual proteção da lei: *equal protection of law*. Então, depois da Emenda XIV, sobretudo com a aplicação que a Suprema Corte Americana faz da cláusula, dá-se abrangência muito maior. O devido processo legal passa a significar a *igualdade na lei*, e não só *perante a lei*.

Há distância enorme entre *respeitar-se a igualdade em face da lei* e a *igualdade dentro da lei*, como a breve passo versaremos.

9. Somente será *due process of law* aquela lei – e assim poderá ser aplicada pelo Magistrado – que não agredir, não entrar em confronto, não entrar em testilhas com a Constituição, com os valores fundamentais consagrados na Lei das leis.

Quando o texto constitucional prescreve no art. 5º, inc. LV, a obrigatoriedade do devido processo legal – e é o primeiro texto constitucional que a contém expressamente – não é por acaso. É um texto constitucional absolutamente moderno, é o texto constitucional da cidadania.

Deveras, depois da declaração de direitos individuais e coletivos, traz a Constituição em seu bojo o *devido processo legal* e, para que não quede dúvida, traz duas vezes. Os outros textos referiam-se à ampla defesa, mas *ampla defesa* no Processo Penal. Claro que o Judiciário já havia feito a aplicação para o Processo Civil, mas é a primeira vez que a cláusula do devido processo legal aparece em texto constitucional brasileiro, com a acepção expressa para os processos em geral, inclusive o administrativo.

10. De conseguinte, impõe-se a conclusão que o conteúdo é o mesmo do Direito Americano, isto é, o devido processo legal abrigando a *igualdade substancial* e *formal*.

Não é possível pensar-se que, no final do século, com a evolução do Direito Americano desde as primeiras décadas deste mesmo século, quando se incorpora a cláusula em nossa Constituição, equiparável às melhores Constituições do Primeiro Mundo, à Constituição Espanhola, à Constituição Portuguesa, à Constituição Alemã – não é possível, repetimos, suporse que o texto constitucional empregasse a cláusula do *devido processo legal* apenas com seu aspecto formal, com o aspecto do século passado.

Em outras palavras, somente no caso concreto – em face de lei concreta ou da aplicação concreta que um juiz ou administrador faça, em procedimentos, ou processos administrativos ou judiciais, é que veremos se foi cumprido o *due process of law*, que dependerá das circunstâncias, como dizia o grande Holmes.[5]

Passemos a enfrentar o *due process* em seu aspecto material, de grande importância.

5. Como o *due process* deve ter sentido substantivo, somente no caso concreto poderemos verificar se foi efetivamente respeitado.

IV – O devido processo legal e a igualdade material

11. O princípio da igualdade, averbamos, coloca-se como vetor fundamental no texto constitucional. Em conseqüência, como vetor fundamental do devido processo.

A generalidade da norma jurídica deve conduzir à igualdade *perante* a lei, porém também a *equal protection of law*, tal seja, à igualdade *na lei*.

O princípio da igualdade é a mola propulsora do Estado de Direito; sem seu cumprimento o exercício da função administrativa seria realmente sem sentido. Não se concebe possa estar a função administrativa debaixo da lei e sem respeitar o princípio fundamental, matriz de todos os outros.

Em decorrência, o princípio da igualdade deve nortear, de ponta a ponta, toda atividade da Administração e os provimentos, por esta emanados, só serão válidos à medida que estejam atendendo ao princípio.

A exata dimensão do princípio da igualdade é de cabal importância também ao entendimento da discricionariedade, pois, se atento se estiver ao cumprimento do princípio, ver-se-á quando a Administração pode desigualar, quando pode agir adotando certos discrímines e quando não pode como, por exemplo, em atos administrativos gerais.

Em San Thiago Dantas vamos encontrar o exato conceito do que seja a igualdade na lei, o que significa.

Primeiro, San Thiago Dantas – in *Problemas de Direito Positivo. O Conteúdo Jurídico do Princípio da Igualdade* – diz que a lei, quando discrimina, não pode escolher aleatoriamente as situações. Tem de haver *razoabilidade nas classificações*. Caso não haja, não se poderá dizer cumprido o *due process of law*, mas, antes, haverá *undue process of law*, se não houver a predita razoabilidade das classificações.

12. Destarte, somente se concebe a igualdade na lei[6] se as classificações forem lógicas, razoáveis, obedientes a discrímines próprios. Por outro lado, também se refere San Thiago Dantas ao respeito aos princípios explícitos e implícitos da Constituição.

13. Aqui, lembraria que a nossa Constituição da República Federativa do Brasil, logo no seu pórtico, no art. 1º, tem por fundamentos a *soberania, a cidadania, a dignidade da pessoa humana, os valores sociais do trabalho e da livre iniciativa, bem como o pluralismo político*.

O princípio da legalidade está atrelado ao devido processo legal em sua faceta substancial e não apenas formal. Em sua faceta substancial – igualdade substancial – não basta que todos os administrados sejam tratados da mesma forma. Na verdade, deve-se buscar a meta da igualdade na própria lei, no ordenamento jurídico e em seus princípios.

Já se referia Canotilho, na *Constituição Dirigente*,[7] que a chamada discricionariedade do Legislativo tem de ser aferida diante dos princípios constitucionais. Não é o legislador livre. Deve respeitar os princípios constitucionais, ainda que implícitos. Tudo, que estiver na Constituição como vetor, terá de ser respeitado pelo legislador.

A Constituição da República Federativa do Brasil de 1988, em seu art. 5º, LV, vez primeira, vai trazer expressamente a garantia do "devido processo legal", tanto nos processos judiciais quanto nos administrativos.

Com efeito, na literalidade do mencionado inc. LV: "Art. 5º. (...) LV – Aos liti-

6. Ao tema é imprescindível a consulta do *O conteúdo jurídico de princípio da igualdade*, de Celso Antônio Bandeira de Mello, São Paulo, Malheiros Editores.

7. José Joaquim Gomes Canotilho, *Constituição Dirigente e Vinculação do Legislador*, Coimbra, Coimbra Editora, 1982, p. 74.

gantes, em processo judicial *ou administrativo*, e aos acusados em geral são assegurados o contraditório e ampla defesa, com os meios e recursos a ela inerentes" (grifamos).

14. O respeito ao devido processo legal deverá informar *todos os procedimentos judiciais e também os administrativos.*

Antes da atual Constituição, como já afirmamos, era, no processo penal, por estar em jogo bem de vida supremo, a liberdade do indivíduo, que se verificava com maior facilidade o respeito ao *devido processo legal.*

O processo judicial, claro está, compreende o cível e o penal. A grande novidade, como dissemos, ficou por conta da inclusão do processo administrativo, lado a lado com o judicial.

Quaisquer dos "poderes" (poderes encontra-se entre aspas, porque, na verdade o Poder é uno, exercido por meio de funções) do Estado vinculam-se inteiramente à lei em seu sentido amplo.

V – A responsabilidade do Estado como decorrência do Estado Democrático de Direito

15. Já pontuamos os postulados do Estado de Direito e, cumpre agora lembrar, como diz Celso Antônio Bandeira de Mello,[8] que todo Direito Administrativo se constrói sobre duas pilastras: de um lado as competências do Estado, as funções estatais, e de outro, as garantias dos administrados. Desse postulado, constrói-se o regime jurídico administrativo, com o desdobramento dos princípios.

Aos princípios do Estado de Direito[9] deve corresponder necessariamente a obrigação de se *responsabilizar o Estado por condutas que atinjam os administrados, sejam estas lícitas ou ilícitas* (art. 37, § 6º, da Constituição).

Impende verificar, desde logo, que a responsabilidade, acolhida pelo texto constitucional atual, é objetiva quanto ao Estado. E, também, objetiva no que tange àqueles que exercem funções estatais. É dizer: ocorrendo dano, prescinde-se do dolo ou culpa, bastando ficar provado o nexo de causalidade entre esse dano e a conduta estatal. Todavia, relativamente ao funcionário é subjetiva.

Entretanto, se é intuitiva a captação de ter optado o texto pela responsabilidade objetiva, estamos a pensar, sem dúvida, nos atos ilícitos ou lícitos, praticados por ação. Quanto à omissão, o problema aparece um pouco diferente.

16. No tocante aos atos ilícitos, decorrentes de omissão, devemos admitir que a responsabilidade só poderá ser inculcada ao Estado se houver prova de culpa ou dolo do funcionário. Esta é a posição dos Professores Celso Antônio Bandeira de Mello e do ilustre, querido e saudoso mestre, Oswaldo Aranha Bandeira de Mello.[10]

Deveras, ainda que consagre o texto constitucional a responsabilidade objetiva, *não há como se verificar a adequabilidade da imputação ao Estado na hipótese de omissão, a não ser pela teoria subjetiva.*

Assim é porque, para se configurar a responsabilidade estatal pelos danos causados, há de se verificar (na hipótese de omissão) se era de se esperar a atuação do Estado.

Em outro falar: se o Estado omitiu-se há de se perquirir se havia o dever de agir. Ou, então, se a ação estatal teria sido de-

8. *Curso de Direito Administrativo*, 6ª ed. revista e ampliada, Malheiros Editores, 1995, pp. 15-42.

9. Ruy Cirne Lima, *Princípios de Direito Administrativo*, 5ª ed., Ed. RT, p. 51.

10. Oswaldo Aranha Bandeira de Mello, *Princípios de Direito Administrativo*, v. 2, pp. 486-487; também Celso Antônio Bandeira de Mello, *Curso de Direito Administrativo*, 6ª ed., p. 515, Malheiros Editores, 1995.

feituosa a ponto de se caracterizar insuficiência da prestação de serviço.

Não há como provar a omissão do Estado, sem antes conferir se houve *faute de service*. É dizer: não ter funcionado o serviço, ter funcionado mal ou tardiamente.

16.1 Em conclusão: verificamos que o princípio da responsabilidade do Estado por atos ilícitos aparece como conseqüência lógica do princípio da legalidade. Sobremais disso, as prerrogativas especiais dadas à Administração impõem a responsabilidade objetiva do Estado.

De seu turno, a responsabilidade por atos lícitos decorre do princípio da igualdade, da divisão equânime das cargas públicas. E, além disso, a responsabilidade por atos ilícitos não se confina aos atos comissivos, porém também se estende aos omissivos.

16.2 Excludentes da responsabilidade. Se no direito brasileiro a responsabilidade é objetiva, tal seja, basta o dano e o nexo causal, devemos assinalar situações não possibilitadoras de indenização. É dizer: excludentes da responsabilidade estatal.

Claro está que se a culpa for *exclusivamente* do lesado não responderá o Estado. Cautelas, entretanto, devem ser tomadas para que se não afaste a responsabilidade estatal quando seria devida.

Em outro falar: se o dano não ocorreria, caso a conduta da vítima não tivesse provocado o agravo, não se há de cogitar em responsabilização estatal.

Doutra parte, exclui-se também a responsabilidade estatal nas hipóteses de força maior. Se houver, por acaso, tomando-se como exemplo, terremoto de graves proporções, absolutamente incontrolável e inevitável, não se poderá pretender obrigar o Estado a indenizar.

A força maior há de ser entendida dentro de seus limites próprios, tais sejam, ocorrências *naturais, imprevistas e imprevisíveis que, ao ocorrerem, provocam danos*. Não se pode, entretanto, cogitar na existência de força maior quando, por exemplo, ocorram inundações na cidade, inundações essas previsíveis e que demandariam obras de infra-estrutura não realizadas.

Demais disso, também não se poderia dizer ter ocorrido força maior se tombasse árvore sobre carro estacionado por ocasião de tempestade, e a árvore, por hipótese, estivesse sem exame de suas raízes por muito tempo. Ou, ainda, se já fora condenada por agrônomos. Somente a análise da hipótese concreta poderá resolver o problema.

Conseqüentemente, insculpida no nosso texto constitucional a responsabilidade objetiva – *postulado do verdadeiro Estado de Direito*, no qual a Administração age manietada, coartada, ao "influxo de uma finalidade cogente", como nos diz Cirne Lima –, cumpre, efetivamente, haja contrapartida dos agravos que devam ser suportados pelos administrados para implementação do interesse público. E, ademais e, principalmente, não sejam suportadas ilicitudes em franca agressão ao ordenamento jurídico.

VI – A fundamentação das decisões administrativas

17. De outra parte, a fundamentação das decisões administrativas e a razoabilidade de tais decisões são de cabal importância para sua validade.

Como venho dizendo desde a promulgação da Constituição, pouco importa o fato de não estar a motivação expressa no art. 37. Assim é posto que, no art. 93, X, obriga-se a motivação das decisões administrativas dos tribunais.

Ora, se as decisões administrativas do Judiciário devem ser motivadas, claro está que também a motivação é necessária para as decisões do Executivo. Deveras, o Judiciário exercita função administrativa de maneira atípica, pois, tipicamente, sua função é a judicial.

Procedendo-se à interpretação sistemática, não seria de se supor que os tribunais devessem motivar suas decisões administrativas e não fossem a isso obrigados os administradores, a quem cabe expressamente a função administrativa, portanto, de maneira típica.

Logo, pouco importa que não se encontre a motivação sediada no art. 37, no Capítulo VII, referente à Administração Pública, que não esteja topograficamente inserida ao lado dos outros princípios. Pouco importa, porque se acha na mesma Constituição, e expressamente, ainda que esteja, como assinalado, referindo-se ao Poder Judiciário.

18. De outra parte, teríamos o princípio, de qualquer forma, consagrado no texto constitucional na medida em que o art. 5º, XXXV, dá possibilidade de acesso amplo à jurisdição quando houver lesão ou, até mesmo, apenas ameaça a direito.

É dizer, não somente a lesão possibilita o acesso ao Judiciário, mas até mesmo a ameaça de lesão. Ora, sabida é a impossibilidade de acesso ao Judiciário se as decisões não forem motivadas. Como discutirá a parte seu direito, se não souber sequer o fundamento das decisões?

Em conseqüência, o art. 5º, XXXV, da Constituição da República também clama pela necessidade de motivação. Ademais, nesta Constituição, no art. 5º, LV, às claras, às abertas, encontra-se o asseguramento do contraditório e da ampla defesa aos litigantes e aos acusados em geral, com os meios e recursos a eles inerentes, tanto no processo judicial quanto no administrativo.

Portanto, outro fundamento da necessidade expressa de motivação sedia-se no próprio inc. LV do art. 5º. Não seria viável, de forma alguma, o contraditório e a possibilidade de ampla defesa se motivação não houvesse.

A motivação é a explicitação das razões que levam o administrador a decidir de uma maneira ou de outra, diante de determinada situação, diante de determinados pressupostos, diante de determinados fatos. O administrador pode chegar à decisão "A", "B", ou "C", respaldando-se em parecer técnico, por exemplo; todavia, é importante e indispensável declinar as razões ensejadoras de tal decisão. Não é possível que o administrador ou o juiz omitam a motivação.

Assim fazem os administradores quando dizem: "indefiro com base no artigo tal, inciso tal". Pouco importa se o artigo tal ou qual dá suporte à aplicação da pena em tese. Mas, às vezes, as penas a serem aplicadas são alternativas, ou em escala crescente. Tanto o administrador como o juiz deverão dizer: "aplico o artigo tal, inciso qual, porque a questão examinada, tais e tais fatos inserem-se na hipótese legal, por força de tais ou quais razões".

É dizer: de forma alguma a alegação de dispositivo legal pode ser considerada motivação, fundamentação do ato. É, apenas, a fundamentação legal. No Estado Democrático de Direito, a *motivação* integra, de maneira inarredável, ainda que possa não estar explícita, o *devido processo legal em seu sentido material*. É sua pedra fundamental.

VII – O processo administrativo e o devido processo legal

19. No processo administrativo sempre se contém procedimento. Processo é o caminhar para a frente, a fim de se chegar a determinado termo, a determinado ponto. Então podemos falar, como também faz a Constituição, de processo legislativo, judicial e executivo.

Todavia, é assente que, na doutrina administrativista, prepondera o termo procedimento. Porém, na verdade, entendemos deva o procedimento ser reservado às formalidades que devam preceder aos atos administrativos, à necessidade administrativa de praticar determinados atos anteriormente ao ato final.

Procedimento, consoante se nos afigura, é o caminho a ser percorrido pela Administração a fim de cumprir determinadas formalidades seqüenciais para chegar ao ato final. Exemplifiquemos com o procedimento de licitação, procedimento de concurso, procedimento de lançamento, de inscrição da dívida ativa etc. Enfim, para a emanação de ato administrativo sempre haverá procedimento. Embora, é bem verdade, há atos em que essas formalidades são extremamente singelas.

Como vimos, o termo "procedimento" emprega-se em duas acepções. Ora refere-se ao conjunto de formalidades necessárias para emanação de atos administrativos, ora como a seqüência de atos administrativos, cada qual *de per si* desencadeando efeitos típicos (como, no exemplo citado, procedimentos concorrenciais, concurso, licitação), porém todos tendentes ao ato final, servindo-lhe de suporte de validade.

No primeiro caso, conjunto de formalidades, há uma série de atos (inclusive de terceiros) e fatos administrativos necessários à formação válida do procedimento.

E o processo, de seu turno, estará caracterizado pela "litigância" ou contraposição de interesses, ou, ainda, pelas "acusações", portanto, revisão necessária dos atos administrativos, quer seja por iniciativa própria (de ofício) ou por provocação do administrado ou de terceiro.

Não nos parece, pois, que o art. 5º, LV, do texto constitucional quisesse se referir simplesmente ao procedimento, quer seja ao nominado ou inominado.

Em face da preocupação do texto constitucional, queremos fazer a distinção para demonstrar o seguinte: na espécie de procedimentos de primeiro grau (nomenclatura de Giannini)[11] parece-nos necessária, apenas e tão-somente – quando não houver, pois, litigância, interesses contrapostos ou sanções –, a aplicação dos princípios inseridos no bojo do art. 37, da Constituição, acrescentando-se o da *motivação*, o da *lealdade*, da *razoabilidade* e da *boa-fé*, encartados ao longo de todo o texto constitucional.

20. Entretanto, quando estivermos diante de processos que têm contrariedade, ou, por outro lado, diante de processos em que existam "acusados", ainda que entre aspas, em face de processos sancionatórios, os princípios do contraditório e da ampla defesa se hão de colocar; assim também quando estivermos em face de processos ablativos de direitos, ainda que a Administração se coloque diante da revisão de atos administrativos emanados ilegalmente.

Deveras, não pode a Administração suprimir direitos, desconstituir situações sem que ouça o administrado *preliminarmente*.

Nos processos sancionatórios, de primeiro ou de segundo grau, pois, podemos ter processos sem recursos (o administrado pode, por exemplo, não recorrer da autuação fiscal) e, também nos processos disciplinares, que visam a verificar os ilícitos administrativos praticados por funcionários, acreditamos ser de toda aplicabilidade a contextura completa do inc. LV do art. 5º. Portanto, basicamente, o *devido processo legal*, com seus corolários, com suas conseqüências.

21. Em outro falar: no procedimento administrativo para prática de determinado ato, por exemplo, outorga de uma licença, ou de uma isenção, se não houver de permeio *recurso*, transformando o procedimento em *revisivo ou recursal*, teremos, apenas, formalidades a serem cumpridas

11. Massimo Severo Giannini, *Diritto amministrativo*, v. II, Milano, Giuffrè Editore, 1993, pp. 99-118.

pela Administração Pública para chegar ao ato final pretendido.

Porém, quando houver *litigância* – é isto o que está no texto constitucional, "aos litigantes em processo administrativo ou judicial, e aos acusados em geral" – *contraposição de interesses, contraditoriedade de interesses*, será de cabal importância a aplicação do devido processo legal.

22. É claro que os princípios vigentes no processo administrativo vão se aplicar. Lembremos, em primeiro lugar, do princípio da oficialidade. É exatamente o contrário do *princípio dispositivo*; na oficialidade, na medida em que o processo esteja com quem detém competência decisória, deve caminhar independentemente da instigação da parte inicial, a não ser nas hipóteses de recursos da parte, cuja desistência lhes seja disponível. Se, todavia, tratar-se de procedimento convencional, o recurso de alguém obrigará a Administração a prosseguir para verificação da legalidade.

23. Por outro lado, é de cabal importância o princípio da *verdade material*, até porque estamos diante da função administrativa e devemos lembrar que função é *relação de dever* daquele que não está acima, mas sim daquele que deve prestar, que deve fazer.

A relação de fundo faz com que o princípio da *verdade material* seja de vital importância no processo administrativo. Não está o administrador impedido, muito pelo contrário, é-lhe não só permitido, como, na verdade, é seu dever, procurar a verdade material no processo, independentemente das provas que a parte tenha produzido.

24. Doutra parte, também no contraditório e na ampla defesa insere-se o problema da defesa técnica. Se é verdade que, no processo administrativo, pode a parte dirigir-se à Administração sem advogado, todavia, cremos que nos processos sancionatórios e nos disciplinares, deve haver defesa técnica.[12]

Sempre que houver prejuízo à parte, a defesa técnica faz-se imprescindível; apenas no caso de, efetivamente, não haver prejuízo poder-se-á dela prescindir.

Vejam que não nos referimos à necessidade de defesa técnica em função de a norma constitucional afirmar ser o advogado essencial à administração da justiça. Não por isso, mas porque consideramos que, sem defesa técnica, na verdade, no mais das vezes, sobretudo nos processos disciplinares, não teremos ampla defesa, defesa realmente eficiente, defesa em que haja efetiva possibilidade de amplo contraditório e exaustão das provas.

25. Há também necessidade de acompanhamento da prova produzida; verificamos que determinadas provas podem e devem ser acompanhadas pelas partes.

Então, notem, quanto ao deferimento de provas, é claro que, tanto o juiz como o administrador poderão indeferir as meramente protelatórias, provas desnecessárias ao conhecimento de quem deva decidir, mas assegurando-se – e isso se faz absolutamente necessário – de que estas visam realmente apenas protrair a demanda.

Realmente, é preciso a parte produzir sua prova, acompanhar a prova a ser realizada. Não existem provas secretas, a parte tem de ter vista dos autos por si ou por seu advogado, não só para a defesa de seu interesse, como diz a Constituição Federal, no art. 5º, XXXIII, mas também para defesa de interesses outros, tem direito a acesso aos autos; se algo correr em segredo, deve estar devidamente justificado (são raros os feitos que devem correr em segredo).

12. A Profa. Odete Medauar, em seu *A Processualidade no direito administrativo*, admite a necessidade de defesa técnica somente para questões mais importantes, Ed. RT, 1993.

Vista dos autos, vista de pareceres contrários à Administração Pública e as certidões destes pareceres é direito do administrado. É claro que a Administração, em sua competência decisória, poderá decidir diferentemente do parecer, mas não ocultá-lo.

26. De outra parte, ainda se deve assinalar que o direito à revisibilidade é fundamental no processo administrativo, integra a teoria do processo. Não se pode admitir processo, em que haja "litigiosidade" ou "acusados", sem possibilidade de recurso. A nosso sentir, a supressão da possibilidade de recorrer atenta ao *due process*.

27. O direito ao silêncio, ou o de não se auto-incriminar, é garantia constitucional, e ainda que não fosse expressa (art. 5º, LXIII, da CF), deveria ser diretamente deduzida da cláusula do devido processo.

28. E finalmente, há proibição da *reformatio in pejus*, não obstante o princípio da legalidade que preside toda atividade administrativa. E não poderia ser diferente. Se houvesse possibilidade de ser agravada a pena, por evidente que esse fato obstacularia a garantia constitucional do duplo grau de jurisdição.

Já dissemos em nosso *Curso de Direito Administrativo*,[13] a propósito da reforma para pior (*reformatio in pejus*):

"Anteriormente já escrevemos ser impossível a *reformatio in pejus*, excluindo-a dos processos sancionatórios e disciplinares.

"Todavia, hoje, remeditando no tema, entendemos que esta apenas é possível, como conatural à explicitação da função administrativa.

"Portanto, quando o processo revisivo for feito de *officio* pela Administração ou, se provocadamente, encontrem-se outros envolvidos.

"Podemos dar, como exemplo, o ato de habilitação no procedimento licitatório. É possível que a Administração, instigada pelo recurso de um dos licitantes (que se encontrava habilitado) contra a habilitação de outro, revendo o ato, verifique a necessidade de reformá-lo por inteiro. Inclusive, inabilitando até o recorrente que já fora habilitado. É claro que, nessa hipótese, o prazo recursal deverá ser reaberto para que, àquele, ora inabilitado, possa ter direito à revisão.

"E, nesta hipótese, fala-se impropriamente em *reformatio in pejus*. Houve, na verdade, ato de controle da legalidade, por importar em nulidade do procedimento; caso, assim, não se procedesse estaria a Administração agindo *contra legem*.

"Figuremos, também, recurso interposto em determinado concurso, portanto, *em que se encontram envolvidos vários competidores*. Se, por via de recurso, houver controle de toda legalidade – e não apenas do ato passível de recurso – pode ocorrer, que, na prática, o recorrente tenha sua situação piorada.

"Não é, todavia, a hipótese mais comum. Se beneficiado com determinada situação, e pretender outra ainda melhor, vai ocorrer, para aquela situação anterior, a preclusão administrativa. A não ser, como frisado, que se coloquem situações de terceiros ou invalidades impossíveis de serem convalidadas e inexistam coartamentos de outras regras à invalidação.

"Os princípios arrolados do contraditório e da ampla defesa são absolutamente essenciais aos processos administrativos, como denominados constitucionalmente."

A aplicação do devido processo legal, em seu sentido substantivo, será o meio inesgotável para a garantia dos direitos individuais, coletivos e difusos, bem como para o correto exercício da função administrativa.

13. Lucia Valle Figueiredo, *Curso de Direito Administrativo*, São Paulo, Malheiros Editores, 3ª edição no prelo.

DOUTRINA

O DIREITO À LIBERDADE EM FACE DA PRISÃO PROVISÓRIA NO REGIME CONSTITUCIONAL DE 1988

SÉRGIO DE ANDRÉA FERREIRA

Professor Titular – Consultor Jurídico – Desembargador Federal
Aposentado – Ex-Membro do Ministério Público – Da Academia
Brasileira de Letras Jurídicas

I – A privação da liberdade no Direito brasileiro – Aspectos gerais – Espécies. II – A prisão provisória como medida cautelar. III – A prisão provisória derivada de sentença condenatória recorrível: A) Evolução acarretada pelas alterações da Lei n. 5.941, de 22.11.73 – B) O advento do regime constitucional de 1988.

I – A privação da liberdade no Direito brasileiro – Aspectos gerais – Espécies

1. Desde logo, gize-se que há de se analisar o assunto, considerando-se:

a) o *sistema original do Código de Processo Penal*;

b) os reflexos de suas *modificações* por leis ulteriores, especialmente pela *Lei n. 5.941, de 22.11.73*;

c) o advento da *Constituição Federal de 1988*.

1.1 Cabe salientar que, como é curial, essa seqüência normativa, em épocas e ambiências políticas, ideológicas e culturais muito diversificadas, se faz, em geral, pelo legislador, por meio de inserções e remendos, nem sempre de forma hábil, o que exige, do intérprete e do aplicador, cuidado e esforço na compatibilização e integração dos textos sucessivos.

1.2 Aspecto fundamental é que a *política criminal* da atualidade é no sentido de *reservar-se a prisão aos casos extremos, mesmo após a condenação transitada em julgado; e, "a fortiori", antes da formação da coisa julgada sancionatória.*

A idéia, generalizada, é que o encarceramento – além de tudo, dispendioso para a comunidade –, se faz em ambiente de promiscuidade e de ociosidade, em decorrência da inadequação dos estabelecimentos prisionais, de suas deficiências qualitativas e quantitativas, a gerarem a superpopulação carcerária, na mistura, em áreas mínimas, de presos de toda espécie, sempre prontos a se revoltar e a fugir.

É de lembrar-se o número de condenados que cumprem pena em delegacias policiais; a quantidade de mandados de prisão que não podem ser cumpridos e os indultos concedidos com o objetivo de escoarem os excessos de contingente dos cárceres.

Transformam-se celas e espaços comuns, antes do que instrumentos de ressocialização e regeneração, em nefastas "escolas do crime". Inexistem condições de higiene, de assistência, de educação do preso, bem assim de amparo à sua família, em flagrante contradição ao princípio de que a sanção penal não passará da pessoa do delinqüente.

1.3 Daí, toda uma evolução legislativa no sentido acima sublinhado, e que, no Brasil, a partir dos Códigos Penal e de Processo Penal, editados em pleno Estado Novo, no início da década de 40, se traduziram, mais recentemente, pelas *Leis ns. 5.941, de 22.11.73, 6.416, de 24.5.77, e 9.033, de 2.5.95*, no tocante *à prisão anterior ao trânsito em julgado da condenação*; e pelas *Leis ns. 7.209, de 11.7.84*, que alterou a Parte Geral do Código Penal, e *7.210*, de mesma data, que instituiu a *Lei de Execução Penal*, do que resultaram o desaparecimento de gravames impostos no curso do processo, consistentes na inflicção provisória de medidas de segurança e de interdições de direito; a criação das figuras, *substitutivas das penas privativas de liberdade*, representadas pelas *penas restritivas de direitos* e pela *multa substitutiva*; e, ainda, a caracterização, como formas de cumprimento das *penas de reclusão* e *detenção*, dos regimes *aberto* e *semi-aberto*.

1.4 Neste evoluir normativo, como não poderia deixar de ser, ocupa lugar hegemônico a *Constituição Federal de 1988*, ao consagrar, na sua *declaração de direitos individuais, garantias, penais e processuais penais* de amplo alcance na *defesa e efetividade da liberdade pessoal* – de *ir, vir* e *ficar*.

Apontemos, já neste passo, as *garantias* (art. 5º da CF) *da individualização dos gravames penais* (inc. XLVI); *do "due process of law"* (LIV); *do contraditório* e *da ampla defesa com os meios e recursos a ela inerentes* (LV); *do estado de inocência* (LVII); *da prisão apenas em flagrante delito* ou por *ordem judicial competente, escrita e fundamentada* (LXI); do direito à *liberdade provisória* (LXVI).

1.5 O *rigorismo constitucional* ficou por conta do tratamento dos *crimes de racismo*, daqueles *contra a ordem constitucional e o Estado Democrático*, do *terrorismo*, da *tortura*, do *tráfico ilícito de entorpecentes* e dos *crimes hediondos*, considerado esse conjunto como de *delitos mais afrontosos ao indivíduo e à coletividade*, e por isso *inafiançáveis*, e, alguns deles, *imprescritíveis*. Sobre os *crimes hediondos* veio a dispor a *Lei n. 8.072, de 25.7.90*, com modificações ulteriores. Antes, a *Lei n. 7.960, de 21.12.89*, criara a *prisão temporária*, também para determinados *crimes graves*, especificamente previstos, e a exigir, para a sua decretação, pressupostos cumulativos rígidos.

1.6 Na recente *Lei n. 9.099, de 26.9.95*, que dispôs sobre os *Juizados Especiais Criminais*, se criaram mecanismos de facilitação de aplicação de *penas restritivas de direitos* e de *multa*, bem assim para a conciliação e composição de danos, objetivando à não-imposição das *sanções restritivas de liberdade*.

Criaram-se hipóteses de não-efetivação de prisão em flagrante; de inexigência de fiança; e de suspensão do processo, com período de prova, findo o qual haverá a extinção da punibilidade.

1.7 O Congresso Nacional, através do Decreto Legislativo n. 27, de 26.5.92, aprovou o texto da Convenção Americana sobre Direitos Humanos (Pacto de São José da Costa Rica). O Governo Brasileiro, em 25.9.92, depositou a Carta de Adesão a essa Convenção, determinando-se seu integral cumprimento pelo Decreto n. 678, de 6.11.92.

Essa Convenção, no seu art. 8º, § 2º, consagrou o princípio da presunção de inocência.

2. Grife-se, preliminarmente, que o termo *prisão*, além, evidentemente, do de *cárcere* (local do aprisionamento), ostenta os seguintes sentidos:

a) *ato-fato de captura*, de *constrição* pessoal (arts. 282 a 284, 287, 290, 294, 674 e 675, e §§, do CPP; art. 105 da Lei de Execuções Penais), impeditivo do movimento, do preso, de *ir* e *vir*, com a conseqüente *condução* (o *ato-fato* da "detenção" do "encontrado em flagrante delito" – arts. 301 a 303 do CPP –, a que depois se dá a cobertura da prática do *ato jurídico* correspondente – a *lavratura* do respectivo *auto* – arts. 304 a 308 do CPP; o *ato-fato* do cumprimento de *mandado de captura* – arts. 285 a 293; 297 a 299 e 675 e §§, do CPP, precedida da prática dos *atos jurídicos ordinatórios de sua expedição* – arts. 282, 285, e 675, e §§, do CPP).

b) o *estado de permanência nessa situação de privação da liberdade*, no cárcere, em lugares especiais, no domicílio, a partir do *recolhimento* (arts. 295, 296, 300 e 674 do CPP, art. 105 da LEP).

2.1 No primeiro sentido, antes referido, o vocábulo é empregado em qualquer hipótese, ou seja, para rotular a *prisão* – sinonimizada, pelo CPP, com *captura*: cf. arts. 298, 299 e 684 – *antes* ou *depois da condenação recorrível* (cf. arts. 282 e 675).

No segundo sentido, de *estado*, designa, mais especificamente, o que não é *privação da liberdade por aplicação de sanção decorrente de condenação transitada em julgado*, caso em que se alude ao *cumprimento da pena*; às *espécies* dessa; ao *condenado*, ao *sentenciado*, ao *definitivamente condenado* (cf. arts. 300, 669, I, 674, 678, 681, 682 e 685 do CPP, arts. 107 a 109 da LEP), e não, em geral, à *prisão*, salvo na denominação, expressiva, de *prisão simples*, ao nomear a *pena* correspondente à infração penal-administrativa da *contravenção*.

2.2 Em nosso sistema processual penal, a *privação da liberdade* (CF, art. 5º, LIV) pode dar-se em três momentos:

a) *antes da sentença definitiva* (*terminativa*: cf. art. 593, I), *condenatória recorrível*;

b) *entre a prolação dessa e o trânsito em julgado da eventual condenação*;

c) e *após a ocorrência da coisa julgada*.

E por diferentes *causas*, ou seja, a *diversos títulos* (arts. 282, 301, 311, 393, I, 699, I, 674 e 675 do CPP; art. 105 da LEP):

1) prisão em flagrante delito;

2) prisão em decorrência de ordem escrita e fundamentada da autoridade judiciária competente;

3) cumprimento da pena privativa da liberdade.

2.3 A *prisão por ordem da autoridade competente* engloba a *prisão preventiva* (CPP, arts. 311 e s.); a *prisão temporária* (Lei n. 7.960, de 21.12.89; art. 2º, § 3º, da Lei n. 8.072, de 25.7.90); a *prisão em virtude de pronúncia* (CPP, art. 408, e §§), e a *prisão em razão de sentença condenatória recorrível* (CPP, arts. 393, I, e 669, I).

3. Toda *prisão* – no significado de toda *privação da liberdade de locomoção* – que não seja *cumprimento de pena*, é *prisão processual*.

O *cumprimento de pena* é a *prisão penal* (reclusão, detenção e prisão simples), isto é, correspondente à *sanção criminal*, que decorre do exercício do *ius puniendi*, no segmento do *ius exequendi*; sendo *aplicada e executada no processo penal*. Por isso, é tratada, tanto no *Código Penal* (cf. arts. 32, I; 33 a 42, 53, 59 a 68, e 77 a 90); na *Lei das Contravenções Penais* (v. arts. 5º, I, 6º e §§, e 11); nas *leis penais extravagantes* (cf. Lei n. 7.492, de 16.6.86, arts. 30 e 31) no *Código de Processo Penal* (cf. artigos antes citados); e em *leis processuais penais complementares* (cf. Lei n. 7.960, de 21.12.89).

3.1 Frederico Marques (*Elementos de Direito Processual Penal*, Rio, Forense, 1965, IV:23-26) expõe a respeito:

"Vê-se, assim, que *prisão penal propriamente dita* é tão-só a que se impõe, na

Justiça penal, como sanção repressiva ao autor de crime ou contravenção".

Em nota de rodapé, indica Frederico Marques (*ib.*):

"A *prisão processual*, para Joaquim Canuto Mendes de Almeida, é a que tem como objetivo a 'segurança do réu para que não fuja', ou, ainda, a 'medida acauteladora da execução da pena e da fluência da causa, onde o legislador acha indispensável o contraditório efetivo' ("Princípios Constitucionais da Coação Processual", in *Revista da Faculdade de Direito de São Paulo*, v. 35, p. 659). No sentido de prisão regulada 'pela legislação adjetiva', também fala em *prisão processual* o eminente Prof. Basileu Garcia (*Instituições de Direito Penal*, 1ª ed., v. II, pp. 425 e 426)".

3.2 A *prisão processual* é *prisão provisória*, e deriva da necessidade da *persecutio criminis*, da exercitação do *ius persequendi*, abrangendo a *fase da polícia judiciária* e a *fase judicial*, ou é concretizada para assegurar a efetividade do *ius exequendi*, ou, ainda, para, diante da *periculosidade real do indiciado* ou do *acusado*, proteger *valores* e *interesses sociais*.

É a tradução *processual penal* do pressuposto do *periculum in mora*.

3.3 Essas funções da *prisão provisória* estão expressas na caracterização legal da *prisão preventiva*, consoante os termos do art. 312 do CPP (redação da *Lei n. 8.884, de 11.6.94*).

Sua decretação pode ter lugar "como garantia da ordem pública, da ordem econômica, por conveniência da instrução criminal, ou para assegurar a aplicação da lei penal".

Para a prisão temporária são exigidos os seguintes pressupostos (art. 1º da *Lei n. 7.960, de 21.12.89*):

"I – quando imprescindível para as investigações do inquérito polícial;

"II – quando o indiciado não tiver residência fixa ou não fornecer elementos necessários ao esclarecimento de sua identidade."

A *manutenção da privação provisória da liberdade*, decorrente de *flagrante delito*, exige os mesmos requisitos da *prisão preventiva*, consoante o preceito do *parágrafo único do art. 310 do CPP*, acrescentado pela *Lei n. 6.416, de 24.5.77*.

A *prisão por pronúncia* (CPP, art. 408, § 2º) exige a *periculosidade efetiva*, em cuja aferição interferem a *reincidência* e os *maus antecedentes*.

Inexistente essa *periculosidade concreta*, o juiz não apenas deixará de decretar a *prisão provisória* por *pronúncia*, como *pode revogar prisão anteriormente decretada*.

3.4 Em todos esses casos de *prisão provisória*, ou há a *culpa formada*, isto é, já foi julgado procedente o *iucidium accusationis* (*prisão por pronúncia*), ou, pelo menos, a prova da *existência do crime e indicio suficiente de autoria* (*prisão preventiva ou decorrente de flagrante delito e prisão temporária*: arts. 310, parágrafo único, e 312 do CPP, art. 1º, III, da Lei n. 7.960/89).

Já agora, estamos diante do *pressuposto* do *fumus boni iuris*.

3.5 Por força da regra constitucional – *garantia individual* – do art. 5º, LXI, em todos os casos é indispensável *a fundamentação da ordem judicial de prisão*.

3.6 O adjetivo *provisória* há de ser tomado no sentido *técnico-jurídico*.

A *prisão é provisória*, porque dotada de *provisoriedade*, e não de *definitividade*.

Provisória, pois que é *providência*, é *provisional*, é instrumento de *garantia de atendimento de interesses da persecução ou da execução penal*, ou de outros *interesses coletivos*.

Provisória, também, no *significado amplo* de *cautelar* (v. CPC art. 798, que se refere a *medidas provisórias*, como expressão sinônima de *medidas cautelares*).

Outra característica é a da *precariedade*, na medida em que priva, o indiciado ou o réu, de sua liberdade, mas com *eficácia superável*, como por sua *revogação* ou pela *absolvição*.

3.7 É lição do insuperável Roberto Lyra (*Comentários ao Código de Processo Penal*, Rio, Forense, 1944, VI:96-97), na análise do art. 672 do CPP, sobre o cômputo, na *pena privativa de liberdade*, do "tempo de prisão preventiva no Brasil ou no estrangeiro" (n. I); e o "de prisão provisória no Brasil ou no estrangeiro" (n. II):

"O cômputo, na pena privativa de liberdade (reclusão ou detenção), do tempo de prisão preventiva, já o fazia o art. 60 da Consolidação das Leis Penais. Agora se incluem, também, o tempo de prisão provisória e, um e outro, quando transcorrido no estrangeiro.

"Fazia-se necessário, para evitar dúvida, mencionar a prisão provisória, pois, a rigor, a prisão em flagrante, em virtude de pronúncia ou de sentença recorrível, não é preventiva nem executória."

Nesta linha, a *nova Parte Geral do Código Penal* (Lei n. 7.209, de 11.7.84), *unificando a nomenclatura*, em favor do gênero *prisão provisória*, dispôs no art. 42, sob a rubrica marginal "*Detração*":

"Computam-se, na pena privativa de liberdade e na medida de segurança, o tempo de *prisão provisória*, no Brasil ou no estrangeiro..."

4. O *cumprimento da pena* sempre se deu, tão-somente, após a *consumação da coisa julgada*.

4.1 Com referência à *execução das penas privativas de liberdade*, é o que já dispunham os arts. 674 e 675 do CPP:

"Art. 674. *Transitando em julgado a sentença que impuser pena privativa de liberdade*, se o réu estiver preso, ou vier a ser preso, o juiz ordenará a expedição de carta de guia para o cumprimento da pena.

"Art. 675. No caso de ainda não ter sido expedido mandado de prisão, por tratar-se de infração penal em que o réu se livra solto ou por estar afiançado, o juiz, ou o presidente da câmara ou tribunal, se tiver havido recurso, fará expedir o mandado de prisão, *logo que transite em julgado a sentença condenatória*."

4.2 A *Lei de Execução Penal* (Lei n. 7.210, de 11.7.84) só admite a *execução das penas privativas de liberdade*, após o *trânsito em julgado da sentença condenatória*:

"Art. 105. *Transitando em julgado a sentença que aplicar pena privativa de liberdade*, se o réu estiver ou vier a ser preso, o juiz ordenará a expedição de guia de recolhimento para a execução."

Por seu turno, o *art. 107 da LEP* estatui:

"Art. 107. Ninguém será recolhido, *para cumprimento de pena privativa de liberdade*, sem a guia expedida pela autoridade judiciária."

4.3 Comprova-se, assim, de modo inequívoco, que, tanto no regime do CPP, quanto no da LEP, a *execução*, o *cumprimento da pena*, sempre se deu, apenas, após o *trânsito em julgado da condenação*, e que, mesmo se já *anteriormente preso o condenado*, ou se *vier a ser preso*, em decorrência de mandado de prisão expedido (art. 64 do CPP, art. 105 da LEP), o juiz ordenará a emissão de *carta de guia*, de *guia de recolhimento* para o *cumprimento da pena* (*execução*).

A *carta de guia*, agora *guia de recolhimento*, "é o instrumento do título executivo" (Lyra, ob. cit., VI:121).

Julio Fabbrini Mirabete (*Execução Penal*, São Paulo, Atlas, 5ª ed., 1992, p. 262) sintetiza: "A sentença penal condenatória transitada em julgado constitui-se no título executivo necessário e imprescindível ao processo de execução penal. Como instrumento desse título executório instituiu-se na lei a anteriormente denominada 'carta de guia' (arts. 674 e ss. do CPP), agora chamada, na Lei de Execução Penal, de 'guia de recolhimento' para a execução (art. 105 da LEP). Essa denominação provém do fato de que é ela o guia para os executores da sentença condenatória".

4.4 Se já *preso* o réu, muda o *título*, a *causa da privação da liberdade*: a *prisão provisória* – para a qual basta o *mandado de prisão*, como *ato de constrição*, de *coerção* – passa a *pena*, para cuja *execução* já é necessária a *guia*.

Se o *condenado* estiver solto, isto é, se não tiver sido expedido contra ele, enquanto réu, *mandado de prisão*, sê-lo-á agora, pela identificação da *coisa julgada*, mas com a *complementação da expedição da guia*. Não mais, porém, *captura* para *prisão provisória*, mas para a *execução da pena*.

Aliás, também, para a *execução* das *penas pecuniárias* e *restritivas de direito*, e das *medidas de segurança*, se exige o *trânsito em julgado* (LEP, arts. 147, 164 e 171).

5. O *CPP* distinguiu nitidamente, como estamos vendo, entre: (*a*) *prisão provisória*, e (*b*) *cumprimento da pena privativa de liberdade*. Entre (*c*) *execução das penas acessórias* (arts. 691 a 695) e *medidas de segurança* (arts. 751 a 779), após o *trânsito em julgado da sentença*, e (*d*) – o que existia, à época –, *aplicação provisória de interdições de direitos e medidas de segurança* (arts. 373 a 380, v. especialmente, arts. 377 e 380). Note-se o correto emprego do termo *provisória*.

5.1 Roberto Lyra ensinava que as antigas *aplicações provisórias* de medidas de segurança e de interdições de direitos não envolviam *execução penal*, previstas que estavam inclusive, em título próprio – arts. 373 e ss. do CPP. *Tal como não a constituía a prisão provisória*, inclusive a preventiva, concluindo (ob. cit., VI:87): "*Não há, pois, execução provisória em matéria penal*".

E aduzia, com precisão: "A *prisão preventiva* e a *prisão provisória são medidas de segurança processual, ditadas pelos critérios da necessidade.* E o cômputo do tempo de *custódia preliminar*, obediente a motivos de eqüidade, não altera a natureza desse encarceramento cumprido em estabelecimentos, ou, pelo menos, seções especiais sem caráter penitenciário".

II – A prisão provisória como medida cautelar

6. A *prisão provisória* como forma de *tutela processual cautelar* pressupõe o atendimento ao binômio *fumus boni iuris + periculum in mora*.

6.1 Funda-se, por isso, num *juízo de probabilidade de condenação transitada em julgado*, e, daí, conforme salientado, exigir a *prova da existência do crime* e um *conjunto razoável de elementos evidenciadores de autoria*, ou a *culpa formada*.

6.2 Destina-se, ademais, a assegurar um *resultado*, o que é representado por seu atributo da *acessoriedade*. Não constitui um fim em si mesma, caracterizando-se por sua *instrumentalidade*.

Este segundo pressuposto – o do *periculum in mora* – traduz-se na *necessidade* da concessão da *medida cautelar*, para que ela cumpra sua função instrumental, e acessória, de garantir o *resultado* visado. Conforme analisado, a *prisão provisória* objetiva, em face da *periculosidade real do indiciado* ou do *acusado*, garantir a *persecutio criminis* ou a *execução penal*, ou, ainda, a proteção de *interesses e valores sociais*.

6.3 As várias espécies de *prisão provisória*, antes focalizadas, que atingem a *liberdade pessoal*, são, ao lado das *medidas assecuratórias patrimoniais* (CPP, arts. 125 a 144), as *medidas cautelares processuais penais*.

7. No *regime originário do CPP*, havia casos de *prisão provisória imperativa*, e que incluíam a *prisão preventiva obrigatória* (art. 312), a *prisão por pronúncia* (art. 408, § 1º) e a *derivada de sentença condenatória recorrível* (art. 393, I).

7.1 Na *Exposição de Motivos do Código de Processo Penal*, afirmou o Ministro da Justiça, Francisco Campos: "... Urge que seja abolida a injustificável primazia do interesse do indivíduo sobre a tutela social. Não se pode continuar a contemporizar com pseudo-direitos em prejuízo do bem comum... A decretação da prisão preventiva, que em certos casos deixa de ser uma faculdade para ser um dever imposto ao juiz...".

7.2 Sobre a denominada *prisão com culpa formada*, desenvolveu Frederico Marques (ob. cit.) a seguinte justificativa, à época do regime original do CPP:

"A *sentença de pronúncia – como todas as decisões cautelares – se assenta no "fumus boni iuris". Por ser provável a condenação do indiciado é que o juiz o pronuncia*. Segundo Navarro de Paiva, 'o indiciado não é um criminoso convicto: é um presumido delinqüente'. E adiante diz: 'Assim como a certeza moral é a base do julgamento, a probabilidade é a medida da pronúncia'.

"Mas a pronúncia não resulta de apreciação sumária e de plano, com base em elementos de convicção muitas vezes até extrajudiciais (como ocorre, *v. gratia*, na prisão preventiva), e sim, de todo um procedimento especial para exame da imputação contida na denúncia, e que se denomina de *formação da culpa*, ou de instrução preliminar.

"Essa a razão pela qual o réu pode ficar legitimamente detido, embora não haja, ainda, sentença condenatória que o declare infrator da lei penal.

"Com a pronúncia, como explica Luigi Granata, 'ha una maggiore e più fondota probabilità di restringere la libertà personale dell'imputato'.

"Existindo *culpa formada*, a detenção e custódia do réu apresentam razoável lastro de fundamentação, como também *aspecto processual cautelar bem nítido*. A pronúncia é sentença que se assenta no que foi apurado em instrução preliminar contraditória, e, por isso, oferece grau de segurança muito maior que a sentença que decreta a prisão preventiva. Por outro lado, *cautela mais rigorosa* deve ser tomada em relação ao réu, para que ele se não furte, de futuro, à execução da pena, uma vez que se tornou muito mais provável a sua condenação."

No que concerne à *custódia* oriunda de *sentença penal condenatória recorrível* (art. 393, I), sustenta o mesmo Autor que, na hipótese, "quando sobrevém condenação e o réu apela, a sentença condenatória se equipara, para o efeito da prisão do condenado, à pronúncia. É que já existe um pronunciamento jurisdicional declarando provada a imputação, o que é mais que a sentença de pronúncia onde se encontra apenas um juízo de probabilidade".

7.3 Assim, se, no *sistema original do CPP*, a *prisão por pronúncia* e a *decorrente de sentença condenatória recorrível* se fundavam numa *probabilidade de condenação* (*fumus boni iuris* até mais sólido), o certo é que o *periculum in mora* era *presumido*: *prevalecia a presunção de periculosidade*, pelo menos quanto ao aspecto de eventual fuga do réu.

7.4 Lembremos, porém, que, mesmo naquele regime, havia, ainda nas hipóteses de *prisão provisória por pronúncia* ou *conseqüente à condenação recorrível*, o remédio da *liberdade provisória*, pela *fiança* ou por se tratar de *crime de que o réu se livre solto* (CPP, arts. 393, I, 408, § 2º, e 594).

O regime do CPP contemplava, como espécies de *liberdade provisória* (CPP, Capítulo IV do Título IX – *Da prisão e da liberdade provisória*):

a) os casos de liberdade provisória mediante fiança (CPP, arts. 322 e ss.; 393, I; 408, § 2º; 585; 594; 669; e 675);

b) os casos de liberdade provisória sem fiança (arts. 310 e 350 do CPP);

c) os casos em que o réu se livre solto, independentemente de fiança (art. 321).

8. Desde o início, houve *reação da doutrina* contra o sistema de *prisões provisórias cogentes*, de *periculum in mora presumido*, com sustentação de sua *reforma*, de modo a ser sempre exigido o requisito da *necessidade* da medida, devidamente comprovado *in casu*.

8.1 Face a este movimento, e diante das inúmeras injustiças que eram praticadas, foi modificado o conteúdo do *art. 312 do CPP*, abolindo-se a *prisão preventiva obrigatória*, pela *Lei n. 5.349, de 3.11.67.*

Iniciou-se, a partir de então, uma série de alterações no sistema de Código, de forma a sempre se exigir, para a *decretação* ou *manutenção da prisão provisória*, o pressuposto da *necessidade*, buscando-se, assim, suavizar o sistema autoritário imposto pelo Estado Novo.

Neste sentido, foi promulgada a *Lei n. 5.941, de 22.11.73*, que modificou as disposições dos *arts. 408 e 594 do CPP*.

Sobreveio, ainda, a *Lei n. 6.416, de 24.5.77*, que alterou artigos sobre *liberdade provisória*, destacando-se o acréscimo, de parágrafo único, ao *art. 310 do CPP*, bem assim as inovações em matéria de concessão de *fiança* (arts. 322 a 324).

8.2 Acentue-se, ainda, o rigorismo da jurisprudência, ao exigir robusta e adequada *fundamentação* para a *validade do decreto de prisão preventiva*.

9. *A Constituição Federal de 1988 chancelou, reforçou e coroou, nesta esteira, as garantias de liberdade pessoal.*

9.1 No nível constitucional, interferem, na hipótese, as garantias asseguradas pela vigente *Carta Magna Nacional*, em seu *art. 5º, XLVI, LIV, LV, LVII, LXI* e *LXVI*, que consagram, respectivamente, o *princípio da individualização dos gravames penais*; o da *obrigatoriedade do devido processo legal para a privação da liberdade*; o do *contraditório* e da *ampla defesa, com os meios e recursos a ela inerentes*; o *princípio do estado* (*presunção*) *de inocência*, pelo qual *ninguém será considerado culpado até o trânsito em julgado da sentença condenatória, o da prisão somente em flagrante delito* ou "por ordem escrita e fundamentada de autoridade judiciária competente"; e o da *fruição da liberdade provisória* que a lei admitir, *com ou sem fiança*, pelo que, quando houver essa admissão, "ninguém será levado à prisão ou nela mantido".

9.2 Dessas *garantias* decorre:

a) a ilicitude da *execução da pena*, e do lançamento do nome do réu no *rol dos culpados* (inculpados, condenados), antes da *coisa julgada condenatória*;

b) a extinção de quaisquer formas de *prisão ope legis*, por *presunção de periculosidade*, de *periculum in mora*;

c) a *obrigatoriedade de fundamentação, individualizada*, de qualquer *decreto prisional provisório*, justificadora de sua *necessidade*, em relação àquele determinado indiciado ou réu, sempre a este assegurados o *due process of law*, o *contraditório* e a *ampla defesa, com os meios e recursos inerentes.*

9.3 A CF deu realce especial ao instituto da *liberdade provisória*: *art. 5º, LXVI.*

Liberdade provisória é a *imunidade* ou o *antídoto à prisão provisória*, a *cautela* ou *contracautela* em favor do *indiciado* ou *réu*.

Mais uma vez, o adjetivo *provisória* indica o caráter *cautelar*, no caso, até mesmo, *contracautelar*, do instituto.

Definiu Frederico Marques (*Elementos de DPP*, IV:113):

"Sob o *nomen juris* de *liberdade provisória*, disciplina o Código de Processo Penal medida de caráter cautelar em prol da liberdade pessoal do réu ou do indiciado, no curso do procedimento. Essa medida é admitida, ou *para fazer cessar* prisão legal do acusado, ou *para impedir* a detenção deste em casos em que o *carcer ad custodiam* é permitido.

"A *liberdade provisória* assegura a liberdade pessoal do indiciado ou réu, na *persecutio criminis* ou no processo penal condenatório, mediante restrições e ônus impostos àquele que a obtém. Fica sujeito, assim, o indiciado ou réu, a regime de 'liberdade vinculada', como o diz o art. 381 do Código de Processo Penal italiano."

E aduzia o eminente jurista, acerca da locução *liberdade provisória* (ob. cit., IV:118-119):

"Explica-se, no entanto, a escolha do referido *nomen juris*. É que a liberdade provisória pressupõe, sempre, ou a prisão anterior, ou a possibilidade de imediata prisão cautelar do acusado. Para que este se subtraia do encarceramento preventivo (em sentido lato), ou não seja detido, concede-se-lhe o direito de *livrar-se solto* mediante determinadas condições, que, se violadas, o levarão a ficar detido, em caráter cautelar e preventivo, até que se decida da acusação, quando então, ou será posto em liberdade, definitivamente, ou irá cumprir a pena que a sentença condenatória lhe impuser.

"E a liberdade pessoal que ao réu a lei outorga para solto se livrar não pode ser plena nem definitiva (mas, vinculada e provisória), porquanto provável é a condenação ao final da posse de conhecimento do processo em curso. Se funciona a liberdade provisória, como substituto da prisão cautelar, claro está que, em face da provável condenação do réu, ônus e encargos lhe sejam atribuídos na liberdade pessoal de que vai gozar durante o transcorrer do processo condenatório.

"Como os vínculos, ônus e encargos da liberdade provisória derivam do estado de coerção cautelar que pesa sobre o réu, pressuposto indeclinável dessa contracautela é, ou a prisão anterior, ou a possibilidade de prisão provisória. Se for incabível qualquer providência de prisão cautelar contra o réu, não há que falar de *liberdade provisória*, porque então não existe o *status* coercitivo de que fala De Lucca, que é sub-rogado nos ônus e limitações impostos à liberdade pessoal do acusado enquanto perdura a posse de conhecimento do processo condenatório.

"Inadmissível que seja, por exemplo, a prisão preventiva, o réu se livrará solto sem que pesem ônus processuais relacionados diretamente com seu *status libertatis*, porque então se defenderá em liberdade sem os encargos da chamada *liberdade provisória*."

III – A prisão provisória derivada de sentença condenatória recorrível

A) Evolução acarretada pelas alterações da Lei n. 5.941, de 22.11.73

10. Analisemos, preliminarmente, as *transformações produzidas, no sistema do CPP, pela Lei n. 5.941, de 22.11.73, antes*, portanto, *do advento da Constituição Federal de 5.10.88.*

11. *O art. 393 do CPP* estatui, genericamente, sobre *efeitos que se irradiam da sentença condenatória recorrível*:

"Art. 393. São *efeitos da sentença condenatória recorrível*:

"I – ser o réu *preso* ou *conservado na prisão*, assim nas infrações inafiançáveis, como nas afiançáveis enquanto não prestar fiança;

"II – ser o nome do réu lançado no rol dos culpados."

O dispositivo guarda consonância com o preceito do art. 669, I:

"Art. 669. Só depois de passar em julgado, será exeqüível a sentença, *salvo*:

"I – quando condenatória, *para o efeito de sujeitar o réu a prisão*, ainda no caso de crime afiançável, enquanto não for prestada a fiança."

11.1 Até o *trânsito em julgado*, o que há é *prisão*, termo que a legislação emprega no sentido de *prisão provisória*, ainda que sob a modalidade de *antecipação do momento de exeqüibilidade*, da *sentença condenatória*, "para determinados *efeitos* ou *fins* (o legislador usou dessas expressões como equivalentes)", como ensina Roberto Lyra (*Comentários ao Código de Processo Penal*, Rio, Forense, 1944, VI:88).

Trata-se de *efeito secundário*, e não do *efeito principal*, que é a *inflicção da pena*.

Só após a *ocorrência da coisa julgada*, é que passa a existir o *cumprimento da pena privativa de liberdade*, o *efeito principal* referido.

Aquilo que, em verdade, pode ocorrer, por força da regra do *art. 393, I, do CPP*, não é a *execução da pena*, mas a atribuição de um *efeito prisional*: *prisão provisória*, a sofrer o fenômeno da detração, se sobrevier *condenação transitada em julgado*.

Se já se tratasse de *execução da pena*, não haveria que se falar em *detração*, que consiste em computar, na pena privativa de liberdade, o *tempo de prisão preventiva* ou qualquer outra forma de *prisão provisória* (art. 42 do CP; art. 672, I e II, do CPP); isto é, em abater da duração da pena tempo que não é de cumprimento de sanção penal privativa de liberdade.

11.2 Os arts. 393, I, e 669, I, do CPP nunca consagraram a *execução provisória da condenação*, da *pena privativa de liberdade*; mas, tão-somente, a *exeqüibilidade de um efeito da sentença*, ou seja, a sua efetividade tão-somente para o fim de sujeição do réu a uma forma de *prisão provisória*, e, por isso, *cautelar*, na época de promulgação do Código com base em *periculum in mora* presumido *juris et de jure*.

Tanto se trata de *prisão cautelar*, que também a *sentença absolutória* sujeitava o réu à *privação provisória da liberdade*, em determinadas hipóteses (art. 669, II).

E sempre com a previsão de hipóteses de *liberdade provisória*: a *fiança*, prevista no próprio art. 393, I, e no art. 669, I; e essa e o *livrar-se solto no art. 675*, *caput*, que, na verdade era o *mais completo do sistema*:

"Art. 675. No caso de ainda não ter sido expedido mandado de prisão, por tratar-se de infração penal em que o réu se livra solto ou por estar afiançado, o juiz, ou o presidente da câmara ou tribunal, se tiver havido recurso, fará expedir o mandado de prisão, logo que transite em julgado a sentença condenatória."

12. Os dispositivos em apreço, no sistema do CPP, sistema esse com as alterações da Lei n. 5.941, de 22.11.73, têm de ser harmonicamente interpretados com os preceitos dos §§ 1º a 3º do art. 408 CPP.

Cabe lembrar que a *pronúncia* e a *condenação* pelo juiz singular surgem após a tramitação do mesmo procedimento.

12.1 Na redação primitiva do referido § 1º do art. 408, também na *sentença de pronúncia*, em *processos de crimes da competência do júri, o juiz mandaria lançar o nome do réu no rol dos culpados* (à semelhança do previsto no art. 393, II, quanto à *sentença condenatória recorrível*), *recomendá-lo-ia na prisão em que se achasse* (o verbo indica a substituição do título pelo qual passaria a estar o réu preso), ou, se solto, até então, o pronunciado, *expediria as ordens necessárias para a sua captura*.

Pelo § 2º, na versão primeira, não alterada (tendo, apenas, passado a § 3º, pela Lei n. 5.941/73, em razão da nova regra do § 2º do art. 408, que reproduziremos a seguir), "se o crime for afiançável, será, desde logo, arbitrado o valor da fiança, que constará do mandado de prisão".

Em decorrência do preceituado pela Lei n. 5.941/73, o novo § 2º passou a assim dispor: "*Se o réu for primário e de bons antecedentes, poderá o juiz deixar de*

Em decorrência, a norma do *art. 594* passou, no *sistema do CPP*, a comandar todo o sistema de *prisão provisória* conseqüente à *condenação recorrível*.

Aliás, na verdade, o primeiro *binômio liberatório* (*primariedade + bons antecedentes*) domina todo o quadro, porque, se é *suficiente* para os *crimes inafiançáveis*, com razão maior o será para os *afiançáveis*.

14.2 A *Lei n. 5.941/73* não alterou os *arts. 584, § 2º, e 597 do CPP*.

O primeiro dispositivo preceitua: "O recurso da pronúncia suspenderá tão-somente o julgamento". O segundo prescreve: "A apelação de sentença condenatória terá efeito suspensivo, salvo o disposto no art. 393...".

14.3 Daí, o efeito liberatório ou prisional da decisão judicial sobre a *primariedade, vida pregressa* e *concessão da fiança* produzir-se, de imediato, quando da própria prolação da sentença condenatória.

Assim, conforme o caso, naquela *decretada*, expressa e fundamentadamente, a *prisão*; *ou não imposta*, pelo reconhecimento das *isenções* referidas, já o primeiro *recurso* – em sentido estrito contra a *pronúncia*, ou a apelação, contra a *condenação* – não tem o condão de *suspender* a eficácia da deliberação sentencial, pois que nenhum deles, com relação a esse tópico, tem *efeito suspensivo*.

Toda a irradiação eficacial, neste tópico, é produto da sentença, na parte em que decidiu quanto à *prisão* ou a *liberdade provisória*.

14.4 Destarte, consoante as regras dos *arts. 584, § 2º, e 597 do CPP*, *o efeito não suspensivo*, no particular do recurso em sentido estrito ou da apelação, *mantém incólume a eficácia da norma dos arts. 393, I, e 408, §§ 1º a 3º*, no caso de sentença de pronúncia ou condenatória de primeiro grau, na parte referente à prisão provisória adequadamente infligida.

Conseqüentemente, se *pronunciado* ou *condenado o réu, no segundo grau*, por confirmação daquelas ou reforma da sentença de impronúncia ou absolutória, qualquer que seja o recurso subseqüente, mesmo que ele não tenha efeito suspensivo, como o recurso especial e o extraordinário, *nenhuma alteração ocorrerá neste quadro*.

Em suma: *nenhum recurso* (desde o recurso em sentido estrito e a apelação) *tem efeito suspensivo em relação aos arts. 393 e 408, §§ 1º a 3º*. E, por isso, essa *prisão*, desde que imposta de forma hábil, será *executável*, ou como prefere o *art. 669, I, será exeqüível*.

14.5 Na hipótese de a *absolvição* ou *impronúncia decidida no primeiro grau* vir a ser *reformada na segunda instância*, é óbvio que o Tribunal terá de deliberar, no próprio acórdão, nos termos dos *arts. 393, I, e 408, §§ 2º e 3º*, com a interpretação sistêmica aqui enfocada, independentemente de qualquer consideração quanto aos *efeitos de um futuro e eventual recurso constitucional*.

14.6 Nesta linha, é que deve ser, por isso, interpretada a disposição do *art. 675, § 1º, do CPP*, que é o *correspondente, no segundo grau de jurisdição*, dos *arts. 393, I, e 408, §§ 2º e 3º*, e que assim prescreve: "No caso de reformada pela superior instância, em grau de recurso, a sentença absolutória, estando o réu preso, o presidente da câmara ou do tribunal fará, logo após a sessão de julgamento, remeter ao Chefe de Polícia o mandado de prisão do condenado".

O dispositivo deste parágrafo está, ademais, inquestionavelmente, subordinado à prescrição do *caput*, que estatui: "Art. 675. No *caso de ainda não ter sido expedido mandado de prisão*, por tratar-se de infração penal em que o réu se livra solto ou por estar afiançado, o juiz, ou o presidente da câmara ou tribunal, se tiver havido recurso, fará *expedir o mandado de prisão, logo que transite em julgado a sentença condenatória*".

Devemos entender, já agora, após as modificações legislativas ulteriores: só será também expedido o mandado de prisão, após o trânsito em julgado da decisão condenatória, se estiver presente o binômio *primariedade + bons antecedentes*, devidamente reconhecido.

Sendo o *art. 675, § 1º, do CPP*, o correspondente do *art. 393, I*, no segundo grau de jurisdição, tem a *prisão* a que ele se refere a mesma natureza *cautelar* da prevista por esse, eis que é o *caput do art. 675* que, expressamente, prescreve que a *execução da pena privativa de liberdade somente se dá após o trânsito em julgado*.

O *caput* trata da *expedição do mandado de prisão para cumprimento da pena, o § 1º*, daquele de *prisão cautelar*.

O *status libertatis deve ser mantido*, pois, mesmo quando houver condenação, confirmatória ou reformadora, no segundo grau de jurisdição, pois que nenhuma alteração ocorre, conforme salientado, em sede de eficácia, no quadro dos efeitos dos recursos cabíveis contra a condenação.

15. Se adotarmos a caracterização da exigência do *art. 594 do CPP*, de *recolhimento à prisão*, como "regra procedimental condicionante do processamento da apelação", tal entendimento não interfere com a linha de raciocínio aqui desenvolvida, porquanto a norma em apreço está em consonância com a regra do art. 393, I, pressupondo a expedição, em decorrência da *aplicação* desse, do *mandado de prisão*.

O atendimento ao pressuposto de *recolher-se à prisão*, pelo apelante, é decorrência de já estar sua *prisão determinada. Por outro lado, não pode ficar ele foragido e querer apelar.*

O que mudou foi a *função do art. 393, I*, e de seu cognato, o *art. 675, § 1º*, tudo em sintonia com as modificações do *art. 408, §§ 1º a 3º*, e do *art. 594 pela Lei n. 5.941/73*; *função* que passou do estabelecimento de um *efeito automático da sentença condenatória recorrível*, para a atribuição, ao juiz ou Tribunal, do *dever de não ordenar a prisão*, desde que atendidos os requisitos da *primariedade* e dos *bons antecedentes*; da *afiançabilidade*, ou da hipótese do "livrar-se solto".

15.1 E tanto o *art. 393, I, e 408, §§ 1º e 2º* (originais) do CPP, sempre estiveram em correspondência com o *art. 594*, e ambos aqueles, juntamente com *o § 1º do art. 675*, com o *caput deste último*, que, mesmo entendida, primitivamente, no sistema do CPP, que a *prisão por sentença* ou *acórdão recorrível era automática*, no sentido de que não se exige a aferição da *necessidade concreta*, todos previam a ressalva da *liberdade provisória da fiança* e do *livrar-se solto*.

A Lei n. 5.941/73 limitou-se a acrescentar a hipótese de *liberdade provisória por primariedade e boa vida pregressa*.

Fê-lo, é certo, incompletamente, pois que deveria ter acrescido esta nova hipótese – que passou, aliás, a ser a mais relevante – também nos *arts. 393, I, e 675, caput*.

O último sempre foi, aliás, mais completo que o primeiro, que, como salientavam os comentadores, à época (v. citação de Basileu Garcia, no item 25), não previa o "livrar-se solto", contemplada no *art. 675, caput*.

O que tem de prevalecer é a *interpretação sistêmica*, *evolutiva* e *teleológica*, como, de início, grifamos.

B) O advento do regime constitucional de 1988

16. *Preliminarmente*, gizamos ser nosso entendimento que o instituto da *prisão provisória não foi abolido* pela CF de 1988, que veio, no entanto, a constituir-se no ápice da evolução consistente na consagração da *legitimidade prisional provisória*, representada pela exigência de *necessidade da mesma* em face da *periculosidade* e do *risco* concreto, traduzida em *fundamentação judicial individualizada e suficiente*, e na chancela dos casos de *liberdade provisória*, como *cautela preventiva* ou *contracautela à prisão*, tudo isso como expressão fundamental das garantias de *devido processo*, do *contraditório* e da *ampla defesa*, com os *meios e recursos a ela inerentes*.

E, se de *recursos* é que estamos tratando, para os quais não se pode exigir *garantia de instância* (abolida, até, em hipóteses patrimoniais), não se pode constituir, com referência a eles, óbice indevido ao pleno exercício da defesa, especialmente quando a exigência é *ilícita*, por contrariar outros aspectos do sistema constitucional e legal.

17. O que se nos apresenta como a única conclusão inquestionável é que o *ato de captura* só cabe em *flagrante delito* ou por *ordem judicial*, *escrita* e *individualizadamente fundamentada*, e, em qualquer dos casos, o encarceramento terá de justificar-se na *necessidade*, no *periculum in mora concreto*, a par do atendimento ao pressuposto do *fumus boni iuris*.

17.1 Tal significa que nem *flagrante*, nem *pronúncia*, nem *condenação não transitada em julgado*, por si mesmas, podem ser *justa causa de prisão provisória*, devendo, nestas hipóteses, estar presentes os motivos que autorizam a *prisão preventiva*, que são os mais amplos (a *prisão temporária* tem campo restrito) e passaram a dominar todo o quadro de *prisão* e de *liberdade provisória*, a partir das inovações da *Lei n. 6.416, de 24.6.77*.

17.2 Daí, o disposto no *parágrafo único do art. 310 do CPP*, por ela acrescentado, segundo o qual será concedida *liberdade provisória*, quando da *prisão em flagrante*, se o juiz verificar a inocorrência de qualquer das hipóteses que autorizam a *prisão preventiva*.

Nesta linha, igualmente, o *art. 324* ficou acrescido de um *inc. IV*, segundo o qual não será concedida *fiança*, "quando presentes os motivos que autorizam a decretação da prisão preventiva (art. 312)".

O art. 31 da *Lei n. 7.492, de 16.6.86*, é também expressivo, na medida em que, nos crimes nela previstos (crimes contra o sistema financeiro nacional) punidos com pena de reclusão, a fiança e o apelar em liberdade do réu primário e de bons antecedentes somente serão afastados, "se estiver configurada situação que autoriza a prisão preventiva".

18. Aquilo que a *CF, no art. 5º, LVII, c/c os respectivos incs. LXI e LXVI*, estabelece é que não poderá haver *prisão provisória sem fundamentação individualizada*, e decorrente, tão apenas, da *inculpação*, ainda não *transitada em julgado*.

18.1 Com efeito, em recente decisão, a Colenda Segunda Turma do Egrégio Supremo Tribunal Federal (HC 73.364-RJ, Relator Ministro Marco Aurélio, julg. de 11.6.96) concluiu que "*a prisão provisória não decorre automaticamente da pronúncia do réu, sendo necessário que sua decretação esteja adequadamente fundamentada*".

Em conseqüência, foi concedido o *habeas corpus*, para, "mantida a pronúncia do paciente, cassar o decreto de prisão, tendo em vista a *falta de motivação*".

18.2 Frederico Marques ("O Processo Penal na Atualidade", em *Processo Penal e Constituição Federal*, São Paulo, Acadêmica, 1993, p. 19, e *Pareceres*, São Paulo, AASP, 1993, p. 100) doutrina: "A *presunção de inocência* decorrente que está expresso no *art. 5º; LVII* – e que Vélez Mariconde prefere denominar de estado de inocência – cria para o acusado um *status* especial de respeito à sua liberdade. Não há proibição de medidas cautelares, como a prisão preventiva e a prisão em flagrante, como facilmente se infere do item *LXI do art. 5º* em que há referências à prisão em flagrante e à prisão por ordem escrita e fundamentada de autoridade judiciária competente. *Mas proscrita está a prisão cautelar obrigatória, até mesmo após sentença condenatória recorrível*. O Juiz que condenou o réu em primeira instância poderá mantê-lo preso ou ordenar sua prisão, *desde que motive adequadamente* a decretação de *carcer ad custodiam*. A condenação pode determinar a existência do *fumus boni iuris*, mas não é suficiente para dar origem ao *periculum in mora*. E só em aglutinando-se esses dois pressupostos da medida coercitiva e cautelar é que ela pode ser imposta...".

"Uma vez que antes de condenação passada em julgado o acusado se presume inocente, claro está que sua prisão, antes que a *res judicata* cubra a sentença condenatória, somente será admissível nos casos indicados no citado n. LXI, do art. 5º da Lei Maior. É que, se o acusado se considera inocente, antes da sentença passada em julgado, não cabe impor-lhe o *carcer ad poenam* enquanto considerado inocente (não culpado). Apenas a prisão cautelar, ou o *carcer ad custodiam* é que ele poderá sofrer, antes que passe em julgado a sentença condenatória."

18.3 O *rol dos culpados* é o dos *condenados*, e tampouco pode prevalecer antes da coisa *julgada*.

A *inculpação*, isto é, a *atribuição do estado de condenado* (culpado) – e que se opõe ao *estado de inocente*, inerente à *personalidade* –, depende da ocorrência da *coisa julgada condenatória*.

Daí, serem remansosas a doutrina e a jurisprudência, em que está derrogado o inc. II do art. 393 do CPP, que contemplava o lançamento imediato do nome do condenado, que ainda podia recorrer, no *rol dos culpados*.

Lembremos que o mesmo acontecia com a *sentença de pronúncia*, pela disposição do art. 408, § 1º do CPP, em sua versão original, consoante a noção, da época, de *culpa formada*, mas que foi alterada pela *Lei n. 9.073, de 2.5.95*, exatamente para eliminar dito efeito daquela decisão.

Vicente Greco Filho (*Manual de Processo Penal*, São Paulo, Saraiva, 1993, p. 298) é taxativo: "O art. 393, entre os efeitos processuais da sentença condenatória recorrível, prevê o lançamento do nome do réu no rol dos culpados. Esse efeito, porém, em nossa opinião, é incompatível com a *presunção de inocência* consagrada na Constituição, de modo que entendemos não mais existir".

19. Quando ainda, entre nós, era admitida a decretação da *prisão preventiva obrigatória*, e não havia sido erigido à categoria de preceito constitucional o *estado de inocência* do acusado, já se colocava movimento contra a decretação de medida cautelar baseada exclusivamente na *qualidade* e na *quantidade da pena*, em *presunções de riscos e periculosidades*, não se verificando, no caso concreto, a *necessidade* da medida.

19.1 Cuida-se, portanto, de dar sistematização às hipóteses de *prisão provisória*, adequando-as ao *princípio da necessidade*, que, na esteira das modificações introduzidas pelas *Leis ns. 5.349, 5.941 e 6.416*, foi alçado à categoria de *princípio constitucional*, com a exigência, para a *decretação ou manutenção de qualquer prisão provisória*, da existência de efetivo *periculum in mora*, demonstrado na inafastável *fundamentação da decisão judicial* a respeito.

A caracterização da *prisão provisória* como verdadeira *medida excepcional*, face ao *status de inocência* de que goza o réu, e a exigência de que somente pode ser decretada em caso de absoluta *necessidade* sempre foram aspiração da doutrina, desde o advento do Código Processual Penal, como já sublinhado.

Criticava-se duramente seu sistema, acusando-o de autoritário e fascista.

E, agora, quando, após uma série de modificações legislativas, no sentido de se exigir, para a *legitimidade da prisão*, sua absoluta *inafastabilidade*, surgiram as *ga-*

rantias asseguradas pela *Carta Magna*, não se pode admitir que o *princípio da necessidade* deixe de ser requisito fundamental para a *prisão provisória*.

Não se trata de "desarrazoada euforia" com as prescrições constitucionais, como rotulam alguns, pois que o princípio da CF é o coroamento de uma série de modificações, à luz das quais deve ser obrigatoriamente entendido.

19.2 A *necessidade* tem de ser objeto de análise no *caso concreto* (como expressão da *individualização penal*), não podendo haver *presunção abstrata de periculosidade* e de *risco*, levando-se em conta, somente, a qualidade do crime, a quantidade da pena, ou os próprios fatos da prisão em flagrante, da pronúncia ou da condenação sujeita a recurso (daí, ter de ser considerado *cum grano salis*, no novo regime constitucional, o disposto no art. 30 da Lei n. 7.492, de 16.6.86, sobre crimes contra o sistema financeiro nacional).

19.3 A consagração constitucional do *princípio do estado de inocência* tem conteúdo que não se limita ao de atribuir o *ônus da prova* ao acusador.

Ostenta outros inestimáveis desdobramentos, como: (*a*) a *necessidade de evidência razoável* para a *persecutio criminis*, especialmente para a *propositura da ação penal*, (*b*) a *impossibilidade de execução da pena em momento anterior ao trânsito em julgado*, e (*c*) conjugadamente com as garantias contra a prisão, fora do flagrante e da ordem escrita e fundamentada de autoridade judiciária competente, e com aquela da individualização das decisões penais gravosas, conduz à prevalência do *princípio da necessidade*, em termos de *prisão provisória*.

19.4 Não há mais, portanto, *prisão automática, ipso iure*.

Como salienta, com propriedade, Tourinho Filho (*Processo Penal*, São Paulo, Saraiva, 13ª ed., 4:217), não mais existe *prisão*, antes da *coisa julgada condenatória*, senão *por necessidade*, devidamente explicitada na *fundamentação* da decisão prisional.

19.5 A fundamentação para a decretação de *prisão provisória* é, hoje, exigência geral: CPP, art. 315, para a *prisão preventiva*, art. 2º, § 2º, da Lei n. 7.960, de 21.12.89, e art. 2º, § 3º, da Lei n. 8.072, de 25.7.90, para a *prisão temporária*.

O *parágrafo único do art. 310 do CPP*, acrescentado pela *Lei n. 6.416, de 24.5.77*, exige, para a manutenção da privação provisória da liberdade em decorrência de flagrante delito, que estejam presentes os pressupostos da *prisão preventiva*.

O *art. 2º, § 2º, da Lei n. 8.072/90* é explícito em que, "em caso de sentença condenatória, o juiz decidirá fundamentalmente se o réu pode apelar em liberdade", com o que deu novo alcance ao *art. 35 da Lei n. 6.368, de 21.10.76* (sobre tráfico ilícito de entorpecentes), e, conseqüentemente, aos *arts. 585 e 594 do CPP*.

19.6 Nenhuma *prisão provisória* pode ser *automática*. Mesmo no *flagrante*, só o *ato de captura* é sem ordem judicial prévia, escrita e individualizadamente fundamentada. Mas o *estado de privação de liberdade* exige a *deliberação judicial*, nos termos do disposto no *art. 310, e parágrafo único, do CPP*.

Afirmam Ada Pellegrini Grinover, Antonio Scarance Fernandes e Antonio Magalhães Gomes Filho (*As Nulidades no Processo Penal*, São Paulo, Malheiros Editores, 3ª ed., 1993, p. 241) que a decretação de prisão "não pode ser automática, diante do reconhecimento do crime e de sua autoria, mas deve ressaltar, ainda, da apreciação sobre a presença do *periculum libertatis*, que autoriza excepcionalmente a prisão antes de uma condenação definitiva".

20. A *chave da solução* da questão, no *sistema do CPP, está na nova redação dos arts. 408, §§ 1º a 3º, e da conseqüente* *nova interpretação dos arts. 393, I, e 675, caput, e § 1º, à luz do regime da Lei n. 5.941/73 e do sistema constitucional vigente, particularmente representado pelas garantias asseguradas nos incs. XLVI, LVII, LXI e LXVI do art. 5º da CF, já antes focalizados.*

Condicionada a *prisão provisória* à *decisão escrita*, *fundamentada* da autoridade judiciária competente, o *art. 393, I, e 675, e § 1º*, têm de ser, agora, *interpretados* e *aplicados*, no sentido de ser exigido, na *sentença* e no *acórdão*, a *imposição individualizada e motivada*.

Como o próprio art. 393 já excepcionava a hipótese de *fiança* e já se tinha como implícita a de o réu *livrar-se solto* (cf. Basileu Garcia, *Comentários ao CPP*, III: 571), agora se tem de entender que, sendo ele *primário*, de *bons antecedentes*, e não se oferecendo motivos para a *prisão preventiva* (em decorrência das alterações já apontadas da *Lei n. 6.416, de 24.6.77*), não cabe a inflicção desta espécie de *prisão provisória*, decorrente de *condenação recorrível*.

Essa exegese estende-se ao *art. 675, caput, e § 1º*.

20.1 Em suma, aquilo que, no regime inicial da *Lei n. 5.941/73*, era apenas questão de afastamento de uma *prisão provisória* em face da *condenação recorrível*, mercê da aplicação de um mecanismo de *liberdade provisória* (pela *primariedade* e *bons antecedentes*, pela *afiançabilidade* ou pelo *livrar-se solto*), passou a caracterizar, igualmente, caso de *limitação de imposição de prisão provisória* ao condenado *reincidente* e de *maus antecedentes*, que somente ser privado de sua liberdade se, reforçado, já a esta altura, e *fumus boni iuris*, e aferindo-se a existência concreta de *periculum in mora*, estiverem presentes os pressupostos da *prisão preventiva*.

Num caso, *liberdade provisória imunizante, cautelar preventiva*: se *primário* e de *bons antecedentes*, ou subsidiariamente se for o caso de *fiança* ou de *livrar-se solto*, não há de decretar-se a prisão, salvo (*contracautela prisional*) se presente hipótese, concreta, individualizadamente verificada, de *prisão preventiva*.

No outro, *liberdade provisória contracautelar*: se, embora não presentes aqueles pressupostos favoráveis, não houver, tampouco, a ocorrência das hipóteses do art. 312 do CPP.

É o mesmo que ocorre com a *contracautela do art. 310 e do parágrafo único, do CPP*, em relação à *captura em flagrante*, a que se equipara, como sabemos, a *condenação recorrível*.

Capturado em flagrante delito e *conduzido* – o que é formalizado pelo auto respectivo –, será concedida, nas hipóteses previstas naqueles dispositivos, a *liberdade provisória*.

No caso da *condenação recorrível*, não chega a haver a formalização da expedição do *mandado de prisão*, eis que, na própria decisão condenatória, o juiz ou o tribunal já aprecia se é caso, ou não, de concessão da liberdade provisional, por inocorrência dos *casos de prisão preventiva*.

20.2 Vicente Greco Filho (*Manual de Processo Penal*, p. 246), ao tratar da *prisão por pronúncia e por sentença condenatória recorrível* expõe: "A pronúncia por crime inafiançável ou a condenação em crime dessa natureza, não sendo concedido o regime aberto, deveria acarretar a ordem de prisão. Todavia, o art. 408, § 2º e o art. 594, respectivamente, autorizam a não-expedição do mandado de prisão se o acusado for primário e de bons antecedentes.

"Isso significa que, se o acusado não for primário e de bons antecedentes, há presunção da necessidade da prisão, mas, conforme expusemos quanto à prisão temporária, essa presunção não é absoluta, mormente após a consagração da presunção de inocência na Constituição da República."

Sustenta que não há *liberdade provisória facultativa* (p. 248): "Se está presente a situação legal, a liberdade é um direito do acusado. Há situações de maior ou menor complexidade no exame das circunstâncias legais, mas, verificadas essas, o juiz não tem nenhuma discricionariedade, porque é obrigado a conceder a liberdade sob pena de coação ilegal corrigível por meio de *habeas corpus*".

A respeito da *liberdade após pronúncia* ou *condenação recorrível*, desenvolve (p. 250): "São também casos de liberdade provisória sem fiança a liberdade após pronúncia em crime inafiançável e a condenação enquanto pendente a apelação. Os arts. 108 § 2º e 594 autorizam respectivamente a liberdade para aguardar o julgamento do júri ou aguardar o julgamento pelo Tribunal se o acusado é primário e de bons antecedentes".

Aduz (pp. 250-251): "Especialmente após a Constituição de 1988 que consagrou a presunção de inocência é preciso entender que a apreciação dos bons antecedentes não pode ficar em termos formais. Isto é, não é somente porque tenha tido o acusado outro inquérito ou outro processo penal que deles resulta a exclusão da liberdade para recorrer ou aguardar o julgamento. Esses fatos podem ser levados em consideração como elementos de convicção para se negar a liberdade porque podem ser indícios da necessidade da prisão como garantia da ordem pública (motivo de prisão processual) mas não como presunção de culpa".

Na *liberdade provisória imunizadora*, o juiz ou tribunal *pode decretar a prisão*, se presente hipótese de *prisão preventiva*, na *contracautelar*, por não se tratar de *primário de bons antecedentes, afiançado* ou *réu que se livre solto*, o juiz ou tribunal *pode – e deve – conceder a liberdade provisória*, se não caracterizado caso de *prisão preventiva*.

20.3 Pode concluir-se que, pelo vigente regime, constitucional e legal, o *flagrante delito*, a *pronúncia* ou a *sentença condenatória recorrível* por si sós não são *títulos suficientes* para a *decretação ou manutenção de prisão provisória*: tem que estar caracterizada uma das hipóteses do *art. 312 do CPP*, embasadoras da *prisão preventiva*, e que formam o conjunto mais amplo, dentre os que podem servir de fundamentação para a *prisão provisória*. E isto tem de ser *individualizado e expressamente motivado* na parte da *sentença* em que se decretar a *prisão*.

O que se afirma nada mais é do que a tradução do *princípio da necessidade*, que exige a *indispensabilidade* da *prisão instrumental* e *acessória*, seja em termos de exercício do *ius persequendi*, seja de *ius exequendi*, de efetivação, pois, do *ius puniendi*.

20.4 Invoquemos acórdão com a ementa que se segue: "Constitucional e Penal. *Habeas Corpus*. Paciente que se defendeu solto durante todo o curso do processo. Absolvição no primeiro grau e condenação em segundo. Regime prisional semi-aberto. Acórdão que não demonstra a imperiosidade da prisão *ante tempus*. Ordem concedida para que o paciente permaneça em liberdade até que sejam julgados os recursos excepcionais.

"O paciente que já não tinha bons antecedentes foi processado por lesões corporais graves (atirou um copo na cabeça da vítima). Respondeu a todo o processo em liberdade. Foi absolvido em primeiro grau e em segundo condenado a 2 anos e 6 meses de reclusão. Regime prisional o semi-aberto. Pediu fiança, não a logrando.

"O paciente, é certo, não faz jus à fiança. Mas em contraposição não pode ser recolhido à prisão comum por duas razões antes do trânsito em julgado da condenação: *a*) o acórdão não justificou a imperiosidade de seu recolhimento *ante tempus*. Logo, em obediência aos princípios da presunção da inocência e da motivação dos atos judiciais de base constitucional deve continuar em liberdade até o trânsito em julgado da decisão; *b*) ficar na cadeia pública implicaria gravame para quem foi condenado a regime semi-aberto. Ordem concedida" (STJ, HC n. 2.806-6/RJ, Rel. Min. Pedro Acioli, j. 18.10.94, *DJU* de 6.3.95, p. 4.388).

Citemos, ainda, os seguintes acórdãos:

"Liberdade Provisória – Direito de recorrer em liberdade – Benefício negado a réu considerado reincidente – Inadmissibilidade – Circunstância que por si só não justifica a custódia – Presunção de inocência estabelecida no inciso LVII do art. 5º da nova CF que implicou perda de força jurídica da conseqüência axiomática da condenação prevista no art. 594 do CPP – Requisitos autorizadores da prisão preventiva inexistentes – Constrangimento ilegal caracterizado – *Habeas Corpus* concedido – Aplicação do inciso LXI do referido artigo constitucional. A CF estabeleceu no art. 5º, LVII, que 'ninguém será culpado até o trânsito em julgado da sentença penal condenatória'. Perdeu pois força jurídica a conseqüência axiomática da condenação como previsto no art. 594 do CPP. A prisão do réu antes do trânsito em julgado da condenação penal só pode ocorrer em razão de determinação fundamentada (art. 5º, LXI, da CF de 1988). Assim não pode a sentença condenatória negar ao réu o direito de recorrer em liberdade com fundamento tão-só no fato de ser reincidente, sendo necessário invocar o quadro dos requisitos previstos para a prisão preventiva, dada a norma constitucional referida" (TACrim, HC n. 180.324-4, Rel. Juiz Walter Theodósio, *RT* 643/303).

"Liberdade Provisória – Direito de recorrer em liberdade – Benefício que deve ser concedido ao réu que se manteve livre durante toda a instrução por ausência dos motivos autorizadores da prisão preventiva – *Irrelevância dos maus antecedentes* reconhecidos na sentença – Inexistência da figura do *culpado provisório*, o que impede a custódia simplesmente decorrente de sentença condenatória não definitiva – Inteligência dos arts. 5º, LVII e LXVI da CF e 310, parágrafo único, 311, 312 e 594 do CPP. Conforme o art. 5º, LVII e LXVI da CF, inadmissível a figura do *culpado provisório*, e, portanto, a custódia simplesmente decorrente de sentença condenatória não definitiva.

"O recolhimento à prisão para possibilitar o recurso só é admitido quando presentes os motivos autorizadores da prisão provisória cautelar, constantes do art. 312 do CPP. Desta forma, se durante a instrução criminal o réu manteve a liberdade, porque a custódia era desnecessária, impossível a prisão durante o recurso baseada simplesmente em bons antecedentes reconhecidos em sentença" (TACrim, HC 191.442-0, Rel. Juiz P. da Costa Manso, *RT* 658/297).

No sentido da necessidade de decisão motivada, mesmo em caso de crime de entorpecentes, lembremos os acórdãos seguintes:

"Os pacientes, ambos primários e de bons antecedentes, foram condenados por estupro. Responderam ao processo em liberdade. Quando da sentença, o juiz, após lembrar que o crime de estupro se classifica como hediondo, condicionou o recebimento da apelação ao recolhimento à prisão. O tribunal *a quo* manteve a decisão, positivando que, por se tratar de crime hediondo, só se precisaria fundamentar a medida constritiva na hipótese de o juiz permitir ao condenado apelar solto (art. 2º, § 2º). Os princípios da presunção da inocência (CF, art. 5º, LVII) e da liberdade provisória (CF, art. 5º, LXVI) se travejam na vida mestra da 'dignidade humana', regra estraturante de nossos direitos fundamentais (CF, art. 1º, I). Assim, em princípio, só deve ficar preso, quem necessite. O juiz, por força de dispositivo constitucional (art. 93, IX), deve demonstrar a imperiosidade da prisão, uma vez que os réus já vinham respondendo ao processo em liberdade. O § 2º da Lei n. 8.072/90 deve ser interpretado de acordo com a Constituição e não a Constituição de acordo com a lei que lhe é subordinada. Assim, mesmo no caso de não se permitir que o condenado apele em liberdade, tem-se de demonstrar o porquê. No caso concreto, não houve fundamentação. Recurso provido" (STJ, HC 2.898-0, Rel. Min. Adhemar Maciel, *RT* 699/385).

"HC – Lei de Tóxico (Lei n. 6.368/76) – Decisão não fundamentada – Apelo em liberdade – Art. 2º da Lei n. 8.072/90 – Concessão da ordem.

"As decisões calcadas em condenação por tráfico de drogas (Lei n. 6.368/76), sejam ou não concessivas da liberdade para o exercício do apelo, devem ser fundamentadas.

"*In casu*, não apresentando a sentença tal fundamentação, é de conceder-se ao réu o benefício do direito de, em liberdade, poder dela, apelar, mormente quando reconhecido, pelo sentenciante, seus bons antecedentes, sua primariedade, e mais considerando a circunstância de haver comparecido a todos os atos processuais quando em liberdade, e nestas condições se encontrava na ocasião do julgamento.

"Ordem concedida para que o réu obtenha o direito pleiteado e nesta condição possa exercitar seu direito ao apelo" (STJ, HC 3.193-8-MG, Rel. Min. Flaquer Scartezini, j. 22.3.95, *DJU* de 10.4.95, p. 9.277).

20.5 Tampouco pode concluir-se pela *automaticidade da prisão por condenação recorrível*, fazendo-se distinção entre *prisão provisória cautelar* e *prisão provisória processual*, para, como Rogério Lauria Tucci (*Direitos e Garantias Individuais no Processo Penal Brasileiro*, São Paulo, Saraiva, 1993), concluir que, somente com relação à primeira, não pode ocorrer apriorística consideração de culpa, que pode estar presente quanto à segunda, sem afronta do *art. 5º, LVII*.

Processual, ou de outra índole, o certo é que se impõe a ordem individualizadamente fundamentada, exigência do *art. 5º, LXI*, o que afasta a possibilidade de qualquer *automaticidade prisional ex lege*, no regime da vigente Constituição Federal.

20.6 Se considerarmos, por outro lado, a *prisão derivada de condenação recorrível*, como *antecipação da execução da pena*, teremos flagrante inconstitucionalidade, não só por atentado ao estado de inocência, como à *ampla defesa*, eis que atinge a *garantia aos recursos a ela inerentes* (CF, art. 5º, LIV e LVII).

20.7 Toda *prisão provisória* é, atualmente, uma medida que exige, do juiz, a avaliação da *real e efetiva necessidade* de sua adoção face ao caso concreto, e à luz dos pressupostos legais (Antônio José Azevedo Pinto, *A Prisão Cautelar no Brasil*, Rio, Liber Iuris, 1987, p. 136).

Weber Martins Batista (*Liberdade Provisória*, Rio, Forense, 2ª ed., 1985, p. 117) conclui: "O *status* de inocência do réu ou – com maior razão – do indiciado, não permite a imposição de qualquer restrição à sua liberdade, que não seja absolutamente necessária. A prisão provisória, como medida cautelar ou de segurança, não sendo uma pena antecipada, só assim se justifica.

"Não se pode, portanto, admitir que o agente seja mantido preso cautelarmente, tão-somente porque foi detido em flagrante pela prática de crime considerado grave; em qualquer caso, a providência cautelar exige, além do *fumus boni iuris*, que haja um *periculum in mora*.

20.8 O *primário de bons antecedentes* tem *direito subjetivo* ao *status libertatis*, e só pode ser desse privado, se estiverem presentes os pressupostos da *prisão preventiva*, "medida extrema", que somente poderá ser decretada, "quando necessária para garantir a aplicação da lei penal, na conveniência da instrução criminal e devidamente fundamentada" (STJ, HC 1.354, Rel. Min. Flaquer Scartezini, *RT* 684:364; HC 2.967-4/SP, Rel. Min. Jesus Costa Lima, *DJU* de 31.10.94, p. 29.509). E isso, *independentemente das circunstâncias e da gravidade do delito cometido ou da pena aplicada* (STF, HC 63.277-7, Rel. Min. Rafael Mayer, *RT* 605:464; STJ, HC 3.214-4/SP, Rel. Min. Jesus Costa Lima, *DJU* de 3.4.95, p. 8.137, TJSP, *RT* 586:306).

20.9 Neste sentido, *continuaria a poder haver prisão por pronúncia*, *por sentença* ou *acórdão recorrível*, *mas atendidos os pressupostos e requisitos analisados*.

E o fato de o recurso da defesa não ter efeito suspensivo continua desinfluente, desde que não tenha sido adequadamente imposta prisão de uma das espécies citadas.

Com efeito, o disposto no art. 637 do CPP é para a hipótese de haver decretação da prisão, que pode ser cumprida na pendência do recurso sem efeito suspensivo.

Também se for caso de o réu livrar-se solto, estar afiançado ou tiver sido reconhecida a sua primariedade e boa vida pregressa, nada sendo apontado no sentido da existência de motivos para a prevenção prisional, a não-suspensividade do recurso funciona a favor do réu, se a acusação é que tiver recorrido.

21. A regra do *art. 585 do CPP* tem o seguinte texto: "Art. 585. O réu não poderá recorrer da pronúncia senão depois de preso, salvo se prestar fiança, nos casos em que a lei a admitir".

O *art. 594* (redação pela *Lei n. 5.941/73*) dispõe, como sabemos: "Art. 594. O réu não poderá apelar sem recolher-se à prisão, ou prestar fiança, salvo *se for primário e de bons antecedentes, assim reconhecido na sentença condenatória*, ou condenado por crime de que se livre solto".

O *art. 595* aduz: "Art. 595. Se o réu condenado fugir depois de haver apelado, será declarada deserta a apelação".

Esses dispositivos sempre conviveram com a não-suspensividade do recurso em sentido estrito e da apelação (arts. 584, § 2º, e 597), mostrando que nada têm a ver com esse aspecto.

Eles sempre mantiveram consonância com o disposto nos arts. 408, e §§, e 393, I.

No regime anterior, em que a prisão por pronúncia e aquela por condenação recorrível eram *ope legis*, salvo fiança ou crime de que o réu se livra solto, o foragido não podia recorrer ou apelar, e se se recolhesse à prisão, apelasse e fugisse, haveria deserção do apelo.

Por isso, foi sempre considerada esta hipótese como de *condição de admissibilidade ou de procedibilidade recursal*.

21.1 Atualmente, como demonstrado, existe a exclusão, pela *Lei n. 5.941/73*, da exigência de recolhimento à prisão do *primário* e de *bons antecedentes*, mercê do reconhecimento, tácito ou expresso, na sentença: se houver esse reconhecimento, não será expedido mandado de prisão, porque não tem sentido fazer o reconhecimento em tela e mandar prender, como explícito no § 2º do art. 408, também incluído pela Lei n. 5.941/73: "Se o réu for primário e de bons antecedentes, poderá o juiz decretar-lhe a prisão ou revogá-la, como já se encontre preso".

Veja-se a força que a lei deu ao binômio *primariedade + bons antecedentes*: o juiz pode até revogar a prisão, isto é, *terá competência* para fazê-lo, salvo se presentes os pressupostos da *prisão preventiva*, hoje dominantes (cf. arts. 310, parágrafo único, e 324, V, do CPP, art. 31 da Lei n. 7.492/86).

21.2 A *prisão provisória por pronúncia* ou pela *condenação recorrível* era *prisão*, tão-somente, pela *inculpação*, de *risco presumido de eventual fuga* e de *antecipação da execução*, em face da mais completa, embora ainda não integralmente aperfeiçoada, caracterização da responsabilidade do réu.

Pelo *princípio do estado de inocência*, pela *presunção de não-responsabilidade* (não confundir com *imputabilidade*: Título III da *Parte Geral do Código Penal*), pela *garantia da ampla defesa*, *com os recursos a ela inerentes* consagrados no *art. 5º, LV e LVII, da CF*, inexiste possibilidade de presunções contra o réu e de antecipação do cumprimento (da execução) da pena cuja imposição ainda está sujeita a recurso, senão com o sentido de *medida cautelar*, a exigir o *perigo concreto*, e não, o *abstrato, presumido iuris et de iure*.

Eliminada a *presunção de periculosidade* (cf. o revogado art. 78 da antiga Parte Geral do Código Penal), exige-se hoje a periculosidade real, na dicção expressa do inc. IV do art. 387 do CPP – com a redação da *Lei n. 6.416/77* –, e que é aquela que, se presente, será declarada, pelo juiz, ao proferir sentença condenatória.

Em qualquer hipótese, a prisão terá de ser expressamente decretada em decisão escrita, emanada de autoridade judiciária competente; decisão essa individualizadamente fundamentada.

22. *Em suma, reiteramos que a questão vertente nada tem a ver com a existência, ou não, de efeito suspensivo do recurso interposto da sentença, ou do acórdão, porque tudo decorre dos termos da prisão eventual e pertinentemente imposta com a condenação*, como se verifica pelo disposto no *CPP, arts. 393, I, e 675, § 1º*, exatamente na hipótese de *recorribilidade* da decisão condenatória (o art. 393 é expresso, neste ponto, em sua linguagem), *qualquer que seja o recurso*.

Com as ressalvas sistêmicas apontadas, isto é, se a *prisão processual* tiver sido decretada de forma hábil e individualizadamente fundamentada, a *não-supensividade* mantém a operatividade das regras dos *arts. 393, I, e 675, § 1º*, já no prazo de interposição do recurso, eis que o art. 597 ressalvou sua incidência.

E o art. 637, embora admita, na pendência do *recurso constitucional sem efeito* suspensivo, a *execução da sentença*, não pode ser interpretado, mesmo no regime primitivo do CPP, senão em consonância com os preceitos explícitos do *art. 669, I, e 675, caput*, isto é, ressalva a *execução*, que é a designação do *Livro IV do CPP*, onde estão ubiquados os dois últimos dispositivos citados, no sentido da *exeqüibilidade da sentença condenatória recorrível*, "para o efeito de sujeitar o réu à prisão"; assim mesmo com as exceções, de hipóteses de *liberdade provisória*; *fiança*, do *livrar-se solto*, a que se somou, após a Lei n. 5.941/79, a do binômio liberatório "*primariedade + bons antecedentes*".

Após a *CF*, e no regime da *LEP* (art. 105), essa *exeqüibilidade* não é apenas, pura e simplesmente, da prisão automaticamente derivada da sentença penal recorrível, mas daquela imposta por estarem presentes os requisitos da *prisão preventiva*.

23. *Em face do exposto, é nula qualquer ordem prisional, em sentença ou acórdão, que não atenda aos requisitos de explicitude de motivação e de individualização.*

23.1 O que importa, pois, agora, é que, na decisão recorrível, seja ela de qualquer grau, para poder haver prisão provisória, é necessário que haja imposição expressa, fundamentada, individualizada, no inter-relacionamento com o instituto da *liberdade provisória, consoante nossa análise anterior*.

24. A *confirmação da sentença*, na instância superior, enquanto não operada a *coisa julgada*, em nada muda a situação de *primário* e de *pessoa de bons antecedentes*, salvo *fato superveniente* a ser objeto de registro no acórdão, para que possa adotar decisão de prisão do réu.

Contra a parte da sentença que concede a *liberdade provisória* com base na *primariedade* e no fato de *bons antecedentes*, cabe recurso, por parte do Ministério Público.

Se houve, somente, apelação dos acusados, a expedição de mandado de prisão – sem qualquer motivação – caracteriza *reformatio in pejus*.

24.1 O Egrégio Superior Tribunal de Justiça tem, na realidade, ressalvado que, com a decretação da prisão, a segunda instância estaria prejudicando a situação do acusado, quando somente ele apelou (HC 2.723-0/RJ, Rel. Min. Adhemar Maciel, *DJU* de 22.6.94, p. 16.438).

É o que acontece *in casu.*

25. O que está vinculado à *eficácia apenas devolutiva, não-suspensiva*, do *recurso*, é a *execução provisória*.

25.1 Mas essa, que, na lição de Roberto Lyra, *já não existia no sistema originário do CPP, conforme anteriormente citado, fica, agora, inteiramente alijada, inviabilizada, em face da* "garantia do estado de inocência".

25.2 De nenhum modo, a *execução provisória* se afina com o *processo penal*, pois que ela "corre por conta e responsabilidade" do exeqüente, que, ao promovê-la, assume o risco, preferindo antecipá-la em relação ao trânsito em julgado, quando, ulteriormente, poderia fazê-lo em caráter definitivo.

Por isso, no *processo civil*, há o exeqüente, de *prestar caução*, "obrigando-se a reparar os danos causados ao devedor" pelos *atos executivos provisoriamente* (precariamente) *realizados.*

É regime incompatível com execução que interfere com a liberdade humana, do cidadão a que se garante o *estado de inocência* até a *coisa julgada da sua condenação.*

25.3 Pontes de Miranda (*Comentários ao CPC*, Rio, Forense, 2ª ed., 1961, XIII:54) assinala que a *execução provisória* "é adiantamento da execução no juízo da execução". Pode haver *adiantamento da execução no juízo da pretensão à sentença*, como na *tutela específica antecipada*, em que há *cognição provisória.*

Nenhuma das duas formas é possível no moderno Direito Processual Penal.

Mesmo na *execução provisória*, em que já houve *cognição completa*, pende sua *sorte*. Não se *acautela*, nem se tem como formalmente passada em julgado a sentença que não o passou, adianta-se a execução, porque houve cognição completa, mas pende recurso, que não tem efeito suspensivo.

25.4 A *execução provisória penal* envolveria, não apenas expedição de *mandado de prisão*, mas de *carta de guia*, de *guia de recolhimento*, o que só é possível, após o *trânsito em julgado*, nos termos explícitos do *art. 674 do CPP* e do *art. 105 da LEP*.

O que Pontes chama de "estado interinal" – que é aquele em que se executa provisoriamente a sentença, até o trânsito em julgado – *é incompatível com o processo penal*. Durante ele, os atos têm o "sinal" da *condição resolutiva*. Reformada a decisão executada provisoriamente, "a sentença e toda a execução provisória ficam *sem eficácia*. Quer dizer: perdem-na. Todo o processo passa a ser *nenhum*. O adiantamento da execução foi como se não tivesse existido. Há de retornar-se ao *status quo ante*.

É quadro conflitante com a privação da liberdade, que, antes do trânsito em julgado da condenação, tem de ter uma "função" diversa da de antecipação do cumprimento da pena, e é irreversível.

26. No exercício da Magistratura, sempre entendemos que a *prisão* simplesmente como *pressuposto de admissibilidade do recurso de apelação*, não tem mais lugar no Direito Brasileiro, em face do estado de inocência assegurado pelo *art. 5º, LVII, da Constituição Federal*.

E que, identificada a *prisão por sentença recorrível*, como antecipação do *cumprimento da pena*, na tentativa de conciliação das peças do sistema, e não como *prisão cautelar*, violada também estaria a garantia constitucional.

26.1 A *prisão* prevista nos *arts. 393, I, 669, I, e 675, § 1º, do CPP*, é, concluímos já agora, uma *prisão provisória*, mas sem a natureza de *antecipação sancionatória da execução da pena*, de *execução provisória*, o que, reiteramos, não resistiria à *presunção constitucional de inocência*, só podendo manter-se a *título de prisão provisória, cautelar*, e não *punitiva*.

E ainda mais, decorrente de *risco* e de *periculosidade reais, concretos*, e nunca *presumidos, automaticamente derivados* tão-só da *condenação ainda não transitada em julgado*. E a exigir *reconhecimento e conseqüente decretação prisional, expressos*, e – insistimos – *individualizados, motivados in casu*, com todo o rigor apreciativo e valorativo que se exige para a *prisão preventiva*, cujos pressupostos têm de estar presentes, quer para *afastar a imunidade à prisão* de que goza o *primário de bons antecedentes*, quer a *afiançabilidade*, ou, ainda, para não conceder a *contracautela da liberdade provisória ao reincidente* ou de *má vida pregressa*.

Assim, mesmo que fosse o sistema do CPP, conforme já entendido, o da *antecipação do cumprimento da pena*, não teria ele lugar, nesta nova óptica do vigente *sistema constitucional*.

26.2 O que ocorre é confusão entre *antecipação da execução da sentença* (execução provisória) e *tutela cautelar antecipatória*.

Em sede *cautelar processual penal*, a *antecipação* é, em verdade, concluímos agora, da *privação da liberdade*, e não, do *cumprimento da pena*, de sua *execução*, dada a violação, em contrário, da *garantia do estado de inocência*.

A *antecipação cautelar* se justifica, porque só com a *privação da liberdade*, se pode afastar o *periculum in mora*, a ser individualizada e concretamente valorado.

Se se trata de *aspectos patrimoniais*, por exemplo, as *medidas assecuratórias* que cabem são as dos arts. 125 e s. do CPP.

A *tutela cautelar* assume, ordinariamente, o caráter *conservativo*, garantidora da decisão final provável.

Mas pode, também, revestir-se da forma *antecipatória*, na medida em que a *prevenção*, com referência à ineficácia daquela decisão, depende da *antecipação* de "efeito da futura sentença de mérito". Calamandrei (*Introduzione allo Studio Sistematico dei Provvedimenti Cautelari*, Nápoles, Morano, 1983, IX, n. 18, p. 196) já de há muito advertira que, em certos casos, "a providência interina trata de *acelerar*, em *via provisória*", resultado igual ao *definitivo* (Carlos Alberto Álvaro de Oliveira, *Comentários ao CPC*, Rio, Forense, 1988, v. VIII, tomo II, pp. 366-367).

No campo do processo penal, Roberto Lyra, na citação antes feita, mostra que se trata de *exeqüibilidade* de um *efeito da sentença*, mas não a *título executório*, porém *cautelar*, como, ainda nos albores da vigência do CPP, destacava, com propriedade, o exímio jurista Basileu Garcia (*Comentários ao CPP*, Rio, Forense, 1945, III:571), ao analisar o art. 393, I, do CPP:

"É em correspondência à eventual apelação que os efeitos da sentença condenatória incidem sobre a liberdade provisória do acusado. Ele interporá, ou não, o recurso. Se o não interpuser, no prazo de cinco dias (art. 593), a sentença transitará em julgado, e diferentes dos previstos neste artigo serão os efeitos da decisão. Os de que nos ocupamos vigoram na pendência, primeiro, da interposição do recurso e, segundo, do julgamento deste.

"Daí a correlação entre o dispositivo em análise e os citados arts. 594 e 597.

"Ao dizer o primeiro que não poderá o réu apelar sem recolher-se à prisão, ou prestar fiança, salvo se condenado por crime de que se livre solto, reclama o reparo já feito à redução do art. 393 (n. 514). Devemos compreender: prestar fiança ou ser declarado em liberdade provisória, consoante o art. 350. O segundo, firmando o princípio de que a apelação de sentença condenatória tem efeito suspensivo, excetua o disposto no art. 393, para significar: a apelação, em tal caso, obsta à imediata execução da sentença; a pena, que esta impõe, não começa ainda a ser cumprida; fica em suspenso o mandamento do seu dispositivo, que obrigaria, se infligida pena privativa de liberdade, à prisão penal do condenado, em estabelecimento adequado. Mas desde logo se aplica o art. 393: o réu será submetido a prisão processual, para garantia de ulterior execução da sentença, se a infração for inafiançável ou, sendo afiançável, se não for o réu, pelo juiz, declarado em liberdade provisória. Será submetido a prisão processual – insistamos – se não obtiver a suspensão condicional da pena."

Toda *prisão provisória processual penal*, na sua *cautelaridade*, é uma forma de *antecipação da privação da liberdade*, que, a rigor, só poderia sobrevir com a condenação, transitada em julgado, do até então, *inocente*. Mas a *causa*, a *justa causa* (figura de importância básica em sede de *liberdade pessoal*, de *liberdade de locomoção*), o título prisional é diverso, assim como *pressupostos, requisitos* e *função*.

Por estar, em ambas as categorias, presente a *privação da liberdade*, há a figura, como salientamos, da *detração* (CP, art. 42; CPP, art. 672, I e II), que mostra, no entanto, a diferença de natureza dos institutos da *prisão provisória*, que é *cautelar*, e do *cumprimento da pena*.

26.3 O CPC em seu art. 273, e §§, com a redação da Lei n. 8.952, de 13.12.94, ao cuidar da antecipação de efeitos, evidencia seu caráter cautelar, e exige para a sua concessão: *prova inequívoca e verossimilhança da alegação; fundado receio de dano irreparável ou de difícil reparação.*

Impõe, ademais, que, na decisão que antecipar a tutela, o juiz indique, de modo claro e preciso, *as razões do seu convencimento*, distinguindo-se da *execução provisória*, de cujo regime aproveita algumas disposições. *E o que é relevante: não se concederá a antecipação, "quando houver perigo de ireversibilidade do provimento antecipado"*.

Não se pode, pois, confundir: (*a*) a *tutela cautelar*, ainda que leve ao mesmo resultado, a *privação da liberdade*, com (*b*) *execução provisória da sentença*, eis que as duas *prisões* são a *títulos diversos* e têm *naturezas distintas*.

A *cautelar* justifica-se pela *necessidade*, a *execução provisória* tem respaldo, tão-somente, na *não-suspensividade* do recurso.

Essa última forma é, *concessa maxima venia*, incompatível com a garantia do *estado de inocência*, mesmo porque *irreversível* no campo *processual penal*.

26.4 A *tutela cautelar penal*, em face da *garantia do estado de inocência*, não pode ser a *antecipação da tutela específica*, nem *execução provisória*.

Comparemos, mais uma vez, com o *Direito Processual Civil*, em suas recentes modificações.

A *tutela específica liminar antecipada* prevista para as ações de que trata o novo *art. 461 do CPC* não cabe, para a hipótese em que o próprio texto legal exige que "seja procedente o pedido" (*caput*), o que só ocorre "por ocasião da sentença" (J. E. Carreira Alvim, *Reforma Processual*, Belo Horizonte, Del Rey, 2ª ed., 1996, pp. 211-212).

No *Processo Penal*, há a *exigência* de que a *sentença tenha transitado em julgado*.

Deste modo, toda *privação da liberdade*, antes disso, terá sempre a natureza cautelar e nunca poderá tratar-se de *antecipação da tutela específica*, que difere da *cautelar antecipatória*, antes vista, e que adianta a título diverso, um *efeito*, mas sem caráter *satisfativo*.

Não é, tampouco, *execução provisória*, na medida em que não se pode antecipar o *cumprimento da pena*, a *execução da condenação*, embora a *privação da liberdade*, quer na *prisão provisória*, quer na *execução da pena*, esteja presente, mas cada *privação* é a um *título* e efetivada em moldes próprios, tanto que há o fenômeno da *detração*, conforme antes salientado, a evidenciar a diferença da *natureza prisional*.

27. Em resumo, a diferença que existe entre, de um lado, a *decisão prisional* em face do *primário de bons antecedentes*; e, de outro, aquela referente ao *reincidente* ou de *má vida pregressa*, é a mesma que há entre a *denegação da fiança*, "quando presentes os motivos que autorizam a prisão preventiva" (CPP, art. 324, IV); e a concessão de *liberdade provisória* ao preso em flagrante, "quando o juiz verificar, pelo auto de prisão em flagrante, a inocorrência de qualquer das hipóteses que autorizam a prisão preventiva".

No primeiro caso, o *direito à liberdade provisória*, à imunidade à prisão só cede, se motivadamente evidenciada a *ocorrência* de hipótese de prisão preventiva; no segundo, só se concede a *liberdade provisória*, fundamentadamente fixada a *inocorrência* de quaisquer delas.

28. Decisões do Egrégio Supremo Tribunal Federal têm sido no entanto, no sentido de que, "despido o recurso extraordinário (ou especial) de efeito suspensivo, sua admissibilidade ou sua pendência não impedem a prisão imediata do condenado, independentemente da ocorrência de sua necessidade cautelar" (*RTJ* 152:868).

E mais ainda: "A prisão do condenado por decisão sujeita a recurso extraordinário ou especial, apenas porque despidos de efeito suspensivo, não tendo, por isso, natureza cautelar, configura execução provisória da condenação, o que basta para inviabilizar a fiança" (*RTJ* 154:139).

28.1 Reportamos-nos, a propósito, à análise a que procedemos anteriormente e citamos, agora, Tourinho Filho (*Processo Penal*, São Paulo, Saraiva, 13ª ed., 1992, 4:217 e ss.), que é enfático a respeito do tema:

"O recurso extraordinário, segundo dispõe o art. 637 do CPP, sobe em traslado, devendo os autos originais baixar à 1ª instância 'para a execução'. O traslado conterá a denúncia ou queixa, o despacho do seu recebimento, o interrogatório, a sentença, os termos das respectivas intimações às partes, os termos de fiança, *sursis*, do mandado de prisão não revogada, o acórdão, a petição do recurso extraordinário e o despacho de sua admissão. As partes, contudo, poderão indicar outras.

"Malgrado a regra do art. 637 do CPP, o recurso extraordinário se processava nos autos originais... Posteriormente, como se vê pelo § 1º do art. 328 do Regimento Interno do STF, aquela disposição do estatuto processual penal caiu no vazio. Agora, definitivamente, o recurso extraordinário se processa nos autos originais, e o traslado desce à instância inferior para a 'execução provisória'.

"Inobstante o art. 637 do CPP diga que os autos, ou traslado, devem baixar à 1ª instância para a execução, estamos que tal dispositivo perdeu sua razão de ser. Por que baixar à 1ª instância? Obviamente para a 'execução provisória da pena'. Mas, como se pode executar provisoriamente a pena, se a sentença não transitou em julgado e 'ninguém pode ser considerado culpado antes do trânsito em julgado', como dispõe a Constituição no capítulo dos Direitos Fundamentais do Homem? Pensamos que a 'execução provisória' não mais se justifica."

28.2 Cumpre sublinhar ser forte a corrente que, na mesma linha de Tourinho Filho, entende revogados os dispositivos sobre prisão decorrente de sentença condenatória recorrível.

28.3 Luiz Flávio Gomes, em sua excelente monografia sobre o *Direito de Ape-*

lar em Liberdade – Conforme a Constituição e a Convenção Americana sobre Direitos Humanos – Doutrina e Jurisprudência (São Paulo, Ed. RT, 2ª ed., 1996), oferece as seguintes Súmulas Finais de seu minucioso trabalho (p. 137):

"1) Dentro de uma lógica autoritária e repressiva a exigência da prisão para apelar aparecia como efeito automático ou execução antecipada da condenação.

"2) Principalmente depois da CF de 88, que albergou o princípio da presunção de inocência, vem-se consolidando uma forte tendência jurisprudencial no sentido de que a prisão para apelar possui natureza cautelar e só se justifica quando devidamente fundamentada pelo juiz.

"3) Consoante essa corrente 'preservacionista-garantidora', a natureza do crime, com reincidência ou os maus antecedentes, por si sós, não justificam a prisão *ante tempus*, que só é válida quando presentes os requisitos do art. 312 do CPP.

"4) Outra corrente, à qual nos filiamos, sustenta que o art. 594 do CPP foi revogado. Em primeiro lugar porque não recepcionado pela CF de 88, tendo em vista os princípios do contraditório, da ampla defesa e do duplo grau de jurisdição. Em segundo lugar, caso não tivesse sido revogado pela CF, perdeu sua eficácia diante do art. 8º, § 2º, *h*, da Convenção Americana sobre Direitos Humanos, que vigora e é obrigatória no Brasil desde 9.11.92.

"5) O direito de recorrer, destarte, por ser conseqüência natural do direito ao duplo grau de jurisdição, deve ser totalmente desvinculado do instituto da prisão.

"6) O incondicional direito de recorrer não impede, no entanto, a decretação da prisão preventiva, sempre que presentes seus requisitos.

"7) A tutela judicial efetiva do direito de recorrer em liberdade requer do juiz contemporâneo a superação do modelo legalista-positivista, o que só pode ser alcançado quando a praxe judicial deixar-se permear pela "cultura dos direitos humanos" fortemente ancorada nas modernas Constituições e Tratados internacionais."

29. Acerca do "direito de recorrer em liberdade nas hipóteses de recurso extraordinário ou especial", assim disserta Luiz Flávio Gomes (*Direito de Apelar em Liberdade*, pp. 94 e ss.):

"*a*) Diz o art. 27, § 2º, da Lei n. 8.038/90, que 'os recursos extraordinário e especial serão recebidos no efeito devolutivo'. Como veremos, estamos diante de dispositivo legal absolutamente inconstitucional. E na eventualidade de que não fosse inconstitucional, estaria revogado pela CADH (Convenção Americana sobre Direitos Humanos)

"(...)

"Aliás, diga-se de passagem, num País cuja Constituição proclama que 'ninguém será considerado culpado até o trânsito em julgado de sentença penal condenatória', não se compreende como possa o legislador... permitir que, nos casos de recurso extraordinário ou especial, o efeito seja apenas o devolutivo. Como pode ser executada uma sentença, se ainda não houve o trânsito em julgado? Como se admitir a eficácia executiva de uma sentença penal, se a Lei das Execuções Penais dispõe, no seu art. 105, que somente após o trânsito em julgado é que se processa a execução?... se o recurso tem apenas o efeito devolutivo, onde a decisão fundamentada para autorizar-lhe a prisão?"

30. Podemos concluir, afirmando:

a) Seja qual for o entendimento que se tenha a respeito dos reflexos da *nova ordem constitucional brasileira* sobre o regime prisional do Código de Processo Penal, o certo é que o *réu primário e de bons antecedentes*, assim reconhecido, expressa ou implicitamente, pela decisão condenatória, tem o *direito subjetivo* de recorrer, para os vários graus de jurisdição, em liberdade, salvo se, explicitamente e com fundamentação individualizada, e estando reunidos os pressupostos da prisão preventiva, for decretado o encarceramento.

b) O fato de o recurso que caiba da condenação somente ter efeito devolutivo, em nada interfere na hipótese, porquanto, desde o *regime original do CPP*, a apelação (*art. 597*) já não se revestia de eficácia suspensiva quanto à prisão por condenação recorrível (*art. 393, I*) e prevalecia a imunidade prisional do *afiançado* ou *do que se livra solto*, ao que, ulteriormente, a *Lei n. 5.941/73* acrescentou, como dominante, a *isenção do primário de bons antecedentes*.

c) A não-suspensividade recursal só influi, se tiver sido legitimamente decretada a prisão, porquanto, neste caso, a interposição do remédio processual de efeito apenas devolutivo não impedirá o cumprimento do mandado prisional.

d) A *garantia constitucional do estado de inocência* (CF, art. 5º, LVII) inviabiliza qualquer forma de *execução provisória penal* – vinculada à não-suspensividade recursal –, bem como qualquer forma de *tutela antecipada satisfativa provisória*, só sendo viável o cumprimento da pena após o trânsito em julgado, como, aliás, sempre foi o regime do CPP (art. 675), que se manteve na LEP (art. 105). Apenas pode haver a *prisão provisória em flagrante delito* ou por *ordem escrita, individualizadamente fundamentada da autoridade judiciária competente* (CF, art. 5º, LXI), sempre com *caráter cautelar*, sob a égide do *princípio da necessidade* com os pressupostos do *fumus boni iuris* e do *periculum in mora* concretamente atendidos, não cabendo *presunções absolutas de riscos* e de *periculosidade*; e sempre respeitada a possibilidade de *liberdade provisória*.

CONTRATOS ENTRE ÓRGÃOS E ENTIDADES PÚBLICAS

Marçal Justen Filho
Professor Titular da Universidade Federal do Paraná

1. Considerações gerais. 2. Modalidades contratuais. 3. Contratações administrativas e repartição de competências: 3.1 O convênio administrativo; 3.2 Descentralização e contratação; 4. Pluralidade de regimes jurídicos: 4.1 Contratos bilaterais; 4.2 Contratos plurilaterais (convênios); 4.3 Contratações internas e descentralização.

1. *Considerações gerais*

A noção de contrato, aplicada no âmbito do direito público, referiu-se diretamente à teoria geral do direito privado. Adotou-se a concepção tradicional que identifica contrato com *acordo de vontade*, em virtude do qual são produzidas normas juridicamente vinculantes para as partes.[1] O conceito de contrato, delineado segundo o perfil liberal das concepções setecentistas e oitocentistas, relacionava-se com determinados pressupostos inafastáveis. O mais evidente consiste no postulado da *autonomia* da vontade. A força vinculante do contrato derivava do princípio da liberdade: quem se dispusesse a vincular-se frente a outrem, deveria respeitar fiel e integralmente os termos de sua própria escolha.

Essas concepções foram trazidas para o campo do direito público sem maiores preocupações ou questionamentos. Supôs-se que a *autonomia da vontade*, reconhecida aos particulares, poderia encontrar paralelo no conceito de *discricionariedade* da Administração Pública. A liberdade dos particulares seria assimilável aos poderes reconhecidos à Administração Pública, no âmbito do fenômeno da discricionariedade.

Deve ter-se em vista, porém, que a evolução do Direito Administrativo conduziu à integral rejeição da possibilidade de identificar autonomia privada e discricionariedade administrativa. Não há qualquer similitude entre esses conceitos. A evolução do pensamento jurídico conduz à superação da concepção de que a discricionariedade consistiria em uma liberdade dentro da lei, para reconhecer-se que o direito não é apenas limite, mas a própria máxima do decidir e agir discricionários. Essa concepção vai solidária com a atual concepção de Estado de Direito. A discricionariedade já não consiste em uma esfera de liberdade para ser caracterizada como uma *função jurídica*. Como assevera Castanheira Neves, "se ninguém negará hoje que a 'conformidade ao dever', entendida como um verdadeiro dever jurídico, é um princípio imanente à discricionariedade, também não poderá deixar

1. Nesse sentido, confira-se em Miguel Ángel Berçaitz, *Teoría General de los Contratos Administrativos*, Depalma, B. Aires, 1980, pp. 6 e ss.

de concluir-se que não só o 'postulado da justeza' (*Richtigkeitspostulat*), mas inclusivamente a idéia e a finalidade da *justiça* terão de informar o concreto exercício de uma qualquer faculdade discricionária: aquela conformidade tem neste postulado e nesta idéia e finalidade a sua positiva expressão normativa".[2]

Pode-se afirmar, por decorrência, que o particular vale-se dos contratos para os fins que eleger. Como regra, o Direito não se preocupa com os fins eleitos pelos particulares, legitimando a busca de interesses egoísticos, desde que respeitados limites fundamentais de boa-fé e lealdade. Tudo se passa diversamente quando se enfoca a atividade administrativa de natureza *contratual*. A Administração Pública se vincula à realização de fins públicos e é legitimada à prática de *contratos* como instrumento de atingimento dos fins transcendentes da coletividade como um todo.

Não se olvide, porém, que a figura da *autonomia da vontade*, mesmo no âmbito do direito privado, sofreu extraordinárias mutações. A evolução do direito privado conduziu ao reconhecimento da ausência de um fenômeno psicológico efetivo e real, correspondente ao conceito jurídico. As contratações de massa, o fenômeno do contrato-formulário e o fornecimento de bens e serviços através de sistemas automatizados são inerentes ao sistema econômico em que vivemos.

Não é possível aludir à *vontade* como um processo psicológico cuja presença e autonomia sejam pressuposto de validade da figura contratual. O direito privado orienta-se a reconhecer o *contrato* como um padrão ou modelo normativo, caracterizado por certas peculiaridades, entre as quais pode estar ausente uma concreta vontade autônoma.[3]

Esse é o panorama que se deve considerar como pano de fundo de análise da atividade contratual da Administração Pública. Trata-se de reconhecer que, tanto nas vias do direito público, como naquelas do direito privado, não se pode emprestar reconhecimento aos conceitos tradicionais plasmados pela doutrina privatística do século passado. Portanto, o contrato se configura como instituto jurídico em evolução, cujo perfil vai sendo adaptado a necessidades e peculiaridades de uma sociedade muito diversa daquela onde se modelou a teoria tradicional.

A aplicação do instituto do contrato comporta, em decorrência, usos e variações que não necessariamente se relacionam com os conceitos desenvolvidos pelo pensamento pandectístico que dominou a teoria geral do direito. Sob inúmeros ângulos, o conceito de contrato se encontra em aberto, admitindo inovações cujo limite se encontra nos princípios fundamentais do direito. Mais precisamente e especialmente no âmbito do direito administrativo, trata-se de conjugar a figura do contrato com o postulado do Estado de Direito Democrático.

Duas decorrências fundamentais derivarão dessa conjugação. A primeira reside na constatação de que se reserva ao *contrato* uma utilização cada vez mais intensa e efetiva. A idéia de um Estado de Direito Democrático tende a reduzir a utilização dos instrumentos jurídicos autoritativos, substituídos por uma atuação de natureza cooperacional.[4] Por outro lado, a utilização e a interpretação dos *contratos administrativos* se sujeita ao princípio da razoabilidade e de sua instrumentalidade ao fim do Direito. Nenhuma conduta de órgão es-

2. Castanheira Neves, A. "O Problema da Discricionariedade", em *Digesta*, Coimbra, Coimbra Edit., 1995, v. I, p. 586.

3. Para análise mais detida da evolução do conceito, consulte-se Enzo Roppo, Coimbra, Almedina, 1988, especialmente às pp. 295-348.

4. Como observa Massimo Severo Giannini, "o direito administrativo, como normatização publicística de caráter autoritativo, tende a contrair-se, e as zonas que ele abandona são retomadas pelo direito privado" (*Diritto Amministrativo*, Milano, Giuffrè, v. I, 1970, p. 57).

tatal pode escapar ao controle da sociedade. Mais ainda, nenhuma prática estatal pode realizar valores distintos daqueles consagrados na ordem jurídica.

2. *Modalidades contratuais*

Diversas classificações podem ser adotadas, relativamente aos ditos contratos administrativos. Para os fins do tema ora enfrentado, é interessante destacar distinção fundada no papel que o contrato desempenha como instrumento de satisfação do interesse das partes pactuantes.

Como regra e em termos gerais, o contrato se presta à satisfação de interesses próprios de cada parte. Mais propriamente, cada parte apresenta interesses distintos e inconfundíveis. O contrato pode ser, nesse quadro, instrumento de permuta de bens jurídicos, propiciando a cada parte a satisfação de um interesse próprio e pessoal. A prestação realizada pela parte caracteriza uma redução em sua órbita de bens, traduzindo-se em um acréscimo na órbita jurídica da outra parte. De regra, essa redução da esfera jurídica é compensada pela prestação desempenhada pela outra parte. Alude-se, a propósito dessa categoria, a *contratos bilaterais*, também ditos comutativos ou de câmbio. Aí se enquadra a maior parte dos contratos privados (compra e venda, prestação de serviços, locação de bens etc.). Talvez a melhor expressão para indicar esses contratos seja *permuta*.

Mas o contrato também pode prestar-se à realização de interesses comuns e uniformes de todas as partes. Há hipóteses onde diversos sujeitos possuem interesses similares e homogêneos, consistentes na realização de atividades conjuntas e conjugadas, através das quais os contratantes obtêm um resultado único, que é objetivado por todos eles. Configura-se, então, a figura do *contrato plurilateral*, também chamados de organizacionais. Nesse caso, não há prestações realizadas por uma parte em benefício direto da outra. Não há redução do patrimônio de uma parte em virtude da transferência de bens para outra parte. Não há permuta. As prestações são realizadas como meio de atingimento do fim comum. Nessa categoria se encontram os contratos associativos.

Mas a análise da questão exige consideração específica ao âmbito do direito público, quando todas as partes do contrato sejam entidades integrantes da Administração Pública.

3. *Contratações administrativas e repartição de competências*

As duas categorias (contrato bilateral e contrato plurilateral) foram desenvolvidas no âmbito do direito privado. Mas seria possível aludir a outra hipótese, característica do direito público. Trata-se da situação onde o *contrato* relaciona-se com técnicas de descentralização da atividade administrativa.

Um dos pontos característicos do Estado Moderno consiste na multiplicação de entidades administrativas e a repartição das competências.[5]

Isso se relaciona, em primeiro lugar, ao princípio da repartição de poderes, que desemboca na atribuição da atividade administrativa do Estado a uma estrutura orgânica específica (*Poder Executivo*). Surgem diversas estruturas orgânicas, cada qual titularizando uma parcela de poder. Logo, há uma multiplicação de entidades titulares de competências distintas e diversas. Ocorre, porém, a impossibilidade de a atividade administrativa do Estado ser exercitada apenas pelo Poder Executivo.[6] To-

5. Nesse sentido, confira-se M. S. Giannini, ob. cit., pp. 56 e ss.

6. Confira-se Agustín A. Gordillo, *Tratado de Derecho Administrativo*, B. Aires, Ed. Macchi, 1991, parte general, t. 1, pp. VII e 52-54.

dos os "poderes" desempenham funções administrativas, que são também atribuídas a distintos órgãos do Poder Judiciário, do Poder Legislativo.

A situação se torna ainda mais problemática em um Estado federal, onde coexistem sobre um mesmo território diversas órbitas de poder jurídico (importando entidades autônomas entre si, dotadas de competências administrativas próprias). Considerando o modelo federativo brasileiro, existem três órbitas federais, às quais se atribuem competências administrativas próprias. Muitas vezes, essas competências são concorrentes, cabendo, por exemplo, ao Poder Executivo de todos os entes da Federação desempenhar atividades similares. Outras vezes, as competências são complementares. Em outros casos, há competências supletivas.

Mas, além disso, o Estado tende a uma fragmentação ainda mais intensa. Significa que os processos de organização estatal conduzem ao fracionamento de competências entre uma pluralidade ainda maior de órgãos e entidades. O poder é não apenas desconcentrado, mas também descentralizado,[7] surgindo entes destituídos de poder político, com meras competências administrativas, muitas vezes dotados de personalidade jurídica própria.[8]

Enfim, um Estado como o brasileiro produz uma espécie de teia de competências administrativas, onde inúmeros órgãos são legitimados a desempenhar atividades similares, idênticas ou complementares. Esses órgãos, em grande parte dos casos, não se sujeitam a uma mesma cadeia hierárquica.

Em outras hipóteses, não se situam no âmbito da mesma pessoa política, ainda que se trate de órbita similar – tal como se passa, por exemplo, com atividades a serem desempenhadas no âmbito de diversos Municípios ou de vários Estados.

Isso tudo produz a coexistência de órbitas diversas e distintas de atribuições administrativas. A multiplicidade de entes administrativos conduz à necessidade de atuação conjugada e harmônica entre elas. A pluralidade de entidades autônomas não significa auto-suficiência de cada qual. Aliás, muito pelo contrário. Cada entidade recebe uma parcela de competência. Mas a satisfação do interesse público não será, na maior parte dos casos, obtida através do exercício isolado pelos diversos entes administrativos das respectivas competências. O interesse público apenas pode ser satisfeito na medida em que diversas entidades administrativas exercitem, de modo integrado e cooperativo, suas próprias competências.

O postulado de racionalidade que fundamenta os processos de descentralização e desconcentração exige fragmentação e autonomia, mas pressupõe cooperação e utilização ótima dos recursos disponíveis.

Ora, exige-se uma formalização jurídica da atividade cooperativa entre os diversos órgãos integrantes da Administração Pública. A existência de competências inconfundíveis, distribuídas segundo o princípio da legalidade, impede que as entidades desvistam-se de seus poderes ou transfiram informalmente atribuições, encargos ou poderes jurídicos. Há necessidade de organização jurídica dessa cooperação. Daí a utilização do instrumento contratual como veículo formal de estruturação desse processo.

7. A descentralização pressupõe a existência de diversos entes autônomos, cada qual com existência autônoma. Já a "desconcentração está sempre referida a uma só pessoa, pois cogita-se da distribuição de competências na intimidade dela, mantendo-se, pois, o liame unificador da hierarquia. Pela descentralização rompe-se uma unidade personalizada e não há vínculo hierárquico entre a Administração Central e a pessoa estatal descentralizada" (Celso Antônio Bandeira de Mello, *Curso de Direito Administrativo*, Malheiros Editores, 1995, 6ª ed., p. 72).

8. Sobre a matéria, é indispensável a consulta ao estudo de Raul Machado Horta, "Repartição de Competências da Constituição Federal de 1988", *RTDP* 2/5:20.

É possível estabelecer uma distinção entre dois papéis diversos desempenhados pelo contrato, no âmbito da organização do exercício das competências administrativas.

3.1 *O convênio administrativo*

A figura contratual pode ser utilizada como veículo de viabilização de atividade de cooperação entre entidades administrativas. Em tais hipóteses, duas ou mais pessoas administrativas disciplinam o exercício conjugado de atribuições, definindo fins comuns a serem atingidos através da aplicação de recursos próprios. A figura se aproxima da figura do contrato plurilateral do direito privado e se identifica, na linguagem tradicional, no instituto do convênio.

No âmbito de convênio, há uma distinção fundamental. Não há interesses contrapostos entre os partícipes. A atuação jurídica não se consubstancia em uma permuta de recursos próprios, exaurindo-se o relacionamento jurídico no objetivo de obter um bem jurídico que é o conteúdo da prestação executada pela outra parte. Muito pelo contrário.

O convênio pressupõe identidade e homogeneidade de interesses dos partícipes. Há um determinado objetivo, cujo atingimento é almejado por todas as partes. Cada qual colabora para obtenção desse resultado, exercitando atividades que se enquadram na própria competência ou desempenhando atribuições que, teoricamente, enquadrar-se-iam em competência alheia. Cada parte obriga-se a colaborar para o objetivo comum, comprometendo-se a executar certa prestação que é necessária ou útil para tanto. Trata-se de contrato plurilateral, com acentuado cunho organizacional.

O convênio propicia uma espécie de atenuação de efeitos secundários indesejados, produzidos pela fragmentação do poder político. Obviamente, não se haveria de aludir a *convênio* em um Estado unitário, onde não se aplicasse a teoria da separação dos poderes.[9] Respeitados os princípios fundamentais norteadores do sistema jurídico, a existência dos convênios decorre do postulado de que a competência é outorgada a diversos sujeitos administrativos, mas para a realização de um único interesse público. Na sua pluralidade, esses entes podem (devem) atuar conjugada e harmonicamente para multiplicação de esforços e realização mais eficiente dos interesses comuns.

3.2 *Descentralização e contratação*

Mas, além disso, pode-se reconhecer outra modalidade de utilização do contrato no âmbito de entes administrativos. Trata-se de meio complementar do processo de descentralização, no âmbito de uma mesma órbita federativa. Nessa hipótese, a Administração Pública se vale do contrato como instrumento de atribuição de competências, para possibilitar a fragmentação dos poderes de que é titular.

Ao contrário do que se passa no convênio, na hipótese ora enfocada não existem partes que, antes de pactuado o contrato, já eram titulares de competências próprias e distintas. No caso, a situação é diversa pois, antes de pactuado o contrato, uma das partes era titular única de certas atribuições administrativas e a outra não possuía atribuição alguma. O contrato é a via pela qual o ente público promove a partilha de suas atribuições e as atribui a outra entidade.[10]

9. Isso não significa que os convênios representem frustração quer ao princípio da separação dos poderes quer ao princípio federativo. Muito pelo contrário, trata-se de afirmação desses princípios, assegurando-se a autonomia de cada ente e ressalvando-se os postulados da inderrogabilidade e da inalienabilidade das competências.

10. Seria desnecessário ressaltar que esse tipo de contratação pressupõe existência de lei. O que se afirma, no texto, é a insuficiência da lei para atingimento do resultado pretendido. A lei autoriza a prática de ato concreto, consistente em contrato.

Poderia imaginar-se que o texto alude à hipótese de concessões e atos similares. Afinal, a concessão seria uma modalidade contratual através da qual uma entidade administrativa delega a outrem o exercício de certas atribuições administrativas. O *contrato de concessão* corresponde à idéia de instrumento de fragmentação de atribuições. Mas não é precisamente ao contrato de concessão que ora se refere.

Alude-se a situação de contratação entre entidades administrativas. Uma delas é o sujeito titular da competência para o desempenho do serviço público.

Esse sujeito dispõe de poderes para organizar a forma e as condições alusivas à prestação do serviço. Essa pessoa política poderia fazê-lo de modo direto, através de seus próprios meios e recursos. Mas, por razões que não vêm ao caso examinar, dita pessoa delibera estruturar a prestação de serviços em outros moldes.

Uma primeira alternativa seria optar pelo modelo de desconcentração, criando em sua estrutura interna um *departamento* encarregado dessas atribuições e mantendo o desempenho das atividades sob vínculo hierárquico.

Outra alternativa seria *privatizar* o serviço, convocando a iniciativa privada para participar da atividade. Nessa situação, o particular assumiria o desempenho do serviço por sua conta e risco, gerindo-o segundo os postulados de direito privado. A Administração manteria a insuprimível titularidade da competência, com o exercício de determinadas faculdades organizacionais e diretivas.

Mas há uma terceira hipótese. A Administração Pública pode optar por um modelo descentralizado. Determina a criação de novo sujeito, dotado de personalidade jurídica autônoma e patrimônio próprio. Esse sujeito integra, porém, a Administração Pública. Aliás, integra a mesma órbita administrativa da pessoa pública titular do serviço. Mais ainda, o novo sujeito subordina-se ao controle daquela pessoa pública. O novo sujeito integra a administração indireta subordinada à pessoa pública titular do serviço.

A segunda e a terceira hipóteses não se confundem entre si. Na segunda alternativa, a Administração abre mão da prestação do serviço, que é concedido a um particular. O concessionário é pessoa totalmente autônoma frente ao poder concedente. Mais precisamente, os vínculos existentes entre concedente e concessionário se restringem ao âmbito da concessão. Não há vínculo entre eles antes ou fora da concessão. Nem se poderia reputar viável qualquer interferência do concedente na atividade interna do concessionário, senão em virtude das cláusulas da concessão. Nem, ainda, seria cabível que o insucesso da atividade objeto da concessão fosse repassado para o âmbito do concedente.

Na terceira hipótese, não se efetiva a atribuição do serviço a setores privados ou a terceiros, para desempenho por conta e risco alheios. O titular da competência resolve manter os serviços em sua órbita jurídica, mas sob modelo descentralizado. A lei cria pessoa jurídica autônoma, com personalidade jurídica de direito privado, e lhe atribui competência para desempenho do serviço público. Logo, o serviço é desempenhado por pessoa administrativa que se encontra sob controle do titular da competência. Significa que as decisões acerca da execução dos serviços, embora tomadas juridicamente no âmbito de um sujeito, subordinam-se ao controle de outro. Em última análise, o titular da competência não se despiu do poder de controlar a prestação dos serviços. Também é claro que a gestão dos serviços não se faz sob conta e risco de terceiros nem se sujeita ao integral regime jurídico de direito privado. Afinal, quem presta o serviço é a própria Administração, apenas que Administração indireta.

A transferência do desempenho do serviço exige formalização jurídica. A lei não pode retirar o serviço da competência daquele sujeito que dele é titular por imposição constitucional. A lei apenas pode autorizar a Administração Pública a transferir, temporariamente, o desempenho dos serviços públicos, mantido o poder de gestão com a pessoa política.

Talvez fosse juridicamente viável a delegação fazer-se diretamente por via legislativa, similarmente ao que se passa na hipótese de criação de ente autárquico. Então, a lei não apenas autorizaria delegar a outro ente administrativo a prestação do serviço público. A própria lei estabeleceria que a prestação concreta do serviço passaria ao âmbito de atividades de uma determinada entidade da Administração indireta. Nessa hipótese, o processo de fragmentação das atribuições administrativas exaurir-se-ia no plano legislativo. Não haveria necessidade de cogitar-se de atos infralegais, destinados a formalizar essa descentralização. Normalmente, essa é a opção quando se produz descentralização de natureza autárquica. O ente político titular da competência edita lei que, ao criar o ente autárquico, já define o âmbito de poderes administrativos que lhe cabem. Muitas vezes, incumbe à autarquia a prestação de determinados serviços públicos que, até então, fazia-se diretamente pela pessoa política.

Porém, muitas vezes os entes políticos optam pela atribuição da prestação do serviço a entidade com personalidade jurídica de direito privado (sociedade de economia mista ou empresa pública). Isso se verificou com grande intensidade a partir da década de 70, entre nós.[11] Mais ainda, resolveu-se formalizar a transferência de atribuições através de instrumentos administrativos, assimilados a contratos.[12] A Administração direta criava um ente descentralizado, com personalidade jurídica de direito privado, para desempenhar seus serviços públicos. O ente central alocava recursos materiais e humanos, atribuindo-os à entidade descentralizada. A transferência dos serviços, porém, fazia-se por via de *contratos de concessão* – os quais possuíam apenas tal denominação, já que o regime jurídico era diverso.

Rigorosamente, a hipótese não configura concessão do serviço, já que os recursos aplicados continuam a ter origem pública, o regime jurídico não se altera e não se transfere a prestação do serviço para órbita estranha à da Administração Pública. Existe *descentralização*, não concessão.[13]

Isso não significa reconhecer que qualquer relação entre uma pessoa administrativa e o titular da competência para prestação dos serviços não corresponda senão a uma modalidade de descentralização. Não é possível supor que uma entidade da Administração indireta estadual consistiria em uma modalidade de descentralização da Administração federal. As hipóteses são inconfundíveis. Em um caso, dá-se a escolha pelo ente titular da competência

11. Os motivos que conduziram à atribuição da atividade a pessoa jurídica de direito privado são questionáveis. Possivelmente, visava-se a evitar aplicação de uma série de controles formais, reservados para pessoas de direito público. Se esse foi o motivo, os intentos frustraram-se, especialmente após a edição da Constituição de 1988 e da Lei n. 8.666.

12. Talvez essa opção tenha derivado das regras constitucionais que impunham a submissão das entidades integrantes da Administração indireta que desempenhavam atividade econômica ao regime próprio de direito privado. A explicação, porém, seria pouco plausível, na medida em que a situação examinada não contempla intervenção do Estado no domínio econômico. Ou seja, não se trata de exercício pelo Estado de atividades econômicas, mas de desempenho de atividade administrativa.

13. Essa opinião tem sido manifestada por influentes setores da doutrina. Assim, Geraldo Ataliba se manifestara sobre o tema em parecer com o título "SABESP – Serviço Público – Delegação a empresa estatal – Imunidade a impostos – Regime de taxas" (publicado na *RDP* 92/70:95). Inúmeros outros autores também opinaram na mesma linha, podendo-se indicar, por todos, Adílson Abreu Dallari, "Contrato Interadministrativo: inexigibilidade de licitação", *Revista de Direito Administrativo Aplicado*, Genesis 8/160:168.

entre prestá-lo em nome próprio ou atribuir a prestação a outro ente, por ele mesmo criado, sob seu controle. No outro caso, o titular da competência não dispõe de controle sobre o prestador do serviço, que se encontra em órbita da Administração indireta alheia. Logo, a segunda situação não envolve mera opção de organização interna de um ente administrativo – justamente porque não se está no âmbito da organização interna de um único ente administrativo.

Também será distinta a situação quando a entidade da Administração indireta for dotada de autonomia jurídica efetiva, inclusive com regras que asseguram a realização de outros interesses (que não apenas os do ente que a controla). Suponha-se, por exemplo, uma sociedade de economia mista, onde 51% das ações pertencem a pessoa da Administração direta e os restantes 49% são de titularidade de particulares. Estes investiram seu capital próprio para possibilitar a realização de um certo empreendimento, mediante a perspectiva de obtenção de lucros na exploração de uma certa atividade. Supondo-se que essa atividade consista em concessão de serviço público, será inviável considerar aplicáveis as noções acima indicadas. Não mais se estará diante de hipótese de mera *técnica de descentralização*. A sociedade de economia mista, nessa suposição, configura instrumento de efetiva submissão da atividade a regime jurídico próprio, inconfundível com o aplicável à atuação do ente controlador.

4. Pluralidade de regimes jurídicos

As considerações acima conduzem a rejeitar a unitariedade de uma categoria de *contratos interadministrativos*. A circunstância de as partes contratantes serem integrantes da Administração Pública não conduz à conclusão da existência de figuras homogêneas e idênticas.

Essa peculiaridade subjetiva não acarreta identidade de regimes jurídicos para todas hipóteses. Indo além da qualidade dos sujeitos, comprova-se existência de figuras jurídicas distintas, com natureza jurídica inconfundível e regimes jurídicos diversos. As regras aplicáveis variarão conforme a figura de que se trate.

A partir das considerações acima, reputam-se existentes três modalidades distintas de contratos interadministrativos, tal como abaixo será exposto.

4.1 Contratos bilaterais

A primeira modalidade corresponde aos contratos bilaterais, onde duas entidades da Administração Pública produzem avença segundo um modelo privatista. A avença não apresenta qualquer peculiaridade em virtude da presença de pessoas integrantes da Administração Pública em ambos os pólos. Tudo se passa em termos idênticos ao que ocorreria caso um dos contratantes fosse um particular.

Isso se passa especificamente nas hipóteses de intervenção do Estado no domínio econômico. Atribuiu-se a uma pessoa administrativa o desempenho de atividade econômica. Essa atividade sujeita-se ao mesmo regime aplicável aos particulares, por força do art. 173, § 1º, da Constituição. Eventualmente, outro ente administrativo necessita bem ou serviço relacionado com aludida atividade econômica. Então, dar-se-á competição, em igualdade de condições, entre todos os que atuem nessa atividade empresarial. Se a Administração, em tal hipótese, contratar ente econômico (integrante da Administração indireta), o contrato se subordinará ao regime jurídico aplicável à iniciativa privada. Assim, por exemplo, a necessidade de combustível poderá levar órgão público a adquirir os produtos da Petrobrás. O contrato não apresentará peculiaridade, nem será cabível supor que o interesse público buscado pela Petrobrás autorizaria alguma espécie de alteração do regime comum, nas hipóteses de contratação interadministrativa.

Nas situações de contratos bilaterais, a natureza *interadministrativa* não propicia alguma peculiaridade especial. As regras são as mesmas que norteariam contrato envolvendo Administração Pública e um particular. O *contratado* consiste em pessoa administrativa, mas que, em última análise, participa do contrato segundo modelo jurídico idêntico ao que norteia a atividade dos particulares.

No tocante ao órgão contratante, aplica-se a obrigatoriedade da licitação, admitidas hipóteses de dispensa ou de inexigibilidade segundo as regras comuns.

Para essa hipótese, não se aplica o disposto no art. 24, inc. VIII, da Lei n. 8.666, sob pena de inconstitucionalidade, por frustração ao princípio da livre concorrência. A entidade administrativa deve competir no mercado em absoluta igualdade de condições com os demais particulares, sem preferências ou privilégios.

Também não se altera o regime jurídico dos contratos. Aplicam-se as regras comuns dos contratos administrativos bilaterais.

4.2 Contratos plurilaterais (convênios)

Situação totalmente distinta se verifica relativamente aos contratos plurilaterais ou organizacionais, identificados como convênios. Nessas hipóteses, todas as entidades comparecem à avença na idêntica condição de perseguidoras do interesse público. Nenhuma delas intenciona obter lucro[14] e a avença funciona como instrumento de utilização ótima dos recursos públicos. As prestações objeto do convênio, que cada parte assume o dever de realizar, não se consubstanciam no que o outro contratante pretende obter ao realizar o convênio.

O convênio não possui natureza sinalagmática, nem é instrumento de permuta de bens ou direitos. O convênio não é contrato que funcione como um fim em si mesmo.

O convênio não se subordina à imposição de prévia licitação. Ainda quando importem realização de despesas ou auferimento de vantagens, não se verifica o pressuposto da competição entre particulares. É que a Administração não estará recorrendo à colaboração dos particulares para satisfação de suas necessidades. A avença se realizará em nível jurídico distinto, no âmbito interno da própria Administração – ainda que integrado por pessoas jurídicas autônomas entre si. Mais ainda, há peculiaridade no tocante à qualidade de interesses que todas as pessoas manifestam. Elas não buscam uma proposta mais vantajosa, no âmbito do universo de particulares. Essas pessoas atuam como provedoras do interesse público, associando seus esforços – todas na condição de integrantes da Administração Pública. Nenhuma delas participa do contrato *como se fosse um particular*.

O regime jurídico dos convênios não pode identificar-se com o dos contratos administrativos. Não se poderia verificar aquele regime dito *exorbitante* ou especial, característico das contratações com particulares. Aliás, isso deriva da própria circunstância de que todos os convenientes participam da avença em igual condições de persecutores do interesse público. Nenhum deles é titular de interesse peculiar, especialmente protegido, que legitimasse exercício de poderes especialmente onerosos frente a outro conveniante. Enfim, há uma igualdade jurídica entre os diversos partícipes do convênio. O regime jurídico do convênio, por decorrência, seguirá ao disposto nas regras constitucionais e na disciplina da atividade administrativa, pública, de cada conveniante. Na medida em que lhes seja facultado, poderão prever regras ou cláusulas específicas.

14. Ainda que, a nosso ver, possam auferir remuneração.

4.3 Contratações internas e descentralização

Outra situação jurídica se caracterizará nas hipóteses de descentralização. A situação se aproxima à do convênio, na medida em que todos os sujeitos participam da avença em qualidade similar, buscando os mesmos objetivos e para realizar interesse público único. Porém, a hipótese não se confunde com a do convênio. É que a avença não reúne pessoas jurídicas autônomas, no exercício de atividades orientadas a fins imediatos diferentes. Dá-se no âmbito interno de uma esfera administrativa. A possibilidade de sua configuração deriva exclusivamente da opção organizacional de um certo ente público. Ao invés de optar por modelo de desconcentração, preferiu a descentralização. Logo, seus recursos e sua estrutura são fracionados, o que não elimina a hipótese ou a necessidade de relacionamento. Em última análise, porém, não há sujeitos distintos e autônomos, já que o controle é único.

Desnatura-se, então, um *contrato* em sentido próprio. O relacionamento entre o ente controlador e o ente controlado não corresponde a um modelo de conjugação de atividades autônomas. O ente titular da competência não realiza, propriamente, uma concessão, quando atribui a prestação do serviço ao ente descentralizado.

Algo similar poderia afirmar-se relativamente a outras hipóteses de contratação, que poderiam enquadrar-se como contratos bilaterais.[15] Quando a Administração estruturou a prestação de serviços ou o fornecimento de bens segundo modelo organizacional específico, isso não alterou o regime jurídico aplicável. Se a Administração poderia manter certo pessoal em seus próprios quadros, mas preferiu constituir ente com personalidade própria para agregar esses servidores, há mera técnica administrativa. Serviços ou bens que foram alocados no patrimônio de um sujeito de direito autônomo e que se fazem necessários à Administração não correspondem a uma espécie de contratação comum ou usual, similar ao que se passa quando recorre a terceiros. A Administração nada faz senão recorrer a seus próprios recursos.

Portanto, o regime jurídico das hipóteses é outro, inconfundível com aqueles das outras situações anteriormente estudadas.

Deve-se ter em vista que a opção da descentralização não permite aludir propriamente a contratos, especialmente pela ausência de sujeitos autônomos, de patrimônios rigorosamente distintos e de interesses concretos diferenciados.

Não cabe cogitar de uma concessão em sentido próprio, então, quando se verifica a hipótese. Bem por isso, não se aplica o princípio da prévia licitação. Não se está diante de situação subsumível ao art. 175 da CF/88. Em última análise, quem presta o serviço é o próprio ente titular do serviço, não se caracterizando delegação a terceiros.

A *contratação* entre a pessoa da Administração direta e aquela da sua Administração indireta, especificamente constituída para realizar certas atividades, também não se sujeita à prévia licitação. Aplica-se o princípio consagrado no art. 24, inc. VIII, da Lei n. 8.666. Isso significa, então, que o dispositivo apenas pode incidir na mesma órbita federativa.[16] Ademais, deve ter-se em vista se a entidade da Administração Pública não atua no mercado, segundo os preceitos da livre iniciativa – tal exclui a possibilidade de aplicar o dispositivo. Ele incide apenas quando a entidade da Administração indireta tiver sido cria-

15. Nesse ponto, reformula-se entendimento adotado em nossos *Comentários à Lei de Licitações e Contratos Administrativos*, Aide, 1996, 4ª ed., 2ª tir., pp. 157 e ss.

16. Ou seja, não é possível invocar o dispositivo para que a União contrate diretamente com sociedade de economia mista estadual, por exemplo.

da com o fim específico de atuar em benefício da pessoa de direito público. Somente então estará configurada a existência de uma simples técnica de organização interna das atividades da Administração Pública. Apenas nesse caso é que se poderia afirmar que a Administração não estaria promovendo uma verdadeira contratação, mas recorrendo a seus próprios recursos.

Observe-se, ainda neste caso, que o preço contratado deverá ser compatível com o praticado no mercado. Isso não significa, necessariamente, que o preço praticado deverá ser o menor do mercado. Não poderá ser o maior do mercado.

Situação peculiar se caracterizará quando comprovar-se que os mesmos bens ou serviços podem ser obtidos, contínua e permanentemente, no mercado por valores inferiores e mais compensatórios. A constatação deverá conduzir à desativação da entidade da Administração indireta, respeitados os princípios fundamentais atinentes à competência pública. A hipótese se aplica, note-se, independentemente da técnica organizacional adotada. Considere-se, por exemplo, que pessoa da Administração direta mantivesse um departamento de manutenção de veículos. Comprovado que o custo dessa atividade, no âmbito interno, é maior do que recorrer aos préstimos de particulares, é dever da Administração encerrar o exercício direto dessa atividade. Os limites desse dever coincidem com a garantia da manutenção do Estado de Direito Democrático. Eventualmente, a Administração Pública poderá ser constrangida a manter atuação mais onerosa como instrumento de realização de desígnios fundamentais ao sistema jurídico.

Nas hipóteses ora examinadas, o regime jurídico dos contratos é o que disciplina a atividade do próprio ente integrante da Administração direta. Não existe, propriamente, um *contrato*. É óbvio que, se a Administração não realiza uma *concessão*, é-lhe facultado retomar os serviços a qualquer tempo. Pode optar por extinguir a concessionária ou alterar as regras acerca da prestação do serviço. Não será possível invocar as regras pertinentes à concessão, pois não existe concessão em sentido próprio.

Algo similar se poderia afirmar no tocante a outros contratos, subsumíveis à hipótese do art. 24, inc. VIII, da Lei n. 8.666. Seria cabível pretender submeter uma contratação dessa ordem ao limite de 25%, previsto no art. 65, §§ 1º e 2º, da Lei de Licitações? Não teria sentido uma resposta positiva, inclusive porque idêntico resultado poderia ser obtido através de contratação autônoma, não assujeitada a licitação. Também não seria o caso de exigir, por exemplo, garantias ou de submeter a entidade da Administração indireta a procedimento de habilitação

Enfim, essas hipóteses referem-se a situações onde a contratação é meramente formal, a ela não correspondendo um substrato extrajurídico. Logo, não há fundamento nem utilidade em aplicar os dispositivos jurídicos atinentes a contratos – a não ser para fins também exclusivamente formais.

DOUTRINA

AÇÃO AFIRMATIVA – O CONTEÚDO DEMOCRÁTICO DO PRINCÍPIO DA IGUALDADE JURÍDICA

CÁRMEN LÚCIA ANTUNES ROCHA

Professora Titular de Direito Constitucional da Pontifícia Universidade Católica de Minas Gerais

I – O princípio da igualdade e a ação afirmativa no Direito Constitucional. II – A ação afirmativa na Constituição Brasileira de 1988 e na legislação infraconstitucional. III – Conclusão.

I – O princípio da igualdade e a ação afirmativa no Direito Constitucional

1.1 Até que ponto se tem assegurada a liberdade igual a todos, a oportunidade igual a todos numa sociedade em que os preconceitos são tão plurais e as discriminações tão freqüentes como nessa em que vivemos? Pode-se asseverar verdadeiramente, sem qualquer traço de ingenuidade cômoda ou mesmo de hipocrisia mal dissimulada, que a igualdade é respeitada de modo eficiente e democrático apenas pela negação jurídica da desigualdade formal como comportamento válido? Ou talvez a questão pudesse ser colocada mais singelamente nos termos seguintes: a igualdade é um direito efetiva e eficientemente assegurado no sistema constitucional pela sua mera formalização no rol de direitos fundamentais, no qual se proíbe a manifestação do preconceito? A interpretação dessa proibição como conteúdo pleno do princípio garante a igualdade jurídica? Ou o que se tem, pela adoção desse princípio, é a busca da igualação jurídica como princípio informador do sistema constitucional democrático e é nesse sentido que há de caminhar o intérprete constitucional? O sistema constitucional democrático ocidental apenas garante que a desigualdade não é um direito, pelo que as condutas que manifestam preconceito ou discriminação são puníveis por contrariarem o Direito? Ao Direito Constitucional é suficiente assegurar formalmente a igualdade e estabelecer o dever de ser punida a discriminação ou volta-se ele à concepção de instrumentos pelos quais se promova a igualação jurídica e, desta forma, aperfeiçoar-se o princípio da isonomia?

Se se indagar quais os sistemas constitucionais positivados e em vigor no mundo, tomando-se apenas desde o período que se seguiu à 2ª Guerra Mundial, nos quais o princípio da igualdade é formalizado como direito fundamental, não há dúvida de que a resposta abrangerá todas as Constituições (inclusive aquelas que são apenas nominais). Todavia, se se questionar, paralelamente, em quais Estados o princípio da igualdade é promovido (e não, em seu nome, tão-somente se concebe a desigualdade como comportamento antijurídico) segundo o sistema jurídico adotado e qual a extensão de sua eficácia, em todos eles haverá de se constatar que a resposta será oposta àquela oferecida à primeira indagação posta.[1] Em nenhum Estado Democrático, até a década de 60, e em quase nenhum até esta última década do século XX se cuidou de promover a igualação e vencerem-se os preconceitos por comportamentos estatais e particulares obrigatórios pelos quais se superassem todas as formas de desigualação injusta. Os negros, os pobres, os marginalizados pela raça, pelo sexo, por opção religiosa, por condições econômicas inferiores, por deficiências físicas ou psíquicas, por idade etc. continuam em estado de desalento jurídico em grande parte no mundo. Inobstante a garantia constitucional da dignidade humana igual para todos, da liberdade igual para todos, não são poucos os homens e mulheres que continuam sem ter acesso às iguais oportunidades mínimas de trabalho, de participação política, de cidadania criativa e comprometida, deixados que são à margem da convivência social, da experiência democrática na sociedade política. Do salário à Internet, o mundo ocidental continua sendo o espaço do homem médio branco. Das prisões às favelas, o mundo ocidental continua marginalizando os que são fisicamente desiguais do modelo letrado e chamado civilizado e civilizatório pelos que assim o criaram. Sem oportunidades sociais, econômicas e políticas iguais, a competição – pedra de toque da sociedade industrial capitalista – e, principalmente, a convivência são sempre realizadas em bases e com resultados desiguais.

1. Relevo o caso de Cuba, onde a Constituição prevê a promoção da igualdade como obrigação do Estado, mas no qual prevalece regime antidemocrático, pelo que o exemplo é frágil para o conteúdo posto a exame, que se questiona e examina no âmbito e na perspectiva dos sistemas políticos e sociais democráticos, nos quais a igualdade jurídica tem conteúdo próprio.

Por essa constatação histórica irrefutável é que, desde a década de 60 especialmente, começou a se fazer patente aos que tinham olhos com que ver claro, que o Direito Constitucional acanhava-se em sua concepção meramente formal do princípio denominado da isonomia, despojado de instrumentos de promoção da igualdade jurídica como vinha sendo até então cuidado. Concluiu-se, então, que proibir a discriminação não era bastante para se ter a efetividade do princípio da igualdade jurídica. O que naquele modelo se tinha e se tem é tão-somente o princípio da vedação da desigualdade, ou da invalidade do comportamento motivado por preconceito manifesto ou comprovado (ou comprovável), o que não pode ser considerado o mesmo que garantir a igualdade jurídica.

É certo que coube à doutrina o grande mérito de haurir do princípio negador da validade do preconceito como motivo de ação aceitável no Direito o princípio maior da igualdade, alargando na terminologia do princípio o que não se continha em seu conteúdo e nas normas jurídicas que lhe fixavam o conteúdo e a forma de aplicação.

Urgia, pois, que se promovesse constitucionalmente, por uma remodelação da concepção adotada pelo sistema normativo democrático, a igualdade jurídica efetiva, a dizer, promotora da igualação. Os iguais mais iguais que os outros já tinham conquistado o "privilégio" da igualdade. E os desiguais, ou aqueles histórica e culturalmente desigualados, sujeitos permanentes do Direito formal, mas párias do Direito aplicado, que não conseguiam ascender à igualdade jurídica desejada?

Diversamente do que, desde a primeira década deste moribundo século XX, ocorrera quanto ao direito de propriedade e da segurança, o princípio da igualdade jurídica não tinha passado por modificação, em seu conteúdo, interpretação e aplicação, tão profunda quanto aqueles.

No curso dos séculos XIX e particularmente do XX, os direitos de propriedade e da segurança pública, dentre outros considerados fundamentais no sistema constitucional, ganharam contornos de obrigações sociais, positivando-se instrumentos para a sua realização efetiva (o princípio da função social da propriedade incorporou-se como obrigação devida pelo proprietário desde a promulgação da Constituição de Weimar de 1919, inscrita como foi no art. 123 daquele documento, e a obrigação de toda a sociedade pela segurança individual e social passou a ser instrumentalizada nesse sentido pelas Leis Fundamentais).

Quanto ao princípio constitucional da igualdade jurídica, que desde os primeiros momentos do Estado Moderno foi formalizado como direito fundamental, indagava o Presidente Lyndon B. Johnson, em 4 de junho de 1965, na Howard University, se todos ali eram livres para competir com os demais membros da mesma sociedade em igualdade de condições.

Coube, então, a partir daquele momento, àquela autoridade norte-americana inflamar o movimento que ficou conhecido e foi, posteriormente, adotado, especialmente pela Suprema Corte norte-americana, como a *affirmative action*, que comprometeu organizações públicas e privadas numa nova prática do princípio constitucional da igualdade no Direito. A expressão *ação afirmativa*, utilizada pela primeira vez numa ordem executiva federal norte-americana do mesmo ano de 1965, passou a significar, desde então, a exigência de *favorecimento* de algumas minorias socialmente inferiorizadas, vale dizer, juridicamente desigualadas, por preconceitos arraigados culturalmente e que precisavam ser superados para que se atingisse a eficácia da igualdade preconizada e assegurada constitucionalmente na principiologia dos direitos fundamentais. Naquela ordem se determinava que as empresas empreiteiras contratadas pelas entidades públicas ficavam obrigadas a uma "ação afirmativa" para aumentar a contratação dos grupos ditos das minorias, desigualados social e, por extensão, juridicamente.

A mutação produzida no conteúdo daquele princípio, a partir da adoção da *ação afirmativa*, determinou a implantação de planos e programas governamentais e particulares,[2] pelos quais as denominadas minorias sociais[3] passavam a ter, necessaria-

2. Esclarece Archibald Cox, em escólios sobre o tema, que "An executive order was issued, requiring federal; contractors *to take affirmative action* to recruit and employ racial minorities, even in the absence of a determination that the particular employer had previously engaged in unlawful discrimination. Under that order specific affirmative action plans were developed for the construction industry area by area, setting percentage targets for the employment of minority journeyment and apprentices in each craft on each job. A federal law, now expired, was enacted requiring that 10 percent of each grant for local public works projects 'shall be expended for minority business enterprises'. Many cities and towns in all parts of the country had engaged in open or covert racial discrimination in employing firefighters and police officers. Courts, in proof of such violation of the Equal Protection Clause, fixed quotas for minority employment to remedy the wrong. Some fire and police departments acted voluntarily. Colleges and universities adopted various forms of minority admissions plans" (*The Court and The Constitution*, Boston, Houghton Mifflin Company, 1987, p. 270).

3. Não se toma a expressão *minoria* no sentido quantitativo, senão que no de qualificação jurídica dos grupos contemplados ou aceitos com um cabedal menor de direitos, efetivamente assegurados, que outros, que detêm o poder. Na verdade, minoria no Direito democraticamente concebido e praticado, teria que representar o número menor de pessoas, vez que a maioria é a base de cidadãos que compreenda o maior número tomado da totalidade dos membros da sociedade política. Todavia, a maioria é determinada por aquele que detém o Poder político, econômico e inclusive social em determinada base de pesquisa. Ora, ao contrário do que se apura, por exemplo, no regime da representação democrática nas instituições governamentais, em que o número é que determina a maioria (cada cidadão faz-se representar por um voto, que é o seu, e da soma dos votos é que se *contam* os representados e os representantes para se conhecer a maioria, em termos de Direitos efetivamente havidos e respeitados numa sociedade, a minoria, na prática dos direitos, nem sempre significa o menor número de pessoas. Antes, nesse caso, uma *minoria* pode bem compreender um contingente que supera em número (mas não na prática, no respeito etc.) o que é tido por maioria. Assim o caso de negros e mulheres no Brasil, que são tidos como *minorias*, mas que representam maior número de pessoas da globalidade dos que compõem a sociedade brasileira.

mente, percentuais de oportunidades, de empregos, de cargos, de espaços sociais, políticos, econômicos, enfim, nas entidades públicas e privadas. Note-se que não apenas pessoas físicas, mas inclusive pessoas jurídicas, pequenas empresas, empresas de propriedade de membros de grupos minoritários étnicos, raciais, discriminados de maneira geral (negros, mulheres) ou especial (orientais de alguns Estados) etc., passaram a ser sujeitos da *ação afirmativa*.

Não se teve, nem seria de se esperar que se tivesse, a erradicação do preconceito e o fim de todas as formas de discriminação nestes trinta anos de prática do princípio da igualdade jurídica concebido com a compreensão da *ação afirmativa*.

Mas se teve e ainda se tem a reversão do conceito jurídico do princípio da igualdade no Direito em benefício dos discriminados. De um conceito jurídico passivo mudou-se para um conceito jurídico ativo, quer-se dizer, de um conceito negativo de condutas discriminatórias vedadas passou-se a um conceito positivo de condutas promotoras da igualação jurídica.

É importante salientar que não se quer verem produzidas novas discriminações com a *ação afirmativa*, agora em desfavor das maiorias, que, sem serem marginalizadas historicamente, perdem espaços que antes detinham face aos membros dos grupos afirmados pelo princípio igualador no Direito. Para se evitar que o extremo oposto sobreviesse é que os planos e programas de *ação afirmativa* adotados nos Estados Unidos e em outros Estados, primaram sempre pela fixação de percentuais mínimos garantidores da presença das minorias que por eles se buscavam igualar, com o objetivo de se romperem os preconceitos contra elas ou pelo menos propiciarem-se condições para a sua superação em face da convivência juridicamente obrigada. Por ela, a maioria teria que se acostumar a trabalhar, a estudar, a se divertir etc. com os negros, as mulheres, os judeus, os orientais, os velhos etc., habituando-se a vê-los produzir, viver, sem inferioridade genética determinada pelas suas características pessoais resultantes do grupo a que pertencessem. Os planos e programas das entidades públicas e particulares de *ação afirmativa* deixam sempre à disputa livre da maioria a maior parcela de vagas em escolas, em empregos, em locais de lazer etc., como forma de garantia democrática do exercício da liberdade pessoal e da realização do princípio da não discriminação (contido no princípio constitucional da igualdade jurídica) pela própria sociedade.

Assim, a definição jurídica objetiva e racional da desigualdade dos desiguais, histórica e culturalmente discriminados, é concebida como uma forma para se promover a igualdade daqueles que foram e são marginalizados por preconceitos encravados na cultura dominante na sociedade. Por esta *desigualação positiva* promove-se a *igualação jurídica* efetiva; por ela afirma-se uma fórmula jurídica para se provocar uma efetiva igualação social, política, econômica no e segundo o Direito, tal como assegurado formal e materialmente no sistema constitucional democrático. A *ação afirmativa* é, então, uma forma jurídica para se superar o isolamento ou a diminuição social a que se acham sujeitas as minorias.

1.2 A ação afirmativa, tal como aplicada nos Estados Unidos de onde partiu como fonte de outras experiências que vicejaram nas décadas de 70 e 80, é devida, em grande parte, à atuação da Suprema Corte.

O papel dessa Corte norte-americana no tema dos direitos humanos, sua responsabilidade pelo repensamento e refazimento do conteúdo dos direitos fundamentais, especialmente em relação ao princípio jurídico da igualdade, têm sido considerados fundamentais especialmente no período que se seguiu à 2ª Grande Guerra. A ela – e, em geral, ao Poder Judiciário, nos Estados em que ele desempenha um papel forte como direta e efetivamente responsável pelo respeito e pela prática da Constituição, ou às Cortes Constitucionais, nos Estados onde a elas cabe esse mister – tem sido atribuído o avanço das concepções e execuções efetivas e eficientes das normas dos direitos fundamentais.[4]

Enquanto até a década de 30 o Poder Legislativo era o principal responsável pelo alargamento dos direitos fundamentais, que passavam, por meio de leis, a compor o quadro reconhecido daqueles que eram assegurados, tocando ao Poder Executivo o papel garantidor do respeito a eles, a partir da 2ª Grande Guerra o Poder Judiciário, nos Estados Unidos por meio da Suprema Corte basicamente sob a Presidência de Earl Warren, e as Cortes Constitucionais nos Estados europeus, passaram a ser os principais pólos institucionais não apenas garantidores, mas ativadores, em parte, do reconhecimento de novos direitos tidos como fundamentais a partir de então. O que se acredita é que, a partir do período imediatamente pós-guerra e até o início da década de sessenta, passou-se a ter consciência de que os litígios constitucionais, mesmo traduzindo interesses individuais, continham elementos que se espraiavam e densificavam em toda a sociedade e, dessa forma, constituíam fonte de reconhecimento de direitos fundamentais para todos na sociedade. Os grupos minoritários, mesmo os grupos politicamente organizados mas não participantes dos esquemas dos governos em exercício, passaram a vislumbrar o processo judicial constitucional como um processo político de conquistas ou de reconhecimento de direitos conquistados, mas ainda não formalizados, expressamente, nos documentos normativos.

Nos Estados Unidos, a denominada *constitucional adjudication* passou a ser traduzida como um dos instrumentos da mutação constitucional necessária e amadurecida no seio da sociedade, a dizer, a mudança informal da Constituição fez-se encaminhar exatamente pela via judicial e não pela via legislativa. Iniciou-se, então, o movimento chamado de *realismo legal*, pelo qual se reconheceu que não bastava a formalização da norma constitucional, sendo imprescindível a interpretação da norma segundo a experiência social histórica a qual ela é aplicada.[5]

No fluxo dessa mudança comportamental dos juízes constitucionais de todo o mundo democrático do pós-guerra é que se entronizou, no sentimento jurídico dos povos, a consciência de uma necessária transformação na forma de se conceberem e aplicarem os direitos, especialmente aqueles listados

4. Leciona Archibald Cox que "... all the theories assert that the ultimate protection for minorities, for spiritual liberty, for freedom of expression and political activity, and for other personal liberties righfuly comes from the Judiciary" (ob. cit., p. 179).

5. É, ainda, Archibald Cox que expõe: "In the 1960s, the same impulses inspired dreams of Camelot and President Lyndon B. Johnson's thrust toward 'the Great Society'. Then the Court (Supreme Court) and much of the political world marched of the same tune.

"At the same time that the Court's sense of responsibility for individuals and minorities was growing, losers ins the political process were becoming more conscious of the potentials of constitutional adjudication for achieving goals not attainable through the political process, and they were also becoming better equipped to use them. (...)

"The jurisprudence identified as 'legal realism' encouraged the worf of reform in the name of Constitution. (...) The legal realists poked fun at those who followed 'the law up there', conceiving law to be 'a brooding omnipresence in the sky.' Their text ... became Holmes observation the 'the life of the law has not been logic but experience.' Law, he and they asserted, is made by human hans and reflects the judges' morals, policies, and prejudices. This view, when pressed to its logical extreme to the exclusion of other forces in decision making, frees the contemporary judge on a court of last resort to decide as he pleases, writing his own values and social policies into the law whenever he can win the assent of a majority of his colleagues. Law becomes 'policy science'; the social good, not adherence to law, becomes the judge's obligation. Few judges accepted the extremes of legal realism. Many were deeply influenced" (idem, ibidem).

entre os fundamentais. Não bastavam as letras formalizadoras das garantias prometidas; era imprescindível instrumentalizarem-se as promessas garantidas por uma atuação exigível do Estado e da sociedade.

Na esteira desse pensamento, pois, é que a *ação afirmativa* emergiu como a face construtiva e construtora do novo conteúdo a ser buscado no princípio da igualdade jurídica. O Direito Constitucional, posto em aberto, mutante e mutável para se fazer permanentemente adequado às demandas sociais, não podia persistir no conceito estático de um direito de igualdade pronto, realizado segundo parâmetros históricos eventualmente ultrapassados. Daí a necessidade de se pensar a igualdade jurídica como a igualação jurídica que se faz, constitucionalmente, no compasso da história, do instante presente e da perspectiva vislumbrada em dada sociedade: a igualdade posta em movimento, em processo de realização permanente; a igualdade provocada pelo Direito segundo um sentido próprio a ela atribuído pela sociedade.

No caso University of California Regents v. Bakke votava o Juiz da Suprema Corte Americana William Brennan pela constitucionalidade da fixação de assentos para a minoria, adequada que seria, para ele, o ato em exame, porque compatível com a Equal Protecting Clause "articulated purpose of remedying the effects of past societal discrimination (is) sufficiently important to justify the use of race-conscious admissions programs where there is a sound basis for concluding that minority underrepresentation is substantial and chronic, and that the handicap of past discrimination is impeding acess of minorities to medical school". Nesse mesmo julgamento pronunciava-se o Juiz Harry Blackmun "In order to get beyond racism we must first take account of race ... and in order to treat some people equally we must first treat them differently".[6]

6. *Apud* Archibald Cox, ob. cit., p. 279.

O conteúdo, de origem bíblica, de tratar igualmente os iguais e desigualmente os desiguais na medida em que se desigualam – sempre lembrado como sendo a essência do princípio da igualdade jurídica – encontrou uma nova interpretação no acolhimento jurisprudencial concernente à *ação afirmativa*. Segundo essa nova interpretação, a desigualdade que se pretende e se necessita impedir para se realizar a igualdade no Direito não pode ser extraída, ou cogitada, apenas no momento em que se tomam as pessoas postas em dada situação submetida ao Direito, senão que se deve atentar para a igualdade jurídica a partir da consideração de toda a dinâmica histórica da sociedade, para que se focalize e se retrate não apenas um instante da vida social, aprisionada estaticamente e desvinculada da realidade histórica de determinado grupo social. Há que se ampliar o foco da vida política em sua dinâmica, cobrindo espaço histórico que se reflita ainda no presente, provocando agora desigualdades nascentes de preconceitos passados, e não de todo extintos. A discriminação de ontem pode ainda tingir a pele que se vê de cor diversa da que predomina entre os que detêm direitos e poderes hoje.

II – A ação afirmativa na Constituição Brasileira de 1988 e na legislação infraconstitucional

2.1 O princípio da igualdade jurídica é de sempre da norma constitucional brasileira. O preconceito é de sempre da prática brasileira. Desde a primeira Constituição Brasileira – a Carta Imperial de 25 de março de 1824 – a igualdade é contemplada como princípio insculpido entre os direitos fundamentais assegurados ao indivíduo. A escravidão, então vigente, nem considerava todo indivíduo gente, que dirá igual...

A doutrina constitucional brasileira, desde a voz augusta de Pimenta Bueno, celebra a igualdade jurídica como pedra de toque do constitucionalismo democrático a ser tomado como objetivo fundamental do Estado Brasileiro. Nem o constitucionalismo, nem a democracia, nem sequer o Estado Brasileiro tem sido realizados como seria de se desejar até hoje. Por isso é que ser brasileiro é lutar todo dia como cidadão pela realização de uma cidade política justa para todos, sem chance para esmorecer pelo tanto que há a fazer...

Não foi, pois, sem razão ou causa que o constituinte pátrio de 87/88 fez emergir, com peculiar força jurídica, no sistema constitucional por ele promulgado, o princípio da igualdade como um dos pilares mestres do edifício fundamental do Direito Positivo pátrio.

Mas não apenas ali se reiterou o princípio da igualdade jurídica, senão que se refez o seu paradigma, o seu conteúdo se renovou e se tingiu de novas cores, tomou novas formas, construiu-se, constitucionalmente, de modo inédito.

A passagem do conteúdo inerte a uma concepção dinâmica do princípio é patenteado em toda a estrutura normativa do sistema constitucional brasileiro fundado em 1988. A ação afirmativa está inserida no princípio da igualdade jurídica concebido pela Lei Fundamental do Brasil, conforme se pode comprovar de seu exame mais singelo.

2.2 A Constituição Brasileira de 1988 tem, no seu preâmbulo, uma declaração que apresenta um momento novo no constitucionalismo pátrio: a idéia de que não se tem a democracia social, a justiça social, mas que o Direito foi ali elaborado para que se chegue a tê-los. Em texto sobre a Constituição relevava o Presidente do Congresso Constituinte Deputado Ulysses Guimarães, que "a Constituição nasce do parto de profunda crise que abala as instituições e convulsiona a sociedade".

Essa convulsão tem, no olho do vulcão, a desigualdade social, econômica, regional, que tem enredado o tecido político brasileiro.

Por isso mesmo é que, mesmo não tendo força de norma, mas tendo a função de elucidar o rumo palmilhado pelo constituinte, o preâmbulo traduz a preocupação de se "instituir um Estado Democrático, destinado a assegurar o exercício dos direitos sociais e individuais, ... a igualdade e a justiça como valores supremos de uma sociedade fraterna pluralista e sem preconceitos ...".

Já, então, se vê, que, pela positivação da ordem constitucional de 1988 reestruturando o Estado Brasileiro e reorganizando a República Federativa, não apenas se pretendeu proibir o que se tem assentado em termos de desigualdades de toda ordem havidos na sociedade, mas que se pretende instituir, vale dizer, criar ou recriar as instituições segundo o modelo democrático, para se assegurar, dentre outros, o direito à igualdade, tida não apenas como regra, ou mesmo como princípio, mas como valor supremo definidor da essência do sistema estabelecido.

O princípio da igualdade resplandece sobre quase todos os outros acolhidos como pilastras do edifício normativo fundamental alicerçado. É guia não apenas de regras, mas de quase todos os outros princípios que informam e conformam o modelo constitucional positivado, sendo guiado apenas por um, ao qual se dá a servir: o da dignidade da pessoa humana (art. 1º, III, da Constituição da República).

Mas não se poderia pensar que ele apenas comparece de maneira mais freqüente ou vigorosa no sistema constitucional de 1988, tendo o mesmo conteúdo que lhe era próprio na vigência de Constituições e Cartas Brasileiras anteriormente vigentes.

E a sua transformação essencial oferece-se à mostra, clara e indubitavelmente, no art. 3º, I, III e IV, que vale a pena transcrever:

"Art. 3º. Constituem objetivos fundamentais da República Federativa do Brasil:

"I – construir uma sociedade livre, justa e solidária;

"(...)

"III – erradicar a pobreza e a marginalização e reduzir as desigualdades sociais e regionais;

"IV – promover o bem de todos, sem preconceitos de origem, raça, sexo, cor, idade e quaisquer outras formas de discriminação."

Verifica-se que todos os verbos utilizados na expressão normativa – *construir*, *erradicar*, *reduzir*, *promover* – são de ação, vale dizer, designam um comportamento ativo. O que se tem, pois, é que os objetivos fundamentais da República Federativa do Brasil são definidos em termos de obrigações transformadoras do quadro social e político retratado pelo constituinte quando da elaboração do texto constitucional. E todos os objetivos contidos, especialmente, nos três incisos acima transcritos do art. 3º, da Lei Fundamental da República, traduzem exatamente mudança para se chegar à igualdade. Em outro dizer, a expressão normativa constitucional significa que a Constituição determina uma mudança do que se tem em termos de condições sociais, políticas, econômicas e regionais, exatamente para se alcançar a realização do valor supremo a fundamentar o Estado Democrático de Direito constituído.

Se a igualdade jurídica fosse apenas a vedação de tratamentos discriminatórios, o princípio seria absolutamente insuficiente para possibilitar a realização dos objetivos fundamentais da República constitucionalmente definidos.

Pois daqui para a frente, nas novas leis e comportamentos regulados pelo Direito, apenas seriam impedidas manifestações de preconceitos ou cometimentos discriminatórios. Mas como mudar, então, tudo o que se tem e se sedimentou na história política, social e econômica nacional? Somente a *ação afirmativa*, vale dizer, a atuação transformadora, igualadora pelo e segundo o Direito possibilita a verdade do princípio da igualdade, para se chegar à igualdade que a Constituição Brasileira garante como direito fundamental de todos.

O art. 3º traz uma declaração, uma afirmação e uma determinação em seus dizeres. Declara-se, ali, implícita, mas claramente, que a República Federativa do Brasil não é livre, porque não se organiza segundo a universalidade desse pressuposto fundamental para o exercício dos direitos, pelo que, não dispondo todos de condições para o exercício de sua liberdade, não pode ser justa.

Não é justa porque plena de desigualdades antijurídicas e deploráveis para abrigar o mínimo de condições dignas para todos.

E não é solidária porque fundada em preconceitos de toda sorte.

O art. 3º traz também uma afirmação: a de que, conquanto retratada a inexistência de uma autêntica República Democrática, o Direito organizou um modelo de Estado que se põe exatamente para realizá-la.

Daí porque, entre os objetivos fundamentais da República, se estabeleceu, primariamente, a determinação de se *construir* uma nova sociedade brasileira, segundo paradigmas constitucionalmente traçados.

Mais que isso, e esclarecendo que o movimento de mudança teria que ser feito em direção determinada pela norma fundamental da República, a Constituição traz, naquele dispositivo, o mandamento de se *erradicar a pobreza* (uma das fontes de maior discriminação e preconceitos no Brasil) e a *marginalização*, e, ainda, *reduzir as desigualdades sociais e regionais*.

Tanto a pobreza – mais que isso, e bem pior, a miséria, que predomina em bolsões enormes – reduz à total impraticabilidade um dos princípios da República, qual seja, a dignidade da pessoa humana. Até porque a pobreza extrema, qualificada pela miséria, destitui da pessoa a sua própria humanidade. Daí a determinação de se projetarem políticas públicas e comportamentos administrativos públicos e privados (porque a ordem do dispositivo não é para a exclusiva ou única ação das entidades públicas) no sentido válido somente quando permitirem ou se voltarem à erradicação da pobreza e da marginalização.

Mais ainda, no mesmo inc. III, do art. 3º, determina-se que se tenha em vista o objetivo fundamental a ser perseguido, o de *reduzir as desigualdades sociais e regionais*, de maneira tal que não é suficiente, nos termos postos expressamente na Constituição, que não se tolerem desigualdades; antes, cuida a Lei Fundamental de expressar a exigência de que se adotem procedimentos para reduzir aquelas que são havidas na sociedade brasileira.

O inc. IV, do mesmo art. 3º, é mais claro e afinado, até mesmo no verbo utilizado, com a ação afirmativa. Por ele se tem ser um dos objetivos fundamentais *promover o bem de todos, sem preconceitos de origem, raça, sexo, cor, idade e quaisquer outras formas de discriminação*.

Verifica-se, então, que não se repetiu apenas o mesmo modelo princípiológico que adotaram constituintes anteriormente atuantes no país. Aqui se determina agora uma *ação afirmativa*: aquela pela qual se promova o bem de *todos, sem preconceitos (de) quaisquer... formas de discriminação*.

Significa que universaliza-se a igualdade e promove-se a igualação: somente com uma conduta ativa, positiva, afirmativa, é que se pode ter a transformação social buscada como objetivo fundamental da República.

Se fosse apenas para manter o que se tem, sem figurar o passado ou atentar à história, teria sido suficiente, mais ainda, teria sido necessário, tecnicamente, que apenas se estabelecesse ser objetivo manter a igualdade sem preconceitos etc.

Não foi o que pretendeu a Constituição de 1988. Por ela se buscou a mudança do conceito, do conteúdo, da essência e da aplicação do princípio da igualdade jurídica, com relevo dado à sua imprescindibilidade para a transformação da sociedade, a fim de se chegar a seu modelo livre, justa e solidária. Com promoção de mudanças, com a adoção de condutas ativas, com a construção de novo figurino sócio-político é que se movimenta no sentido de se recuperar o que de equivocado antes se fez.

O significado maior do art. 3º, da Lei Fundamental da República é, pois, a demonstração de uma mudança essencial do constitucionalismo brasileiro, de uma proposta de sociedade diferente da que percebeu o constituinte de 87/88 e que não lhes pareceu livre, justa, fraterna e solidária.

2.3 Pode-se, ainda, ter clara a mudança havida na concepção do princípio da igualdade jurídica, pela sua positivação no art. 5º, da Constituição.

Alterando a formulação que tradicionalmente se fizera nas Constituições Brasileiras nas quais o princípio da igualdade jurídica vinha sempre entre os incisos (ou parágrafos, segundo a técnica empregada pelo constituinte) do artigo que cuidava, em cada uma, dos direitos fundamentais reconhecidos e assegurados (art. 179, incs. 13, 14, 16, dentre outros, da Carta de Lei Imperial, de 25 de março de 1824; art. 72, § 2º, da Constituição da República, de 24 de fevereiro de 1891; art. 113, inc. 1, da Constituição da República, de 16 de julho de 1934; art. 122, inc. 1º, da Carta de 10 de novembro de 1937; art. 141, § 1º, da Constituição da República, de 18 de setembro de 1946; art. 150, § 1º, da Carta de 24 de janeiro de 1967; art. 153, § 1º, da Emenda Constitucional n. 1, de 17 de outubro de 1969), a Constituição da República, de 5 de outubro de 1988, inicia o articulado sobre direitos e garantias fundamentais exatamente com a referência expressa ao princípio da igualdade jurídica, que é repetida no texto do mesmo dispositivo logo em seguida.

Vem a pêlo, nessa passagem, transcrever-se o dispositivo:

"Art. 5º. *Todos são iguais perante a lei, sem distinção de qualquer natureza*, garantindo-se aos brasileiros e aos estrangeiros residentes no país a inviolabilidade dos direitos à vida, à liberdade, *à igualdade*, à segurança e à propriedade, nos termos seguintes:

"(...)"

A topografia do princípio, alterada, pois, em seu tratamento constitucional tradicional, demonstra bem o cuidado com a igualdade na estruturação do sistema fundamental inaugurado em 1988.

Iniciado o tratamento dos direitos fundamentais com a afirmação do princípio da igualdade expõe, ainda, a Constituição a extensão de sua obrigatoriedade ao legislador infraconstitucional, pelas duas normas havidas nos incs. XLI e XLII, do mesmo art. 5º, segundo os quais "a lei punirá qualquer discriminação atentatória dos direitos e liberdades fundamentais", e "a prática do racismo constitui crime inafiançável e imprescritível, sujeito à pena de reclusão, nos termos da lei".

Transformado o tratamento constitucional do princípio da igualdade em sua alocação e em sua dicção constitucionais, seria de se pensar que o seu conteúdo se tivesse mantido o mesmo de antes das modificações radicais processadas no Direito?

Parece que não é o que autoriza pensar o conjunto de princípios e regras que se enredam sobre o tema permanentemente voltado à igualação, preocupação muito maior do que a mera igualdade estática antes vislumbrada e assegurada.

Não fosse pelo tratamento diferenciado do que antes se tinha tido constitucionalmente sobre o tema, necessário seria apenas que se atentasse a algumas regras expressas do sistema promulgado em 1988, para se certificar da correção do entendimento segundo o qual a modificação do princípio, o avanço em sua concepção são flagrantes no texto, mais que apenas no contexto da Constituição.

2.4 Tome-se como primeira regra contenedora do princípio da igualdade pensado em sua concepção de afirmação necessária da igualação dos desigualados na sociedade (conceito dinâmico e transformador de uma realidade injusta, desigual e, portanto, nem fraterna e nem solidária) o art. 37, VIII, da Lei Fundamental da República, que estabelece:

"Art. 37. (...) VIII – a lei reservará percentual dos cargos e empregos públicos para as pessoas portadoras de deficiência e definirá os critérios de sua admissão;"

O que vem a ser tal determinação normativa senão o que a prática e a jurisprudência constitucionais norte-americanas denominaram *ação afirmativa*?

Os portadores de deficiência vêm se ressentindo, há séculos, das mais variadas formas de preconceitos. Até há pouco, considerados *castigados* por alguma divindade e *marcados por essa pena* também socialmente, eram eles privados do acesso às oportunidades de trabalho e de obtenção de condições mínimas de dignidade e da igual liberdade de realizar-se como ser humano.

Não é novidade a ocorrência, em muitas ocasiões, de afastamento de portadores de deficiência física de alguns cargos públicos, para os quais eram reprovados nos concursos públicos, ao argumento das bancas examinadoras de que a deficiência os estigmatizariam e impediriam o seu exercício de autoridade, de que alguns cargos se revestiam.

Não era, pois, a comprovação de que a deficiência os deixava inabilitado física ou psiquicamente para o desempenho que os conduziam à reprovação; era tão-somente a deficiência moral dos espíritos menores agrilhoados em seus preconceitos.

Daí o advento da norma supratranscrita, que reserva percentual dos cargos e empregos públicos para aqueles que se vêem a braços com essa insidiosa forma de discriminação, afirmando-se, então, constitucionalmente, a ação que desiguala desigualados sociais para igualar juridicamente os sujeitos de uma relação cultural e tradicionalmente equivocada e injusta.

Não duvido, assim, que se sobrevier um concurso público para Procurador do Estado, destinado a prover, por exemplo, dez cargos daquela carreira, e vier a ser classificado um portador de deficiência visual (o que não o inabilita para o desempenho do cargo postulado) em 12º lugar, sem que se tenha previsto qualquer percentual diverso e sem que entre os dez primeiros se apresente qualquer outra pessoa portadora de deficiência, poderá ingressar em juízo o interessado classificado e, inexistindo lei específica, por meio de mandado de injunção poderá ele obter a garantia de nomeação para um dos dez cargos, pois a afirmação está assegurada constitucionalmente como direito preferencial do portador de deficiência.

O que se tem pela regra do art. 37, inc. VIII, da Constituição da República, é a expressão ou a revelação do que se contém no princípio da igualdade jurídica, segundo a concepção dinâmica e positiva do constitucionalismo contemporâneo: cota ou percentual de cargos ou empregos públicos reservados a uma categoria desigualada historicamente por preconceito ou discriminação injusta, que se pretende superar, desigualando, agora, positiva, afirmativamente.

A definição dos critérios de admissão dos portadores de deficiência para a execução da ação constitucionalmente determinada é entregue ao legislador, na forma disposta na norma em foco, pois cada cargo ou emprego tem as suas peculiaridades, que precisam ser confrontadas com algumas particulares condições dos postulantes do direito preferencial.

2.5 Não destoa da mesma orientação a regra contida no art. 170, IX, da Constituição da República, em sua feição originária e mesmo com a nova norma introduzida no lugar daquela preliminarmente promulgada, com a Emenda Constitucional n. 6, de 1995.

O art. 170 da Constituição da República, no qual se elencam os princípios gerais da ordem econômica com o fim de "assegurar a todos existência digna, conforme os ditames da justiça social", repete, em seu inc. VII, o princípio da igualdade jurídica como ação voltada à redução das desigualdades regionais e sociais (repetindo-se, portanto, o objetivo fundamental da República estabelecido no inc. III, do art. 3). No inciso que àquele se segue, estampa-se a imposição da *ação afirmativa* "privilegiadora" de determinados grupos sociais que não receberam o tratamento coerente com a sua condição desigual segundo se entendeu, na gestão da Lei Fundamental, como sendo necessária.

Assim, dispunha a norma no art. 170, inc. IX, quando da promulgação do texto originário da Constituição:

"Art. 170. (...) IX – tratamento favorecido para as empresas brasileiras de capital nacional de pequeno porte."

A Emenda Constitucional n. 6, de 15 de agosto de 1995,[7] introduz a seguinte

7. A nova norma constitucional surgida com a promulgação da Emenda mencionada tem sido referida como "com nova redação dada pela Emenda...".

Cuida-se, a toda evidência, de um equívoco na descrição do fenômeno da reforma das leis e, inclusive, das normas constitucionais.

Dar nova redação a uma norma jurídica é deixar que se permaneça a mesma norma apenas conferindo-se a ela uma outra forma de expressão. Dando-se nova redação a qualquer texto, legal ou não, não se modifica o dito, apenas reveste-se-lhe de nova forma. Assim, inobstante quase todas as Emendas Constitucionais trazerem em suas respectivas ementas a referência a uma nova redação, o que se tem é a promulgação de uma nova norma, com novo texto, conteúdo e forma, pelo que não se cuida, absolutanorma no sistema fundamental vigente, modificativa daquela supratranscrita e que foi, então, suprimida pelo advento desta:

"Art. 170. (...) IX – tratamento favorecido para as empresas de pequeno porte constituídas sob as leis brasileiras e que tenham sua sede e administração no País."

Verifica-se que, tanto a primeira quanto a segunda norma, dispõem de uma definição voltada a um "tratamento favorecido" para as empresas ali nomeadas, apresentando-se, pois, a regra como reflexo ou desdobramento aplicado do princípio da igualdade jurídica tal como concebido no constitucionalismo contemporâneo.

É certo que a desigualação favorecedora, aqui, não tem a mesma natureza daquel'outras introduzidas em passagens diversas do texto constitucional, quer-se dizer, não tem a mesma natureza de condição pessoal, étnica, racial, ou algo no gênero.

Mas tem-se, com certeza, uma ação afirmativa determinada constitucionalmente no sentido do favorecimento de um grupo que dispõe de condição social e econômica de tal forma especial que se considera necessário ser tratado diferentemente para ter as mesmas oportunidades de permanência e crescimento, no caso, na atividade econômica.

2.6 A Constituição Brasileira aponta, ainda, para a "proteção especial" às crianças e aos adolescentes (aqui não como uma afirmação de condições passadas, mas de uma prevenção e perspectivas de melhorias para o futuro desses grupos), em seu art. 227 e §§, bem como aos portadores de deficiência física, sensorial ou mental, aos idosos, em seu art. 230, revelando, todas essas passagens, que a Constituição desiguala para realizar o princípio da igualdade, ou para efetivar a igualação jurídica para sobrepor à desigualação física, social e econômica um padrão que assegure, eficazmente, a dignidade humana como princípio maior do Direito Constitucional Contemporâneo.

Se em algumas passagens a Lei Fundamental da República define comportamentos específicos favorecedores de grupos desfavorecidos histórico-social e histórico-economicamente, não se tenha serem eles os únicos que se poderiam considerar dotados ou dotáveis de condicionamentos especiais no Direito Positivo. O que com eles se tem é, basicamente, a amostragem, o norte, a baliza fundamental para a aplicação devida e justa do princípio da igualdade jurídica sustentador do sistema constitucional.

O que se demonstra com os exemplos do art. 37, VIII, ou com o art. 170, IX, ambos da Constituição da República, dentre outros que se poderiam enfatizar, é tão-somente o conteúdo explicitamente caracterizado da nova concepção do princípio constitucional da igualdade jurídica.

Pelo que não apenas a Constituição, mas o sistema jurídico nacional em sua inteireza, curva-se, condiciona-se, efetiva-se pela apreensão do princípio figurado com aquela concepção consagradora da obrigação de adoção de comportamentos que afirmam diferenças injustas, historicamente ou mesmo no presente, para que se superem as discriminações e se tenha a prática eficaz da igualdade no Direito.

2.7 Daí os exemplos que se podem arrolar de adequação das normas jurídicas infraconstitucionais que dão aplicação plena àquele princípio, transformando um entendimento que antes prevalecia quanto à igualdade jurídica.

Daí se tem, por exemplo, que na Lei n. 8.666/93, denominada "Estatuto de Licitações e Contratos Administrativos", em seu

mente, de mudança apenas de redação como ao mais mal-avisado poderia parecer.

Daí a referência acima feita de que o que se tem, no caso da Emenda Constitucional – como, de resto, em todas as demais que proliferam no sistema brasileiro – sobrevêem novas normas por meio de cada uma delas.

art. 24, inc. XX, estabelece que: "Art. 24. É dispensável a licitação: (...) XX – na contratação de associação de portadores de deficiência física, sem fins lucrativos e de comprovada idoneidade, por órgãos ou entidades da Administração Pública, para a prestação de serviços ou fornecimento de mão-de-obra, desde que o preço contratado seja compatível com o praticado no mercado".

A hipótese de dispensabilidade de licitação por associação de portadores de deficiência física, desde que atendidas as condições da regra, significa o acolhimento, no direito infraconstitucional, de tratamento favorecido em razão de situação peculiar de marginalização e dificuldades sócio-culturais com repercussões econômicas a que se sujeitam os associados da entidade descrita.

Por isso mesmo é que, para se ter uma igualação que a sociedade não promoveu por si, o Direito afirma um favorecimento que conduz a uma condição igual no movimento da norma, que se faz pela aplicação e criação de situação social concreta.

Não se afirma – ninguém assevera com seriedade – que a regra da Lei de Licitações estaria a agredir o princípio constitucional da igualdade, porque o que ela faz é, antes, fomentar um processo de igualação que permite seja aperfeiçoado, não apenas na forma, mas principalmente no conteúdo, aquele dogma fundamental.

2.8 Na esteira da ação afirmativa concebida como elemento de essência do princípio constitucional da igualdade no sistema jurídico vigente, sobreveio o art. 11, § 3º, da Lei n. 9.100, que "estabelece normas para a realização das eleições municipais de 3 de outubro de 1996, e dá outras providências".

Reza o preceito: "Art. 11. Cada partido ou coligação poderá registrar candidatos para a Câmara Municipal até cento e vinte por cento do número de lugares a preencher. (...) § 3º. Vinte por cento, no mínimo, das vagas de cada partido ou coligação deverão ser preenchidas por candidaturas de mulheres".

Novamente aqui se tem, expressamente, a fixação de percentual destinado ao preenchimento por grupo denominado dentre as minorias, no caso, as mulheres.

Não há qualquer distinção, pois, entre o que aqui se tem e o comando constitucional determinador de fixação de cotas para os deficientes físicos, ou o favorecimento das empresas de pequeno porte, ou a proteção especial de determinadas categorias sociais.

Também não se vislumbra, no espectro do Direito Constitucional Comparado, máxime em relação à prática norte-americana do constitucionalismo contemporâneo, como antes lembrado, absolutamente nada de novo, ou de inédito, ou de esquisito, ou de inusitado.

E, no entanto, em relação a essa norma, os clamores foram ouvidos. Alegou-se, até mesmo, *manifesta inconstitucionalidade* da norma. Na forma? No conteúdo? Pela fixação do percentual que feriria a igualdade dos iguais homens brancos, médios, ocidentais, letrados, que são os que se encontram em melhor condição de disputa eleitoral desde sempre na história brasileira, na qual a mulher somente começou a ter direito a votar na década de trinta? Mas se percentual é definido na própria Constituição Brasileira para outros casos, apontando, assim, a Lei Fundamental para a ação afirmativa, como é que não se poderia atribuir ao legislador a tarefa de desigualar os desigualados históricos para se atingir a igualação jurídica formalmente acolhida no sistema em vigor? Se pequenas empresas podem ser favorecidas com percentuais, se deficientes têm percentuais de cargos públicos a eles definidos e para eles resguardados, se índios têm estatuto próprio, por que não poderiam as mulheres serem afirmadas em condição de *desigualação positiva*, para virem a ocupar o espaço político que lhes foi negado tradicionalmente, numa atitude histórica indubitável de absoluto preconceito e desconsideração social? As mulheres têm as mesmas oportunidades que os homens na sociedade brasileira *para os cargos de comando*? Porque para os empregos e cargos de menor significação político-decisória não apenas se têm os mesmos direitos, como alguns são considerados *destinados às mulheres*. São assim aqueles que se vocacionam ao desempenho de tarefas domésticas ou artesanais, são assim aqueles que se têm, no serviço público, como atividades-meio, dentre outros que se poderiam citar. E na esfera política? As mulheres do mundo deste quase século XXI, sendo mais da metade da população, sendo quase a metade da população incumbida da atividade econômico-produtiva, são quase a metade das pessoas que ocupam os cargos de comando político-institucional nos Estados? Têm elas as mesmas condições de disputa? Representam sem preconceito ou discriminação na igualdade do seu desempenho sócio-econômico e cultural? Recebem a mesma educação para a competição que os homens? São iguais no Direito? Em que Direito?

Curioso, contudo, é que quando a Constituição definiu, inovadoramente, o princípio da igualdade, não se abalaram os homens – mesmo aqueles que são superiores espiritual e intelectualmente e já não se dispõem à convivência com prejuízos mais banais e superáveis como aqueles que dominam quanto à mulher – a argüir qualquer demasia ou excesso na igualação de desiguais como os negros (que a Constituição do Estado da Bahia, por exemplo, trata com preferencialidade, afirmando o que foi desigualado historicamente), os portadores de deficiência etc.

É que não se tinha levado a ação afirmativa aos postos de comando político, como se cogita ter ocorrido, agora, com o advento do art. 11, § 3º, da Lei n. 9.100/96.

Tem-se, assim, que o *assombro admirativo* com que reagiram os homens apenas demonstra, inequivocadamente, o preconceito que continua a prevalecer na sociedade em relação à mulher e, assim, a necessidade de se aplicar o princípio da igualdade com mais democracia e justiça do que a concepção tradicional, acanhada e formal, fazia nele conter.

Não se vislumbra inconstitucionalidade manifesta, nem sequer novidade, na norma do art. 11, § 3º, da Lei n. 9.100/96. E se mais não tiver de positivo, tem ela possibilidade de estampar preconceitos que se afirmam inexistentes mesmo por figuras masculinas respeitadas, admiradas e reconhecidas pela defesa dos direitos iguais de todos. É apenas um vício esse preconceito, tatuada de tal maneira, arraigada na história das sociedades, que nem quem lhe traz à alma a reconhece às vezes.

III – Conclusão

O grande avanço jurídico do princípio constitucional da igualdade é que esse passou, nas últimas duas décadas, de um conceito constitucional estático e negativo a um conceito democrático dinâmico e positivo, vale dizer, de um momento em que por ele apenas se proibia a desigualação jurídica a uma fase em que por ele se propicia a promoção da igualação jurídica. O princípio constitucional da igualdade deixou de ser um dever social negativo para tornar-se uma obrigação política positiva.

A *ação afirmativa*, é, pois, a expressão democrática mais atualizada da igualdade jurídica promovida na e pela sociedade, segundo um comportamento positivo normativa ou administrativamente imposto ou permitido.

Por ela revela-se não apenas um marco equivocado da discriminação havida no passado em relação a determinados grupos sociais, mas, principalmente, uma transformação presente que marca um novo sinal de perspectivas futuras, firmadas sobre uma concepção nova, engajada e eficaz do princípio da igualdade jurídica. A *ação afirmativa* traduz também o verdadeiro primado do interesse histórico e integral da sociedade sobre o interesse momentâneo e singular do indivíduo. Sem se deixar o direito desse ao desabrigo – tanto que apenas um percentual é fixado para a definição das minorias, deixando-se ao talento pessoal as disputas gerais dos cargos, empregos, oportunidades gerais para obtenção das condições necessárias para cada qual segundo a sua vocação à competição e coordenação de todos –, a *ação afirmativa* reconstrói o tecido social introduzindo propostas novas à convivência política, nas quais se descobrem novos caminhos para se igualar, na verdade do direito e não apenas na palavra da lei, o que o preconceito de ontem desigualou sem causa humana digna.

A construção da proposta constitucional e prática política, administrativa e social da *ação afirmativa* traduz em nosso tempo, segundo as novas cores da experiência social vivida neste final de século, o princípio da igualdade. Afinal, como afirmava Aristóteles, na Ética de Nicômacos, "In the field of moral action truth is judged by the actual facts of life, for it is in them that the decisive element lies. So we mus examine the conclusions we have reached so far by the applying, them to the actual facts of life; if they are in harmony with the facts, we must accept them, and if they clash, we mus assume that they are mere words".

A *ação afirmativa* constitui, pois, o conteúdo próprio e essencial do princípio da igualdade jurídica tal como pensado e aplicado, democraticamente, no Direito Constitucional Contemporâneo.

Por último, vale lembrar ainda uma vez Ulysses Guimarães, que no intróito dos primeiros exemplares da Constituição de 1988, promulgada pelo Congresso Constituinte por ele presidido, salientava que: "O homem é o problema da sociedade brasileira: sem salário, analfabeto, sem saúde, sem casa, portanto sem cidadania". A *ação afirmativa* é um dos instrumentos possibilitadores da superação do problema do não cidadão, daquele que não participa política e democraticamente como lhe é na letra da lei fundamental assegurado, porque não se lhe reconhecem os meios efetivos para se igualar com os demais. Cidadania não combina com desigualdade. República não combina com preconceito. Democracia não combina com discriminação. E, no entanto, no Brasil que se diz querer republicano e democrático, o cidadão ainda é uma elite, pela multiplicidade de preconceitos que subsistem, mesmo sob o manto fácil do silêncio branco com os negros, da palavra gentil com as mulheres, da esmola superior com os pobres, da frase lida para os analfabetos... Nesse cenário sócio-político e econômico, não seria verdadeiramente democrática a leitura superficial e preconceituosa da Constituição, nem seria verdadeiramente cidadão o leitor que não lhe rebuscasse a alma, apregoando o discurso fácil dos igualados superiormente em nossa história feita pelas mãos calejadas dos discriminados.

Belo Horizonte, 27 de Junho de 1996

DOUTRINA

A DEMOCRACIA E SUAS DIFICULDADES CONTEMPORÂNEAS

CELSO ANTÔNIO BANDEIRA DE MELLO
Professor Titular da Faculdade de Direito da Pontifícia Universidade Católica de São Paulo

I – Democracia formal e democracia substancial. II – A crise dos instrumentos clássicos da democracia. III – Tentativas de resposta à crise da democracia. IV – Insuficiência dos meios concebidos para salvaguarda dos ideais democráticos. V – Possível agravamento da crise da democracia.

I – Democracia formal e democracia substancial

1. Independentemente dos desacordos possíveis em torno do conceito de democracia, pode-se convir em que dita expressão reporta-se nuclearmente a um sistema político fundado em princípios afirmadores da liberdade e da igualdade de todos os homens e armado ao propósito de garantir que a condução da vida social se realize na conformidade de decisões afinadas com tais valores, tomadas pelo conjunto de seus membros, diretamente ou através de representantes seus livremente eleitos pelos cidadãos, os quais são havidos como os titulares da soberania. Donde resulta que *Estado Democrático é aquele que se estrutura em instituições armadas de maneira a colimar tais resultados*.

Sem dúvida esta noção, tal como expendida, maneja também conceitos fluidos ou imprecisos (liberdade, igualdade, deliberações respeitosas destes valores, instituições armadas de maneira a concretizar determinados resultados). Sem embargo, é dela – ou de alguma outra que se ressinta de equivalentes problematizações – que se terá de partir para esboçar uma apresentação sumária de certas relações entre Estado e democracia, algumas das quais são visíveis e outras apenas se vão entremostrando a uma visão prospectiva.

Seja como for – e até mesmo em razão da sobredita fluidez dos conceitos implicados na noção de democracia – é conveniente distinguir entre Estados *formalmente* democráticos e Estados *substancialmente* democráticos, além de Estados *em transição para a democracia*, tendo-se presente, ainda assim, o caráter aproximativo destas categorizações.

2. Estados apenas *formalmente democráticos* são os que, inobstante acolham nominalmente em suas Constituições modelos institucionais – hauridos dos países política, econômica e socialmente mais evoluídos – teoricamente aptos a desembocarem em resultados consonantes com os valores democráticos, neles não aportam. Assim, conquanto seus governantes (*a*) sejam investidos em decorrência de eleições, mediante sufrágio universal, para mandatos temporários; (*b*) consagrem uma distinção, quando menos material, entre as funções legislativa, executiva e judicial; (*c*) acolham, em tese, os princípios da legalidade e da independência dos órgãos jurisdicionais, nem por isto seu arcabouço institucional consegue ultrapassar o caráter de simples fachada, de painel aparatoso, muito distinto da realidade efetiva.

É que carecem das condições objetivas indispensáveis para que o instituído formalmente seja deveras levado ao plano concreto da realidade empírica e cumpra sua razão de existir. Biscaretti Di Ruffia, em frase singela, mas lapidar, anotou que "a democracia exige, para seu *funcionamento, um minimum de cultura política*", que é precisamente o que falta nos países apenas formalmente democráticos. As instituições que proclamam adotar em suas Cartas Políticas não se viabilizam. Sucumbem ante a irresistível força de fatores interferentes que entorpecem sua presumida eficácia e lhes distorcem os resultados. Deveras, de um lado, os segmentos sociais dominantes, que as controlam, apenas buscam manipulá-las ao seu sabor, pois não valorizam as instituições democráticas em si mesmas, isto é, não lhes devotam real apreço. Assim, não tendo qualquer empenho em seu funcionamento regular, procuram, em função das próprias conveniências, obstá-lo, ora por vias tortuosas ora abertamente quando necessário, seja por iniciativa direta, seja apoiando ou endossando quaisquer desvirtuamentos promovidos pelos governantes, simples prepostos, meros gestores dos interesses das camadas economicamente mais bem situadas. De outro lado, como o restante do corpo social carece de qualquer consciência de cidadania[1] e correspondentes direitos, não oferece resistência espontânea a estas manobras. Ademais, é presa fácil das articulações, mobilizações e aliciamento da opinião pública, quando necessária sua adesão ou pronunciamento, graças ao controle que os segmentos dominantes detêm sobre a "mídia",[2] que não é senão um de seus braços.

3. É que – como de outra feita o dissemos – as instituições políticas destes países "não resultaram de uma maturação histórica; não são o fato de conquistas políticas forjadas sob o acicate de reivindicações em que o corpo social (ou os estratos a que mais aproveitariam) nelas estivesse consistentemente engajado; não são, em suma, o resultado de aspirações que hajam genuinamente germinado, crescido e tempestivamente desabrochado no seio da Sociedade".

Pelo contrário, suas instituições jurídico-políticas, de regra, "foram simplesmente adquiridas por importação, tal como se importa uma mercadoria pronta e acabada, supostamente disponível para proveitoso consumo imediato. Nestes Estados recepcionou-se um produto cultural, ou seja, o fruto de um processo evolutivo marcado por uma identidade própria, transplantando-o para um meio completamente distinto e caracterizado por outras circunstâncias e vicissitudes históricas. É dizer: instituições refletoras de uma dada realidade vieram a ser implantadas de cima para baixo, como se fossem irrelevantes as diversidades de solo e de enraizamento".[3]

4. Em suma: estes padrões de organização política não se impuseram à conta de autêntica resposta a conflitos ou pressões sociais que os tivessem inapelavelmente engendrado; antes, foram assumidos porque a elite dirigente de sociedades

1. O fenômeno não é restrito às camadas sociais mais desfavorecidas, mas alcança também a chamada classe média.

2. O Brasil é um perfeito exemplo da situação descrita.

3. "Representatividade e Democracia", in *Direito Eleitoral* – obra coletiva, p. 45, Livraria Editora Del Rey, Belo Horizonte, 1996.

menos evoluídas, de olhos postos nas mais evoluídas, entendeu que se constituíam em um modelo natural, a ser incorporado como expressão de um desejável estágio civilizatório. Então, não lhes atribuem outra importância senão figurativa. Daí que, não estando cerceadas por uma consciência social democrática e correlata pressão, ou mesmo pelos eventuais entusiasmos de uma "opinião pública", já que as modelam a seu talante, aceitam as instituições democráticas "apenas enquanto não interferentes com os amplos privilégios que conservam ou com a vigorosa dominação política que podem exercer nos bastidores, por detrás de uma máscara democrática, graças, justamente, ao precário estágio de desenvolvimento econômico, político e social de suas respectivas sociedades".[4]

De outra parte, esta situação inferior em que vivem os Estados apenas formalmente democráticos lhes confere, em todos os planos, um caráter de natural subalternidade em face dos países cêntricos, os quais, compreensivelmente, são os produtores de idéias, de "teorias" políticas ou econômicas, concebidas na conformidade dos respectivos interesses e que se impõem aos subdesenvolvidos, não apenas pelo prestígio da origem, mas também por toda a espécie de pressões. Sendo conveniente aos países desenvolvidos a persistência desta mesma situação, que lhes propicia, em estreita aliança com os segmentos dominantes de tais sociedades, manejar muito mais comodamente os governos dos países "pseudodemocráticos" em prol de suas conveniências econômicas e políticas,[5] é natural que existam entraves suplementares para superação deste estágio primário de evolução.

5. Resulta deste quadro que as sociedades de incipiente cultura política, para poderem vir a se configurar como Estados democráticos, demandariam mais do que apenas reproduzir em suas Constituições os traços especificadores de tal sistema de governo. Com efeito, de um lado, teriam que ajustar suas instituições básicas de maneira a prevenir ou dificultar os mecanismos correntes de seu desnaturamento[6]

4. Idem, p. 46.

5. Ainda aqui o Brasil vale como exemplo. Após uma formidável campanha desencadeada pela "mídia" em prol de reformas constitucionais, com destaque para as Reformas Fiscal e Administrativa (sem o que, dizia-se, o País seria "ingovernável"), o Presidente Fernando Henrique Cardoso, em seu primeiro ano de Governo, animado por esta onda reformista, fez aprovar quatro Emendas Constitucionais. Curiosamente, entretanto, estas quatro Emendas, ao invés de se reportarem a problemas internos, foram *todas* – registre-se e sublinhe-se – *sintonizadas com aspirações externas ou de agrado internacional.* Devem ter sido consideradas as verdadeiramente urgentes e importantes. São as seguintes: (*a*) Emenda Constitucional n. 6, de 15.8.95, por força da qual, de um lado, *foram eliminados o conceito de empresa brasileira de capital nacional e a preferência que o Poder Público lhe deveria dar* quando pretendesse adquirir bens e serviços, e, de outro, *permitiu-se, assim, que a exploração mineral do subsolo brasileiro pudesse ser feita por empresas controladas e dirigidas por pessoas não residentes no País*, o que dantes era vedado. O atual projeto de privatizar a Cia. Vale do Rio Doce, empresa governamental lucrativa, é uma concretização da sobredita Emenda; (*b*) A Emenda Constitucional n. 7, também de 15 de agosto do mesmo ano, veio extinguir a garantia de que a navegação de cabotagem e interior no Brasil fosse, salvo caso de necessidade pública, privativa de embarcações nacionais, pelo que *não há mais óbice constitucional a que seja feita por embarcações estrangeiras*; além disto, suprimiu a exigência de que os armadores, os proprietários, o comandante e pelo menos dois terços dos tripulantes *de nossas próprias embarcações* fossem brasileiros (espantosa a minúcia dos interesses alienígenas em excluir até mesmo a cláusula que estabelecia devessem ser brasileiros dois terços dos tripulantes de nossas próprias embarcações); (*c*) A de n. 8, da mesma data das anteriores, veio para eliminar a previsão de que a exploração de serviços telefônicos, telegráficos, de transmissão de dados e demais serviços públicos de telecomunicações fossem explorados diretamente pela União ou por concessão a pessoa sob controle acionário estatal; (*d*) A de n. 9, também da mesma data, para flexibilizar as disposições relativas ao monopólio estatal do petróleo.

6. Sem embargo, os que acedem ao Poder, esmeram-se na tendência inversa. Há poucos dias, valendo-se de meios próprios e impróprios, que outrora combatia, após ingentes esforços junto ao Legislati-

e, de outro – o que ainda seria mais importante – empenhar-se na transformação da realidade social, buscando concorrer ativamente para produzir aquele mínimo de cultura política indispensável à prática efetiva da democracia, única forma de superar os entraves viscerais ao seu normal funcionamento.

Uma vez que a democracia se assenta na proclamação e reconhecimento da soberania popular, é indispensável "que os cidadãos tenham não só uma consciência clara, interiorizada e reivindicativa deste título jurídico político que se lhes afirma constitucionalmente reconhecido como direito inalienável, mas que disponham das condições indispensáveis para poderem fazê-lo valer de fato. Entre estas condições estão, não apenas (*a*) *as de desfrutar de um padrão econômico-social acima da mera subsistência (sem o que seria vã qualquer expectativa de que suas preocupações transcendam as da mera rotina da sobrevivência imediata)*, mas também, as de efetivo acesso; (*b*) à educação e cultura (*para alcançarem ao menos o nível de discernimento político traduzido em consciência real de cidadania*) e (*c*) *à informação, mediante o pluralismo de fontes diversificadas (para não serem facilmente manipuláveis pelos detentores dos veículos de comunicação de massa)*".[7]

6. Uma vez reconhecido que nos Estados apenas formalmente democráticos o jogo espontâneo das forças sociais e econômicas não produziu, nem produz por si mesmo – ou ao menos não o faz em prazo aceitável – as transformações indispensáveis a uma real vivência democrática, resulta claro que, para eles, os ventos neoliberais, soprados de países cujos estádios de desenvolvimento são muito superiores, não oferecem as soluções acaso prestantes nestes últimos. Valem, certamente, como advertência contra excessos de intervencionismo estatal ou contra a tentativa infrutífera de fazer do Estado um eficiente protagonista estelar do universo econômico. Sem embargo, nos países que ainda não alcançaram o estágio político cultural requerido para uma prática real da democracia, o Estado tem de ser muito mais que um árbitro de conflitos de interesses individuais.

Cumpre ter presente que acentuadas disparidades econômicas entre as camadas

vo, o Presidente Fernando Henrique Cardoso conseguiu fazer passar em primeira votação – e certamente terá êxito final – emenda constitucional em proveito próprio: a da reelegibilidade para os atuais ocupantes da Chefia do Executivo. Completará, assim, neste particular, sua paridade com dois outros seus confrades sul-americanos que também fizeram aprovar emendas da mesma natureza: os srs. Fujimori (Peru) e Menem (Argentina), os quais, tal como ele, desenvolvem políticas ao gosto dos organismos internacionais controlados pelos países cêntricos, sendo-lhes conveniente que permaneçam no poder o máximo de tempo possível. Note-se que, desde a primeira Constituição Republicana, todas, com exceção da Carta da Ditadura de 1937, proibiam a reeleição do Presidente, perfeitamente cônscias do risco dos Chefes de Executivo usarem seus formidáveis poderes para assegurar-se a continuidade no mandato sucessivo. Foi o que bem anotou Geraldo Ataliba: "Aliada, portanto, à temporariedade dos mandatos executivos encontra-se, no Brasil, a consagração tradicional do princípio da não reeleição dos seus exercentes. Querem, destarte, as instituições assegurar que a formidável soma de poderes que a república presidencialista põe nas mãos do Chefe do Executivo seja toda ela empregada no benefício da função e jamais em benefício próprio. Não é por outra razão que tal função designa-se no discurso político por *magistratura*, dada a impessoalidade e imparcialidade que hão de caracterizar o comportamento do seu titular" (*República e Constituição*, p. 76, Ed. RT, 1985 – grifo do autor).

7. "Representatividade e Democracia", cit., p. 46. Observe-se que, entre nós, os veículos de comunicação a que a esmagadora maioria da população verdadeiramente acede são o rádio e a televisão. Daí que a força, não apenas informativa, mas também aliciadora ou persuasiva, que possuem é incontrastável. Assim, não por acaso, em contradita frontal às Constituições e às leis, concessões de rádio e televisão são outorgadas sem um procedimento licitatório prévio; distribuídas como favor. Acresça-se que uma única emissora de televisão detém índices de audiência esmagadores, o que lhe proporciona, com uma tecnologia de Primeiro Mundo sobre cabeças do Terceiro Mundo, modelar, a seu talante, a opinião e o pensamento do cidadão comum.

sociais, que já foram superadas em outros países, *inclusive mediante ação diligente do Estado*, persistem em todos aqueles de insatisfatória realização democrática. Nestes, a péssima qualidade de vida de vastos segmentos da sociedade, bloqueia-lhes o acesso àquele "mínimo de cultura política" a que se reportava Biscaretti Di Ruffia. Assim, seria descabido imaginar que o papel do Estado pode ser o mesmo em quaisquer deles.

7. De fato, para engendrar os requisitos condicionais ao funcionamento normal da democracia ou promover-lhes a expansão, o Estado não tem alternativa senão a de se constituir em um decidido agente transformador, o que supõe, diversamente do que hoje pode ocorrer nos países que já ultrapassaram esta fase, um desempenho muito mais participante, notadamente no suprimento dos recursos sociais básicos e no desenvolvimento de uma política promotora das camadas mais desfavorecidas.

Na medida em que suas instituições e prática estejam votadas a este efeito transformador, caberia qualificá-los como Estados *em transição para a democracia*. Entretanto, se, em despeito do formal obséquio que lhe prestem através das correspondentes instituições clássicas, deixarem de consagrar-se à instauração das condições propiciatórias de uma real vivência e consciência de cidadania, não se lhes poderá reconhecer sequer este caráter.

8. Demais disto, contrariamente ao que pode suceder e vem sucedendo nos Estados substancialmente democráticos, naquel'outros que ainda estão em caminho de sê-lo, quaisquer transigência com a rigidez do princípio da legalidade, quaisquer flexibilizações do monopólio legislativo parlamentar, seriam comprometedoras deste rumo.

É que toda concentração de poder no Executivo, assim como qualquer indulgência em relação a suas pretensões normativas, constituem-se em substancial reforço ao autoritarismo tradicional, solidificam uma concepção paternalista do Estado – identificado com a pessoa de um "Chefe" – e alimentam a tendência popular de receber com naturalidade e esperançoso entusiasmo soluções caudilhescas ou messiânicas.

Em uma palavra: atribuir ao Executivo – órgão estruturado em torno de uma chefia unipessoal – poderes para disciplinar relações entre administração e administrados, é, nos países de democracia ainda imatura, comportamento que em nada concorreria para a formação de uma consciência valorizadora da responsabilidade social de cada qual (que é a própria exaltação da cidadania) ou para encarecer a importância básica de instituições impersonalizadas como instrumento de progresso e bem-estar de todos. Contrariamente, serviria apenas para reconfirmar a anacrônica relação soberano-súdito.[8]

Assim, em despeito da generalizada tendência mundial de transferir ao Executivo poderes substancialmente legislativos, ora de maneira explícita e sem rebuços, como se fez na França (e logo acomodada pelos teóricos em uma eufêmica reconstrução do princípio da legalidade), ora mediante os mais variados expedientes ou através de acrobáticas interpretações dos textos constitucionais, nos Estados que ainda carecem de uma experiência democrática sólida, a acolhida destas práticas não é compatível com a democracia, ainda que tal fenômeno haja sido suscitado – reconheça-se – por razões objetivas poderosas, tanto que se impuseram generalizadamente.

8. Assim, *exempli gratia*, o atual Chefe do Poder Executivo brasileiro – no passado, havido como um "intelectual progressista" e hoje associado politicamente com expoentes da ditadura que dantes combatia – não se constrangeu em expedir uma "medida provisória" a cada 29 horas, conforme registro feito há alguns meses pela Revista *Veja*. Nisto contribuiu eficazmente para a crescente desmoralização das instituições democráticas entre nós, tanto mais porque ditas medidas têm sido visivelmente inconstitucionais, por ausentes os pressupostos de sua válida produção.

II – A crise dos instrumentos clássicos da democracia

9. O tópico do fortalecimento do Poder Executivo e correlato declínio do Legislativo suscita reflexões que concernem *genericamente* ao tema das relações entre Estado e democracia, extravasando em muito o âmbito das considerações feitas quanto à especificidade de suas repercussões imediatas nos países onde ainda é débil o enraizamento social da democracia.

É sabido que, em despeito da importância atribuível ao Parlamento na história da democracia, importância esta correlata ao declínio do poder monárquico, o Executivo, sucessor do rei, cedo começou a recuperar, em detrimento óbvio das Casas Legislativas e, pois, de um dos pilares da democracia clássica, os poderes normativos que lhe haviam sido retirados.[9] É certo, sem dúvida, que, na presente quadra histórica, poderosas e objetivas razões vêm concorrendo crescentemente para isto.

Desde que o Estado, por força da mudança de concepções políticas, deixou de encarar a realidade social e econômica como um dado, para considerá-la como um objeto de transformação, sua ação intervencionista operada por via da Administração e traduzida não só em aprofundamento, mas sobretudo em alargamento de suas missões tradicionais, provocaria, como tão bem observou Ernst Forsthoff, uma insuficiência das técnicas de proteção das liberdades e de controle jurídico, as quais haviam sido desenvolvidas sob o signo do Estado liberal.[10]

Acresce que, inobstante ameacem vingar e prevalecer concepções neoliberais, nem por isto reduzir-se-á a intensificação de um controle do Estado sobre a atividade individual. É que o progressivo cerceamento da liberdade dos indivíduos, tanto como o fortalecimento do Poder Executivo, arrimam-se também em razões independentes das concepções ideológicas sobre as missões reputadas pertinentes ao Estado. Um outro fator, de extrema relevância – o progresso tecnológico – igualmente concorreu e concorre de modo inexorável para estes mesmos efeitos.

10. Deveras, o extraordinário avanço tecnológico ocorrido neste século, a conseqüente complexidade da civilização por ele engendrada e, correlatamente, o caráter cada vez mais técnico das decisões governamentais, aliados à tendência recente da formação de grandes blocos político-econômicos formalizados, quais megaestados, conspiram simultaneamente contra o monopólio legislativo parlamentar e, possivelmente, a médio prazo, até mesmo contra as liberdades individuais. Senão, vejamos.

Sabidamente, como resultado da evolução tecnológica, as limitadas energias individuais se expandiram enormemente, com o que ampliou-se a repercussão coletiva da ação de cada qual, dantes modesta e ao depois potencialmente desastrosa (pelo simples fato de exponenciar-se). Em face disto, emergiu como imperativo inafastável uma ação reguladora e fiscalizadora do Estado, muito mais extensa e intensa do que no passado. Notoriamente, o "braço tecnológico" propiciou gerar, em escala macroscópica, contaminação do ar, da água, poluição sobre todas as formas, inclusive sonora e visual, devastação do meio ambiente, além de ensejar saturação dos espaços, provocada por um adensamento populacional nos grandes conglomerados urbanos, evento, a um só tempo, impulsionado e tornado exeqüível pelos recursos conferidos pelo avanço tecnológico. Tornou-se, pois, inelutável condicionar e conter a atuação das pessoas físicas

9. Notável a este respeito é o estudo desenvolvido por Santa Maria Pastor, em seu *Fundamentos de Derecho Administrativo*, v. 1, pp. 690 a 714, Editorial Centro de Estudos Ramon Areces, Madrid, 1988.

10. *Traité de Droit Administratif Allemand*, pp. 126-127 e 133. Établissements Émile Bruyant, Bruxelles, trad. da 9ª ed. alemã por Michel Fromont.

e jurídicas dentro de pautas definidas e organizadas, seja para que não se fizessem socialmente predatórias, seja para acomodá-las a termos compatíveis com um convívio humano harmônico e produtivo.

Em suma: como decorrência do progresso tecnológico engendrou-se um novo mundo, um novo sistema de vida e de organização social, consentâneos com esta realidade superveniente. Daí que o Estado, em conseqüência disto, teve que disciplinar os comportamentos individuais e sociais muito mais minuciosa e extensamente do que jamais o fizera, passando a imiscuir-se nos mais variados aspectos da vida individual e social.

Este agigantamento estatal manifestou-se sobretudo como um agigantamento da Administração, tornada omnipresente e beneficiária de uma concentração de poder decisório que desbalanceou, em seu proveito, os termos do anterior relacionamento entre Legislativo e Executivo. Com efeito, este último, por força de sua estrutura monolítica (chefia unipessoal e organização hierarquizada), é muito mais adaptado para responder com presteza às necessidades diuturnas de governo de uma sociedade que vive em ritmo veloz e cuja eficiência máxima depende disto. Ademais, instrumentado por uma legião de técnicos, dispõe dos meios hábeis para enfrentar questões complexas cada vez mais vinculadas a análises desta natureza e que, além disto, precisam ser formuladas com atenção a aspectos particularizados ante a diversidade dos problemas concretos ou de suas implicações polifacéticas, cujas soluções *dependem de análises técnicas* – e não apenas políticas.

III – Tentativas de resposta à crise da democracia

11. Estes fatores convulsionantes do quadro clássico da democracia (e não apenas da democracia liberal), *suscitaram respostas tendentes a neutralizar, ao menos parcialmente*, os riscos oriundos da transferência de poderes do Legislativo para o Executivo e da maior exposição, individual ou coletiva dos cidadãos, a um progressivo cerceamento das liberdades.

A disseminação do parlamentarismo terá sido, possivelmente, o meio de que as sociedades mais evoluídas lançaram mão, *na esfera política*, para minimizar as conseqüências do fortalecimento do Executivo. Os Estados Unidos da América do Norte constituem-se em exceção confirmadora da regra. Com efeito, ainda dentro dos quadros tradicionais de organização política, não havendo irrompido outras fórmulas de estruturação democrática do Poder e ante a presumida impossibilidade de deter utilmente a aludida transferência de atribuições do Legislativo para o Executivo, a solução terá sido transformar este último em delegado daquele. Ou seja: se o Executivo, armado agora de formidáveis poderes, atuar descomedidamente, em descompasso com o sentimento geral da coletividade, é simplesmente derrubado. Ou seja: converte-se o Parlamento, acima de tudo, em um organismo dotado do mais formidável poder de veto: o veto geral; portanto, uma inversão radical, do modesto e provisório poder de veto típico do Executivo.

Na esfera administrativa, ganha relevo crescente o procedimento administrativo, obrigando-se a Administração a formalizar cuidadosamente todo o itinerário que conduz ao processo decisório. Passou-se a falar na "jurisdicionalização" do procedimento administrativo (ou processo, como mais adequadamente o denominam outros), com a ampliação crescente da participação do administrado no *iter* preparatório das decisões que possam afetá-lo. Em suma: a contrapartida do progressivo condicionamento da liberdade individual é o progressivo condicionamento do *modus procedendi* da Administração.

Outrossim, no âmbito processual, mas com as mesmas preocupações substanciais de defesa dos membros da Sociedade contra o poder do Estado, surge o reconhecimento e proteção dos chamados "interesses difusos" ou "direitos difusos", os quais, em última instância, ao nosso ver, não passam, quando menos em grande número de casos, de uma dimensão óbvia dos simples direitos subjetivos. De fato, não há sentido algum em conceber estes últimos com visão acanhada, presa a relações muito típicas do direito privado, inobstante categorizado como noção pertinente à teoria geral do direito.

IV – Insuficiência dos meios concebidos para salvaguarda dos ideais democráticos

12. Os valiosos expedientes a que se vem de aludir, minimizaram, mas não eliDiram, a debilitação dos indivíduos perante o Estado, assim como o enfraquecimento da interação entre os cidadãos e o Poder Público.

O certo é que entre a lei e os regulamentos do Executivo, hoje avassaladoramente invasivos de todos os campos (nada importando quanto a isto que hajam sido autorizados expressamente ou resultem da generalidade das expressões legais que os ensejam), há diferenças extremamente significativas que, no caso dos regulamentos, repercutem desfavoravelmente tanto no controle do poder estatal, quanto na suposta representatividade do pensamento das diversas facções sociais. Estas diferenças, a seguir referidas, ensejam que as leis ofereçam aos administrados garantias muitas vezes superiores às que poderiam derivar unicamente das características de abstração e generalidade também encontradiças nos regulamentos.

13. Deveras, as leis provêm de um órgão colegial – o Parlamento – no qual se congregam várias tendências ideológicas, múltiplas facções políticas, diversos segmentos representativos do espectro de interesses que concorrem na vida social, de tal sorte que este órgão do Poder se constitui em verdadeiro cadinho onde se mesclam distintas correntes. Daí que o resultado de sua produção jurídica termina por ser, quando menos em larga medida, fruto de algum contemperamento entre as variadas tendências. Até para a articulação da maioria requerida para a aprovação de uma lei, são necessárias transigências e composições, de modo que a matéria legislada resulta como o produto de uma interação, ao invés da mera imposição rígida das conveniências de uma única linha de pensamento.

Com isto, as leis ganham, ainda que em medidas variáveis, um grau de proximidade em relação à média do pensamento social predominante muito maior do que ocorre quando as normas produzidas correspondem à simples expressão unitária da vontade comandante do Executivo, ainda que este também seja representativo de uma das facções sociais, a majoritária. É que, afinal, como bem observou Kelsen, o Legislativo, formado segundo o critério de eleições proporcionais, ensejadoras, justamente, da representação de uma pluralidade de grupos, inclusive de minorias, é mais democrático que o Executivo, ao qual se acede por eleição majoritária ou, no caso do Parlamentarismo, como fruto da vitória eleitoral de um partido. Daí que os regulamentos traduzem uma perspectiva unitária, monolítica, da corrente ou das coalizações partidárias prevalentes.

14. Além disto, o próprio processo de elaboração das leis, em contraste com o dos regulamentos, confere às primeiras um grau de controlabilidade, confiabilidade e imparcialidade muitas vezes superior ao dos segundos, ensejando, pois, aos administrados um teor de garantia e proteção incomparavelmente maiores.

É que as leis se submetem a um trâmite graças ao qual é possível o *conhecimento público* das disposições que estejam em caminho de serem implantadas. Com isto, evidentemente, há uma fiscalização social, seja por meio da imprensa, de órgãos de classe, ou de quaisquer setores interessados, o que, sem dúvida, dificulta ou embarga eventuais direcionamentos incompatíveis com o interesse público em geral, ensejando a irrupção de tempestivas alterações e emendas para obstar, corrigir ou minimizar tanto decisões precipitadas, quanto propósitos de favorecimento ou, reversamente, tratamento discriminatório, gravoso ou apenas desatento ao justo interesse de grupos ou segmentos sociais, econômicos ou políticos. Demais disto, proporciona, ante o necessário trâmite pelas Comissões e o reexame pela Casa Legislativa revisora, aperfeiçoar tecnicamente a normatização projetada, embargando, em grau maior, a possibilidade de erros ou inconveniências provindos de açodamento. Finalmente, propicia um quadro normativo mais estável, a bem da segurança e certeza jurídicas, benéfico ao planejamento razoável da atividade econômica das pessoas e empresas e até dos projetos individuais de cada qual.

15. Já os regulamentos carecem de todos estes atributos e, pelo contrário, ensancham as mazelas que resultariam da falta deles. Opostamente às leis, os regulamentos são elaborados em círculo restrito, fechado, desobrigados de qualquer publicidade, libertos, então, de qualquer fiscalização ou controle da sociedade ou mesmo dos segmentos sociais interessados na matéria. Sua produção se faz em função da diretriz estabelecida pelo Chefe do Govemo ou de um grupo restrito, composto por seus membros. Não necessita passar, portanto, pelo embate de tendências políticas e ideológicas diferentes. Sobremais, irrompe da noite para o dia e assim também pode ser alterado ou suprimido.

Tudo quanto se disse dos regulamentos em confronto com as leis, deve-se dizer – e com muito maior razão – das medidas provisórias, tal como utilizadas no Brasil.

V – Possível agravamento da crise da democracia

16. Ao que foi dito cumpre acrescer – e é este possivelmente o aspecto mais importante – que, na atualidade, está ocorrendo um *distanciamento cada vez maior entre os cidadãos e as instâncias decisórias que lhes afetam diretamente a vida.* A claríssima tendência à formação de blocos de Estados, de que a Europa é a mais evidente demonstração, por exibir um estágio qualitativamente distinto das ainda prodrômicas manifestações, mal iniciadas em outras partes, revela o surgimento de fórmulas políticas organizatórias muito distintas das que vigoraram no período imediatamente anterior e, como dito, um distanciamento, quase que inevitável, entre o cidadão e o Poder. Com efeito, as decisões tomadas pelos Conselhos de Ministros Europeus (os quais não são investidos por eleições para este fim específico) possivelmente afetam de maneira mais profunda a vida de cada europeu do que as tomadas pelos respectivos Parlamentos nacionais, isto é, pelos que receberam mandato expresso para lhes regerem os comportamentos.

Procederia concluir que um número cada vez menor de pessoas decide sobre a vida de um número cada vez maior delas e que os modelos tradicionais, sobre os quais se assentou e se procurou assegurar a democracia, estão se esgarçando. Os valores liberdade, igualdade, assim como a realidade da soberania popular (que se pretendeu traduzir nas formas institucionais da democracia representativa) encontram-se, hoje, provavelmente, muito mais resguardados enquanto *valores incorporados à cultura política do ocidente desenvolvido*, do que, propriamente, pela eficiência dos vínculos formais das instituições jurídico-políticas. Dito de outro modo: a convicção generalizada de que liberdade e igualdade são bens inestimáveis atua como um freio natural sobre os governantes e permite que a positividade concreta de tais valores se mantenha ainda incólume, conquanto as instituições concebidas para assegurá-los já não possuam mais as mesmas condições de eficácia instrumental que possuíram.

Para usar uma imagem exacerbada, é como se já houvesse se iniciado uma caminhada em direção a um "despotismo esclarecido".

17. Poder-se-ia entender que os valores próprios da democracia encontram-se tão profundamente enraizados na consciência coletiva de *sociedades politicamente mais evoluídas* que se constituiriam em estágio já *definitivamente incorporado*, tornando impensável a possibilidade de qualquer retrocesso, independentemente da intrínseca eficiência das instituições concebidas para lhes oferecer o máximo de respaldo.

Nada garante, entretanto, o otimismo desta suposição. Ainda permanece verdadeira a clássica asserção de Montesquieu: todo aquele que tem poder tende a abusar dele; o poder vai até onde encontra limites.[11] A História da humanidade, inobstante a progressiva evolução em todos os campos, confirma, tanto quanto fatos e episódios ainda muito recentes, que a prevalência de idéias generosas ou o sepultamento de discriminações odiosas e preconceitos de toda ordem mantém correlação íntima com as situações coletivas de bem-estar e segurança. E duram tanto quanto duram estas.

18. No patamar do humano existem algumas constantes de comportamento social comuns à generalidade da esfera animal. Tal como os irracionais, que, uma vez saciados, convivem bem com as demais espécies e, inversamente, agridem quando tangidos pela fome ou acicatados pelo temor, também as coletividades humanas, quando ameaçadas pela presumida insegurança ou pelo risco ao seu bem-estar, substituem suas convicções e ideais mais elevados pelas pragmáticas (e já agora especificamente humanas) racionalizações e atacam com zoológica violência. Surtos de racismo, de rechaço ao estrangeiro, de nacionalismo exacerbado, de inconformismo com as levas migratórias advindas de um refluxo do colonialismo ou simplesmente da descomposição política, econômica ou social de outras sociedades – quaisquer deles já prenunciados nas tendências de grupos políticos ou sociais em algumas sociedades européias – tanto como o recente e devastador consórcio bélico dos principais Estados desenvolvidos contra um país árabe, o Iraque (cujo ditador, quanto a isto, em nada é diferente dos demais), demonstram exemplarmente a precariedade das idéias que não se encontrem alicerçadas, simultaneamente, em interesses e em instituições formais hábeis para mantê-las consolidadas.

À vista deste panorama, ainda incipiente, mas desde logo preocupante, é difícil prenunciar, nestes umbrais do próximo milênio, o que seus albores reservam para a sobrevivência da democracia *e, muito mais, portanto, para as possibilidades dos países subdesenvolvidos acederem às condições propiciatórias de uma democracia substancial.* É que os subdesenvolvidos têm sido e são, naturalmente, meros peões no tabuleiro de xadrez da economia e, pois, da política internacional; logo, por definição, sacrificáveis para o cumprimento dos objetivos maiores dos que movem as peças.

19. Talvez se possa concluir, apenas, que as condições evolutivas para aceder aos valores substancialmente democráticos, como igualdade real e não apenas formal, segurança social, respeito à dignidade humana, valorização do trabalho, justiça social (todos consagrados na bem con-

11. *De l'Esprit des Lois*, p. 142, Garnier Frères, Libraires Éditeurs, Paris, 1869.

cebida e maltratada Constituição Brasileira de 1988), ficarão cada vez mais distantes à medida que seus Governos – em troca do prato de lentilhas constituído pelos aplausos dos países cêntricos – se entreguem incondicionalmente à sedução do canto de sereia proclamador das excelências de um desenfreado neoliberalismo e de pretensas imposições de uma idolatrada economia global. Embevecidos narcisisticamente com a própria "modernidade", surdos ao clamor de uma população de miseráveis e desempregados, caso do Brasil de hoje, não tem ouvidos senão para este cântico monocórdio, monolítica e inconstrastavelmente entoado pelos interessados.

20. Diga-se de passagem que é incorreta a suposição de que tanto a chamada "globalização da economia" (com as feições que se lhe quer atribuir como inerências), quanto o "neoliberalismo", constituam-se simplesmente em um estágio evolutivo determinado tão-só por transformações econômicas *inevitáveis* e, conseqüentemente, que encampá-las nada mais significa senão adotar uma atitude racional de atualização do pensamento para mantê-lo conformado ao que há de incoercível no desenvolvimento histórico. Esta forma de "interpretar" o fenômeno presente é – como freqüentemente ocorre – apenas uma forma astuciosa de valorizar o próprio ideário e de desacreditar, por antecipação, as contestações que se lhes possam fazer. É que traz consigo, implícita, ou mesmo explicitamente, a prévia qualificação dos que se lhe oponham, como ultrapassados ("dinossauros").

Em rigor, elas nada mais são que "teorizações" pobres, racionalizações, elaboradas para justificar interesses meramente políticos – e dessarte *contendíveis* – dos países cêntricos e das camadas economicamente privilegiadas, em cujo bojo e proveito foram gestadas. Com efeito, o modesto acervo de idéias atualmente difundidas *sub color* de verdade científica universal nada mais é que o "uso de nomenclaturas novas encobridoras de experiências velhas, destinadas a consagrar um simples *movimento de retorno*, quando menos parcial, ao século passado, ao *statu quo* precedente à emergência do chamado Estado Social de Direito ou Estado Providência".

21. Relembremos que a partir de meados do século XIX e sobretudo no início do atual irrompeu e expandiu-se um movimento de inconformismo das camadas sociais mais desfavorecidas cujas condições de vida, como é notório, eram extremamente difíceis. Fazendo eco a tais eventos, eclodiram, no campo das idéias e sucessivamente das realizações políticas, manifestações, de maior ou menor radicalismo, ponto de origem de duas diversas vertentes – comunismo e social democracia – insurgentes ambas contra o quadro político social da época.

O manifesto comunista (1848) e assim também ulteriormente Encíclicas papais (*Rerum Novarum*, 1891, *Quadragésimo Ano*, 1931) são expressivas de uma visão então crítica e renovadora. Os resultados concretos deste panorama de insurgência, em suas duas vertentes, foram, respectivamente, de um lado, a Revolução Comunista de 1917 e implantação de tal regime na Rússia e, de outro, a expansão da social democracia. Consagram-se, pois, pela primeira vez, em Texto Constitucional, os "Direitos Sociais", na Constituição Mexicana, também de 1917 e ao depois na Constituição alemã, Weimar, em 1919, disseminando-se pelo mundo a acolhida de tais direitos, de tal sorte que a preocupação em fazer do Estado um agente de melhoria das condições das camadas sociais mais desprotegidas expande-se ao longo de todo o século presente, explicando porque passou a ser referido como Estado Social de Direito ou Estado Providência. De outra parte, o regime comunista, ano a ano se alastrava, implantando-se em novos países.

Paralelamente, o colonialismo e seu sucessor, o imperialismo das grandes potências do Ocidente, inicia um processo de agonia, lenta, mas contínua, afligido também por censuras crescentes ao excessivo desequilíbrio entre as nações (Encíclicas *Pacem in Terris*, 1963 e *Populorum Progressio*, 1967).

22. Foi, desde o início, o temor de que se expandisse a concepção comunista – radicalmente antitética à sobrevivência do capitalismo – com sua capacidade de atrair as massas insatisfeitas, ou quando menos de alimentar os ativistas que as mobilizavam, o que forneceu o necessário combustível para a implantação e disseminação do Estado Social de Direito. Com efeito, a História não registra gestos coletivos de generosidade (ainda que seja pródiga em exemplos dela no plano individual) das elites para com as camadas mais carentes. Ora bem, assim como o receio do comunismo propiciou a irrupção do Estado Providência, sua falência na União Soviética e no Leste Europeu – e sinais precursores de seu declínio no Extremo Oriente – está a lhe determinar o fim.

23. A simples cronologia dos eventos e das correlatas idéias o demonstram de modo incontendível. O Estado Social de Direito emerge, encerrando o ciclo do liberalismo, quando emerge o comunismo. Tão logo fracassa o comunismo, renascem, *de imediato*, com vigor máximo as idéias liberais, agora "recauchutadas" com o rótulo de "neo", propondo liminarmente a eliminação ou sangramento das conquistas trabalhistas e direitos sociais, do mesmo passo em que revive o imperialismo pleno e incontestado, sob a designação aparentemente técnica de "globalização". Não há nisto, como é óbvio, coincidência alguma. O que há é disseminação de *idéias políticas*, de interesse dos países dominantes e das camadas sociais mais favorecidas. Livres, uns e outros, dos temores e percalços que lhes impuseram concessões, empenham-se em retomar as posições anteriores. Trata-se, como se vê, de um retorno ao mesmo esquema de poder, nos planos interno e internacional, vigente no início do século, sob aplausos praticamente unânimes em ambas as frentes.

No momento, parece que não há mais núcleo algum capaz de contender esta rebarbativa unanimidade que se autolisonjeia com o qualificativo de moderna, categorizando como ultrapassados quaisquer que ainda não hajam renunciado ao trabalho de pensar criticamente. A bipolaridade mundial, dantes existente (mas finda com a implosão da União Soviética), com o confronto de idéias provindas dos dois centros produtores de ideologias antagônicas, ensejava, além da área de fricção, de per si desgastadora de seus extremismos, um natural convite à crítica de ambas, na trilha da síntese resultante de tal dialética. A momentânea ausência das condições objetivas para um debate consistente possivelmente é, para os países subdesenvolvidos, um dos piores dramas deste final de milênio e um dos maiores obstáculos a que venham, finalmente, a abicar em regimes efetivamente democráticos.

CONCEITO DE SERVIÇO PÚBLICO

ADÍLSON ABREU DALLARI
Professor Titular de Direito Administrativo da Pontifícia Universidade Católica de São Paulo

I – Introdução. II – Considerações doutrinárias. III – A legislação. IV – Conclusão.

I – Introdução

Serviço Público é uma expressão que comporta uma pluralidade de significações. Essa ambigüidade acarreta uma série de problemas de ordem prática, pois, conforme a acepção na qual ela for empregada, diverso será o conjunto de princípios e normas à luz das quais deverão ser solucionados os casos concretos.

Exemplo dessa dificuldade é o ocorrido com o Governo do Estado do Paraná, no momento em que pretendeu colocar em licitação a contratação de serviços para a implantação do sistema de identificação telemétrica de veículos, destinado a individualizar, através de meio informatizado, os veículos que trafegam pelas estradas.

Com a implantação de tal sistema será possível verificar dados relativos aos veículos, tais como situação do IPVA, licenciamento, multas, velocidade média em determinados trechos e, ainda, cobrança de pedágio, bem como se o veículo realizou a vistoria anual obrigatória e se não há sobre o mesmo alguma restrição do tipo veículo furtado.

A implantação do sistema não implicará gasto algum para o proprietário de veículo, posto que a Resolução do CONTRAN, que disciplina a matéria, determina que os departamentos de trânsito dos Estados é que deverão custear as despesas referentes à viabilização do projeto.

Diante desse quadro, emerge uma dúvida: tal sistema deve ser viabilizado através de contrato de prestação de serviços e fornecimento de equipamentos ou através de concessão de serviço público?

Essa questão é altamente pertinente. Com efeito, sua solução passa necessariamente pela identificação do conteúdo do conceito de serviço público, o que não é uma tarefa simples, dada a ambigüidade desse conceito, ou seja, diante da falta de entendimento a respeito da extensão desse conceito, do conjunto de ações governamentais por ele compreendido.

No sentido mais amplo, poder-se-ia entender que serviço público é tudo aquilo de que cuida o aparelhamento governamental, dado que o objetivo final de todas essas ações é propiciar o bem-estar da coletividade. Quando se procura identificar uma parte dessas ações como serviço público em sentido estrito, procurando separá-la de outras atividades governamentais, chega-se a diferentes resultados, conforme o critério utilizado.

Essa dificuldade foi exposta e enfrentada por Hely Lopes Meirelles (*Direito Administrativo Brasileiro*, Malheiros Editores, 18ª ed., 1993, p. 294), que chegou a uma conceituação bastante ampla, mas, em compensação, pouco precisa:

"O conceito de serviço público não é uniforme na doutrina, que ora nos oferece uma noção orgânica, só considerando como tal o que é prestado por órgãos públicos; ora nos apresenta uma conceituação formal, tendente a identificá-lo por características extrínsecas; ora nos expõe um conceito material, visando a defini-lo por seu objeto. Realmente, o conceito de serviço público é variável e flutua ao sabor das necessidades e contingências políticas, econômicas, sociais e culturais de cada comunidade, em cada momento histórico, como acentuam os modernos publicistas. Eis o nosso conceito:

"Serviço público é todo aquele prestado pela Administração ou por seus delegados, sob normas e controles estatais, para satisfazer necessidades essenciais ou secundárias da coletividade ou simples conveniências do Estado."

A partir daí esse saudoso mestre faz uma série de especificações, que não são aqui examinadas porque extravasam o âmbito deste estudo. Para os propósitos aqui visados basta consignar que existem pelo menos dois conceitos de "serviço público", um amplo e um estrito, os quais são assim identificados por Valmir Pontes (*Programa de Direito Administrativo*, Sugestões Literárias, 2ª ed., 1968, p. 132):

"Tendo em vista essas noções, já podemos formular um conceito amplo, genérico, ou lato, dos serviços públicos, por esta forma: serviços públicos são todos os serviços que o Estado presta à comunidade, em quaisquer setores da sua atividade (executivo, legislativo e judiciário), para a realização prática de fins sociais. E desse conceito amplo, ainda é possível extrair um conceito estrito, ou próprio, dos serviços públicos, segundo o qual estes são os serviços prestados pela administração pública, diretamente ou através de autarquias, empresas públicas, sociedades de economia mista e entidades particulares, destas mediante concessão ou permissão, sempre no interesse ou em benefício da coletividade".

Essas conceituações já servem para mostrar que apenas os serviços públicos em sentido estrito, aqueles que são proporcionados pela administração em benefício direto da coletividade é que são suscetíveis de serem concedidos.

Um exame bastante completo desse assunto, destacando o caráter instrumental dos conceitos, é feito por Maria Sylvia Zanella Di Pietro (*Direito Administrativo*, Editora Atlas, 7ª ed., 1996, p. 84), que oferece, ao final, um conceito bastante estrito, separando a prestação de serviços públicos de outras atividades administrativas (entre as quais a polícia administrativa), atendendo, assim, aos propósitos do presente estudo:

"Não se pode dizer, dentre os conceitos mais amplos ou mais restritos, que um seja mais correto que o outro; pode-se graduar, de forma decrescente, os vários conceitos: os que incluem todas as atividades do Estado (legislação, jurisdição e execução); os que só consideram as atividades administrativas, excluindo jurisdição e legislação, sem distinguir o serviço público do poder de polícia, fomento e intervenção; os que preferem restringir mais para distinguir o serviço público das outras três atividades da Administração Pública.

"É neste último sentido que se utilizará a expressão doravante, de modo a distinguir o serviço público propriamente dito das demais atividades administrativas de natureza pública, ou seja, polícia, fomento e intervenção.

"Daí a nossa definição de serviço público como *toda atividade material que a lei atribui ao Estado para que a exerça diretamente ou por meio de seus delegados, com o objetivo de satisfazer concretamente às necessidades coletivas, sob regime jurídico total ou parcialmente público.*"

Páginas adiante (p. 94), essa mesma consagrada autora apresenta um conceito de atividade de polícia, que abaixo se transcreve, para efeito de comparação:

"Pelo conceito moderno, adotado no direito brasileiro, o poder de polícia é a *atividade do Estado consistente em limitar o exercício dos direitos individuais em benefício do interesse público.*

"Esse interesse público diz respeito aos mais variados setores da sociedade, tais como segurança, moral, saúde, meio ambiente, defesa do consumidor, patrimônio cultural, propriedade. Daí a divisão da polícia administrativa em vários ramos: polícia de segurança, das florestas, das águas, de trânsito, sanitária etc."

A identificação telemétrica de veículos, embora resulte em benefício de toda a coletividade, não visa proporcionar um conforto, uma facilidade ou uma utilidade diretamente fruível pelos proprietários de veículos. Ao contrário, estes é que deverão providenciar e suportar a colocação de algo em seus veículos, de maneira a facilitar as ações de fiscalização e controle desenvolvidas pela administração.

Conforme já foi mencionado, os custos da implantação do sistema serão suportados diretamente pela Administração Pública (com recursos provenientes da receita geral, sem cobrança de alguma taxa específica). Isso significa que a própria Administração Pública pagará diretamente ao executante do serviço o preço correspondente aos trabalhos prestados e aos bens fornecidos necessários à implantação do sistema. Não há, portanto, qualquer relacionamento entre os proprietários de veículos e a empresa que vier a ser contratada para prestar os serviços.

Comparando-se os serviços anteriormente descritos com os conceitos de serviço público em sentido estrito e de polícia administrativa acima transcritos, percebe-se que as atividades a serem desenvolvidas se aproximam muito mais da atividade de polícia (configurando-se como meios ou instrumentos de seu desempenho) e se afastam do conceito de prestação de serviço público.

Já se pode vislumbrar, portanto, uma sutil mas relevante diferença: o que se pretende obter pela licitação a ser feita é, sim, uma prestação de serviço, mas não uma prestação de serviço público. O futuro contrato será um contrato administrativo de prestação de serviços, mas não será um contrato de concessão de serviço público, conforme se pretende agora deixar mais claro.

II – Considerações doutrinárias

A árdua tarefa de esclarecer melhor a distinção entre uma coisa e outra é altamente facilitada por um preciso e objetivo texto do eminente mestre Prof. Celso Antônio Bandeira de Mello (*Curso de Direito Administrativo*, Malheiros Editores, 8ª ed., 1996, pp. 410 a 412), que enfoca, precisamente, a distinção entre prestação de serviço público e exercício do poder de polícia:

"9. Pelo poder de polícia, o Estado, mediante lei, condiciona, limita, o exercício da liberdade e da propriedade dos administrados, a fim de compatibilizá-las com o bem-estar social. Daí que a Administração fica incumbida de desenvolver certa atividade destinada a assegurar que a atuação dos particulares se mantenha consonante com as exigências legais, o que pressupõe a prática de atos, ora preventivos, ora fiscalizadores e ora repressivos (vide Capítulo XIII).

"10. Então, em certos casos legalmente previstos, a atuação dos administrados dependerá da prévia outorga pela Administração de licenças, permissões, autorizações, cuja expedição só será feita depois que a Administração se certificar que os interessados em desempenhá-la preenchem as condições legais para tanto ou então – quando também caiba uma apreciação administrativa discricionária na expedição deles – que as atividades pretendidas não implicarão riscos para o bem-estar social. Para tanto, a Administração expede injunções e, em sendo o caso, realiza exames e perícias (exame de habilitação de candidatos a motorista amador ou profissional, análise da salubridade de produtos industrializados que serão consumidos pela população, como é o caso das licenças do DNPI para remédios e alimentos etc.).

"11. Além disto, para cumprir tais encargos a Administração fiscaliza, isto é, inspeciona, tanto o exercício destas atividades que dependeram de prévia manifestação administrativa (*verbi gratia*, obediência às normas de trânsito, ao estado de segurança dos veículos ou aos prazos de validade na comercialização de remédios e alimentos) quanto de atividades que não dependem destas manifestações administrativas prévias, mas que, evidentemente, também não podem ser efetuadas em descompasso com as leis acauteladoras dos diversos valores socialmente protegidos.

"12. Em qualquer caso, se as atividades particulares vierem a se desenvolver de modo desconforme com as normas legais, a Administração, nos termos da lei, reprimirá, através de multas, embargos e interdições, os comportamentos que as violem Assim, impedirá que pessoa ou grupo de pessoas anti-sociais detenham o fluxo do trânsito ou que, no período noturno, produzam ruídos excessivos, perturbando, com algazarras ou com instrumentos musicais, a tranqüilidade dos que repousam, obstará que despejem detritos nas vias e nos logradouros públicos, em atentado contra a higiene pública, ou que neles, mediante condutas indecorosas, agridam a moralidade pública etc.

"13. Para o leigo, insciente das coisas jurídicas, podem aparecer como 'serviços', e, portanto, serviços públicos, as perícias, exames, vistorias, efetuadas pelo Estado ou suas entidades auxiliares com o fito de examinar o cabimento da liberação do exercício de atividades privadas, ou com o propósito de fiscalizar-lhes a obediência aos condicionamentos da liberdade e da propriedade, ou com a finalidade de comprovar a existência de situações que demandariam a aplicação de sanções (como multas, interdição de atividades ou embargo de suas continuidades até que estejam ajustadas aos termos normativos).

"Este tipo de equívoco em que podem incorrer pessoas desinformadas do Direito ocorre sobreposse quando as competências para a prática dos atos em apreço estejam radicalizadas sob titulações genéricas, tais as de 'coordenação', 'articulação', 'gerenciamento' e quejandas. E claro, a todas as luzes, entretanto, que se constituem em rotineiros atos de polícia administrativa, perfeitamente distintos dos atos de prestação de serviço público.

"14. A distinção entre serviço publico e polícia administrativa, entretanto, é óbvia. Basta atentar para o fato de que um e outra têm sentidos, direcionamentos, antagônicos.

"Enquanto o serviço público visa ofertar ao administrado uma utilidade, ampliando, assim, o seu desfrute de comodidades, mediante prestações feitas em prol de cada qual, o poder de polícia, inversamente (conquanto para a proteção do interesse de todos), visa restringir, limitar, condicionar as possibilidades de sua atuação livre, exatamente para que seja possível um bom convívio social. Então, a polícia administrativa constitui-se em uma atividade orientada para a contenção dos comportamentos dos administrados, ao passo que o serviço público, muito ao contrário, orienta-se para a atribuição aos administrados de comodidades e utilidades materiais."

Essa longa transcrição, sem dúvida alguma, deixa perfeitamente claro que a implantação do sistema de identificação telemétrica é um serviço interno, auxiliar, da Administração Pública, que beneficiará toda a coletividade, mas que não proporciona uma comodidade, uma utilidade, um conforto diretamente fruível pelos indivíduos proprietários de veículos automotores.

O beneficiário direto da implantação do sistema será a Administração Pública, que terá facilitadas suas tarefas de arrecadação, fiscalização e controle.

Serviços públicos podem ter sua execução delegada a particulares por meio de concessões e permissões, mas o Poder de Polícia é indelegável, insuscetível de ser concedido a particulares, aos quais é dado, apenas e tão-somente, executar serviços instrumentais ou auxiliares para os órgãos e entidades públicas investidos, diretamente por lei, de potestades públicas.

III – A legislação

Um brevíssimo exame das leis disciplinadoras das concessões de serviços públicos e da contratação de prestação de serviços para a Administração Pública servirá para um último e definitivo esclarecimento da questão suscitada para debate.

A Lei n. 8.987 de 13.2.95, que dispõe sobre as concessões de serviços públicos, em seu art. 2º, apresenta o seguinte conceito: "Art. 2º. Para os fins do disposto nesta lei, considera-se: (...) II – concessão de serviço público: a delegação de sua prestação, feita pelo poder concedente, mediante licitação, na modalidade de concorrência, à pessoa jurídica ou consórcio de empresas que demonstre capacidade para seu desempenho, por sua conta e risco e por prazo determinado;"

Note-se, portanto, que, para os efeitos legais, somente se poderá falar em contrato de concessão de serviço público quando houver a transferência a um particular do direito de executar um serviço público em sentido estrito, entendendo-se como tal o fornecimento de uma comodidade ou utilidade diretamente fruível isoladamente pelos indivíduos integrantes da coletividade, os quais remunerarão o concessionário.

A identificação telemétrica de veículos aí não se enquadra, mas, ao contrário, a prestação de serviços (com o fornecimento de bens) necessários à sua implantação se encaixa perfeitamente no conceito de contrato administrativo de prestação de serviços constante do art. 6º da Lei n. 8.666 de 21.6.93:

"Art. 6º. Para os fins desta Lei, considera-se: (...) II – Serviço – toda atividade destinada a obter determinada utilidade de interesse para a Administração, tais como: demolição, conserto, instalação, montagem, operação, conservação, reparação, adaptação, manutenção, transporte, locação de bens, publicidade, seguro ou trabalhos técnico-profissionais;"

No caso em exame, a implantação dos serviços de identificação telemétrica se destina à obtenção de uma utilidade de interesse do aparelhamento administrativo e compreende a execução de trabalhos técnico-profissionais e o fornecimento dos materiais e equipamentos necessários, tudo isso remunerado diretamente pela Administração Pública.

IV – Conclusão

Com base nos fundamentos acima expostos, resta apenas responder direta e objetivamente ao que foi suscitado para debate no sentido de que a contratação dos serviços de implantação da identificação telemétrica de veículos deve ser feita por meio de um contrato administrativo de prestação de serviços com fornecimento de materiais, contrato esse regido pela Lei n. 8.666, de 21 de junho de 1993.

Note-se que a solução do caso concreto somente foi encontrada depois de uma ampla discussão de suas peculiaridades, mediante o esclarecimento do específico sentido no qual a expressão "serviço público" estava sendo utilizada!

O que se pretendeu demonstrar é que as questões conceituais não são puramente acadêmicas (no mau sentido), desprovidas de alcance prático. Ao contrário, pretendeu-se demonstrar que a solução de questões práticas é que depende do conhecimento teórico, seja para suprir lacunas do ordenamento normativo, seja para, pelo menos, identificar qual a legislação aplicável.

A COMPENSAÇÃO DE CRÉDITOS NO ICMS E NO IPI – TRANSFERÊNCIA DE CRÉDITOS DO ICMS COM DESÁGIO – O PRINCÍPIO DA NÃO-CUMULATIVIDADE – REFLEXOS NO IMPOSTO DE RENDA

SACHA CALMON NAVARRO COÊLHO
Professor Titular de Direito Tributário da Universidade Federal de Minas Gerais

e

MISABEL DE ABREU MACHADO DERZI
Professora dos Cursos de Graduação e Pós-Graduação da Faculdade de Direito da Universidade Federal de Minas Gerais – Professora Titular da Faculdade de Direito Milton Campos

1. Origens e fundamentos do princípio da não-cumulatividade. 2. A constitucionalização do princípio da não-cumulatividade. 3. O ICMS e o IPI são impostos que somente devem onerar o consumo. 4. O direito universal à dedução dos créditos relativos a aquisições de bens do ativo e bens de uso e consumo em geral. 5. A transferência de créditos do ICMS com deságio e seus efeitos no imposto de renda e na contribuição social sobre o lucro.

1. *Origens e fundamentos do princípio da não-cumulatividade*

Como se sabe, em todo o mundo, do antigo imposto sobre vendas brutas se passou ao imposto sobre vendas líquidas, também chamado de imposto sobre valor adicionado ou agregado. O antigo imposto trazia inconvenientes graves:

a. cada circulação do produto de uma empresa a outra (do fabricante ou comerciante A → B → C) até o consumidor final era submetida ao tributo, desencadeando-se uma injusta repercussão nos preços;

b. a base de cálculo para o imposto era o preço bruto total, incluindo custos de comercialização ou industrialização, tributos incidentes e lucro – não importando que o valor do imposto estivesse destacado em separado na nota de aquisição da matéria-prima ou não. Assim, o valor total da matéria-prima, já tributado na fase anterior, era outra vez incluído na base de cálculo da fase posterior, porque ele era parte concreta dessa próxima fase seguinte;

c. o fenômeno se passava de forma idêntica tanto nos impostos incidentes sobre a industrialização como naqueles que oneram a circulação, sendo que o montante do preço total acumulado da mercadoria crescia à medida que aumentava o número das fases no caminho da produção e distribuição;

d. esse efeito cumulativo feria também a neutralidade da concorrência, multiplicando-se as tentativas de concentração de indústrias ou de supressão do comércio atacadista ou varejista, com o objetivo de se unificarem várias fases em uma mesma empresa (cf. Klaus Tipke, *Steuerrecht – Ein Systematischer Grundriss*. 9. Auf. Köln. Otto Schmidt KG, 1983, pp. 411-412).

A França foi o primeiro país industrializado a se dar conta das desvantagens de um imposto cumulativo, incidente sobre todas as fases de produção industrial e de circulação. Se já em 1936, se fazem as primeiras tentativas de mudança, apenas no ano de 1954 se criou a *Taxe sur la valeur ajoutée*, tributo retocado, posteriormente, mas ainda hoje vigente naquele país (v. Julliot de la Morandière *et alii*, *Droit Commercial et Droit Fiscal des Affaires*, t. II, Paris, Dalloz, 1965, pp. 628 e ss.).

A rica experiência francesa se difundiu velozmente a partir da década de sessenta. O Brasil introduziu na Constituição o princípio da não-cumulatividade com a Reforma Constitucional n. 18, de 1965, embora já o tivesse adotado, em legislação ordinária, no Imposto de Consumo; a Comunidade Econômica Européia adota o imposto sobre o valor adicionado como projeto de sua primeira diretriz, finalmente aprovada pelo Conselho em 1967, sendo paulatinamente implementada por membros; a Alemanha o introduz a partir de 1968; a Dinamarca, pela lei de março de 1967; a Inglaterra, em 1º de abril de 1973; a Irlanda, em 1972; Luxemburgo e a Bélgica em 1969. A partir do final dos anos sessenta, também esse tipo de tributo sobre vendas líquidas se difunde por toda a América Latina (Bolívia, Uruguai, Peru, Equador, Argentina), tendo sido recentemente introduzido no Paraguai, em 1992, para futura harmonização no Mercosul (v. Manuel de Juano, "Tributários en el Mercosul", informe presentado en el Seminário ILDAT, Itália, 29 junio/6 julio 1992).

A técnica de apuração do valor adicionado varia conforme a legislação de cada país e, dentro de um mesmo país, pode ainda ser diversificada, tudo dependendo das opções legislativas feitas, em razão das funções e das finalidades a que deve servir.

É o caso do Brasil, que por força do princípio da não-cumulatividade, constitucionalmente consagrado, utiliza-se da técnica do *imposto-contra-imposto* para o cálculo do montante a recolher por cada contribuinte à Fazenda Pública; entretanto consagra a técnica da *base-contra-base*, por exemplo, para calcular o valor adicionado produzido em cada território municipal, a fim de se distribuir a parcela de ICMS que pertence aos Municípios.

Enfim, todos os sistemas jurídicos procuram preservar e assimilar certos efeitos econômicos comuns tanto ao IVA da América Latina, como à TVA européia ou ao IPI e ao ICMS brasileiros; um imposto que, incidindo em todas as fases de produção e circulação, procura, por meio da "dedução do imposto pago na operação anterior, alcançar apenas a circulação mercantil líquida de cada empresa, ou seja, tributar apenas o valor adicionado realizado por ela. Daí os conceitos de imposto sobre vendas líquidas ou imposto sobre o valor adicionado (Mehrwersteuer)" (v. Heinrich Rauser, *Steuerlehre*, Winklers Verlag, 1983, p. 32).

2. A constitucionalização do princípio da não-cumulatividade

No Brasil, o primeiro tributo a adotar a não-cumulatividade foi o Imposto de Consumo antecessor do atual IPI (Leis ns. 297/56 e 4.502/64 – art. 25). Era princípio infraconstitucional.

O princípio da não-cumulatividade – o qual só faz sentido se a tributação recair sobre o valor agregado – torna-se princípio constitucional na Constituição de 18 de setembro de 1946, em razão da Emenda Constitucional n. 18, de 1.12.65, alcançando já agora o IPI federal e o ICM estadual.

"Art. 11. Compete à União o imposto sobre produtos industrializados.

"Parágrafo único. O imposto é seletivo em função da essencialidade dos produtos, e não-cumulativo, abatendo-se, em cada operação, o montante cobrado nas anteriores.

"Art. 12. Compete aos Estados o imposto sobre operações relativas à circulação de mercadorias, realizadas por comerciantes, industriais e produtores.

"(...)

"§ 2º. O imposto é não-cumulativo, abatendo-se, em cada operação, nos termos do disposto em lei complementar, o montante cobrado nas anteriores, pelo mesmo ou por outro Estado, e não incidirá sobre a venda a varejo, diretamente ao consumidor, de gêneros de primeira necessidade, definidos como tais por ato do Poder Executivo estadual."

O princípio manteve-se intacto na evolução constitucional posterior. Na CF/67, art. 22, V, § 4º (IPI) e art. 24, II, § 5º (ICM). A Emenda n. 1, também chamada de Constituição Emendada de 17.10.69, manteve o princípio para o IPI no art. 21, V, § 3º, e para o ICM no art. 23, II. A Constituição de 1988, igualmente, realça o princípio da não-cumulatividade em relação a ambos os impostos, uma vez que são, como já enfatizamos, partícipes da grande família dos impostos sobre valores adicionados, embora ostentem traços fisionômicos próprios e inconfundíveis. Reza a CF/88.

Art. 153, § 3º – "O imposto previsto no inciso IV (IPI) (...) II – Será não-cumulativo, compensado-se o que for devido em cada operação com o montante cobrado nas anteriores".

Art. 155, § 2º, I – "O imposto previsto no inciso I, 'b' (ICMS) atenderá ao seguinte: I – Será não-cumulativo, compensando-se o que for devido em cada operação relativa a circulação de mercadorias ou prestação de serviços com o montante cobrado nas anteriores pelo mesmo ou outro Estado ou pelo Distrito Federal".

3. *O ICMS e o IPI são impostos que somente devem onerar o consumo*

É importante notar que tanto o ICMS quanto o IPI não são impostos que devam ser suportados, economicamente, pelo contribuinte de direito (o comerciante ou industrial). São, a rigor, impostos sobre o consumo, não devendo onerar a produção ou o comércio, como alerta Klaus Tipke. Disso resulta que, numa operação entre empresas, cada uma delas pode se livrar, basicamente, através da dedução do imposto anterior, do imposto dela cobrado pela outra e transferir, na etapa de circulação, o ônus do imposto devido ao adquirente, e assim sucessivamente, até o consumidor final. Será justo, se um empresário não conseguir a transferência, por motivo de eqüidade, que ele seja beneficiado pela isenção do imposto. É a *Billigkeitserlass*, como reiteradamente menciona Tipke (cf. ob. cit., p. 410). Aliás, um dos fundamentos mais importantes para a adoção do princípio da não-cumulatividade repousa na neutralidade da concorrência, argumento que sensibilizou a Corte Constitucional alemã (BVerfG). Pela mesma razão, acrescida da necessidade de uma exata compensação de fronteira entre países-membros diferentes, a Comunidade Européia adotou o princípio da não-cumulatividade como passo essencial à harmonização do imposto.

Tais tributos não oneram a força econômica do empresário que compra e vende ou industrializa, porém a força econômica do consumidor, segundo ensina Herting. Com base nisso, de forma quase universal, como vimos, consagra-se o princípio da não-cumulatividade, inclusive na Constituição brasileira, onde se permite compensar, com o imposto devido, o imposto cobrado nas operações anteriores.

Juristas de vários países, por essa razão, insistem em chamar o IVA ou a TVA de imposto sobre o consumo, e não imposto sobre o valor acrescido ou sobre a circulação, embora, do ponto de vista técnico estrito, o consumidor final – que de fato suporta economicamente o tributo – esteja alijado da relação tributária.

Entretanto, não apenas no Brasil, mas em diversos sistemas tributários forâneos, o legislador abandonou a expressão *imposto sobre o consumo*, para adotar outras, como imposto sobre valor acrescido, imposto sobre operação de circulação, imposto sobre a produção industrial. Não se trata de uma preocupação eminentemente técnica, voltada a ajustar o nome ao formalismo jurídico. Antes, por motivos psicológico-tributários, quer-se vincular o imposto ao empresário, tornando-o pouco perceptível aos olhos dos consumidores leigos e não-empresários. Como explica Klaus Tipke, a cobrança se torna mais simples, possibilitando "*de plumer l'oie sans trop la faire crier*" (cf. ob. cit., p. 408).

Explicam os juristas franceses que "em cada estágio da produção e da comercialização de um produto, um contribuinte tem a possibilidade de deduzir do imposto sobre o valor acrescido (TVA) que ele faturou para seu cliente sobre o preço de venda, aquele imposto que lhe foi faturado por seus fornecedores e que oneraram o preço de revenda" (cf. "La Taxe sur la Valeur Ajoutée", par l'équipe de rédaction de la *Revue Fiduciaire*, Paris, Ed. Groupés, 1994, p. 168; no mesmo sentido C. Lamorlette – T. Lamorlette, *Fiscalité Française 1994-1995*, 15ª ed., Paris, Economica, 1994).

Assim sendo, é necessário desonerar o custo da produção e da comercialização de todo o imposto pago nas aquisições (seja relativo a insumos, produtos intermediários ou bens do ativo fixo), sob pena de se ter nova tributação sobre esses bens, pois o custo desses bens integrará o preço do produto no momento de saída. A indedutibilidade dos créditos relativos à aquisição de bens de capital, máquinas e insumos, diretamente utilizados na atividade econômica, configura um rompimento com o princípio da não-cumulatividade. Assim escreve Roque Antonio Carrazza:

"A Constituição, ao aludir à 'compensação', consagrou a idéia que a quantia a ser desembolsada pelo contribuinte, a título de ICMS, é o *resultado* de uma subtração em que o minuendo é o montante do imposto devido e o subtraendo é o montante do imposto anteriormente cobrado.

"(...)

"Daí por que – repetimos – são inconstitucionais as restrições ao direito de abatimento do ICMS, contidas em leis ou atos normativos infralegais. Nem mesmo a lei complementar – fora do limitado campo adjetivo e procedimental que lhe reservou a Constituição (art. 155, 2º, XII, *c*) – pode criar obstáculos ou de alguma maneira inovar na regulação deste direito à 'não-cumulatividade', que foi exaustivamente disciplinado pelo próprio Texto Magno. Com maior razão, devem também os aplicadores do Direito integral e absoluto respeito ao regime da não-cumulatividade do ICMS, constitucionalmente disposto" (cf. *ICMS*, São Paulo, Malheiros Editores, 1994, pp. 90-91).

Ao contrário do que acontece em outras ordens jurídicas, nas quais o princípio da não-cumulatividade não merece nem mesmo consagração constitucional, no Brasil, o Texto Magno não se conforma em ditar o princípio concisamente. Trata-o em minúcia, já lhe ditando as regras mais importantes: "será não-cumulativo, *compensando-se* o que for devido em cada operação relativa à circulação de mercadorias ou prestação de serviços *com o montante cobrado nas anteriores pelo mesmo ou outro Estado ou pelo Distrito Federal*".

Como se sabe, para a realização do princípio da não-cumulatividade, é possível a adoção de dois sistemas diferentes:

• a concessão de *crédito financeiro* dedutível, que abrange o imposto pago relativo a qualquer bem entrado no estabelecimento, essencial e imprescindivel à atividade;

• a concessão de *crédito físico*, o qual restringe o direito à compensação ao imposto pago na aquisição de bens que fisicamente se incorporam ao produto final ou que se consomem no curso do processo de produção, dele se excluindo as máquinas, ferramentas e outros integrantes do ativo fixo.

Não há dúvida de que a Constituição Federal não adota a posição restritiva, porque nenhuma limitação ou exceção impõe ao princípio da não-cumulatividade. Não há dúvida de que os convênios interestaduais firmados após a Constituição de 1988 somente poderiam ter escolhido o primeiro modelo, o único amplo e compatível com o ditado constitucional. Não obstante, o princípio foi amesquinhado em favor dos interesses arrecadatórios dos Estados, senhores únicos que são dos convênios definitórios da extensão de princípio constitucional tão relevante, adotando-se o sistema do crédito físico, limitado e restritivo, onerador da produção e violador do ditame constitucional.

4. *O direito universal à dedução dos créditos relativos a aquisições de bens do ativo e bens de uso e consumo em geral*

Já observamos que o princípio da não-cumulatividade é praticamente universal, sendo adotado pelos países latino-americanos e por todos os países da Comunidade Européia. A regra é o legislador procurar atingir as vendas líquidas, em todos os casos em que o imposto for plurifásico, ou seja, atingir mais de uma etapa de industrialização ou da comercialização, como ocorre com o ICMS e o IPI no sistema brasileiro.

É importante registrar, no entanto, que muitos países adotam fórmulas de cálculo similares, divergindo entre si quanto à técnica admitida para a compensação. Apesar das pequenas divergências em um ponto e outro, a grande massa dos países que adota impostos plurifásicos não-cumulativos admite a dedução do imposto pago com máquinas, implementos e até imóveis adquiridos para a exploração da atividade. A lei argentina, por exemplo, manda calcular o valor agregado para apurar o imposto a pagar de cada contribuinte, deduzindo-se do tributo devido pelas vendas o imposto faturando pelas compras no mesmo período (*imposto-contra-imposto*), mas admite também a dedução do imposto incidente sobre os bens de capital (maquinário e equipamento), por meio de três quotas anuais e consecutivas, mecanismo por enquanto inadmitido entre nós (cf. Manuel de Juano, ob. cit., p. 83). O mesmo se passa em todos os países da Unidade Européia, nos quais o imposto incidente nas aquisições de máquinas e implementos é dedutível pela empresa. Cabrera Fernández explica que até as despesas com impostos nos investimentos pré-operacionais, preparatórios da atividade empresarial, são compensáveis, dentro de certos limites.

"Durante o processo de criação de uma empresa, que pode durar vários anos, podem ser deduzidos os impostos suportados correspondentes tão-somente *ao ano anterior* ao início da atividade, contando-se o prazo desde a apresentação do requerimento (Modelo 306) até o início da atividade.

"(...)

"Apresentando o modelo, e fazendo a indicação relativa à declaração prévia, poderão ser deduzidos os impostos suportados a partir desse instante, sempre que estejam relacionados com a futura atividade e reúnam o resto dos requisitos exigidos para deduzir-se" (cf. José Manuel Cabrera Fernández, *Nuevo Impuesto sobre el Valor Añadido*, Valencia, Ed. CISS. S.A, 1993, p. 123).

Em rigor, o sistema de não-cumulatividade repousa em um princípio fundamental:

• *o de que se deve deduzir do imposto exigível em cada operação, aquele imposto que gravou os elementos do preço desta operação (créditos financeiros).*

Somente a compensação total dos impostos pagos na aquisição de insumos, produtos intermediários, máquinas e demais bens do ativo fixo possibilita a não-cumulação, a competitividade nos preços e a desoneração total do produtor ou comerciante. Explicam os franceses que a dedução dos créditos relativos ao imposto pago pela aquisição de todos esses bens obedece apenas a um critério básico: "o de que os bens e serviços sejam afetados globalmente ao conjunto das operações realizadas durante o período considerado de imposição (geralmente de um mês ou um trimestre civil)". Além do cumprimento dos requisitos formais, o contribuinte está sujeito apenas a essa regra essencial no exercício do direito à dedução dos créditos pelas aquisições. Em conseqüência, as exclusões e restrições ao direito à dedução se referem exatamente aos bens adquiridos que não são necessários à exploração da atividade econômica ou que não estão afetados exclusivamente a tal exploração, como os gastos com a compra de artigos pessoais, privativos dos diretores de empresa ou de seus familiares, ou de bens utilizados indistintamente para necessidades profissionais e privadas etc. (cf. Lamorlette, *Fiscalité Française 1994-1995*, ob. cit., pp. 424-447).

E mais, nem todo bem de capital, afetado à atividade, é classificado como bem de inversão. Será bem de inversão, ou bem do ativo fixo, apenas aquele que se destina a ser utilizado na atividade em um período superior a um ano, hipótese em que se impõe quotas dedutíveis, além de regras especiais a serem observadas na venda de tais bens. Em se tratando, não obstante, de bens necessários à atividade, rapidamente consumidos no processo industrial, a dedução do imposto paga pela empresa com sua aquisição é simples, imediata e integral. A regra a observar será sempre a mesma: *a de que o bem deve ser imprescindível à exploração da atividade e a ela estar integralmente afetado.*

Ora, aí está a regra sistematicamente imposta em toda a Europa e nos demais países da América Latina que, tradicionalmente, adotam impostos sobre a comercialização plurifásicos e não-cumulativos.

A Constituição brasileira de 1988 não contém nenhuma exceção ao princípio da não-cumulatividade, salvo aquela já referida, concernente à isenção e não incidência. Poderá legislação infraconstitucional, ao disciplinar o princípio da não-cumulatividade, amesquinhá-lo, restringi-lo ou reduzi-lo?

Doutrina cada dia mais robusta se consolida no sentido de que o princípio da não-cumulatividade não é cláusula vaga e imprecisa, pois a Constituição fez opções deliberadas e claras, determinando, de forma ampla, a compensação do tributo devido com o montante cobrado nas operações anteriores – portanto, concedendo créditos financeiros amplos e irrestritos.

Demonstra a doutrina atual que não se pode mais argumentar com a idéia de que o princípio da não-cumulatividade, formulado na Constituição, depende de regulamentação livremente posta em lei complementar, porque o legislador não é livre para pôr e dispor, mas somente poderá atuar a partir das bitolas constitucionais. Apesar de o art. 155, XII, "c", estabelecer que cabe à lei complementar "disciplinar o regime de compensação do imposto" e, em sua ausência, provisoriamente, os convênios interestaduais (art. 34, § 8º), é claro que a regulamentação infraconstitucional permitida não poderá restringir, alterar ou prejudicar o princípio da não-cumulatividade, que na própria Constituição tem ampla guarida. Vasto campo deverá ser objeto de opção legislativa infraconstitucional sem nenhuma ofensa à norma superior. A forma de compensação será periódica, considerando-se as entradas e saídas por certo período de tempo. Mas qual o período? Havendo saldo credor em favor do contribuinte, haverá devolução em dinheiro devida pelo Fisco, ou transfere-se o crédito para períodos de apuração posteriores? Quais os créditos, excluídos da compensação por serem relativos a bens impertinentes, não afetados à exploração? O imposto pago pela aquisição de bens do ativo de longa duração (máquinas, ferramentas, terrenos) será dedutível de uma só vez ou mediante quotas anuais ou semestrais? Qual o regime próprio relativo a bens do ativo, se esses são alienados pela empresa? etc. etc... Inúmeras questões deveriam e poderiam ser solucionadas pela lei complementar regulamentadora, na disciplina da compensação do imposto, sem mutilação do princípio da não-cumulatividade.

Acresce ainda que o argumento segundo o qual se poderia deduzir o sistema de crédito físico, mais restritivo, diretamente da Constituição, pois a compensação nela autorizada restringir-se-ia "às operações relativas a *mercadorias*" (não englobando bens do ativo fixo ou bens de consumo próprio, não destinados à mercancia), é uma falácia. Basta considerar que:

• a Constituição de 1988 usa a expressão *mercadoria* do ponto de vista de quem vende *e não* do ponto de vista de quem adquire a mercadoria, o qual pode destiná-la ou não ao consumo próprio ou a bens do ativo fixo, sem que isso afaste a incidência. Dispõe por exemplo que o ICMS incidirá:

Art. 155, § 2º, IX, "a" – "sobre a importação de *mercadoria* importada do exterior, *ainda quando se tratar de bem destinado a consumo ou ativo fixo do estabelecimento, assim como serviço prestado no exterior*".

• as operações relativas a *mercadorias* adquiridas como bens do ativo fixo ou de consumo somente serão capazes de gerar direito a crédito se estiverem essencialmente vinculadas à exploração da atividade, sendo, como tal, tributáveis pelo ICMS;

• finalmente, se houve incidência do ICMS na aquisição do bem destinado a consumo ou ativo fixo, significa que tal bem foi tratado *como se mercadoria fosse*, e a operação a ele relativa pertence à cadeia de incidência do imposto, sujeitando-se à compensação, segundo a própria Constituição.

Assim, o princípio da não-cumulatividade, tal como formulado na Constituição, não comporta nenhuma restrição, sendo com ela incompatível o sistema de crédito físico.

Troncoso y Troncoso coloca em evidência que, juridicamente, o ICM é um imposto não-cumulativo, e economicamente, numa visão totalizante, um imposto sobre valor acrescido. Ora, por que realçar esta dupla faceta?

Apenas para enaltecer o extremo empenho da Constituinte em *valorizar o princípio da não-cumulatividade*, traço marcante, principal, indeclinável do ICM (e também do ICMS atual), e sem o qual inexistem impostos sobre valores agregados. Os comentários do Autor ao princípio da não-cumulatividade, tal como delineado na Constituição de 1969, aplicam-se integralmente à Constituição em vigor:

"Aclare-se, por sua vez, que os cálculos do valor acrescido, de acordo com a unanimidade doutrinária, decorrem de uma posição alternativa e dicotômica: ou será calculado sobre uma base real, ou então, sobre uma base financeira.

"A maioria dos tratadistas considera o cálculo sobre a base real como de forma pura, visto *en aterse rigorosamente al concepto estadístico y económico del valor agregado*. Cesare Cosciani – *El Impuesto al valor agregado*, p. 76.

"Ainda, temos dois métodos para alcançar o valor agregado: o de adição e o de subtração.

"No que tange ao primeiro, está representado pela soma dos pagamentos dos componentes utilizados na obtenção dos produtos onerados pela tributação. O de subtração consiste em deduzir os custos necessários para se lograr o produto final.

"O método de subtração é adotado pela maioria dos países, embora o primeiro, sob o enfoque econômico, se apresente mais correto.

"Campete, cotejando os dois métodos, assinala que "o segundo método (subtração) é menos satisfatório para o espírito que o primeiro, porém não apresenta sua complexidade, nem os seus perigos" (cf. *Quelques aspects économiques de la taxe sur la valeur ajoutée. Finances Publiques* n. l, p. 22, *apud* Félix De Luiz, in XVII Semana de Estudos de Derecho Financiero, p. 116).

"Todavia, o legislador constitucional adotou – embora de forma peculiar – a base financeira, conseqüentemente, *não se ateve, em hipótese alguma, ao confronto dos valores da entrada e saída da mesma mercadoria*, a fim de crivar o *quantum* da mais valia agregada.

"Assim, podemos afirmar – sem receio de incorrer em erro grosseiro – que o mencionado tributo nunca incidirá de maneira estrita sobre o valor agregado da mercadoria entrada, mas atingindo, dentro do interregno de um mês (período temporal do confronto), a soma das operações relativas às saídas dos produtos nele ocorridas, e, do total do imposto incidente em tais operações será deduzido o correspondente mensal, aquelas pertinentes às entradas de mercadorias no mesmo período.

"Juridicamente, o Imposto sobre Operações Relativas à Circulação de Mercadorias, de imediato, não se poderá configurar como um gravame sobre o valor acrescido, em decorrência daquele incidir no valor das operações, já que a mercadoria se constitui em simples referencial.

"Todavia, sob o aspecto econômico, o dito imposto estadual incidirá rotineiramente, a médio e a longo prazos, no valor agregado da mercadoria.

"Não se trata de um paradoxo ou um sofisma, visto que em se dando a rotatividade dos estoques, o tributo alcançará o valor agregado da mercadoria, como já dissemos, a médio e longo prazos, isto é, no espaço de alguns meses, dependendo, exclusivamente, da maior ou menor aceleração do giro mercantil" (*ICM – Princípio da Não-Cumulatividade*, Rio de Janeiro, Jovelli, 1983).

Assim, a técnica brasileira não é a *real* ou *direta*, porque não permite deduzir todos os insumos diretamente (ex.: o custo do trabalho assalariado, os serviços tributáveis pelo Município por meio de imposto próprio etc.), ainda que notoriamente interferentes no processo industrial ou produtivo. No método de *diferença* ou *subtração*, utilizado por nossa ordem jurídica, prevalece a técnica da *base financeira* (ou *indireta*, *não-real*) segundo a qual o valor adicionado corresponderá à diferença entre o débito do imposto gerado pela promoção da operação de circulação de mercadorias (vendas) e o crédito fiscal oriundo do imposto incidente nas aquisições (compras) no mesmo período. É a técnica do *imposto-contra-imposto*, adotada no Brasil e pela maioria dos demais países, para se calcular o montante do tributo a recolher aos cofres públicos por cada contribuinte.

Examinando-se com atenção o art. 155 § 2º, I, constata-se que a Constituição Federal concede o direito à compensação dos créditos gerados com o montante cobrado nas operações anteriores pelo mesmo ou outro Estado ou pelo Distrito Federal, sem qualquer restrição (método da diferença ou subtração). A compensação deverá ser feita com o imposto que for devido em cada operação relativa à circulação de mercadorias ou prestação de serviços, não importando:

• que as operações tributadas refiram-se a mercadorias distintas daquelas que geraram os créditos;

• ou se refiram a diferencial de alíquota ou a imposto devido nas importações.

Os resultados econômicos perseguidos de não-cumulatividade e tributação do valor adicionado são alcançados apenas a médio e longo prazos, por meio da rotatividade dos estoques. Aliás, essa a prática brasileira.

Assim, o princípio da não-cumulatividade, tal como formulado na Constituição, não comporta nenhuma restrição, sendo com ela incompatível qualquer limitação que imponha o direito à compensação apenas de mercadoria a mercadoria e demais reduções opostas em convênio interestaduais ou pela legislação infraconstitucional.

5. *A transferência de créditos do ICMS com deságio e seus efeitos no imposto de renda e na contribuição social sobre o lucro*

Convênios interestaduais autorizam transferir créditos acumulados a terceiros (seus fornecedores), os quais não os adquirem pelo valor contábil, mas por valor inferior (deságio), acarretando-lhe perda financeira na exata medida da diferença. É preciso refletir, então, sobre o tratamento fiscal dispensado à diferença para fins de imposto de renda e contribuição social sobre o lucro.

A Constituição Federal atribui à União competência para instituir imposto sobre a "renda e proventos de qualquer natureza", em seu art. 153, III. Mas qual o sentido e a extensão do dispositivo?

O art. 195, I, da Constituição autoriza a União a instituir contribuição, destinada ao custeio da Seguridade Social, cobrada dos empregadores, incidente "sobre a folha de salários, o faturamento e o lucro".

O Código Tributário Nacional, por sua vez, em seu art. 43, adota um conceito amplo de renda, a saber, "o produto do capital, do trabalho ou da combinação de ambos" assim como "os acréscimos patrimoniais não compreendidos no inciso anterior".

Resta-nos saber quais as limitações ao conceito, de extensão aparentemente lata, trazidas pela Constituição de 1988, que consagra, expressamente, os princípios da pessoalidade, da capacidade contributiva, da universalidade (meras manifestações do direito fundamental da igualdade), que enrija a discriminação de competência entre os entes estatais e, finalmente, que exige a edição de lei complementar quer para a instituição de empréstimos compulsórios, vinculados a certos pressupostos, quer para a criação de qualquer imposto novo.

Do ponto de vista econômico-fiscal, classicamente são duas as principais correntes, que buscam apreender o conceito de renda:

1. como excedente, ou acréscimo de riqueza, considerado o fluxo de satisfações e serviços consumidores (Irving Fisher) ou meramente disponíveis (Hewett), representados por seu valor monetário, fluxo que engloba as entradas e saídas em um período determinado de tempo. Será sempre riqueza nova, emanada do patrimônio ou capital como fonte produtiva, entendida essa como a disponibilidade "possuída por uma determinada pessoa, de bens materiais ou fora de trabalho produtivo. Assim, o patrimônio é tudo aquilo que possa vir a traduzir um acréscimo de riqueza. O patrimônio rentável de uma determinada pessoa pode se constituir de uma propriedade imobiliária, de um capital mobiliário ou da força do próprio trabalho, na medida em que, quaisquer desses fatores patrimoniais, conjugada ou isoladamente, possam produzir renda" (v. Modesto Carvalhosa, "Imposto de Renda. Conceituação no sistema tributário da Carta Constitucional", in *Revista de Direito Público* 1:188-196, São Paulo, p. 189).

2. como acréscimo de valor ou de poder econômico ao patrimônio, apurada a renda pela comparação dos balanços de abertura e encerramento de determinado período. Defendida por George Shwanz, desde 1894, aperfeiçoada por Haig e Simons, essa concepção adotada também em parte pelo Código Tributário Nacional, é criticada por alguns, porque ela pode levar ao equívoco de supor que qualquer acréscimo de valor – advindo de doação ou herança por exemplo, que simples capital transferido, e subtraído ao campo de competência federal – configure renda (cf. Aliomar Baleeiro, *Direito Tributário Brasileiro*, 10ª ed., Rio de Janeiro, Forense, p. 183. Também, Bulhões Pedreira, *Imposto de Renda*, Rio de Janeiro, Justea, 1971, pp. 2-10).

Na grande massa dos países, assim como no Brasil, há duas importantes e diferentes formas de averiguações de renda disponível. De um lado, junto aos *não-empresários*, os rendimentos de fontes diversificadas são considerados, tributando-se o excedente das entradas sobre os custos, mas não são em geral dedutíveis os prejuízos com a venda de bens econômicos do patrimônio da pessoa física ou com seu desgaste pelo consumo. Por outro lado, *as pessoas empresarias* têm de avaliar o lucro, basicamente, por meio da comparação do patrimônio na abertura e no encerramento do balanço, lucro que representa o saldo – realizado – como estabelece a lei alemã, "dos aumentos de valor do patrimônio empresarial sobre as reduções de valor do mesmo patrimônio" (art. 5, I; I EStG).

Explica K. Tipke (*Steuerrecht. Ein sytematicher Grundriss*. 9. Köln, 1983, p. 213) que o dualismo tem longa tradição, pois, ainda no século XIX, a lei cedeu às exigências dos empresários do comércio e da indústria, que insistiram em identificar o lucro com o resultado da contabilidade comercial. A diferença de tratamento legal, dispensado à pessoa física e à jurídica, ainda hoje está assentado nos seguintes argumentos:

1. do risco do empreendimento, sendo a atividade empresarial muito mais sensível às oscilações da economia;

2. da necessidade de afetação de um patrimônio às atividades empresarias.

Portanto, para fins de imposto de renda, o conceito de renda tem tido sentido dúplice, tanto coincidindo com *o excedente-fluxo* (idéia aproveitada pelo legislador na tributação das pessoas não empresariais) como também com *acréscimo patrimonial* ou *lucro* (noção utilizada pela lei na tributação das pessoas jurídicas empresariais). Como tal, opõe-se, necessariamente a *prejuízo*, sua antítese, ou perda de patrimônio líquido.

O que vem a ser *patrimônio* e *capital*?

Juridicamente, o conceito moderno de patrimônio identifica-o com o conjunto de direitos e obrigações de que é titular uma pessoa (Caio Mário da Silva Pereira, *Instituições de Direito Civil*, Rio de Janeiro, Forense, 1978, I, n. 66; Francesco Ferrara, *Trattato di Diritto Civile Italiano*, Roma, 1921, v. I, n. 183). É formado de elementos ativos, como os direitos patrimoniais (dentre os quais se incluem os direitos de crédito gerados pelo ICMS suportado nas aquisições feita pelo contribuinte) e de elementos passivos, que são as obrigações-débitos. Do ponto de vista financeiro e jurídico, o patrimônio compreende então dois "subconjuntos: *a*) o ativo patrimonial, formado pelos bens do patrimônio; e *b*) o passivo patrimonial, formado pelas prestações de obrigações que significam valor financeiro negativo" (Bulhões Pedreira, ob. cit., p. 156). Advém daí a noção de *patrimônio líquido (capital próprio)*, que é patrimônio bruto diminuído do valor negativo das *obrigações (passivo ou capital de terceiros)*. A parte do valor financeiro existente no ativo, que corresponde ao valor das obrigações, dos débitos, pertence a capital de terceiros e será mais tarde transmitida aos credores. Em conseqüência, o patrimônio líquido – ou capital próprio – é o que resta após a dedução do passivo – ou capital alheio. Se o ativo é de 100 e o passivo exigível é de 30, então o patrimônio líquido será igual a 70. O patrimônio bruto, como conjunto de todos os direitos e obrigações, é a soma do passivo exigível + o patrimônio líquido.

Assim, por meio da comparação dos balanços do início e do fim de um determinado período, *apura-se a renda tributável como lucro real*, realizado no período, que corresponde ao aumento de patrimônio líquido gerado pela própria empresa durante o mesmo período. Determina-se o lucro pela comparação entre patrimônios líquidos da pessoa empresarial, pois pressupõe-se que o "patrimônio líquido é estabelecido no início e no fim do período de apuração do lucro através do balanço inicial (que coincide com o de encerramento do período anterior) e final" (cf. Tipke, ob. cit., p. 225). Se, no início do exercício, no balanço de abertura, correspondente ao balanço de abertura do ano anterior, o patrimônio líquido era de 70 (100-30, no exemplo acima), e no final do período continua sendo de 70, então não houve acréscimo de valor real, renda gerada pela pessoa, não houve lucro tributável. *O patrimônio não pode ser atingido pelo imposto de renda ou pela contribuição social sobre o lucro.*

O lucro ou prejuízo da pessoa alterará o seu patrimônio líquido. O lucro acrescenta-lhe valor e o prejuízo, ao contrário, reduz-lhe valor. Lucro somente haverá se houver acréscimo de valor real ao patrimônio líquido da pessoa, vale dizer, acréscimo ao resíduo do ativo (direitos-bens), após dedução do passivo (obrigações-débitos). Na verdade, são antitéticas as noções de lucro e de prejuízo. A primeira sempre pressupondo o acréscimo de patrimônio líquido, já o prejuízo, ao contrário, é sempre perda, redução, diminuição de patrimônio líquido. Como ensinou Rubens Gomes de Souza, o conceito de renda está baseado na distinção entre renda e patrimônio (ou capital).

"*Patrimônio* (ou *capital*) é o montante de riqueza possuída por um indivíduo em um determinado momento. *Renda é o aumento ou acréscimo de patrimônio*, verificado entre dois momentos quaisquer de tempo... só é renda o acréscimo de patrimônio que possa ser consumido sem reduzir ou fazer desaparecer o patrimônio que o produziu; *do contrário, a renda se confundiria com o capital*" (*Compêndio de Legislação Tributária*, ob. cit., pp. 197 e 198).

A competência constitucionalmente conferida ao legislador federal para tributar, por meio de lei ordinária, restringe-se à idéia de renda – no imposto de renda – ou à idéia de lucro – na contribuição social sobre o lucro. Para se criar imposto novo ou contribuição social nova, incidente sobre o patrimônio ou o capital das empresas, no exercício da competência residual, prevista no art. 154, I ou 195, § 4º, é mister a edição de lei complementar, não podendo fazê-lo o legislador ordinário.

Ora, os créditos acumulados de ICMS, ou IPI, que não são absorvidos pelos débitos desencadeados pelas vendas realizadas no período normal de compensação, são classificados no ativo circulante como *outros créditos* (e correspondem a direitos patrimoniais). Se forem realizados por valor inferior ao registro contábil (deságio) configurarão perda e redução do patrimônio líquido da pessoa na mesma medida da diferença apurada. Devem merecer, por isso, o mesmo tratamento imposto a qualquer outro crédito, estando sob a égide do art. 318 do Regulamento do Imposto de Renda, que disciplina a questão em relação aos títulos de crédito. Assim, dentro do conceito de custo financeiro, dedutível, incluem-se os juros pagos ou incorridos, os descontos e o deságio concedido na colocação de tais títulos. Portanto, os valores correspondentes ao deságio terão o tratamento de encargos financeiros, apropriados *pro rata tempore* nos períodos-base a que competirem, dedutíveis na apuração do lucro líquido.

Não obstante o ágio obtido pelo adquirente do crédito configura ganho e seu valor correspondente integra o resultado do período-base como receita financeira. Não há farta jurisprudência administrativa sobre a matéria, mas o 1º Conselho de Contribuintes já decidiu, conforme o acórdão n. 101-83.411/92, que deverão ser computados no período-base de sua apuração os deságios obtidos na aquisição de créditos pela pessoa jurídica. Se aqui os deságios obtidos foram computados como receita, ao contrário a pessoa jurídica que os concedeu deverá considerá-los como encargos financeiros dedutíveis.

O REGIME CONSTITUCIONAL DOS PROVENTOS DA APOSENTADORIA DO SERVIDOR PÚBLICO EFETIVO

CARLOS AYRES BRITTO

Professor de Direito Constitucional e Teoria do Estado da Universidade Federal de Sergipe e Ex-Integrante da Comissão de Estudos Constitucionais da OAB Federal

1. O regime constitucional do valor inicial dos proventos. 2. O regime constitucional da atualização dos proventos. 3. A modificação invariavelmente ascensional dos proventos. 4. O regime constitucional da limitabilidade dos proventos. 5. A peculiaridade da estrutura financeira dos proventos. 6. A possibilidade jurídica de acumulação dos proventos e vencimentos. 7. O regime constitucional das fontes de cobertura dos proventos. 8. Considerações finais. Breve comentário sobre a disponibilidade funcional.

1. *O regime constitucional do valor inicial dos proventos*

1.1 A Constituição de 1988 reservou para si mesma a incumbência de caracterizar como "proventos" o ganho ou rendimento mensal a que fazem jus, por toda a vida, os servidores públicos civis que passam da atividade laboral para a situação de aposentados.

1.2 Mais até do que fazer dos proventos a paga mensal e vitalícia a que fazem jus os servidores públicos civis que se aposentam, a Constituição formulou por conta própria a disciplina das modalidades em que tais proventos se constituem. São elas: a) a modalidade proporcional à remuneração que o aposentado percebia na atividade; b) a modalidade integralmente substitutiva daquela remuneração.[1]

1.3 Estamos a falar, assim, de um instituto que é o próprio conteúdo financeiro da aposentadoria, do mesmo jeito como o vencimento é o conteúdo financeiro do cargo ou função de natureza efetiva. Logo, pela sua tradução em pecúnia, os proventos estão para os aposentados assim como o vencimento está para os servidores que permanecem no serviço ativo.

1.4 É na verificação da existência dessa dualidade básica – servidor e aposentado – que o discurso constitucional se torna meridianamente claro sobre os proventos, de um lado, e, de outro, sobre o vencimento.

1.5 A que servidor, porém, estamos a nos referir? Àquele que mantém uma relação profissional-estatutária, de caráter efe-

1. Com adequação à sistemática da nossa Constituição, a Lei federal 8.112, de 11.12.90, verbaliza que "remuneração é o vencimento do cargo efetivo, acrescido das vantagens pecuniárias permanentes estabelecidas em lei".

tivo, com as seguintes categorias de pessoas jurídicas: a) o Estado, pela sua Administração Direta, que é locução abrangente das unidades administrativas do Poder Legislativo, do Poder Executivo e do Poder Judiciário;[2] b) as autarquias; c) as fundações públicas.

1.6 Para tais servidores é que foi concebido o regime jurídico único, assim constitucionalmente legendado:

"A União, os Estados, o Distrito Federal e os Municípios instituirão, no âmbito de sua competência, regime jurídico único e planos de carreira para os servidores da administração direta, das autarquias e das fundações públicas" (art. 39, *caput*).

1.7 A pergunta agora é esta: o que nos autoriza a dizer que a Lei Maior da Federação reservou para si mesma a disciplina jurídica dos proventos iniciais dos servidores efetivos? Resposta: o conjunto de dispositivos com que ela faz desses proventos uma literal e auto-suficiente menção. Vale dizer, a Constituição não apenas fala dos proventos, com todas as letras em que a palavra se decompõe, mas o faz com o nítido propósito de traçar para eles um perfil que dispensa o adjutório da legislação ordinária, ou complementar.[3]

1.8 Esse perfil jurídico se delineia pela indicação diretamente constitucional dos seguintes aspectos: 1º) a hipótese de incidência ou o fato gerador dos proventos, que é a aposentadoria; 2º) as modalidades em que essa aposentadoria toma corpo, que são a voluntária, a compulsória e a decorrente de invalidez; 3º) a compostura financeira inicial dos proventos (se serão eles integrais ou proporcionais) para cada modalidade de aposentadoria; 4º) as hipóteses de alterabilidade dos proventos. É a matéria em que se desdobra o art. 40, *in verbis*:

"Art. 40. O servidor será aposentado:

"I – por invalidez permanente, sendo os proventos integrais quando decorrentes de acidente em serviço, moléstia profissional ou doença grave, contagiosa ou incurável, especificadas em lei, e proporcionais nos demais casos;

"II – compulsoriamente, aos setenta anos de idade, com proventos proporcionais ao tempo de serviço;

"III – voluntariamente:

"a) aos trinta e cinco anos de idade, se homem, e aos trinta, se mulher, com proventos integrais;

"b) aos trinta anos e efetivo exercício em funções de magistério, se professor, e vinte e cinco, se professora, com proventos integrais;

"c) aos trinta anos de serviço, se homem, e aos sessenta, se mulher, com proventos proporcionais ao tempo de serviço;

"d) aos sessenta e cinco anos de idade, se homem, e aos sessenta, se mulher, com proventos proporcionais ao tempo de serviço.

"§ 4º. Os proventos da aposentadoria serão revistos, na mesma proporção e na mesma data, sempre que se modificar a remuneração dos servidores em atividade, (...) inclusive quando decorrentes da transformação ou reclassificação do cargo ou função em que se deu a aposentadoria, na forma da lei."[4]

2. Na matéria, abrimos espaço à doutrina de Celso Bastos, para quem "a aposentadoria do servidor público dá-se nos termos do art. 40 da Constituição Federal. O *caput* desse artigo não se refere a servidor específico de quaisquer dos três Poderes. A boa hermenêutica manda entender como aí compreendidos os servidores do Legislativo, do Executivo e do Judiciário, com a só exclusão dos empregados de empresas dessas entidades regidas pelo direito privado, na conformidade do art. 173 da Constituição" (em *Curso de direito administrativo*, Ed. Saraiva, 1994, p. 293).

3. Ivan Barbosa Rigolin parece-nos afinar sua voz pelo mesmo diapasão, ao dizer que "a aposentadoria de servidor público é matéria de matriz inteiramente constitucional. Em tema efetivamente importante é apenas a Constituição Federal que estabelece o direito" (ver p. 304 da monografia *Comentários ao regime único dos servidores públicos civis*, Ed. Saraiva, 1995).

4. Sobre a matéria, Adílson Abreu Dallari emite o seguinte comentário: "No texto de 1969 (art. 102,

1.9 Em síntese, os proventos são a paga ou o crédito vitalício da aposentadoria, sendo esta, logicamente, um direito público subjetivo de conteúdo pecuniário. "Direito sujeito a uma condição", no dizer de Themístocles Brandão Cavalcanti. E, "realizada esta condição, invalidez, idade, tempo de serviço, consolida-se o direito às vantagens concedidas pela lei" (*Tratado de direito administrativo*, v. 4, p. 315).

2. *O regime constitucional da atualização dos proventos*

2.1 Como visto, a Lei das Leis não se limitou à fixação inicial dos proventos, conforme o tipo de aposentadoria. Sentando praça do seu propósito de fazer dos proventos um instituto de direito constitucional – e não apenas de direito administrativo –, a Carta de Outubro ainda cuidou de traçar o regime jurídico da revisão ou atualização monetária a que eles devem obedecer.

2.2 Com efeito, a Constituição foi além da outorga do direito à aposentadoria e à fixação dos respectivos proventos iniciais. Ela ainda traçou o regime de revisão desses proventos, ao proferir o discurso do § 4º do art. 40, ainda há pouco transcrito e agora repetido:

"Os proventos da aposentadoria serão revistos, na mesma proporção e na mesma data, sempre que se modificar a remuneração dos servidores em atividade, sendo também estendidos aos inativos quaisquer benefícios ou vantagens posteriormente concedidos aos servidores em atividade, inclusive quando decorrentes da transformação ou reclassificação do cargo ou função em que se deu a aposentadoria, na forma da lei".

2.3 Fácil é perceber, então, que são exatamente dois os parâmetros da revisão assim constitucionalmente disciplinada. O primeiro deles é a remuneração em geral dos servidores ativos, no sentido de que o percentual e a data de modificação que ela vier a experimentar *serão automaticamente extensíveis aos proventos*. Sem tirar nem pôr. Já o segundo parâmetro, reside ele na extensão aos aposentados de qualquer *vantagem* ou *benefício novo* que a lei instituir pelo simples exercício do cargo ou função em que se deu, justamente, a aposentadoria de algum servidor público civil. Extensibilidade, essa, que não exclui a hipótese em que a vantagem ou o benefício venha a se verificar após a transformação do cargo ou função em que se deu a mencionada aposentadoria.

2.4 Numa palavra, a Constituição não quer que os proventos mínimos da aposentadoria funcional percam o referencial do pagamento mensal a que têm direito os servidores da atividade. Melhor dizendo, a Lei das Leis impede que o fato da aposentação implique a adoção de duas políticas estatais de pagamento de pessoal: uma para o servidor ativo, outra para o inativo, *com desvantagem para este último*.

2.5 No rigor dos termos, a política remuneratória do Estado é uma só: a dos servidores. É em razão do exercício dos cargos e funções da atividade (releve-se o pleonasmo, já que não se pode falar de cargos e funções da inatividade) que a lei fixa o vencimento e seus acréscimos. Não para os proventos iniciais e suas duas formas de atualização. Estes últimos são fixados de acordo com as normas da Constituição, diretamente. Daí por que à lei não é dado desqualificar o vencimento e seus acréscimos permanentes (ou incorporados) como base de cálculo dos proventos a que venha a fazer jus qualquer servidor em concreto.

§ 1º, a única possibilidade de revisão de proventos era quando da modificação dos vencimentos do pessoal ativo exclusivamente 'por motivo de alteração do poder aquisitivo da moeda'. Atualmente, a revisão dos proventos será feita 'sempre', seja por ocasião das revisões gerais, previstas no art. 37, X, seja quando for concedido aumento real a determinadas ou específicas categorias" (p. 109 da monografia *Regime constitucional dos servidores públicos*, Ed. RT, 1990).

2.6 Convém dizer de outro modo: em matéria de fixação de vencimento e dos acréscimos que a ele se faça, transformando-o em "remuneração", *quem dá as cartas é a lei*. Todavia, em matéria dos critérios de fixação inicial dos proventos e do direito aos acrescentamentos financeiros que se lhes façam, *quem dá as cartas é a Constituição*. Os vencimentos e suas vantagens são estabelecidos com anterioridade, e por derivação é que os proventos se constituem.

2.7 Existe uma vontade constitucional mais bastante em si, em tema de proventos, e essa vontade está em conferir ao servidor público civil a garantia de que: a) terá na remuneração do seu cargo ou função a base de cálculo mínima de sua futura aposentadoria; b) uma vez aposentado, partilhará, isonomicamente, com os que permanecerem na atividade, dos efeitos de qualquer política legislativa de valorização financeira da atividade pública em geral, e, mais que isto, da valorização pelo exercício do cargo ou função de que ele (inativo) um dia foi titular; mesmo que tal cargo ou função já se encontre sob nova nomenclatura.

2.8 A conseqüência prática dessa vontade constitucional objetiva é o impedimento de defasagem dos proventos face à remuneração da atividade, o que não significa proibir que eles (proventos) até suplantem os vencimentos do pessoal ativo. A isonomia entre servidores e aposentados só existe no plano da valorização da política remuneratória dos primeiros (não da desvalorização), como um pouco mais avante demonstraremos.

3. A modificação invariavelmente ascensional dos proventos

3.1 Agora, com os olhos grudados neste novo aspecto que o tema dos proventos suscita, começamos pela observação elementar de que "os vencimentos dos servidores públicos, civis e militares, são irredutíveis (...)" (art. 37, XV, da CF). Ora, como esses vencimentos assim irredutíveis vão-se transformar em proventos, e como os proventos não podem perder de vista a evolução percentual deles, vencimentos, segue-se que os proventos também se caracterizam pela impossibilidade de sua redução nominal.

3.2 Com efeito, sendo os vencimentos acobertados com a cláusula constitucional da irredutibilidade, é óbvio que qualquer modificação em seu valor nominal só pode operar para cima. E pelo já visto princípio da extensibilidade, as modificações operadas na remuneração dos servidores ativos são as mesmas que incidem sobre os proventos da inatividade.[5]

3.3 Cuida-se de regra sem exceção, pois, diferentemente do que prescreveu para os salários do trabalhador comum (que admitem diminuição, desde que operada por convenção ou acordo coletivo, nos termos do art. 7º, VI), *a Constituição não abre mão da irredutibilidade dos vencimentos dos servidores públicos*.

3.4 Essa intransigente irredutibilidade alcança toda a remuneração do servidor, pois o fato é que certos acréscimos pecuniários, uma vez preenchidas as suas condições de incorporação ao vencimento, já não podem ser retirados. Daí por que a Lei 8.112 os designa como "vantagens pecuniárias permanentes" (art. 41, *caput*), a eles comunicando a estabilidade financeira que é própria do vencimento.

3.5 É preciso que se diga, também, que a própria Constituição faz do vocábulo

5. Não é sem arrimo constitucional que a Lei do Regime Jurídico Único: a) designa por "remuneração" a soma do vencimento do cargo efetivo e das vantagens pecuniárias permanentes (art. 41, *caput*); b) torna irredutível essa totalidade remuneratória (§ 3º do art. 41); c) manda calcular o "provento" da aposentadoria com base naquela remuneração já qualificada como totalidade insuscetível de redução (art. 189, *caput*).

"vencimentos", em algumas de suas passagens, termo exatamente igual ao de "remuneração": soma do valor básico do cargo ou função e dos acréscimos por lei instituídos. Tanto é verdadeira esta proposição, que a letra *b* do inc. II do art. 96 da Carta de Outubro nem se deu ao trabalho de dizer que aos órgãos de cúpula do Poder Judiciário incumbe propor ao Legislativo a fixação do conteúdo financeiro dos acréscimos estipendiários dos próprios ministros ou desembargadores, assim como dos serviços auxiliares dos juízos àqueles órgãos vinculados. Limitou-se a falar de "fixação de vencimentos", pela transparente razão de que o vocábulo vencimentos já é a soma do valor básico do cargo ou função e dos acréscimos estipendiários que a lei vier a instituir.

3.6 A vontade da Constituição, neste passo, está na sinonimização das duas palavras, por isso que, se o termo "vencimentos" foi empregado no âmbito do Poder Judiciário, o vocábulo "remuneração" o foi no círculo das atribuições da Câmara dos Deputados e do Senado Federal, *litteris*:

"Art. 51. Compete privativamente à Câmara dos Deputados:

"IV – Dispor sobre sua organização, funcionamento, polícia, criação, transformação ou extinção dos cargos, empregos e funções de seus serviços e fixação da respectiva remuneração, observados os parâmetros estabelecidos na lei de diretrizes orçamentárias."

"Art. 52. Compete privativamente ao Senado Federal:

"IV – Dispor sobre sua organização, funcionamento, polícia, criação, transformação ou extinção dos cargos, empregos e funções de seus serviços e fixação da respectiva remuneração, observados os parâmetros estabelecidos na lei de diretrizes orçamentárias."

3.7 Nessa mesma pegada, reza a Lei Maior que o benefício da pensão por morte corresponderá "à totalidade dos vencimentos" do servidor falecido, ou, se for o caso, dos proventos da inatividade (§ 5º do art. 40).[6]

3.8 Resulta claro, portanto, que somente para o alto é que pode haver alteração no valor nominal dos vencimentos ou remuneração, e, por conseqüência, no pagamento mensal dos aposentados. Este o motivo pelo qual a Constituição não inclui na competência reservada do Poder Executivo Federal a iniciativa das leis que disponham sobre *redução de vencimentos*, nem a competência do Tribunal de Contas da União a apreciação da legalidade das *reduções de proventos, reformas ou pensões*. Aqui, tanto quanto ali, a Magna Carta só trabalha com as hipóteses de *aumento* ou *melhorias* (art. 61, § 1º, inc. II, alínea *a*, e art. 71, inc. III, parte final), em sintonia fina com as normas assecuratórias da irredução de tudo quanto faça parte dos vencimentos ou remuneração.[7]

3.9 Se, eventualmente, o Estado pretender extinguir uma dada vantagem ou gratificação incorporada, ou mesmo reduzir as respectivas expressões financeiras, é claro que poderá fazê-lo. Não, porém, sem deixar de incorporar os valores integrais (caso de extinção) ou as diferenças ocasionais (caso de redução) ao vencimento do cargo efetivo. Ou, alternativamente, sem deixar de converter tais valores em vanta-

6. Como já tivemos a oportunidade de escrever, em outra ocasião, essa totalidade dos vencimentos ou dos proventos *não pode ser objeto de redução por lei*. O limite legal de que fala o § 5º do art. 40 não é para a pensão, mas para a remuneração da atividade ou os proventos dos inativos, tal como previsto no inc. XI do art. 37. Intelecção esta, coerente com o mandamento constitucional de que a pensão por morte corresponderá (sempre) "à totalidade dos vencimentos ou proventos do servidor falecido".

7. Não apenas os servidores públicos são contemplados com aposentadoria marcada pela irredutibilidade dos respectivos proventos. Também aos que se aposentam pela previdência social geral é conferida a mesma garantia, a teor do inc. IV do art. 194 da Carta Democrática de 1988, que, às escâncaras, faz da "irredutibilidade do valor dos benefícios" um dos princípios da seguridade social.

gem de caráter individual para o servidor que os percebia, pois somente assim estará reverenciando, em plenitude, o princípio da irredutibilidade.

3.10 Se o regime jurídico do servidor público civil é de natureza estatutária – e não de natureza contratual –, é porque se trata de um regime sempre ao dispor da vontade legal do Estado, como, aliás, confirma a torrencial jurisprudência do Supremo Tribunal Federal.[8] Mas isto não desobriga a pessoa estatal federada de manter no patrimônio jurídico de tais servidores os efeitos pecuniários das relações cujos pressupostos de formação e gozo permanente já se consumaram no tempo, sob pena de se tornar coisa nenhuma o peregrino princípio constitucional da irredutibilidade. Princípio, esse, que se manifesta como aplicação tópica do princípio do direito adquirido, tanto quanto o direito adquirido se manifesta como aplicação pontual do princípio da segurança das relações jurídicas.[9]

3.11 Enfim, é de se trazer à ribalta a formulação normativa do art. 20 do Ato das Disposições Constitucionais Transitórias da Carta de Outubro, por que ali também se deixa claro o intuito revisional sempre ascendente dos proventos. Confira-se:

"Dentro de cento e oitenta dias, proceder-se-á à revisão dos direitos dos servidores públicos inativos e pensionistas e à atualização dos proventos e pensões a eles devidos, a fim de ajustá-los ao disposto na Constituição".

4. O regime constitucional da limitabilidade dos proventos

4.1 Irredutibilidade, porém, não significa ilimitabilidade da remuneração, ou mesmo dos proventos. Há norma constitucional nesse sentido, no próprio ADCT, cuja roupagem vocabular está assim paramentada:

"Os vencimentos, a remuneração, as vantagens e os adicionais, bem como os proventos de aposentadoria que estejam sendo percebidos em desacordo com a Constituição serão imediatamente reduzidos aos limites dela decorrentes, não se admitindo, neste caso, invocação de direito adquirido ou percepção de excesso a qualquer título" (art. 17, *caput*).

4.2 Que limites são esses? A remuneração que é percebida por certos agentes de nomenclatura diretamente constitucional. Na letra do inc. XI do art. 37 da Constituição, esses limites correspondem exatamente aos "valores percebidos como remuneração, em espécie, a qualquer título, por membros do Congresso Nacional, Ministros de Estado e Ministros do Supremo Tribunal e seus correspondentes nos Estados, no Distrito Federal e nos Territórios, e, nos Municípios, os valores percebidos como remuneração, em espécie, pelo Prefeito".

4.3 É certo que o mesmo inc. XI do art. 37 também fala da "relação de valores entre a maior e a menor remuneração dos servidores públicos", que não deixa de ser um teto de natureza pecuniária. Mas essa relação de valores somente opera por virtude de lei. Não da própria Constituição.

4.4 O que opera por virtude da própria Constituição (e não da lei, repise-se), são os "limites máximos" a que se reporta a segunda parte daquele inc. XI do art. 37.

8. No particular, Paulo Modesto faz um precioso balanço da jurisprudência pretoriana nacional em prol do recolhimento da relação estatutária como relação de permanente conformação legal, no sentido de que o servidor não tem o cargo ou função pública imune às valorações políticas novas que o Estado entender de fazer, inclusive no plano dos institutos de conteúdo pecuniário. É o que se lê do estudo publicado às pp. 172-178 da *Revista do Ministério Público da Bahia*, v. 4, 6/95.

9. Ver o nosso estudo sobre "Direito adquirido contra as Emendas Constitucionais", escrito em parceria com Valmir Pontes Filho e publicado às pp. 75-80 da *Revista de Direito Administrativo da FGV*, v. 202, out./dez. de 1995.

Razão pela qual o art. 17 do ADCT mandou reduzir vencimentos e proventos aos limites decorrentes da Constituição ("dela decorrentes", é o texto), acrescentando que tal redução ocorreria "imediatamente"; ou seja, sem a menor necessidade de lei.

4.5 Por via de conseqüência, é da combinação dos dois dispositivos (o transitório e o permanente) que toma corpo a seguinte e essencial distinção: a) a remuneração global (i. e., em espécie e a qualquer título) dos agentes nominados pelo inc. IX do art. 37 atua como limite que se impõe imediatamente aos vencimentos dos servidores públicos e aos proventos dos aposentados; b) o número máximo de vezes em que a maior remuneração dos servidores ultrapassar a menor também opera como teto remuneratório – se a relação de valores vier a constar de lei, naturalmente –, mas com seu âmbito pessoal de incidência adstrito a quem estiver em atividade.

4.6 Se a norma transitória incide com imediatidade, isto se deve à consideração de se cuidar de "norma constitucional de eficácia plena e aplicabilidade imediata", para usarmos da conhecida classificação de José Afonso da Silva (*Aplicabilidade das normas constitucionais*, Ed. RT, 1968). Reversamente, se a parte inicial da norma de caráter permanente só incide a partir da edição de lei ordinária, é pelo fato de se tratar de "norma constitucional de eficácia limitada e aplicabilidade mediata", ainda segundo a mesma classificação doutrinária.

4.7 Noutro modo de enfocar o tema, sinta-se que o art. 17 do ADCT falou das duas coisas paradigmáticas: remuneração e proventos. Disse então, que os dois institutos sofreriam os limites *dela mesma decorrentes*. Como os únicos limites decorrentes da própria Carta de 1988 – e não da lei infraconstitucional – são os valores máximos dos cargos titularizados pelos membros do Poder, segundo a nominalização que se lê no mencionado inc. XI do art. 37, conclui-se que tais valores é que servirão de teto imediato para os vencimentos do pessoal ativo e os proventos da inatividade, indistintamente. Por isso que a Magna Carta, sem esperar por nenhuma lei, ordenou que a redução aos limites dela decorrentes se fizesse "imediatamente".

4.8 Já na parte alusiva à relação entre a maior e a menor remuneração dos servidores públicos (parte inicial do inc. XI do art. 37), como a Constituição deixou de fixar o número máximo em que a primeira poderia superar a segunda, preferindo, ao contrário, aguardar a edição da lei, a conclusão é bem outra. Em sede de aposentadoria, o limite que a lei vier a estabelecer para os servidores ativos *somente incidirá sobre as futuras passagens para a inatividade*; quer dizer, sobre os proventos que vierem a ser estabelecidos a partir da remuneração já submetida ao redutor legal. Não aos que já se encontrarem fixados, por ocasião da lei introdutora de limites.

4.9 Esta discriminação entre redutor imediato e redutor diferido é o que explica o fato de a Constituição dizer que, somente nos casos de redução imediata aos limites dela decorrentes, é que se deixaria de admitir a "invocação de direito adquirido ou percepção de excesso a qualquer título".

4.10 A inferência que se extrai da ressalva constitucional, então, é a de que os aposentados somente estarão sujeitos à redutibilidade em seus proventos se estes ultrapassarem a remuneração global dos agentes nominados pelo inc. XI do artigo constitucional de n. 37. Ainda assim, advertimos que tal remuneração atua como limite máximo, apenas no sentido de que nenhum diploma legal poderá aquinhoar os servidores com vencimento básico e acréscimos pecuniários que venham a suplantá-la. Não no sentido de vir a lei, por exemplo, a baixar a remuneração daqueles membros do Poder, com o propósito de forçar o instantâneo encolhimento da remuneração do servidor. Forma oblíqua e espúria de se ferir o princípio da irredutibilidade, pois uma coisa é a lei não poder ignorar os limites remuneratórios máximos, a ela preexistentes, e, outra, é a lei refixar para baixo os limites até então vigorantes, para o efeito de aplicá-los a situações pretéritas que nada tinham de inconstitucional ao tempo de sua formal ocorrência. A inconstitucionalidade, em matéria de limites, pressupõe que os vencimentos do servidor venham a deixar para trás a remuneração paradigmática dos agentes do Poder, e não que a remuneração paradigmática dos agentes do Poder venha a se colocar para trás dos vencimentos do servidor.[10]

4.11 No fluxo deste modo de pensar a Constituição é de se lembrar que o art. 17 do ADCT só ordenou a imediata redução dos vencimentos e até dos proventos aos valores-limite do inc. XI do art. 37, na pressuposição de que existisse, à época da promulgação da Carta Magna (daí o caráter transitório da norma) uma concreta situação de vencimentos e proventos cuja expressão pecuniária fosse maior que a dos agentes paradigmáticos. É dizer: na pressuposição de que os agentes do Poder, naquele momento, *já se encontrassem na retaguarda* dos estipêndios vigorantes para os servidores públicos em geral e o pessoal da inatividade.

4.12 Zerada a contabilidade jurídica, entretanto (por força da imediata aplicabilidade do redutor constitucional), o que passou a vigorar foi o impedimento à lei para reinstaurar uma situação de crescimento da remuneração dos servidores para além dos marcos pecuniários da retribuição dos agentes do Poder. Jamais uma paralela outorga de habilitação à lei para impor *um tipo substancialmente novo de teto remuneratório*; qual seja, a redução da própria remuneração paradigmática daqueles agentes que são membros do Poder. Isto, com o propósito juridicamente malsão de fazer despencar vencimentos e proventos já imunizados com a cláusula constitucional da irredutibilidade (uma vez que originalmente estabelecidos sem ofensa aos limites máximos).

4.13 Terminemos o capítulo com a síntese de que a Constituição não promoveu a baixa dos valores-limite, para forçar a queda dos vencimentos e proventos. Não lavrou no campo da redutibilidade em dose dupla. Apenas ordenou a "tara" dos vencimentos e proventos sobejantes, a evidenciar o fato de que toda redução começa e termina com os vencimentos e proventos, passando inteiramente ao largo dos próprios valores-limite.

5. *A peculiaridade da estrutura financeira dos proventos*

5.1 Sob este novo prisma de estudo da matéria, começamos por ajuizar que os proventos, por mais um fundamento constitucional, podem ultrapassar a remuneração dos próprios servidores em atividade (já não nos referimos aos agentes do Poder). É que eles, proventos, têm na sua estrutura financeira uma peculiaridade que termina por acarretar, em dadas circunstâncias, a superação dos valores praticados ao nível do serviço ativo.

5.2 Que peculiaridade é essa? Vejamos. Ao contrário do que sucede com os vencimentos ou a remuneração, *os proventos não têm estrutura compósita*. Eles são uma unidade ou um todo *pro-indiviso*, na medida em que não comportam divisão em parte principal e parte acessória.

5.3 É claro que, por ocasião da aposentadoria do servidor, há que se buscar o vencimento do cargo ou função por ele ocupada, mais os acréscimos pecuniários já revestidos de definitiva aderência ao mesmo vencimento, para o fim de fixação

10. Metaforicamente, podemos dizer que o trem dos vencimentos dos servidores não pode correr à frente da composição em que viaja a remuneração dos agentes do Poder, salvo se essa composição, por efeito de marcha-à-ré, passar à retaguarda daquele.

da base de cálculo dos proventos. *Esta base de cálculo é que tem natureza compósita: vencimento e vantagens incorporadas*. Ela é que passa de vencimento a remuneração, e, daí, a proventos. Sem que isto signifique, obviamente, que os proventos se componham de parte básica e parte complementar.

5.4 Sinta-se, a propósito, que a Constituição não fala de "provento", assim no singular, precisamente por que ele já se constitui como sucedâneo da remuneração do servidor. Não existe provento como termo correlato a vencimento. No lastro formal da Magna Carta, o que existe são "proventos" como termo correlato a remuneração (i. é, soma do vencimento e dos acréscimos permanentes do servidor).

5.5 Note-se também que a Constituição Federal não faz das vantagens pecuniárias algo inerente ao instituto dos proventos. Não! Os adicionais e gratificações – genericamente etiquetados como "vantagens" pela Lei 8.112/90 – são institutos ínsitos ao vencimento do servidor público civil. Apenas por derivação é que eles repercutem sobre os proventos. Não, todavia, como algo que se agrega ou se acopla à retribuição do aposentado, *mas como algo que se transforma nessa retribuição*. O que era sobrepaga, ao contato com os proventos, em paga se transforma.

5.6 Reexplicamos. Sempre que a Lei Maior de 1988 inclui no seu vocabulário as "vantagens", os "adicionais", ou os "acréscimos" estipendiários, ela o faz para deixar claro que *todos eles são institutos referidos aos servidores ou pessoal da atividade.* Mais tecnicamente, algo que se adiciona ao vencimento de cada cargo ou função, mas sem perder sua individualidade jurídica.[11] Por amostragem, comprove-se: "os acréscimos pecuniários percebidos por servidor público não serão computados nem acumulados, para fins de concessão de acréscimos ulteriores, sob o mesmo título ou idêntico fundamento" (inc. XIV do art. 37).

"Os Ministros do Tribunal de Contas da União terão as mesmas garantias, prerrogativas, impedimentos, vencimentos e vantagens dos Ministros do Superior Tribunal de Justiça e somente poderão aposentar-se com as vantagens do cargo quando o tiverem exercido efetivamente por mais de cinco anos" (§ 3º do art. 73).

"A concessão de qualquer vantagem ou aumento de remuneração, a criação de cargos ou alteração de estrutura de carreiras, bem como a admissão de pessoal, a qualquer título, pelos órgãos e entidades da administração direta ou indireta, inclusive fundações instituídas e mantidas pelo Poder Público (...)" (parágrafo único do art. 169).

Pois bem, do prisma que interessa aos aposentados, importa reconhecer que a Constituição não categoriza as vantagens funcionais como algo que seja próprio dos proventos, originariamente. Tanto assim é, que o art. 17 do ADCT faz nítida separação entre elas, de uma parte, e os proventos, de outra. Confirme-se: "Os vencimentos, a remuneração, as vantagens e os adicionais, bem como os proventos de aposentadoria (...)".

5.7 No plano do enlace vantagens/proventos, a Constituição-cidadã do Dr. Ulysses Guimarães apenas manda que elas (as vantagens) sejam estendidas aos inativos, com o que se transformarão em proventos, instantaneamente. É concluir: perdendo sua ontologia ou individualidade jurídica, no momento mesmo da extensão.

5.8 O § 4º do art. 40 serve como luva encomendada, no trecho em que estatui: "sendo também estendidos aos inativos quaisquer benefícios ou vantagens posteriormente concedidos aos servidores em atividade". Extensão, por sinal, também

11. Esta, aliás, a causa de a Lei do Regime Jurídico Único dar tratamento em apartado às modalidades de vantagens funcionais, como, por exemplo, as gratificações e os adicionais, não sem antes prescrever que todas elas são referidas ao vencimento do servidor (art. 49, incs. I a III).

aplicável à pensão por morte (§ 5º do mesmo art. 40), caso em que o mesmo fenômeno da conversão acontece: as vantagens, uma vez apuradas, não passam a vigorar como apêndice da pensão. Ao contrário, *em pensão se transformam*, perdendo-se no tempo a memória dessa transformação. Tudo se resolve em simples aumento da expressão financeira do instituto no qual tais vantagens se diluem.

5.9 Ora bem, a conseqüência prática dessa peculiar maneira de ser dos proventos (e das pensões) é que incidirão sobre eles, em cheio, os futuros percentuais de aumento da remuneração geral dos servidores, segundo a norma constitucional de que "os proventos da aposentadoria serão revistos, na mesma proporção e na mesma data, sempre que se modificar a remuneração dos servidores em atividade (...)".

5.10 Os aumentos que a remuneração da atividade vier a obter é que servirão de critério para a elevação nominal dos proventos, mesmo que nesses proventos esteja embutida vantagem posteriormente extinta (ou diminuída em seu valor) para os servidores ativos.

5.11 Por ilustração, pense-se numa gratificação por regência de classe, já convertida em proventos. Se a lei vier a extinguir ou reduzir tal vantagem para os novos professores, essa nova política legislativa jamais implicará revisão negativa na retribuição dos aposentados. *O que proventos se tornou, como proventos permanece, intangivelmente.* O que pode mudar é a estrutura dos vencimentos daqueles servidores cujo tempo de gozo da vantagem não chegue a caracterizar o direito à respectiva incorporação. Mas quanto aos proventos, a incorporação da vantagem se dá por instantaneidade, o que significa inalterabilidade do *status quo ante*.

5.12 Esta a linha de pensamento que nos parece rimada com recente decisão do Egrégio Tribunal Regional Federal da 5ª Região, com sede no Recife, nos termos da seguinte ementa, publicada no *DJ* de 30.5.94, p. 26.458: "Administrativo. Gratificação pelo desempenho de regência de classe (art. 2º do Decreto-lei 1.858/81). Incorporação aos *proventos*. Relator: Juiz Lázaro Guimarães. (...) Indexação: gratificação de regência de classe, caracterização, adicionais, atividade, referência, exercício, função, resultado, alcance, garantia, *irredutibilidade*, vencimentos, cabimento, incorporação, *proventos*, aposentadoria, professor (...)".

5.13 Tal hipótese de configuração de excesso dos proventos, à face da remuneração da atividade, nada tem de ofensivo aos limites máximos de que trata o inc. XI do art. 37 da *Lex Maxima.* O enquadramento constitucional é outro. E como já não prospera a vedação de que tratava a parte final do § 2º do art. 102 da Constituição Militar ("em caso nenhum os proventos da inatividade poderão exceder a remuneração percebida na atividade"), com mais razão os inativos bem podem se investir na situação jurídica de detentores de uma retribuição pecuniária suplantadora da vigorante para uma parte do pessoal da atividade.

5.14 Se, na prática, os contracheques dos aposentados discriminarem os proventos em parte básica e parte complementar, o erro estará na confecção de tais documentos. Boa ocasião para se processar as corrigendas que a estrutura unitária dos proventos exige.

6. A possibilidade jurídica de acumulação dos proventos e vencimentos

6.1 Esta nova temática já foi objeto de decisão do Supremo Tribunal Federal, lavrada em caso judicial concreto. Foi recusado ao inativo o direito de, sem abrir mão dos seus proventos, retornar ao serviço público. Isto em se tratando de nova investidura em cargo de provimento efetivo, ou em simples emprego.

6.2 Dissentimos, com todas as vênias, da conclusão a que chegou o Excelso Pretório. No particular, preferimos aderir aos fundamentos com que o insigne Tribunal de Justiça de Sergipe lavrou o acórdão de n. 323/92, decidindo mandado de segurança que teve o nosso pessoal patrocínio advocatício.

6.3 No mandado em causa, externamos ponto de vista que temos por academicamente certo, assim apertadamente reproduzido:

"Ao reverso do que entendem o Plenário e a Segunda Câmara da Egrégia Corte Estadual de Contas, a acumulação dos proventos com os vencimentos não é exceção. Na Lei Suprema do País, tal acumulação ostenta os caracteres de regra geral, pelos seguintes imperativos lógicos:

"a) porque a Constituição Federal só menciona os vocábulos 'cargos', 'empregos' e 'funções', ao prescrever a vedação da acumulabilidade remunerada (incisos de ns. XVI e XVII do art. 37). Como o aposentado não titulariza cargo, não ocupa emprego, não desempenha função pública, segue-se que sua inserção na regra proibitiva somente se daria por explicitude vernacular, e não por implicitude;

"b) porque a técnica legislativa da explicitude foi a perfilhada pela Constituição Federal anterior (a de 1967, com o 'emendão' de 1969), que assim estendia aos aposentados a regra vidatória da acumulação remunerada: 'A proibição de acumular proventos não se aplica aos aposentados, quanto ao exercício de mandato eletivo, quanto ao de um cargo em comissão ou quanto a contrato para prestação de serviços técnicos ou especializados' (§ 4º do art. 99);

"c) porque a não-inclusão dos aposentados na regra vedatória embutida na nova Carta Política não se deu por efeito de esquecimento ou descuido redacional da Assembléia Nacional Constituinte. Não! O que se deu com os aposentados foi uma exclusão intencional, consentida, amplamente debatida, conforme noticiam os anais das primeiras comissões temáticas e assim lembrados por Corsíndio Monteiro da Silva: 'Quando da redação da atual Constituição (Comissão de Sistematização), houve uma pretensão isolada, que não prosperou, de se aditar a palavra 'proventos' ao que ora se consubstancia no inciso XVII do art. 37. Prevaleceu o bom senso pela palavra respeitável do eminente Senador Nelson Carneiro, que, na mesma Comissão de Sistematização, apresentou a Emenda n. 19.194 Supressiva, para que fosse eliminada do dispositivo a palavra 'proventos', havendo o Parecer do Relator sido concebido nos seguintes termos: 'Concluímos pela aprovação da emenda por considerarmos, como o autor, medida do mais elevado espírito de justiça'. E, se prosperasse, muitos Deputados ou Senadores já não poderiam exercer suas altas funções uma vez aposentados, e a Administração Pública se converteria em verdadeiro caos, com a impossibilidade de recrutar para seu serviço aposentados experientes, que, de há muito, lhe vêm dando efetiva colaboração' (in *Revista de Informação Legislativa*, Brasília, a.26, n. 101, jan./mar. 1989, pp. 192-193);

"d) porque houve mesmo uma preocupação central da nova ordem constitucional em melhor tutelar a categoria dos aposentados, em afastar antigas restrições ao regime de acumulações e de proventos, conforme evidenciam: primeiro, a não-reprodução da norma que proibia ao aposentado ganhar mais na inatividade do que na atividade (§ 2º do art. 102 da velha Constituição); segundo, a não-repetição, por igual, da regra que tornava excepcional a acumulação dos soldos dos militares inativos com vencimentos no serviço público civil (era o § 9º do art. 93 do 'emendão' de 1969);

"e) porque a Constituição-cidadã do Dr. Ulysses Guimarães dedicou aos magistrados e membros do Ministério Público um longo e específico regramento, sem que proibisse a acumulação entre vencimentos e proventos, conforme, aliás, bem lançada observação do publicista José Sérgio Monte Alegre, no parecer jurídico que lavrou no processo de aposentadoria do impetrante, mas infelizmente rejeitado pelas duas instâncias da Egrégia Casa de Contas do Estado (xerocópia em apenso);

"Induvidosamente, pois, deu-se uma inversão de enquadramento jurídico do tema da acumulação dos proventos da inatividade com os vencimentos da atividade, *no cotejo da velha com a nova ordem constitucional federal*. Se, na extinta Carta, a acumulação era tracejada como exceção, na Constituição atual a acumulação passou a regra geral. Direito subjetivo do aposentado, seja ele civil, seja militar, que por efeito de aprovação em concurso público retorna aos quadros estatais permanentes (situação do requerente)."

6.4 Na mesma peça advocatícia, ainda argumentamos:

"Não é tudo, porque se faz necessário aduzir que a acumulabilidade aqui defendida é regra que não admite exceção. Ou, por outra, é preciso acrescentar que a proibição da acumulação remunerada de cargos, empregos e funções públicas não pode ser ampliada para significar uma vedação da acumulabilidade de proventos e vencimentos. Isto, pelos seguintes indicadores de interpretação sistemática da Carta de 1988:

"a) porque a proibição de acumular cargos, empregos e funções é uma exceção à regra constitucional da liberdade de exercício de 'qualquer trabalho, ofício ou profissão' (inciso XIII do art. 5º), e, nessa medida, somente pela mão do próprio Poder Constituinte pode ser imposta. O que a Lei Maior apenas tolera, pela via da lei comum, é a indicação dos requisitos profissionais a serem atendidos pelo indivíduo. Fora disso, nada mais pode ser normado por outra instância legislativa que não a Assembléia Nacional Constituinte, pois a Constituição mesma se encarregou de precaver-se contra emenda 'tendente a abolir os direitos e garantias individuais' (art. 60, § 4º, inciso IV), de cujo rol faz parte aquela liberdade de exercício;

"b) porque a proibição de acumular cargos, empregos e funções de natureza pública, vista assim sob o ângulo da exceção àquela originária liberdade de qualquer trabalho, ofício ou profissão, *não pode ser objeto de interpretação ampliativa*. Desde Carlos Maximiliano, passando pela doutrina dos monografistas José Afonso da Silva (in *Aplicabilidade das normas constitucionais*, Ed. RT, 1968) e Celso Ribeiro Bastos (em *Interpretação e aplicabilidade das normas constitucionais*, Saraiva, 1982, em parceria com o subscritor desta petição), o que se tem como assente é a tese da exegese restritiva, sempre que se procura captar o sentido e o alcance de uma norma legislativa consubstanciadora de comandos vedatórios;

"c) porque a acumulação dos proventos da inatividade com os vencimentos da atividade, na medida em que não proibida pela Constituição Republicana, constitui-se em direito subjetivo de todo aposentado que retorna ao serviço público, sem perder o 'status' de inativo por um título funcional anterior. Um direito, diga-se, a ser exercido perante qualquer pessoa estatal federada (e seus desmembramentos administrativos personalizados, como as autarquias, as fundações públicas e as empresas governamentais), não podendo nenhuma dessas pessoas se subtrair ao correlato dever da retribuição pecuniária nova. Afinal, as normas constitucionais sobre os servidores públicos são de caráter nacional, obrigando por igual às pessoas jurídicas de direito público e àquelas que, mesmo detentoras de personalidade de direito privado, se integram na chamada 'Administração Pública'. E é claro que uma eventual fuga do dever de suportar o direito funcional à acumulação dos proventos com os vencimentos implicaria um privilégio para a pessoa jurídica assim subtraída (por conta própria) a uma obrigação constitucionalmente imposta às demais;

"d) finalmente, porque, quando a Constituição Federal quer englobar vencimentos e proventos no mesmo regime jurídico, *Ela o diz*. Sem se fazer de rogada, atrela uma coisa à outra, de modo expresso, como nos seguintes versículos: 'Os proventos da aposentadoria serão revistos, na mesma proporção e na mesma data, sempre que se modificar a remuneração dos servidores em atividade (...)'; 'O benefício da pensão por morte corresponderá à totalidade dos vencimentos ou proventos'; 'Os vencimentos, a remuneração, as vantagens e os adicionais, bem como os proventos de aposentadoria que estejam sendo percebidos em desacordo com a Constituição serão imediatamente reduzidos aos limites dela decorrentes, não se admitindo, neste caso, invocação de direito adquirido ou percepção de excesso a qualquer título' (ver art. 40, §§ 4º e 5º, das disposições permanentes, combinadamente com o art. 17 do Ato das Disposições Constitucionais Transitórias). *A contrario sensu*, diante do fato de que a Lei Fundamental não estendeu aos proventos a proibição da acumulação de vencimentos ou salários, *escapam os inativos à regra da inacumulabilidade que prevalece para os servidores ativos*."

6.5 Naquela oportunidade de nossa atuação forense, invocamos o testemunho doutrinário de Hely Lopes Meirelles (em *Direito administrativo brasileiro*, 16ª ed., pp. 365-366, Malheiros Editores), Celso Antônio Bandeira de Mello (*Regime constitucional dos servidores da administração direta e indireta*, Ed. RT, 1ª ed., 2ª tir., p. 69) e Adílson Abreu Dallari, entre outros. E concluímos o nosso arrazoado com estas palavras:

"Enfim, é do notabilíssimo Adílson Abreu Dallari a lapidação desta jóia de pensamento: 'Não fez qualquer restrição, a nova Carta, a quem já está na inatividade, quanto a poder exercer um outro cargo, emprego ou função pública, desde que, obviamente, atenda aos pressupostos legais e regulamentares. Nem com referência a civis, nem com referência a militares. O aposentado, hoje em dia, pode até fazer concurso e reingressar no Serviço Público livremente, sem que precise olhar para trás para ver em que cargo se aposentou para verificar se deve exercer um cargo técnico ou de professor' (in *Regime constitucional dos servidores públicos*, 2ª ed., Ed. RT, p. 77, monografia prefaciada por Celso Antônio Bandeira de Mello e por este considerada como o 'estudo mais amplo e completo que se fez sobre o tema')".

7. *O regime constitucional das fontes de cobertura dos proventos*

7.1 Pela originária redação do Texto Magno, a aposentadoria dos servidores públicos civis federais era custeada pelo Erário, exclusivamente. O simples exercício do cargo já introduzia o servidor no direito potencial à aposentadoria, independentemente de contribuição deduzida da sua folha mensal de pagamento.

7.2 A partir da Emenda Constitucional 3, de 17 de março de 1993, é que foi acrescentado ao art. 40 o § 6º, debaixo da seguinte indumentária lingüística:

"As aposentadorias e pensões dos servidores públicos federais serão custeadas com recursos provenientes da União e das contribuições *dos servidores*, na forma da lei" (sem grifo).

7.3 Como a nossa Constituição não confunde os vocábulos "servidor" e "aposentado", segue-se que as contribuições serão dos servidores, e não dos aposentados. É exprimir: a lei poderá instituir contribuição pecuniária do servidor, para subsidiar o custeio de sua futura aposentadoria, ou da pensão dos respectivos dependentes.

7.4 Uma vez, contudo, verificada a desinvestidura do servidor, a superveniente aposentadoria já incorporará o direito aos respectivos proventos, às custas exclusivamente da União (ou de fundação ou autarquia federal, quando for o caso). Salvo naquelas situações em que o servidor tiver o direito à complementação de aposentadoria pelo Instituto Nacional do Seguro Social-INSS, porque, aí, o custeio será evidentemente *pro rata*.[12]

7.5 O tratamento constitucional da matéria passou a guardar conformidade com a disciplina conferida à aposentadoria do trabalhador comum, pois o certo é que a contribuição para o financiamento da seguridade social do trabalhador *pressupõe a formação e mantença do vínculo de emprego*. Não a passagem do trabalhador para a inatividade, como deixa claro o art. 195, pelos seus incs. I e II. Mais: na própria seção especificamente destinada à previdência social, a Carta de Outubro volta a pressupor a existência de uma relação empregatícia, geradora de salário, como fonte de custeio da futura aposentadoria do trabalhador. Leia-se:

"Os ganhos habituais do empregado (não do aposentado), a qualquer título, serão incorporados ao salário para efeito de contribuição previdenciária e conseqüente repercussão em benefícios, nos casos e na forma da lei" (§ 4º do art. 201, sem os parênteses).

"Nenhum benefício que substitua o salário de contribuição ou o rendimento do trabalho do segurado terá valor mensal inferior ao salário mínimo" (§ 5º do mesmo art. 201).

7.6 Num e noutro caso, então a aposentadoria decorre de uma relação jurídica do tipo securitário, pela qual o servidor público civil e o trabalhador privado "compram", mês a mês, a sua futura aposentadoria. Cessando, com esta, a continuidade das contribuições a cada remuneração percebida, pois o "prêmio" já se encontra inteiramente pago. *O que se torna vitalício é o direito aos proventos, e não a obrigação da continuidade do autocusteio*.

7.7 Há mais o que dizer contra a aplicabilidade da lei referida pelo § 6º do art. 40, fora do âmbito dos que se mantêm como servidores públicos civis. É que sua extensão aos que se aposentaram antes da vigência dela *teria como efeito a redutibilidade dos proventos*, dado que esses proventos já não corresponderiam à equação financeira determinada pela Constituição e traduzida no comentado esquema da proporcionalidade ou da integralidade da remuneração percebida na atividade (incs. de I a III do art. 40).

7.8 Já de referência ao custeio dos proventos dos que se aposentaram nos serviços administrativos dos Estados-membros, Distrito Federal, ou Municípios, tanto quanto das respectivas autarquias ou fundações, a normação constitucional que prevalece é aquela dos incs. I a III do art. 40; a implicar, por conseguinte, o exclusivo ônus do custeio para tais pessoas de índole governamental.

7.9 Não se desconhece que o parágrafo único do art. 149 da Constituição estabelece que "Os Estados, o Distrito Federal e os Municípios poderão instituir contribuição, cobrada dos seus servidores, para o custeio, em benefício destes, de sistemas de previdência e assistência social". Mas, ainda aqui, tais sistemas previdenciários se destinam a assistir os servidores no campo de certos direitos de matriz simplesmente legal, como, *verbi gratia*, os de serviço médico, odontológico, hospitalar, ambulatorial e assemelhados. Serviços que teriam,

12. Sempre que tal complementação ocorrer, é claro que o Erário federal só responderá por uma parcela da aposentadoria a que fizer jus o servidor público civil. Mas, no que tange a essa parcela, aplica-se em plenitude o regime constitucional dos proventos, tal como aqui debulhado. Afinal, *ubi eadem ratio, ibi eadem legis dispositio*, que quer dizer: onde existe a mesma razão fundamental, prevalece a mesma regra de direito.

como contrapartida de sua prestação, uma dada contribuição em folha de pagamento.

7.10 A contrario sensu, ficam de fora do autocusteio aqueles direitos de matriz imediatamente constitucional, como a aposentadoria, a disponibilidade, o 13º salário, as férias e a pensão por morte. É que o fato gerador desses direitos de berço constitucional é o simples exercício do cargo público, nada tendo a ver com o sistema de previdência e assistência social.

7.11 Justamente por essa razão foi que a Lei das Leis falou que os sistemas de previdência e assistência social das referidas pessoas estatais existiriam para "benefício" dos servidores. E se fosse para forçá-los a contribuir para a própria aposentadoria, que benefício ou favorecimento resultaria dessa imposição? Se os próprios servidores federais tinham sua aposentação inteiramente financiada com recursos do Erário?

7.12 Assim raciocinamos, pela consideração óbvia de que o parágrafo único do art. 149 já constava da primitiva legenda constitucional, *época em que a Magna Carta nada dispunha sobre o autocusteio da aposentadoria dos servidores públicos civis federais*.

7.13 À derradeira, é de se ter em mente que o § 6º do art. 40 da Constituição *tem sua eficácia dependente de lei*. Por tal razão, ainda que se cuidasse de norma impositiva de obrigação pecuniária aos próprios aposentados (e não se cuida, como já explicamos), as contribuições "previdenciárias" somente recairiam sobre os que se inativassem após a edição da referida lei. Não produziriam efeito retroativo, pois os precedentemente aposentados já teriam preenchido todas as condições de gozo que se encontravam (como ainda se encontram) estampadas nos incs. de I a III do art. 40, estes, sim, constitutivos de norma constitucional de eficácia plena e aplicabilidade imediata. Logo, os aposentados já estariam na situação de titulares de um direito adquirido e os atos formais de suas aposentadorias já estariam sob o rótulo inalterável de atos jurídicos perfeitos.

8. Considerações finais. Breve comentário sobre a disponibilidade funcional

8.1 Com a verbalização destas idéias, cremos haver esboçado o perfil de uma nova realidade jurídica: a realidade de que a Lei Maior chamou para si, muito mais do que fez com relação à paga da atividade, o regime jurídico dos proventos da aposentadoria do servidor público civil. A dualidade de regimes é patente, o que explica a separação feita pela alínea *c* do inc. II do art. 61 entre "aposentadoria de civis" e o "regime jurídico" dos "servidores públicos da União e Territórios".

8.2 Com esta decidida vontade de reservar muito mais para si do que para a lei a disciplina do tema, a Constituição nos remete para a necessidade de formação de novos quadros mentais, inclusive em nível da jurisprudência pátria. Jurisprudência que tem pela frente uma longa e nova trilha a palmilhar, atenta à realidade de que, no campo do regime jurídico da aposentadoria, quase toda a semeadura já se encontra feita pela mão do próprio Constituinte. A complementação por via legal praticamente se restringe à introdução de melhorias proventuais.[13]

8.3 Por outro lado, o leitor há de estranhar a ausência de teorização sobre o ins-

13. Protótipo de uma era que passou é esta conhecidíssima decisão do STF: "Salvo quando se verificar o aumento geral dos vencimentos, nos termos da Constituição, os proventos dos inativos não excederão a remuneração dos funcionários ativos" (acórdão unânime da egrégia 2ª Turma, RE 75.119, em 19.2.72, *RDA*, v. 120, p. 178). Também assim o acórdão que traz a seguinte ementa: "O funcionário aposentado só terá direito à revisão dos seus proventos, quando, por motivo de alteração do poder aquisitivo da moeda, forem modificados os vencimentos dos funcionários em atividade" (2ª Turma, ac. unânime, RE 75.925, 1973, *RDA*, v. 119, p. 171).

tituto da disponibilidade do servidor público civil estável, já que estamos a versar o tema dos proventos da inatividade.

8.4 A nossa justificativa é simples. Não temos os disponíveis como *aposentados temporários*, mas como *servidores temporariamente sem função*. E como servidores que continuam a ser, fazem jus a vencimentos. Não a proventos.

8.5 Como fartamente demonstrado nos tópicos precedentes, os proventos são de explícita regração constitucional, e, todavia, a Constituição deles somente fala como a retribuição pecuniária dos aposentados. Em nenhum dos seus dispositivos a Lei Fundamental da República prescreve que o servidor em disponibilidade é pago pela forma proventual.

8.6 Assim como vantagens legalmente extintas podem ter o seu valor transformado em vantagens individuais, vitaliciamente, cargos extintos ou declarados desnecessários também admitem que os seus ocupantes estáveis passem à disponibilidade com os respectivos vencimentos. E foi mesmo como "vencimentos", remarque-se, que a Lei Maior de 1967 cunhou a retribuição pecuniária dos servidores em disponibilidade ("Extinto o cargo ou declarada pelo Poder Executivo a sua desnecessidade, o funcionário estável ficará em disponibilidade remunerada, com vencimentos proporcionais ao tempo de serviço" (parágrafo único do art. 100).

8.7 Na Constituição atual, diz-se apenas que o servidor estável ficará em disponibilidade remunerada, por efeito de extinção ou declaração da desnecessidade do cargo por ele então ocupado (§ 3º do art. 41). Mas a repetição do particípio passado "remunerada" (remuneração é paga de servidor, e não de aposentado) e a não-repetição do fraseado "com vencimentos proporcionais ao tempo de serviço" já induzem o intérprete à intelecção de que a disponibilidade, a partir de 5 de outubro de 1988, se dará com vencimentos integrais.

8.8 Essa primeira impressão logo se robustece, quando o exegeta se dá conta de que o *caput* do art. 41 e seus dois parágrafos iniciais ostentam *a mesma vertente protetora do servidor estável*. Confirme-se:

"Art. 41. São estáveis, após dois anos de efetivo exercício, os servidores nomeados em virtude de concurso público.

"§ 1º. O servidor público estável só perderá o cargo em virtude de sentença judicial transitada em julgado ou mediante processo administrativo em que lhe seja assegurada ampla defesa.

"§ 2º. Invalidada por sentença judicial a demissão do servidor estável, será ele reintegrado, e o eventual ocupante da vaga reconduzido ao cargo de origem, sem direito a indenização, aproveitado em outro cargo ou posto em disponibilidade".

8.9 Novos elementos de convicção, em prol da remuneração integral dos disponíveis, está no próprio § 3º do art. 41. É que nesse dispositivo está dito, inicialmente, que o disponível é "servidor"; depois, que ele só ficará em disponibilidade, "até seu adequado aproveitamento em outro cargo", a exprimir, destarte, uma vontade normativa que não faz do funcionário alguém com o pé na aposentadoria, mas alguém predisposto a retitularizar cargo público. E se se trata de servidor em compasso de espera (um "regra três", no prosaísmo da linguagem esportiva), a ele também é de se aplicar o princípio da irredutibilidade remuneratória. Lógico.

8.10 Não se desconhece que o § 3º do artigo constitucional 40 reza que: "O tempo de serviço público federal, estadual ou municipal será computado integralmente para os efeitos de aposentadoria e de disponibilidade", o que levou Maria Sylvia Zanella Di Pietro a se pronunciar pela proporcionalidade da remuneração do disponível. São palavras da insigne administrativista: "Pode-se inferir da norma do art. 40, § 3º, que ela continuará a ser proporcional ao tempo de serviço, pois esse dispositivo manda contar o tempo de serviço público federal, estadual ou municipal para fins de aposentadoria e disponibilidade, o que não seria cabível, em relação a esta última, se a remuneração fosse integral" (in *Direito administrativo*, p. 327).

8.11 Venia concessa, pensamos diferentemente. No questionado dispositivo, o comando referente à disponibilidade se traduz na vontade constitucional de que o servidor não está impedido de averbar todo o seu tempo de serviço público ao período em que permanecer no aguardo de aproveitamento. Cuida-se, então, de simples autorização da soma do tempo de serviço real (o anterior à disponibilidade) com o tempo de serviço ficto (o que se passa no curso da disponibilidade), na perspectiva da futura reinvestidura. Sem falar que essa averbação bem pode ser aproveitada para outros fins, a depender da política legislativa comum que se adote para o servidor público.

8.12 Acresce que, se a intenção do Texto Magno fosse realmente a de proporcionalizar a retribuição do servidor disponível, nivelando-o ao aposentado cujo tempo de serviço fosse inferior a 35 anos (30 para as mulheres), o parágrafo constitucional imediato não falaria apenas que "os proventos da aposentadoria serão revistos (...)", mas, logicamente, passaria a estatuir que "os proventos da aposentadoria e da disponibilidade serão revistos" etc.

8.13 Não existe senão a dualidade vencimentos/proventos, ou servidor/aposentado, o que explica não constar das atribuições do Tribunal de Contas da União a apreciação dos atos de concessão de disponibilidade, mas, isto sim, de "aposentadorias" (inc. III do art. 71). É que a disponibilidade não implica alteração de vencimentos e o TCU nada que signifique novidade remuneratória tem a apreciar.

8.14 Um derradeiro argumento está em que a disponibilidade opera como dupla garantia para o servidor estável: primeiramente, a garantia de que não será exonerado, por causa da extinção ou da declaração da prescindibilidade do seu cargo; segundamente, a garantia de que, permanecendo como servidor, prosseguirá com os seus vencimentos acobertados com a cláusula da irredutibilidade.

8.15 Damos por encerrada esta nossa empreitada teórica, reconhecendo, no entanto, que são muitos e de forte compleição intelectual os publicistas que divergem deste nosso modesto enfoque do tema da retribuição que é própria da disponibilidade.

Aracajú, 28 de agosto de 1996

DOUTRINA

DIREITO E JUSTIÇA: UM COMPROMISSO (breves anotações)

SERGIO FERRAZ
Professor da Universidade Estadual do Rio de Janeiro

1. Em seu clássico *La crisi del Diritto*, Calamandrei narra uma visita que fizera, anos antes, à Universidade de Cambridge. E nos dá conta do impacto que sofreu, ao saber que ali não se lecionava Direito Processual. Em dia subseqüente, resolveu verificar o funcionamento de uma audiência judicial em Londres. Juntando as duas pontas de sua experiência, o notável jurista italiano extraiu a conclusão de que, à vista do grau de civilização alcançado na Inglaterra, a vivência das instituições se desenrolava em tal grau de confiança que o amor ao formalismo como arma argumentativa, implicado no estudo aprofundado do processo, era despido de sentido ali; e apresentava, como demonstração da validade de seu juízo, sua constatação quanto ao clima reinante entre juízes e jurisdicionados, na vida forense britânica.

Transcrevemos as palavras do mestre:

"A primeira impressão é de grande solenidade: de um severo formalismo ritual. Mas logo, assistindo à audiência, se descobrem sob esta aparente austeridade uma grande simplicidade e confiança, entre aquele juiz e aqueles advogados. O juiz escuta atentamente; quando os advogados falam, o juiz ouve-os com deferência. Bela surpresa para um advogado italiano!"

Donde Calamandrei pôde concluir: "o curso normal do processo acha-se confiado ali, mais que às formosas construções sistemáticas, ao costume judiciário, à lealdade do debate e à cordialidade das relações entre juízes e advogados..."

"Este mesmo sentido de simplicidade e de fé no homem, experimentei assistindo a uma sessão da Câmara dos Comuns", "de modo que suas discussões adotam o tom de colóquios trocados, de perto, entre gente sentada à mesma mesa, no mesmo nível".

"(...)

"Todas estas impressões da vida judiciária e parlamentar inglesa se resumem neste respeito recíproco, que contrasta singularmente, se não me engano, com aquele sentido, poderia dizer-se de cordial desconfiança, no qual se inspiram na Itália todas (*sic*) as relações da vida pública".

"Também o ordenamento tributário italiano foi, até agora, fundamentado na desconfiança do fisco diante do contribuinte, retribuída plena e totalmente pela desconfiança do contribuinte diante do fisco". "E assim o cidadão não se fia na administração, a qual desconfia do cidadão, e todo o ordenamento burocrático, sobrecarregado por cem controles, acha-se baseado na desconfiança do superior em relação ao inferior, ao que corresponde o esforço do inferior em induzir o superior em engano."

Tal panorama se afigura inteiramente afinado à vida pública brasileira. Também aqui, como de resto em quase todo o mundo de tradição jurídica romano-germânica, em vez da *cordial confiança*, que Calamandrei testemunhou na Inglaterra, impera uma cordial (e nem sempre!) desconfiança entre Estado e Sociedade. Daí o descrédito, que até mesmo estatisticamente tem sido ostentado, dos cidadãos quanto às instituições básicas, sobretudo as de caráter público, que conformam nossa conturbada sociedade.

2. Essa moldura de descrédito faz com que se avolumem, cada dia mais intensamente, certas tensões dialéticas, seja no plano sociológico seja no jurídico, a contribuírem poderosamente para o alto grau de insatisfação constatável nas manifestações da cidadania.

2.1 No patamar sociológico-institucional, fácil é verificar como, sem esmorecimentos, cresce a oposição Estado/Sociedade. Tal dado crítico se torna escandalosamente visível quando nos dedicamos ao exame da deterioração, junto ao indivíduo, da imagem do político. Este é, por sem dúvida, o operador fundamental da vida estatal. Mas sua imagem é a mais desgastada de quantas se pretenda avaliar, na tensão Estado/Sociedade. Porque não crê, salvo pouquíssimas exceções, em seus políticos, a Sociedade não crê no Estado, convive mal com suas declarações, manifestações e atos, vendo-o antes como um adversário, que como um agente aglutinador, numa visão macrossocial, de todos os interesses e reclamos individuais.

Essa divisão da *potestas* estatal de um lado, os anseios sociais do outro, levava, tempos atrás, poderosos contingentes à adesão a fórmulas utópicas, particularmente às utopias do marxismo-socialismo. Mas a derrocada irreversível do monopólio soviético deixou muitos órfãos. Alguns permanecem desorientados, em sua total incapacidade de entender ou explicar o ocorrido. Outros, se não acham o ponto de equilíbrio, ao menos para tanto se esforçam. A maioria sai à cata de possíveis culpados atuais para sua frustração; nessa perspectiva específica, os Juízes e a Justiça têm sido um dos alvos preferenciais. E é nesse contexto que a temática da decisão injusta e do direito injusto assume proporções de inequívoco relevo.

2.2 A par das tensões acima apontadas, e confluindo para as mesmas conclusões retro-indicadas, acusa-se, no ângulo jurídico mesmo, a existência de certas tensões dialéticas específicas, que seria imprudente, quando não insano, desconsiderar. Atenhamo-nos àquelas que mais agudamente viciam a salubridade desejável da vida social.

Numa primeira visão, adensam-se iniludivelmente as alianças à idéia de *fairness* (princípio da boa-fé) de Herbert Hart, em contraposição às concepções kelsenianas do positivismo kantiano. Nessa pintura de pano de fundo, acabam por se tornar agudas as querelas da suposta oposição entre Direito e Moral. E difundem-se as disputas fundadas na provável antítese *direito como consenso social* "versus" *direito fundado na coerção*; e aqui, mesmo sabendo-se quão cambiante é o conteúdo dessa coerção, pela revisibilidade constante e paulatina que lhe aportam as mudanças das opiniões e conceitos sociais, infiltra-se, quase irresistivelmente, a sedução da desobediência civil, em nome da Justiça, não só dentro do Direito, mas até mesmo acima dele.

3. Como agentes que têm como instrumental básico a palavra, e sobretudo com vistas ao caráter eminentemente estipulativo do linguajar jurídico, impende precisar, para os efeitos concretos do problema que está sendo versado, em que sentido serão aqui utilizados alguns vocábulos, que constituirão os alicerces mesmo do trabalho. Ao fazê-lo, não estamos a afastar ou a rejeitar outros conceitos e acepções, jurídicos ou não, que tais vocábulos comportem: estar-se-á, unicamente, a eleger o sentido com que eles hão de ser aqui entendidos, doravante.

4. Com a advertência supra, ao falarmos agora de *Direito* teremos em mente um conjunto de normas, usos e princípios, estruturados teleologicamente com vistas à regulação harmônica da vida em sociedade. De plano se apreende, portanto, que não reduzimos ao conceito de *Lei* o mundo do *Direito*. E, ao falarmos em conjunto de *normas*, temos em mente, também, na conformidade da visão kelseniana, o conjunto das decisões judiciais.

É curial que o Direito não se exaure na Lei. Até porque esta, manifestação apriorística e genérica que é, não se pode encartar na operação de sua incidência, senão mediante o laborioso esforço da sua interpretação, seja pelo Juiz, seja pelo Administrador. É inequívoco, doutra parte, que o maior grau de certeza e precisão que cerca a Lei, quando confrontada com, por exemplo, os costumes, a jurisprudência e os princípios gerais de Direito, acaba por lhe emprestar um papel privilegiado, na visão existencial do Direito.

Sendo pois imprescindível interpretar a Lei, particularmente em face de situações controvertidas ou litigiosas, assume fundamental relevo, na vida social, a figura do juiz. Seu instrumental operacional é variado e até mesmo impressionante: a letra da lei, seu espírito a ser revelado, as armas analógicas e históricas, a eqüidade etc. Mas como a virtude, ainda aqui, está no meio, deverá o Juiz esquivar-se a duas tentações igualmente daninhas e danosas: a adesão às escolas da livre criação judicial do Direito (com Kantorowicz como emblema) e a pura e simples escravização plenamente positivista à letra da Lei. Indagar-se-ia: se as leis emanam de representantes políticos, a maioria da classe dominante, onde os seus interesses prevalecem de forma implícita, como pode o juiz julgar de maneira correta, se um de seus instrumentos (Lei) já vem impregnado de parcialidade?

A resposta não é difícil.

O juiz tem de ser *independente*; independente relativamente aos Poderes Estatais, ao Poder Econômico, à tentação do Dinheiro e da Riqueza. É óbvio que tal patamar só se atinge com o somatório da *força moral* com o *preparo intelectual*. Daí o relevo extraordinário de um bom ensino jurídico, fundado na axiologia tanto quanto na ciência, ambos os vetores formativos devendo ser apresentados e reiterados desde os bancos universitários.

Mas apesar de *independente*, o Juiz deve prestar um, e só, compromisso de subordinação: ao *Direito*. Somente essa fidelidade absoluta ao Direito, como um todo que não se esgota na Lei, lhe garante a realização do *dever fundamental da imparcialidade*, sem cuja observância o Juiz não merece esse título tão honroso e oneroso.

5. Bem mais fugidio que o conceito de Direito é o de *Justiça*. Desde os mais antigos aos mais atuais autores, que doutamente se dedicam ao tema, o que encontramos de regra, em seus trabalhos, são a apresentação de certos atributos da *Justiça*, ou o exame de algumas das suas modalidades de exteriorização. Sirva, para comprovação do que se disse, a consulta que se faça ao clássico dicionário filosófico de Lalande. Na realidade, muito mais que *conceituar* Justiça, o que se consegue é *sentir* o justo ou o injusto. De toda sorte, talvez continue integra a inspiração clássica romana: agir com justiça é, sobretudo, a ninguém prejudicar e atribuir a cada um o que deva ser seu.

Tais problemas por certo é que levaram Aristóteles, em seu clássico *Ética a Nicômano*, a falar muito mais em atributos da justiça, que em conceito de justiça. Daí sua preocupação em discorrer sobre justiça distributiva (distribuição das honras e dos bens, de forma o quanto possível igual, igualdade essa posta em patamares segundo os méritos de cada um. Ou seja, a cada um, segundo suas qualidades). A ela se contrapõe a idéia de justiça niveladora, centrada em torno da idéia de se dar honra e patrimônio a cada um, não segundo suas qualidades, mas consoante suas necessidades. Como resulta evidente, o binômio dialético justiça distributiva/justiça niveladora está na raiz de outros binômios dialéticos, tais como liberalismo/marxismo, estatismo/individualismo etc.

Admitindo-se, nesse contexto de dificuldades conceituais, a substituição da idéia da Justiça *tout court*, pela de *lei justa* (ou, o que é mais amplo, *direito justo*), caminhar-se-á inexoravelmente para a fixação de um alicerce: o que se teme e se repele é o Direito Injusto, como tal se tendo, dentre outras configurações, o que privilegia alguns em detrimento de outros, o que suprime dados básicos da dignidade da vida (em particular, a liberdade), o que faz *tábula rasa* dos *valores* básicos da sociedade (quando não os pisoteia mesmo). Em suma, Injusto será o Direito que prejudique a alguns ou muitos, que negue a alguns ou muitos o que pelo senso moral comum lhes caberia, o que amesquinha a dignidade no viver.

6. Infelizmente a *lei injusta* é fenômeno mais correntio do que se possa supor. E pela força preponderante da categoria *lei*, na formação do ordenamento jurídico, de regra a lei injusta acaba por conformar um Direito Injusto e um Estado Injusto. Tão impressionante a deformação se mostrou à crítica de Stanmler que ele, em 1902, escreveu seu clássico *Direito Justo*; um rico estudo, conquanto parcialmente invalidado pela insistência do autor em equacionar, como contrapostas, em paralelismo com a oposição justo/injusto, as estruturas direito natural/positivismo.

Enfim, o problema da *lei injusta* é de extrema seriedade e gravidade. E há uma tentativa de solvê-lo que, de tão desastrada que se apresenta, merece ser enfocada e combatida, antes mesmo de se buscar a construção de caminhos positivos.

Definitivamente não cabe ao juiz, enquanto juiz, e porque juiz, destruir ou negar aplicação, no exercício de seu ofício, a lei que ele, em seu subjetivismo, pouco importando que aqui ecoando o pensamento de um ou de muitos, considere injusta.

A não ser que estejamos a lidar com arquiteturas ditatoriais ou totalitárias, a lei é a expressão da vontade do povo, manifestada diretamente ou mediante seus representantes (Constituição Federal, parágrafo único do seu art. 1º). E não o deixa de ser porque aqui ou acolá, hoje ou amanhã, a Casa das Leis seja dominada pela classe ou pelas classes dominantes. Quando divórcio há, entre vontade popular e vontade do Legislativo, os caminhos reativos competem ao próprio povo (segundo no segmento próximo, deste trabalho, se vai tentar equacionar), e não, aos juízes.

Quando o juiz "reescreve" a lei a seu talante, ou lhe nega aplicação porque dela não gosta, está, autocraticamente, a substituir a expressão (suposta ou real) da vontade do povo (coletiva, pois), pela expressão da vontade do julgador (individual, portanto). Atitude desse jaez, se reproduzida ou tratada como verdade doutrinária, acabará por produzir pelo menos cinco danos hediondos:

a) acabará por entronizar a suma injustiça, tão temida por e desde Platão, da "ditadura do Judiciário";

b) submeterá a *eficácia* da lei às inspirações sócio-políticas de cada julgador, entregando-se o juiz, então, ao que Robert Bork pintou como a tentação totalitária a que o magistrado, sobretudo como ser humano, deve ser alheio ou resistente;

c) porá por terra o valor supremo a que vocacionada uma ordem jurídica, qual seja o da certeza e da segurança das relações sociais. Se a própria flexibilidade jurisprudencial já causa, em certos temas, insegurança e instabilidade sociais, que dizer de uma lei cuja inteligência ou eficácia fica ao exclusivo alvedrio de *cada um* dos julgadores?;

d) fará injustiça a todos quantos, escudados na lei, que o juiz ignora ou "reconstrói", assumiram atitudes e praticaram atos. Que dizer, por exemplo, de um julgado que, examinando hipótese de despejo por falta de pagamento, dá pela improcedência da ação, porque o locatário está desempregado? Além dos empresários da locação, há também viúvas e órfãos que fazem do aluguel sua fonte de sobrevivência! E qual o reflexo de decisão desse teor – que não é só imaginária! –, no mercado de locações, ainda essencial neste país, sobretudo para propiciar moradia à classe pobre e à classe média? Em suma, ter-se-á feito "justiça" a um locatário, com terríveis injustiças e danos não só para outros cidadãos, mas para a sociedade como um todo;

e) contribuirá para o gradativo desprestígio do Judiciário, tornando inclusive mais próxima a ameaça suprema, que já o ronda, de ser transformado de Poder a mera função!

7. Em verdade, a tentativa de solução do problema da lei injusta não está nas mãos do juiz, precipuamente, embora aqui lhe seja reservado importante papel, a ser mais adiante enfatizado. E mesmo ao iniciarmos a trilha da busca de remédios, deveremos ter em mente a instabilidade inevitável de tais vias, não só porque, realmente, sempre é possível, na elaboração das leis, a influência das classes dominantes, como também porque, obra de seres humanos que é, a lei tem a mesma possibilidade, comum a estes, de ser falível por natureza.

Mas ao juiz cabe, sim, um grande papel nessa matéria. E não é necessário, para desempenhá-lo, virar as costas à lei ou deturpá-la a seu gosto pessoal.

Em primeiro lugar – aqui inevitável volver o pensamento a Recaséns Siches –, ao juiz cabe o dever de, ao interpretar e aplicar a lei, fazê-lo com razoabilidade, mediante atitudes *valorativas* e *lógicas*. Jamais, contudo, lhe será dado desprezar a lei. Impende inclusive ao julgador vacinar-se contra a pressão do chamado "clamor popular", quase sempre resultado de viciosa manipulação da mídia por seus donos, pondo na boca do povo o que só no pensamento dos manipuladores (ou, eufemisticamente, os "formadores de opinião") está. Tanto mais essa postura de independência se torna indeclinável, quanto se sabe que a imprensa hoje, mais que nunca, constitui, em suas diferentes modalidades, um verdadeiro Poder, incontrolado e incontrolável, que não por seus próprios donos.

Em segundo lugar, o juiz não pode olvidar que o direito positivo já lhe confere instrumental excelso, para obviar os problemas ocasionados pela lei injusta. Destaquemos apenas alguns desses meios legais.

O art. 5º, da Lei de Introdução ao Código Civil, já determina ao juiz que, "na *aplicação* da lei (não lhe é dado, pois, não a aplicar), o juiz atenderá aos fins sociais a que ela se dirige e às exigências do bem comum".

O mesmo diploma bem mais adiante, em seu art. 924, entrega em mãos do julgador um extraordinário arsenal de prevenção à injustiça, quando prescreve, em seu art. 924, que, "quando se cumprir em parte a obrigação, poderá o juiz reduzir proporcionalmente a pena estipulada para o caso de mora, ou de inadimplemento".

De seu turno, o diploma processual civil, depois de impor ao juiz que conduza o processo com observância dos preceitos de *igualdade* e de *justiça* (art. 125, incs. I e III), ainda lhe faculta os adjutórios da analogia, dos costumes, dos princípios e da eqüidade (arts. 126 e 127).

É dizer: não tem o juiz seja autorização, seja necessidade, de desconsiderar a lei: basta fazê-la atuar com as inspirações de Siches e o aparato interpretativo, ora exemplificativamente destacado, para que se possa garantir o combate à lei injusta, sem o atentado injusto da sua inobservância. Lei é lei, enquanto tiver vigência. Não cabe ao juiz decidir em favor do pobre, ou em detrimento do rico, somente porque um é pobre e o outro é rico. A decisão, seja em benefício ou seja em prejuízo de um deles há de defluir da vontade da lei, e não da vontade do juiz, de inaplicar ou de deformar a lei e sua inteligência.

Cabe lembrar, com Mauro Cappelletti (*Juízes Legisladores?*, Sérgio Fabris Editor, p. 84), que a defensoria pública, em benefício dos desprotegidos – tão injusta e indefensavelmente menosprezada pelos Poderes Públicos no Brasil, como também em muitos outros países –, constitui valioso mecanismo, *dentro da lei*, para combate às *injustiças da lei*, sem chegar à *negação da lei*.

8. Paralelamente à *solução judicial* para a lei injusta, antes abordada, cumpre divisar a existência de uma *solução cívica*: a *resistência civil*.

O tema é de vastidão inequívoca, incompatível mesmo com a natureza deste trabalho. Porém algo deve ser aqui aventado, com o fim de deixar nítido o que entendemos como *resistência civil* e a razão de não termos utilizado o rótulo, muito mais correntio, *desobediência civil*.

A desobediência civil pode ser entendida como a contraposição do cidadão, em geral ativa e por meios violentos, à lei ou ao ato de autoridade. Nesses parâmetros, com algumas variantes, se põem Platão, Campanella, Tomás de Aquino, Thomas Moore, Burdeau e muitos outros. Os autores ora a vêem como simples imoralidade, ora como direito fundamental, ora ainda como estado de necessidade, havendo também quem nela divise um verdadeiro dever (Thoreau), um mero estado de fato, ou, derradeiramente, um fato criador de direito (Kelsen, *v.g.*). Tem-se até mesmo fundamentado a desobediência no art. 5º, § 2º, da Constituição Federal (Maria Garcia, *Desobediência Civil*, Ed. RT, p. 259, dentre outras).

Em contraste, a resistência civil – e essa a nossa proposta – se concretiza na contraposição não-violenta, coletiva, fundada, como quer Dahrendorf, em princípios compartilhados de justiça, enfim, verdadeiras alianças cooperativas, mediante participação intensa das instituições intermediárias (ONGs, corporações profissionais etc.). A contraposição em tela traduzir-se-á na formação de expressivos grupos de *efetiva* pressão contra o Estado, buscando obter a mudança da lei ou do ato injusto, mas admitindo a imperatividade do Direito enquanto vigente. De toda sorte, evitando sempre a explosão social, que inevitavelmente leva ao pior, seja de imediato (com a derrota da violência revolucionária e o esmagamento ou trucidamento dos sediciosos), seja ao longo do tempo histórico (sirva de exemplo a desconstrução, ao cabo de setenta – 70 – anos, da revolução leninista, lançando à miséria um povo que fantasiosamente se acreditava amparado e vitorioso nas lutas pelas conquistas sociais).

9. Retome-se: fora do Direito não há salvação. Não há *alternativa ao Direito*; não há como, portanto, deixar-se cair no "canto da sereia" do chamado Direito Alternativo, ou de qualquer outra corrente que, submetida ao processo de análise mediante reduções eidéticas, no fundo não passe de mais uma tentativa de reviver as fracassadas correntes da livre criação judicial do Direito.

Quando os autores alternativistas, sobretudo dos pontos mais meridionais do país, pretendem que a sua visão do Direito consiste em prescrever a "prestação jurisdicional como prática para a liberdade da sociedade", o que estão realmente a fazer é pretender lhes seja assegurada uma atuação descomprometida com o Direito como predominantemente tido como existente e efetivo, a ser substituído pelo que cada "juiz alternativo" entenda ser a prática da liberdade. Em suma, deseja-se fazer a revolução, sem os riscos de ser revolucionário. O mesmo vezo, enfim, que se estampa nos "Estatutos da Associação de Juízes para a Democracia", ao se elencar, dentre os rumos para tais magistrados, "a defesa dos direitos dos menores, dos pobres e das minorias, na perspectiva da emancipação social dos desfavorecidos". Tais viezes, de pretensão ideológica, são inteiramente estapafúrdios e inaceitáveis. O Juiz que quer ser justo não se precisa deixar dominar, em seu mister, por todas essas excentricidades. Bastar-lhe-á utilizar os instrumentais antes apontados, sejam os filosóficos (uma atitude axiológica no julgar), sejam os legais (com atenção suprema ao art. 5º da Lei de Introdução ao Código Civil). Ademais disso, magistrado algum pode ser juiz dos excluídos ou dos integrantes das minorias: ele *tem* de ser juiz de *todos*, com o arsenal único do Direito, e nada mais. Até porque "Juízes para a Democracia" somos todos nós, que cultivamos o amor ao Direito e à Justiça, e não apenas os que, um tanto pretensiosamente, se julgam merecedores do título, ou paladinos da "prática para a libertação da sociedade". Não se quer o juiz *insensível*; bem ao oposto, espera-se seja ele *atuante*, mas sempre *superpartes*.

Ensinou o saudoso Celso Barbi que a primeira e mais importante qualidade de um juiz é a imparcialidade, sendo indispensável que ele julgue sem influência de qualquer outro fator, que não o direito dos litigantes.

Ou, com Calmon de Passos: "o juiz é um prisioneiro que dispõe de muito espaço para realizar sua liberdade".

E por que não Pergolese ("embora livre da regra do caso, ele tem de se mover sempre *intra legem*, dentro dos limites que lhe traçam as leis e os regulamentos, sem violar os cânones da legalidade")?

Em suma, na iluminada lição do Ministro Marco Aurélio (Recurso Extraordinário 167.877-1), no Supremo Tribunal Federal, se bem é verdade que, no exercício do ofício judicante, ao juiz "cumpre idealizar, para a controvérsia, a solução mais justa possível", após tal labor impor-se-á que prossiga, "adentrando a dogmática com o fito de respaldá-la".

Fora do Direito não há salvação. Não há alternativa ao Direito; ou melhor, há só uma *lei alternativa*: a lei da selva, a lei do mais forte. E onde ela prevalece, falece a idéia-luz da Justiça.

DOUTRINA

OS JUIZADOS ESPECIAIS E OS MEIOS PARA SUA AGILIDADE

MICHEL TEMER
Professor Titular da Pontifícia Universidade Católica de São Paulo – Deputado Federal por São Paulo – Presidente da Câmara dos Deputados
e
JOHANN HOMONNAI JÚNIOR

Na Constituinte de 1988, discutiram-se fórmulas para tornar ágil a prestação jurisdicional na certeza de que justiça tardia é injustiça.

Produziu-se, então, o art. 98, I, da Constituição Federal com o seguinte conteúdo: "A União, no Distrito Federal e nos Territórios, e os Estados criarão: I – juizados especiais, providos por juízes togados, ou togados e leigos, competentes para a conciliação, o julgamento e a execução de causas cíveis de menor complexidade e infrações penais de menor potencial ofensivo, mediante os procedimentos oral e sumaríssimo, permitidos, nas hipóteses previstas em lei, a transação e o julgamento de recursos por turmas de juízes de primeiro grau".

O comando constitucional emitiu, portanto, uma ordem para a União e os Estados: a criação de Juizados Especiais.

Determinou ainda que esses Juizados:

a) fossem integrados por juízes togados, ou togados e leigos;

b) teriam competência para o julgamento e a execução de causas cíveis e penais; quanto às primeiras, aquelas de *menor complexidade*, quanto às últimas as de *menor potencial ofensivo*;

c) o procedimento seria oral e sumaríssimo;

d) autorizou, ademais, a transação;

e) o julgamento de recursos seria por turmas de juízes de primeiro grau.

Tudo com vistas a alcançar o desejo de celeridade nas decisões judiciais.

A criação dos Juizados, como se disse, será de iniciativa da União, no Distrito Federal e nos Territórios, e dos Estados, na sua área territorial. A definição, contudo, do que sejam *causas cíveis de menor complexidade* e *infrações penais de menor potencial ofensivo* e o respectivo processo caberiam à lei, no caso, federal. Por isso, escrevemos, na justificativa do projeto de lei que propusemos para disciplinar os Juizados Especiais Penais (o Ministro Nélson Jobim, quando Deputado, propôs projeto de lei disciplinando os cíveis) que: "Para dar cumprimento à norma constitucional, é necessária, antes de mais nada, a promulgação de lei federal. Com efeito, o próprio dispositivo refere-se à lei que deve ser federal, porquanto só à União cabe legislar em matéria penal (art. 22, I, Constituição Federal) e é induvidosamente de natureza material a regra que permitirá a transação e que regulará seus efeitos no campo penal. Em segundo lugar, a União continua detendo a competência privativa para as normas processuais (art. 22, I, Constituição Federal), exceção feita apenas às de procedimento, que são da competência concorrente da União e dos Estados (art. 24, XI, Constituição Federal). De qualquer forma, ainda que se entendesse que as infrações penais de menor potencial ofensivo, reguladas no art. 98, I, Constituição Federal, são as mesmas pequenas causas a que se refere o art. 24, X, Constituição Federal, a atribuição constitucional da competência concorrente à União, tanto para as normas processuais como procedimentais, autorizaria, e recomendaria mesmo, que a lei federal estabelecesse as normas gerais de processo e de procedimento para conciliação, julgamento e execução das referidas infrações" (justificativa do Projeto de Lei 1.480/89, *Diário do Congresso Nacional* de 24.2.89, Seção I, p. 329).

A partir desses dois projetos, fundidos em substitutivo oferecido pelo Relator de ambos, o Deputado Ibrahim Abi-Ackel, nasceu a Lei 9.099/95, reguladora dos Juizados Especiais. E esta cumpriu os objetivos da norma constitucional: tornar rápida a decisão judicial. Os principais critérios para alcançar aquele objetivo estão no seu art. 2º: "O processo orientar-se-á pelos critérios da oralidade, simplicidade, informalidade, economia processual e celeridade, buscando, sempre que possível, a conciliação ou a transação".

Vamos comentá-lo.

A *oralidade* representa um movimento em busca de uma maior efetividade do procedimento civil. Chiovenda, seu maior defensor, propunha uma volta ao procedimento oral romano. Já no início desse século, apontava-se como forma de solucionar a morosidade e ineficácia do procedimento escrito a adoção da oralidade. Ela traria, como conseqüência, uma imediatidade da relação entre o juiz e os elementos de prova (testemunhas, peritos, inspeção de lugares e coisas etc.), a identidade física da pessoa do juiz com a causa sob sua jurisdição, a concentração dos atos processuais em uma ou em poucas audiências e a publicidade do processo como características intrínsecas a esse sistema.

Se o procedimento romano era oral e a nossa tradição jurídica tem como principal fonte os institutos e pensamentos jurídicos construídos em Roma, como explicar a existência do procedimento escrito? Chiovenda atribui a adoção da escrita no processo civil sobretudo à influência germânica.

"É certo que o formalismo germânico encontrou um cooperador potente no hábito escolástico de pensar e argumentar próprio dos escritores de direito, como dos filósofos, e não só, mas também dos naturalistas, nos séculos a que remonta a formação do processo romano-canônico. O amor às distinções sutis, e sobretudo a tendência a raciocinar por via de deduções de princípios preestabelecidos ao invés de fazê-lo baseado na observação dos fatos, devia favorecer, necessariamente, a construção de um sistema probatório todo apriorístico e formal como o das provas legais, do qual nem tudo é de se rejeitar (...).

"Não foi, note-se, o maior âmbito assumido pelos interrogatórios por *positiones* e das deposições por *capitula*, nem a presença de homens versados na arte de redigir instrumentos, não foram estes fatos em si mesmos a causa da formação do processo escrito. *Verbais* e *escrituras* são indispensáveis mesmo no processo oral (...).

"O processo tornou-se escrito porque o juiz, devendo avaliar a atendibilidade dos testemunhos, como das outras provas, baseado em regras gerais preestabelecidas, argumentando com uma série de circunstâncias exteriores acuradamente assinaladas nos *verbais* (*conditio, sexus, aetas, discretio, fama, fortuna, fides, inimicitia* etc.) não teve mais nenhum impulso para o exame direto das testemunhas. Faltava ao juiz a faculdade e a necessidade de servir-se de um instrumento mais refinado e seguro de indagação: *a observação*" (Chiovenda, Giuseppe, "A oralidade e a prova", *Revista Forense*, v. 78, fascículo 430, pp. 242-243).

A evolução da forma de pensar e do método científico baseado na observação operada pelo Renascimento fez ressurgir o princípio da livre convicção do juiz com a reorientação do processo em função da prova. "(...) só o processo oral permite ao juiz formar convicção pela observação pessoal e direta do material da causa. Nós indicamos com a expressão sintética 'processo oral' um processo em que o juiz que deve pronunciar a sentença é o mesmo que recolhe os elementos de sua convicção, isto é, que interroga as partes, as testemunhas, os peritos e examina os objetos e lugares controvertidos. Para que isso seja possível, torna-se necessário que o juiz seja a mesma pessoa física do princípio ao fim do trato da causa, que as atividades processuais sejam concentradas em um breve período de tempo e se desenrole sem interrupção, resolvendo-se os incidentes no mesmo momento em que surgem; que o contacto entre as partes e o juízo seja imediato e que como meio de comunicação sirva, prevalentemente a palavra". (Chiovenda, Giuseppe, "A idéia romana no processo civil moderno", *Revista Forense*, v. 78, fascículo 432, p. 463).

Modernamente, sustenta Mauro Cappelletti que "a simbologia do nome 'oralidade' implica o seguinte:

"a) Imediatidade no relacionamento entre o corpo de jurados e as fontes das provas. Isso para substituir a regra do *jus commune* segundo a qual os contatos com as partes, as testemunhas, os peritos, assim como a inspeção de lugares e coisas, não eram para ser feitos pelo juiz, mas por outras pessoas.

"b) A oralidade implica também a publicidade dos atos processuais. Esta idéia, particularmente importante no campo dos procedimentos criminais, conduzia a uma mudança radical no processo civil com a abolição, por exemplo, do *principe du secret de l'enquéte* – a obtenção secreta da prova testemunhal.

"c) A simbologia do nome oralidade implica também a concentração dos procedimentos, numa reação contra um processo litigioso extremamente fragmentado e de desenvolvimento insuportavelmente prolongado. Essa fragmentação era o resultado natural de um processo baseado no sistema escrito. Os atos escritos não requerem aquele grau de concentração que é essencial num julgamento oral; eles provocam respostas escritas, réplicas e tréplicas. (...) Assim, nas palavras de Arthur Engelmann, 'todas as etapas do procedimento das partes eram feitas no curso de certos períodos (...) Em média, quinze desses termos eram motivo (...) de desvio da atividade do juiz (...) causando a nulidade de todo o procedimento'. Ainda nas palavras de Engelmann, essa divisão 'do procedimento em fases rigidamente separadas e a possibilidade de alegações e impugnações infundadas, que cada uma das inúmeras ocasiões permite nos muitos estágios aos questionamentos e controvérsias, resultam na necessidade de um número de decisões interlocutórias que ensejam, por sua vez, apelação ou outros recursos, tudo isso prolongando a causa a uma duração interminável'.

"d) Normalmente, a oralidade também significou uma reação contra a concepção do procedimento como um mero caso das partes. Especialmente a partir do fim do século XIX, o movimento pela oralidade trouxe com ele um aumento dos poderes do juiz, cujo principal objetivo era tornar mais célere o desenvolvimento do processo.

"e) Por último, mas não menos importante, a idéia-símbolo da oralidade foi também uma reação contra o sistema romano-canônico de avaliação numérica das provas, o *système de la preuve légale*. Esse sistema era claramente muito vinculado ao procedimento escrito. Pelo fato de o juiz do *jus commune* não estabelecer um contato direto, pessoal com as fontes de prova, ele ficava privado de todos aqueles elementos que são tão importantes para uma avaliação crítica e livre. Assim, a lei prescrevia, de forma geral e abstrata, o método de avaliação da prova, baseado no número de testemunhas, sua situação econômica e social e aí por diante. Esse sistema não era somente contrário à nova ideologia emergente da *égalité*, mas também à metodologia científica moderna, baseada na observação direta para a descoberta da verdade" (Cappelletti, Mauro, *Procédure orale et procédure écrite: oral and written procedure in civil litigation*, Dobbs Ferry, New York, Oceana Publications, Inc., 1971, p. 106).

Alguns traços do procedimento oral não são novos na nossa legislação processual. Eles estão presentes na Lei de 29 de novembro de 1832 (Código de Processo Criminal, de primeira instância, com disposição provisória acerca da administração da Justiça Civil) e em toda a legislação processual civil posterior ao Regulamento 737 de 1850: os Códigos de Processo Civil de 1939 e de 1973. Então, por que a oralidade não produziu os efeitos que dela se esperavam desde o início do século?

A verdade é que não se introduziu no Brasil um procedimento essencialmente oral como o adotaram a Áustria e a Alemanha através do *Zivilprozessordnungen* de 1877 e 1895, nem as mentalidades foram reestruturadas para receber esse novo modelo legislativo e colori-lo de eficácia.

Mesmo na Alemanha houve necessidade de uma correção de rumos no procedimento oral como forma de se preservar os seus princípios, a celeridade das causas e uma maior efetividade do processo. Não eram poucas as reclamações quanto à morosidade do processo cujos motivos eram apontados como "a sobrecarga dos Tribunais decorrente do crescimento do número de processos, insuficiência do equipamento dos Tribunais, no que diz respeito quer a recursos técnicos, quer a recursos humanos, mas também, e não em último lugar, em decorrência de uma exploração insuficiente dos meios de aceleração fornecidos pela lei.

"Um movimento reformista tentou eliminar o inconveniente dessa longa duração. Foi conhecido sob a denominação 'Stuttgarter Modell'. (...) A idéia-base é muito simples: quer-se realizar seriamente o que a lei prescreve, quer dizer, concentrar o processo em uma audiência de instrução e julgamento, seguindo-se este àquela. Depois do recebimento dos arrazoados, as partes e o Tribunal esclarecem e examinam a matéria do processo numa espécie de procedimento preliminar, de molde a que todos os pontos importantes para a decisão se apresentem claramente. O Tribunal toma, em seguida, as providências (...) para preparar a audiência. Esse 'Stuttgarter Modell' supõe que haja juízes ativos e, no que concerne a este ponto, se deve atentar para o fato de que todas as medidas legislativas para acelerar o processo são, via de regra, medidas tomadas ao vento, se não se acha um juiz pronto a realizá-las. O legislador é capaz de dar liberdade ao juiz no que concerne às suas atividades, mas não pode garantir a respectiva efetivação por meio de ordens" (Baur, Fritz, "O papel ativo do juiz." *Revista de Processo* n. 27, p. 191).

A situação relatada pelo Prof. Fritz Baur é muito semelhante à existente no Brasil. As reclamações e os motivos apontados são os mesmos. Especialmente quanto à necessidade de tornar mais eficazes os excelentes instrumentos processuais que possuímos.

A lei que disciplina as relações jurídicas materiais necessita de um instrumento que a torne eficaz, que a faça atuar, quando violada ou descumprida. A concretização da lei material (substantiva) é feita por meio da lei processual (adjetiva). Daí a natureza instrumental do processo.

Ocorre que nem mesmo a lei processual atua sozinha. Os avanços dependem sobretudo de uma correta compreensão dos princípios que informam o processo, tornando-o mais produtivo. A demora na solução dos litígios torna ineficaz a lei, desacredita o Judiciário e fragiliza o Estado de Direito. As causas dessas dificuldades estão situadas basicamente na falta de um pensamento construtivo que busque extrair de cada instituto e dispositivo legal o máximo de eficácia à custa de um mínimo de esforço.

Outros problemas pontuais foram também responsáveis pela não consolidação do procedimento oral brasileiro. Em que pese haver previsão para que o juiz profira sentença imediatamente após a audiência ou nos dez dias subseqüentes (art. 456), na prática, o juiz dificilmente cumpre esse prazo. O diferimento da sentença para muitos dias (às vezes anos) após a audiência empalidece os princípios da imediatidade e concentração do processo oral.

Concentração, aliás, é o que não há no procedimento ordinário brasileiro. A recorribilidade das decisões interlocutórias é responsável por grande parte do retardamento das ações na primeira instância e pelo inchaço dos Tribunais. O agravo de instrumento tem prestado danos relevantes ao andamento do processo. Em que pese não ter esse recurso, na maioria dos casos, efeito suspensivo, a impetração de mandado de segurança juntamente com o agravo, amplia o conteúdo do art. 558 do CPC, que só prevê a suspensão dos efeitos da decisão recorrida nos casos de prisão de depositário infiel, adjudicação ou remissão de bens e de levantamento de dinheiro sem prestação de caução.

E no procedimento sumário, informado pela concentração, esse princípio é simplesmente desconsiderado na grande maioria dos casos. Seja porque os juízes e os advogados estejam habituados às práticas do procedimento ordinário (essencialmente escrito), seja porque não há uma fase preparatória à única audiência em que se deve tentar a conciliação, instruir e julgar a causa (CPC, art. 278).

"... na Suécia, e num outro grau na Áustria, a fase preparatória é baseada num contato oral e direto entre o juiz e as partes. Mesmo nesse estágio inicial o juiz tem importantes poderes para controlar e tornar mais célere o procedimento, utilizando-os efetivamente. Eles incluem o poder de determinar os prazo para a realização de cada fase do procedimento, o poder de chamar as partes para que elas promovam inquirições antes do juiz e o poder de recusar impugnações e materiais apresentados pelas partes com injustificada demora. Segue-se a isso a audiência principal, que é oral e se realiza em corte aberta. Pelo menos na Suécia e na Áustria, ao contrário da França e da Itália, ela inclui a colheita de provas. O professor sueco Ekelöf informa-nos que no seu país 98% de todos os processos civis são decididos depois de uma audiência principal, que ocorre numa sessão ininterrupta. Nos raros casos em que ocorre um adiamento, a parte da audiência oral já realizada deve ser repetida se o lapso interruptivo demorar mais de quinze dias. Os resultados saudáveis desse tipo de procedimento são demonstrados pela pequena média de duração do procedimento civil nesses países (...) É claro que outros aspectos certamente contribuem para a pequena duração das lides civis, como a forma de recrutamento dos juízes, a organização das cortes, e, possivelmente, as características étnicas da população. Entretanto, está estatisticamente provado, por exemplo na Áustria, que o resultado imediato da implantação do procedimento oral foi uma radical diminuição da média de duração dos procedimentos civis" (Cappelletti, Mauro, *Procédure orale et procédure écrite: oral and written procedure in civil litigation*, Dobbs Ferry, New York, Oceana Publications Inc., 1971, p. 104).

Outro grande atributo do procedimento oral é que o contato direto entre o juiz e as partes, se feito no momento inicial da ação, possibilita a conciliação de muitos litígios. "Resultados surpreendentes têm sido obtidos pela antecipação da tentativa de conciliação para o momento imediatamente sucessivo à citação: v. Evandro A. Cimino. 'Como obter desfecho mais rápido nas ações', in *O Estado de S. Paulo*, de 30.12.79, relatando a inovação consistente em designar audiência prévia de conciliação, dentro de 20 dias a partir da citação e durante o prazo para a resposta. Obteve, assim, o magistrado paulista 80% de acordos, no segundo semestre de 1979, perante a 2ª Vara Distrital de Jabaquara". (Grinover, Ada Pellegrini, "Deformalização do processo e deformalização das controvérsias", *Revista de Informação Legislativa* n. 95, p. 197). A base legal desse procedimento é o art. 342 do CPC que permite ao juiz determinar, de ofício, o comparecimento pessoal das partes, em qualquer estado do processo.

Nessa linha de evolução, a Lei 8.952/94 acrescentou o inc. IV ao art. 125 do CPC para permitir que o juiz tente, a qualquer tempo, conciliar as partes. O art. 331 do CPC também foi modificado por essa lei, antecipando-se para o despacho saneador a audiência de conciliação que na sistemática anterior somente ocorria por ocasião da audiência de instrução e julgamento. Nos Juizados Especiais de conciliação é, contudo, a regra e deve ser tentada na fase inicial do processo.

A *simplicidade* é meio de se alcançar uma prestação jurisdicional célere. Diz respeito sobretudo ao estilo que deve predominar na prática dos atos nos Juizados Especiais. Está intimamente ligada à *informalidade* que é o abandono das formas e rituais desnecessários, presentes em vários setores da administração da justiça. "A regulamentação das formas processuais, longe de representar um mal, constitui, para as partes, a garantia de uma efetiva participação na série de atos necessários à formação do convencimento judicial e, para o próprio juiz, instrumento útil para alcançar a verdade sobre os fatos que deve decidir. O que deve ser combatido, nessa matéria, é o excessivo formalismo, que sacrifica o objetivo maior de realização da justiça em favor de solenidades estéreis e sem nenhum sentido" (Grinover, Ada Pellegrini, Fernandes, Scarance, Antônio, e Filho, Antônio Magalhães Gomes, *As nulidades no processo penal*, 3ª ed., Malheiros Editores, São Paulo, p. 15).

Jargões como "No ano da graça de Nosso Senhor Jesus Cristo de mil novecentos e noventa e cinco, o Juiz de Direito, nomeado na forma da lei etc., no uso de suas atribuições legais, FAZ SABER aos que interessar possa ou desse vier ter conhecimento que (...); Fale o Parquet como *custos legis*; certidão de pé e objeto; caução de rato; recebo a apelação em seus jurídicos e legais efeitos; custas *ex lege*" são desnecessários e complicam a vida dos seus destinatários. Devem ser substituídos por mensagens objetivas e ricas em conteúdo.

O indesejável disso tudo é que a forma arcaica de se escrever torna as decisões judiciais de difícil cumprimento. Petições profusas, difusas e confusas causadas com atos judiciais fechados num português gongórico e avesso à clareza e objetividade é tudo o que uma justiça célere e eficaz não precisa. José Carlos Barbosa Moreira alerta: "A propósito, não é demais recordar que a preservação das exigências técnicas implica por força o resguardo da pureza terminológica. Toda ciência tem seu vocabulário técnico, e o uso incorreto ou promíscuo das palavras que o compõem excluiria de maneira inexorável a inteligibilidade dos conceitos e a possibilidade da transmissão de conhecimentos. A que ficaria reduzida, em geometria, a lei angular de Tales, se fosse lícito chamar 'triângulo', indistintamente, a um polígono de três, de quatro, de cinco ou de vinte lados? No particular, o Direito não constitui exceção: sua linguagem é, e não pode deixar de ser, uma linguagem técnica, que precisa aprender quem quer que pretenda aventurar-se em seu território.

"Não significa isso, à evidência, que os juristas devam cultuar a obscuridade ou render tributo ao hermetismo. O ideal seria que o texto de qualquer lei, de qualquer contrato, de qualquer sentença, pudesse ser compreendido pelos membros da comunidade em geral. Se esse ideal se mostra inatingível, resistamos pelo menos à tentação do pedantismo e guardemo-nos de supor que uma peça jurídica seja tanto mais brilhante e profunda quanto mais arrevesado o estilo ou quanto mais abstrusos os modos de dizer. Decididamente não temos necessidade alguma de agravar as inevitáveis perplexidades do leitor comum com metáforas de escassa propriedade e duvidosíssima elegância, como chamar 'remédio heróico' ao mandado de segurança, ou 'irresignação derradeira' ao recurso extraordinário (...)" (*Temas de direito processual*, Quinta Série, 1ª ed., Saraiva, São Paulo, 1994, p. 227).

O teor do art. 154 do CPC expressa bem o princípio que deve orientar a forma dos atos judiciais: "Os atos e termos processuais não dependem de forma determinada senão quando a lei expressamente a exigir, reputando-se válidos os que, realizados de outro modo, lhe preencham a finalidade essencial". No mesmo sentido, "Art. 244. Quando a lei prescrever determinada forma, sem cominação de nulidade, o juiz considerará válido o ato se, realizado de outro modo, lhe alcançar a finalidade". Por fim, o ato não será repetido nem se lhe suprirá a falta quando não prejudicar a parte (CPC, art. 249, § 1º).

A *economia processual* deve ser entendida como a escolha de caminhos mais breves para se chegar a um determinado objetivo. E um desses meios é exatamente o abandono de formas desnecessárias e a concentração de atos processuais.

Orientando-se por esses critérios, certamente teremos uma prestação jurisdicional célere e eficaz. Para isso é necessário renunciar a estilos que se conflitem com esses objetivos por mais eruditos ou brilhantes que eles possam parecer. Afinal, o mais difícil é ser claro.

A *conciliação* e a *transação* são, de acordo com a lei, objetivos que devem estar sempre presentes na solução dos conflitos levados aos Juizados Especiais.

Conciliação é meio de encerramento negociado do conflito de interesses por provocação do juiz. "Convém ter sempre presente a nortear-lhes os passos que o objetivo primordial da tentativa não é insistência imoderada e irritante, mas o esclarecimento às partes, a enumeração e discussão das vantagens que a imediata solução do caso encerra. O juiz não cumpre sua missão ou dever funcional só pelo fato de apresentá-la. Deve corporificar uma solução, embasada numa argumentação equilibrada e eqüitativa, capaz de convencer e de restaurar nos ânimos acirrados a paz perdida. Não deve ser insistente nem intransigente para que sua inadequada atuação não constranja os litigantes a aceitarem ajuste divorciado de suas íntimas aspirações e de seus legítimos interesses: o direito em litígio pertence aos demandantes, não ao juiz. Inexistem caminhos ou regras a seguir, a melhor disciplina é a intuição, o respeito à autodeterminação das partes, o conhecimento dos fatos, a experiência e o seu livre convencimento que ditarão a norma correta para o caso concreto que lhe é apresentado" (Lima, Domingos Sávio Brandão, *Enciclopédia Saraiva do Direito*, v. 17, verbete *conciliação-I*, coord. R. Limongi França, Saraiva, São Paulo, 1977, p. 113).

"*Transação* é um ato jurídico, pelo qual as partes, fazendo-se concessões recíprocas, extinguem obrigações litigiosas ou duvidosas. Pressupõe dúvida ou litígio a respeito da relação jurídica (...). Como observa Kailler, é duplo o seu fundamento econômico: a transformação de um estado jurídico inseguro em outro seguro; e a obtenção desse resultado pela troca de prestação equivalente. Esta reciprocidade é da sua essência. Sem ela a transação seria uma liberalidade. Para o Código Civil, a transação não é, propriamente, um contrato. Ainda que a lição da maioria dos Códigos seja em sentido contrário o certo é que o momento preponderante da transação é o extintivo de obrigação" (*Código Civil dos Estados Unidos do Brasil*, comentado por Clóvis Beviláqua, edição histórica, 5ª tiragem, Ed. Rio, Rio de Janeiro, p. 144).

A transação, disciplinada nos arts. 1.025 a 1.036 do Código Civil, é negócio jurídico cujos efeitos se projetam na relação litigiosa deduzida em juízo, extinguindo-a (CPC, arts. 269, III; 794, II e 820, III). O que diferencia basicamente a transação da conciliação é o fato de essa última ser forma de composição do litígio acordada entre as partes *por provocação do juiz*. A conciliação e a transação são, portanto, espécies do gênero autocomposição de interesses em conflito. Podem prevenir ou extinguir o litígio entre as partes. Adquirem importância essencial na orientação do processo nos Juizados Especiais por terem sido incluídos entre os critérios norteadores desse procedimento especial (art. 2º da Lei 9.099/95).

A Lei dos Juizados Especiais torna explícita, portanto, a obrigatoriedade de tentar-se a conciliação no início do processo (art. 16). Essa forma de composição negociada do litígio é colocada na etapa mais adequada da relação processual. Os ânimos não estão irremediavelmente acirrados e a boa vontade das partes ainda não está totalmente desgastada pelos choques decorrentes das disputas pessoais e dos dissabores causados, via de regra, pela demora na realização dos atos processuais.

A sentença homologatória de conciliação ou de transação é título executivo judicial, conforme dispõe o art. 584, III, do CPC. A nova redação desse dispositivo, dada pela Lei 8.953/94, permite a homologação da conciliação ou da transação, "ainda que esta não verse questão posta em juízo". Essa orientação é inteiramente procedente na medida em que a vinculação da sentença às questões deduzidas em juízo (art. 460 do CPC) não pode impedir ou dificultar o objetivo principal do processo que é a solução dos conflitos de interesses. Nos Juizados Especiais, onde a conciliação foi elevada a critério orientador do processo (art. 2º da Lei 9.099/95) torna-se ainda mais adequada a faculdade de ampliação do objeto da lide para incluir fatos e situações que não constam da petição inicial.

"O instrumento de transação referendado pelo Ministério Público, pela Defensoria Púbica ou pelos advogados dos transatores" constitui título executivo extrajudicial, nos termos do art. 585, II, do CPC, com a redação dada pela Lei 8.953/94. "A inclusão das transações referendadas pelo Ministério Público, Defensorias ou advogados teve a finalidade de outorgar-lhes executividade sem a exigência de assinatura de duas testemunhas: essas transações provavelmente virão de órgãos conciliadores, como os Juizados Informais de Conciliação, não lhes sendo essencial a atestação por testemunhas" (Dinamarco, Cândido Rangel, *A reforma do Código de Processo Civil*, 2ª ed., Malheiros Editores, São Paulo, p. 228).

O acertado *recrutamento de juízes* é de fundamental importância na obediência dos critérios e objetivos consagrados no art. 2º da Lei dos Juizados Especiais. A esse novo modelo legislativo deve corresponder uma nova mentalidade no modo de conduzir o processo.

O atual método de seleção de magistrados não prevê qualquer etapa destinada à preparação do juiz de modo a que ele supere os formalismos herdados das praxes forenses e imprima uma maior dinâmica às causas que lhe são submetidas.

Tem-se evoluído de maneira satisfatória nas elaborações científicas cujo resultado tem sido a produção de instrumentos legislativos aptos a resolver os conflitos que surgem com a evolução da sociedade, como é o caso do Código de Defesa do Consumidor (Lei 8.078/90), que oferece meios para a solução dos litígios próprios das sociedades de massas.

Se é verdade que há uma deficiência de recursos humanos e materiais para o adequado funcionamento dos órgãos jurisdicionais, também é certo que existem desempenhos excelentes ao lado de produtividade insatisfatórias entre órgãos judiciais submetidos a idênticas condições de trabalho. Um exame dessas situações revela que a diferença em favor do melhor resultado explica-se pelo uso da técnica processual em favor da descomplicação dos atos e para a produção de resultados à custa de menor esforço.

"Deficiências técnicas na aplicação da norma são fontes de numerosas desgraças. Para começar, dão ensejo à inútil sobrevivência de boa quantidade de processos que decerto não contribuiriam como contribuem para obstruir os canais judiciais se os juízes deles incumbidos manejassem com maior destreza os instrumentos que lhes oferecem os dispositivos do C. Pr. Civ. Concernentes ao indeferimento da petição inicial e à extinção do feito qual modalidade do julgamento conforme o estado do processo (arts. 295 e 329, respectivamente). Isso pressuporia entre outras coisas, é óbvio, a posse de noções claras e seguras acerca de temas como a legitimidade para a causa, a impossibilidade jurídica do pedido, a litispendência e a coisa julgada, em que a dimensão técnica indiscutivelmente avulta. O emprego da melhor técnica reteria muitas iniciais no filtro do despacho liminar, e poria termo à marcha de muitos pleitos sem necessidade de audiência de instrução e julgamento – num e noutro caso, com cristalino lucro do ponto de vista da efetividade. Esta, vale insistir, sobre danos múltiplos, toda vez que a vida de um processo se estenda mais que o necessário: lamentar não há só o gasto supérfluo de tempo e energias que a procrastinação do desfecho, já por si, representa, mas igualmente as repercussões desfavoráveis sobre a restante da atividade do órgão judicial: onerado com essa carga podre, quiçá não tenha o juiz condições de dirigir com mão mais firme e operosa algum outro feito em que, por exemplo, seria oportuna a iniciativa probatória oficial, para melhor esclarecimento dos fatos relevantes" (Moreira, José Carlos Barbosa, "Efetividade do processo e técnica processual", *Revista Forense*, v. 329, p. 100).

Daí a importância de uma formação do magistrado, direcionada para a busca de maior eficiência na administração judiciária. Essa preparação é ainda mais necessária e importante para os que ocuparão os Juizados Especiais, onde predominará o princípio de oralidade com o inevitável aumento dos poderes do juiz.

É imprescindível que se instale, como pressuposto de funcionamento dos Juizados Especiais, uma Escola Judicial destinada a preparar e aperfeiçoar o magistrado e os servidores. Se essa escola puder atuar como órgão de planejamento encarregado do estabelecimento de metas e reorientação dos trabalhos dos Juizados, a idéia, defendida por muitos, e acalentada de maneira dedicada pelo Ministro Sálvio de Figueiredo Teixeira, será uma realidade. A propósito do tema, confira desse autor "Escola Judicial", in *Revista de Informação Legislativa* n. 110, pp. 235-256, incluindo estudo sobre o recrutamento e formação de juízes na Alemanha, Itália, Portugal, Inglaterra, Japão, Rússia, Estados Unidos, Espanha e França.

Verifica-se que, se forem aplicadas as ordens legais contidas no aludido art. 2º, da Lei federal 9.099/95, teremos dado passo seguro em direção a um Judiciário mais ágil e mais eficiente no desempenho de sua tarefa constitucional.

DOUTRINA

OS CONCEITOS DE REAJUSTE, REVISÃO E CORREÇÃO MONETÁRIA DE PREÇOS NOS CONTRATOS ADMINISTRATIVOS

ANTÔNIO CARLOS CINTRA DO AMARAL

Advogado em São Paulo – Consultor e Coordenador Geral do Centro de Estudos sobre Licitações e Contratos-CELC

1. Reajuste de preços. 2. Revisão de preços. 3. Correção monetária de preços. 4. Conclusão.

1. Reajuste de preços

São conceitos juridicamente distintos:

a) *reajuste*;

b) *revisão*; e

c) *correção monetária*.

Ao celebrar um contrato de execução de obra, prestação de serviços ou compra e venda de bens para entrega futura, as partes podem estabelecer ou não cláusula de *reajuste de preços*. É óbvio que, em economias altamente inflacionárias, tal cláusula é indispensável, salvo se o prazo de execução for extremamente curto. Mesmo em uma economia com inflação baixa, porém, ela é necessária, embora a periodicidade de sua aplicação possa ser maior (atualmente é de um ano).

Qualquer que seja a modalidade adotada, a função da cláusula de reajuste é evitar que o contrato venha a ter, na fase de execução, sua equação econômica rompida, ruptura essa decorrente de elevação dos custos dos insumos utilizados.

Três aspectos relevantes devem ser acentuados em relação a esse conceito:

a) partindo da noção de que a contratação, pelo setor público, constitui um processo, do qual são etapas: *(a)* o planejamento; *(b)* a licitação; *(c)* a celebração do contrato; e *(d)* a execução do objeto contratual, verifica-se que a questão do reajuste se coloca na etapa de *planejamento*, em que se escolhe a cláusula que se considere melhor refletir a realidade do contrato e que, por isso, é incluída no edital da licitação;

b) a cláusula de reajuste diz respeito à equação *econômica* do contrato e não a sua equação *financeira*; e

c) a adoção de uma cláusula de reajuste, por melhor que seja sua escolha, não passa de uma tentativa de assegurar-se a equação econômica do contrato, tentativa essa que, em economias como a nossa, mesmo em épocas de inflação baixa, costuma falhar.

2. Revisão de preços

Conceito distinto é o de *revisão de preços*.

A função da revisão de preços é restabelecer o equilíbrio econômico ou financeiro do contrato, contenha este ou não cláusula de reajuste.

Acentue-se:

a) enquanto a *cláusula de reajuste* se insere na etapa de planejamento da contratação, a *revisão* se coloca na etapa de execução do objeto contratual; e

b) a revisão de preços tanto pode dizer respeito à equação *econômica*, quanto à *financeira*.

A revisão diz respeito à equação econômica do contrato quando, por exemplo, nele se insere, na etapa de execução, uma cláusula de reajuste de preços não estabelecida no início. Ou se altera a fórmula, ou os índices adotados. Ou quando se reavaliam as ponderações. Ou, ainda, quando os preços inicialmente contratados são adaptados à realidade *atual* do mercado.

A revisão diz respeito à equação financeira do contrato quando, por exemplo, se revê o cálculo das despesas financeiras.

A cláusula de reajuste tem, portanto, caráter *prospectivo*. A revisão opera no presente, mas a partir de uma visão *retrospectiva*.

À medida que o contrato vai sendo executado e o desbalanceamento ocorrendo, vão surgindo as percepções, a partir das quais se estabelecem tratativas com vista à revisão do preço. O momento em que surge o direito à revisão é o momento em que se verifica o desbalanceamento. O ato formal de reconhecimento desse direito tem caráter *declaratório*. O fato gerador quase sempre já ocorreu.

Se o contrato não tem cláusula de reajuste de preços, ou a cláusula nele contida revela-se em desacordo com a realidade, pode caracterizar-se o poder ou mesmo o dever da Administração de:

a) incluir no contrato uma cláusula de reajuste;

b) rever a cláusula existente; ou

c) recompor os preços praticados, aumentando-os ou reduzindo-os, conforme o caso.

Em todas essas hipóteses, trata-se de *revisão*, com vista a restabelecer-se o equilíbrio *econômico* do contrato.

A revisão, quer da equação econômica, quer da financeira, do contrato, pode decorrer de:

a) alteração unilateral do contrato pela Administração;

b) "fato do príncipe" ; ou

c) fato superveniente e imprevisível que enseje a aplicação da teoria da imprevisão.

Um dos princípios aplicáveis ao contrato administrativo é o da *mutabilidade*. Gaspar Ariño Ortiz (*Teoría del Equivalente Económico en los Contratos Administrativos*, Madri, Instituto de Estudios Administrativos, 1968, p. 223) diz que:

"Acima dos interesses particulares – puramente pecuniários – das partes, se impõe o interesse geral, que constitui o fim primário do contrato."

Para melhor atingir esse fim primário (imutável), a Administração pode unilateralmente modificar o contrato (mutabilidade dos meios). "O princípio da mutabilidade do contrato não é, no fundo, senão a presença, na relação contratual, de aspectos regulamentares" (ob. cit., p. 228).

E acrescenta (p. 242): "O princípio do equivalente econômico vem a ser assim o contraponto necessário, na ordem financeira, a uma situação de flexibilidade contratual no objeto e conteúdo das prestações".

É o princípio do equivalente econômico que determina a revisão do preço contratual.

O "fato do príncipe", também relacionado com o princípio do equivalente econômico, decorre de atuação estatal alheia à relação contratual (exemplos: aumento de tributos, congelamento de preços decorrente da adoção de planos econômicos etc.). São intervenções estatais de tipo geral, não referidas diretamente ao contrato, "porém que supõem uma mudança nas condições externas – econômicas, fiscais, sociais – de execução deste" (Ariño Ortiz, ob. cit., p. 263).

A terceira causa da revisão é a ocorrência de fato superveniente e imprevisível que enseje a aplicação da teoria da imprevisão.

No direito romano prevalecia o princípio *pacta sunt servanda*, que levava ao respeito integral e *imodificável* da vontade das partes, declarada no contrato. No direito canônico, passou a prevalecer o reconhecimento da existência, *implícita*, nos contratos, da cláusula *rebus sic stantibus*, que conduzia à adaptação da vontade das partes a novas condições subjacentes ao contrato. Essa cláusula estava assim expressa:

"Contractus qui habent tractum sucessivum et dependentiam de futuro, rebus sic stantibus intelliguntur."

Durante muito tempo se resistiu à codificação da cláusula *rebus sic stantibus*. Não só, como acentua Oreste Cagnasso, em monografia específica sobre a superveniência no contrato de empreitada (*Appalto e Sopravvenienza Contrattuale*, Milão, Giuffrè, 1979, p. 2), pelo respeito ao princípio da imutabilidade da vontade (*pacta sunt servanda*), como também em conseqüência de exigências práticas, como a necessidade de certeza nas relações jurídicas.

Mesmo com a edição, na França, do Código Napoleão, a tese prevalente foi a da imutabilidade da vontade das partes (art. 1.793). A realidade sócio-econômica, porém, levou o Conselho de Estado francês a consagrar a teoria da imprevisão. Fundamentalmente, como acentua Cagnasso (ob. cit., p. 15), porque:

a) o art. 1.793 do Código referia-se à construção de edifícios, enquanto a jurisprudência administrativa tinha que se pronunciar sobre construção de ferrovias e trabalhos de escavação de galerias, obras de muito maior grau de complexidade e, portanto, de maior grau de imprevisibilidade; e

b) "o interesse perseguido pelo ente público dono da obra não é somente, como é óbvio, o financeiro (não modificação do preço estabelecido), mas também e sobretudo o de *execução da obra*: a impossibilidade *econômica* do empreiteiro de executar a obra, com a conseqüente suspensão ou interrupção dos trabalhos, pode ser de grave prejuízo ao interesse público na realização da obra".

Acrescenta Cagnasso (ob. cit., p. 17):

"Mediante interpretação do contrato e a *reconstrução da vontade das partes* (grifos meus), o Conselho de Estado sustentava que, no caso de onerosidade ou dificuldade na execução, imprevista e imprevisível, fosse admissível a revisão do preço tratando-se de álea extracontratual e como tal estranha à vontade das partes."

Os numerosos estudos dedicados à teoria da imprevisão buscavam resolver o problema do reequilíbrio econômico ou financeiro do contrato, segundo Cagnasso (ob. cit., p. 18), de várias maneiras. Ora fazendo referência à força maior (em acepção lata), ou erro sobre a substância, ou *enriquecimento sem causa*, ora recorrendo a princípios gerais, como o abuso de direito, a boa-fé ou a cláusula *rebus sic stantibus*.

Resumindo: rompida a equação econômica ou financeira inicial do contrato, há que restabelecê-la "mediante interpretação do contrato *e a reconstrução da vontade das partes*".

3. Correção monetária de preços

Um terceiro conceito é o de *correção monetária* dos preços contratuais.

O *reajuste* refere-se ao *custo da produção*, vale dizer, o custo dos insumos utilizados. Mediante *revisão*, recompõe-se o preço, afetado por um fato, referido ou não, diretamente, à relação contratual. Por sua vez, a *correção monetária* refere-se ao custo do dinheiro, quer durante o prazo de pagamento, quer – na hipótese de verificar-se atraso pela Administração – após esse prazo.

A Lei 8.666/93 dispõe, em seu art. 40, XIV, "c", que o edital da licitação deve prever critério de atualização financeira dos valores a serem pagos, desde a data final do período de adimplemento de cada parcela "até a data do efetivo pagamento". "Adimplemento da obrigação" é definido pela Lei 8.666/93, no § 3º do mesmo art. 40:

"§ 3º. Para efeito do disposto nesta Lei, considera-se como adimplemento da obrigação contratual a prestação do serviço, a realização da obra, a entrega do bem ou de parcela destes, bem como qualquer outro evento contratual a cuja ocorrência esteja vinculada a emissão de documento de cobrança."

Abstraindo a terminologia adotada pela lei, e fixando os conceitos, "atualização financeira" é o mesmo que "correção monetária". Porque, cumprida a obrigação pela contratada (atingida uma etapa da obra ou do serviço, ou entregue um bem), a lei determina que se corrija monetariamente – ou se atualize financeiramente – o valor a ser pago. Já não se trata mais de cobrir custos de produção, mas sim de evitar a "perda de substância da moeda". Essa correção – ou atualização – se faz até a data do "efetivo pagamento", seja este efetuado dentro ou fora do prazo contratual.

Não se pode argumentar – como se tem costumado fazer – que esse dispositivo da Lei 8.666/93 foi revogado pelas normas referentes ao Plano Real. Isso porque:

a) a correção monetária não foi eliminada pela Lei 8.880/94 e, sim, suspensa por um ano (art. 15, § 4º);

b) continuam em vigor, no que não conflitem com a legislação referente ao Plano Real, as normas da Lei 8.666/93 (art. 3º da Medida Provisória 1.488-15); e

c) permanecem em vigor as disposições legais referentes à correção monetária de débitos relativos a ressarcimento em virtude de inadimplemento de obrigações contratuais (art. 15 da mesma Medida Provisória 1.488-15).

Por outro lado, não se diga que essa correção é inócua, em época de inflação baixa. Se uma contratada tem a receber, por exemplo, a cada mês, no prazo de trinta dias, R$ 1.000.000,00 (hum milhão de reais), a "perda de substância da moeda" situa-se, na época atual, em torno de R$ 12.000,00 (doze mil reais), no mínimo. Em um contrato de duração com prazo de execução de vinte e quatro meses, isso representa um custo mínimo, "grosso modo", de R$ 288.000,00 (duzentos e oitenta e oito mil reais). Se o contrato não prevê correção monetária dentro do prazo de pagamento, a proponente, ao formar seu preço, incluirá esse custo em seu BDI (Benefício e Despesas Indiretas), provavelmente projetando o custo financeiro para cima, a fim de resguardar-se quanto a uma eventual elevação da inflação, por menor que seja.

4. Conclusão

À luz desses conceitos, é possível ao intérprete entender as normas referentes ao Plano Real. Só que, ao fazê-lo, deve decodificar a terminologia empregada, detectando, sobretudo, os vários casos em que a lei emprega os termos *revisão* e *correção monetária* no sentido de *reajuste*. Por exemplo: não há, conceitualmente, à vista do exposto acima, como se falar em *revisão periódica* ou, muito menos, em *correção monetária periódica*. A *periodicidade* de um ano, contemplada na lei, somente se aplica ao *reajuste*.

A interpretação literal dos §§ 1º e 2º da Medida Provisória 1.488-15 – que dispõem sobre a periodicidade de um ano para *reajuste, revisão* e *correção monetária* – conduziria, assim, a um entendimento conceitualmente absurdo. Como toda interpretação literal, deve ela, portanto, também nesse caso, ser totalmente descartada.

São Paulo, setembro de 1996

DOUTRINA

OMISSÃO DE RENDIMENTOS PRESUMIDOS

ARNALDO MALHEIROS FILHO
Advogado Criminal

À memória de GERALDO ATALIBA

1. Colocação do problema. 2. Relevância penal da omissão em matéria tributária. 3. Tipicidade da omissão da Lei n. 8.137/90. 4. Principais características do tipo em exame. 5. Imprestabilidade das presunções, "mesmo para a pretensão fiscal". 6. Dimensão constitucional do tema. 7. Ainda sobre a justa causa. 8. Conclusão.

1. Colocação do problema

Depois do sucesso investigatório do caso "Collor/PC", em que o exame de contas bancárias serviu como ponto de partida para a revelação de toda uma rede de fantasmas e corrupção, o acesso a esses registros ganhou enorme popularidade. Agora, no entanto, em lugar de tomar as contas bancárias como início do trabalho de prospecção, certas autoridades pretendem usá-las como meta, tal se fossem prova definitiva de ilícitos. Em matéria fiscal houve um sensível aumento de autuações contra pessoas físicas, nas quais se *presume* rendimentos e/ou acréscimo patrimonial a descoberto a partir da simples existência de depósitos superiores ao montante da receita declarada.

Muito embora os escalões mais qualificados da Receita Federal tenham posição mais séria e prudente a esse respeito, afirmando a inidoneidade dos depósitos bancários como prova suficiente da existência de rendimentos não declarados, grassa no baixo clero da fiscalização uma espécie de comodismo, com a freqüente autuação de contribuintes apenas em razão da movimentação bancária, sem o estorvo de verificar e comprovar a real natureza dela. Quando muito o que se faz é intimar o contribuinte pessoa física – que não tem obrigação de manter escrita contábil – a exibir "documentos hábeis e idôneos" sobre os depósitos questionados, abusando-se da impossibilidade material de fazer essa prova para incriminá-lo.

Pior que isso, no entanto, é a constância com que o Ministério Público Federal, à luz só e só de cópia da autuação, oferece denúncia contra o contribuinte, sob a alegação de que o mesmo *omitiu* rendimentos em sua declaração anual, muito embora nem o auto de infração nem o órgão acusatório cuidem de afirmar e muito menos de provar que o fato supostamente omitido existiu no mundo real.

Ora, deduzir de meros depósitos bancários – cujas origens podem ser as mais variadas – que uma pessoa teve *rendimentos* cuja existência omitiu, é mera presunção. O objetivo deste trabalho é demonstrar que presunções são insuficientes até mesmo para fundamentar a pretensão fiscal mas, ainda que assim não fosse (como ocorre, por exemplo, em situações legais de "lucro presumido"), nem mesmo assim seriam elas idôneas para lastrear a existência de uma ação penal.

A proposta é, portanto, discutir não só tipicidade como condições da ação penal, para demonstrar a inaceitabilidade do proceder que se vem rotinizando.

Àqueles para quem a tese a defender aqui soa óbvia, lembramos que em sentido contrário vêm diversas denúncias, com a chancela do recebimento por parte de magistrados, certamente porque a faina os tem impedido de uma reflexão sobre o tema nesse momento processual. Parece-nos, pois, que o debate se justifica.

2. *Relevância penal da omissão em matéria tributária*

Num Estado de Direito Democrático o Direito Penal se pauta pelo *princípio da intervenção mínima*,[1] herança cultural da Revolução Francesa, cuja célebre "Declaração" elencou entre os direitos humanos a redução das leis ao estrita e evidentemente necessário.[2] Essa diretriz constitucional atinge não apenas o legislador – que deve limitar a atuação do Direito da sanção máxima a mínimas hipóteses de grave perturbação social – como também o intérprete que, na análise da norma, não poderá se esquecer do caráter fragmentário e subsidiário do Direito Penal[3] e de que "o Direito Penal é a *ultima ratio*".[4]

O primeiro corolário dessa circunstância em relação à lei penal tributária é a subsidiariedade dela à norma tributária, da qual é verdadeiro "direito de superposição".[5] Crime contra a ordem tributaria é um ilícito tributário patrimonial qualificado por uma fraude típica.[6] Onde não houver ilícito tributário, não poderá haver crime. Por outro lado, somente quando o ilícito fiscal for resultado de fraude definida na legislação penal poder-se-á falar em crime contra a ordem tributária.

No elenco das fraudes tipificadas pela Lei n. 8.137/90 inclui-se a modalidade de falso ideológico consistente na falta ao dever de prestar ao Fisco as declarações que a norma tributária, sem afronta a garantias constitucionais, considere obrigatórias.

Vícios de redação desse diploma legal criaram grande confusão sobre esse assunto, devida ao tratamento do tema em mais de um dispositivo, a saber: *a*) "Art. 1º – Constitui crime contra a ordem tributária suprimir ou reduzir tributo ou contribuição social e qualquer acessório, mediante as seguintes condutas: I – *omitir informação* ou prestar informação falsa às autoridades fazendárias. Pena: Reclusão de dois a cinco anos e multa". *b*) "Art. 2º – Constitui crime da mesma natureza: I – fazer declaração falsa ou *omitir declaração*, sobre rendas, bens ou fatos, ou empregar outra fraude, para eximir-se, total ou parcialmente, de pagamento de tributo. Pena: detenção de seis meses a dois anos e multa".

Não falta, ainda, quem acene com a possibilidade de vir a omissão de rendi-

1. Cf. Luiz Luisi, *Os Princípios Constitucionais Penais*, p. 26: "Embora não explícito no texto constitucional, o princípio da intervenção mínima se deduz de normas expressas de nossa *Grundnorm*, tratando-se, portanto, de um postulado nela inequivocamente implícito". Luigi Ferrajoli (*Derecho y Razón – Teoría del Garantismo Penal*) inclui entre os "axiomas garantistas" os princípios do *nulla lex (pœnalis) sine necessitate* e *nulla necessitas sine injuria*.

2. Art. 8º da Declaração Francesa dos Direitos do Homem e do Cidadão.

3. V. Francisco de Assis Toledo, *Princípios Básicos de Direito Penal*, § 8º.

4. Antonio Garcia-Pablos, *Derecho Penal – Introducción*, p. 5.

5. Geraldo Ataliba, "Denúncia espontânea e exclusão de responsabilidade penal", in *Revista de Informação Legislativa* 125/241 e ss.

6. Utilizamos o conceito de "ilícito tributário patrimonial" adotado por Hugo de Brito Machado in "Ilícito Tributário", *RT* 709/287, ressaltando que o sistema penal brasileiro desconhece crime contra a ordem tributária que não se relacione ao *quantum* de imposto. Sobre a fraude, dada a amplitude de seu conceito, especialmente entre os tributaristas (cf., *e.g.*, Alfredo Augusto Becker, *Teoria Geral do Direito Tributário*, p. 123), é mais preciso referir-se a ela como "típica", ou seja, prevista na legislação penal.

mentos a ser enquadrada no n. II do art. 1º, o que é de se afastar de imediato, pois o dispositivo diz com "documento exigido pela lei fiscal" outro que as declarações do contribuinte, objeto de atenção em norma especial que, por ostentar essa condição, exclui a geral.

Resta, no entanto, a discussão sobre qual dos dois dispositivos acima transcritos – inc. I do art. 1º ou inc. I do art. 2º – é o modelo da conduta que ora se examina, discussão essa cujo relevo avulta diante da gritante disparidade de penas cominadas a condutas que não parecem se distinguir uma da outra.

3. *Tipicidade da omissão na Lei n. 8.137/90*

Vozes autorizadas da doutrina sustentaram a existência de uma diferença – que se chegou a adjetivar de "clara" – entre as duas previsões legais acima transcritas. Rui Stoco pretende ver na palavra "eximir-se" do art. 2º, em sua sinonímia com "isentar-se", uma referência à falsa criação de isenções fiscais: "Eximir-se é isentar-se e, *in casu*, eximir-se indevidamente, ou seja, o agente faz declaração falsa ou omite informação para insinuar uma isenção que, embora a lei tenha concedido, não se coaduna com a sua real situação".[7] Segundo Pedro Roberto Decomain, "para que ocorra o crime do n. I do art. 1º, necessário se faz que aconteça efetiva supressão ou redução de tributo, circunstância que o n. I do art. 2º, contudo, dispensa".[8] Na mesma linha está o pensamento de Paulo José da Costa Junior: "Para que se realize o crime tipificado no n. I do art. 1º, que é crime de resultado, indispensável que, em razão da omissão ou da falsidade, haja efetiva supressão do tributo devido ou sua redução. O artigo seguinte, ao revés, contenta-se com a declaração falsa ou com a omissão, desde que visem ao não pagamento, ou pagamento reduzido do tributo".[9]

Para esses ilustres monografistas da matéria – o último mencionado, nosso Mestre de sempre – o tipo do art. 2º seria uma combinação de tentativa com arrependimento eficaz, ou seja, enquadraria a omissão para o fim de reduzir tributos, apenas quando esse resultado não é alcançado – seja por vontade do agente, seja pela presteza da fiscalização; a consumação tipificaria o delito do art. 1º, crime caracterizado pelo dano[10] de supressão ou redução de tributo.

Em nossa opinião a proposta citada é inaceitável, pois afirma que a figura do n. I do art. 2º descreve um crime consumado contra a ordem tributária *sem ilícito tributário patrimonial*, pois se esse existisse, estar-se-ia diante da figura do n. I do art. 1º. Ora, no art. 1º, a *conduta*, o *núcleo do tipo*, encontra previsão no texto do inciso, não no *caput*; trata-se, na verdade, *da mesma* conduta, pois "suprimir tributo" só pode significar o mesmo que pretender eximir-se de seu pagamento. Não existe a diferença, procurada pelos dois últimos autores citados, entre um crime de dano e outro de perigo, pois o que existe é a diferença entre "tributo" e "pagamento de tributo", que faz com que a pretensão a se eximir deste equivalha a suprimir aquele. Por outro lado, parece claro, com o devido respeito à posição de Rui Stoco, que o fim de "eximir-se de pagamento de tributo" nada mais é do que a intenção de não pagar tributo, não tendo relação necessária com isenções fiscais.

7. Cf. o capítulo "Sonegação Fiscal" em *Leis Penais Especiais e sua Interpretação Jurisprudencial*, de Silva Franco, Rui Stoco *et alii*, Ed. RT, São Paulo, 1995, p. 1.484.

8. *Crimes contra a Ordem Tributária*, p. 52.

9. Paulo José da Costa Júnior e Zelmo Denari, *Infrações Tributárias e Delitos Fiscais*, 107.

10. Preferimos dizer "crime de dano" a "crime de resultado", pois todo crime demanda resultado, que tanto pode ser um dano como um perigo concreto – cf., a propósito, STJ, RHC 3.831-RJ, Rel. Min. Vicente Cernicchiaro, *LexSTJ* 69/271 e ss.

O que, numa e noutra hipótese, caracteriza o fato como crime contra a ordem tributária e o distingue da falsidade ideológica do art. 299 do Código Penal é o elemento subjetivo do tipo consistente no fim especial de se conduzir no sentido da supressão ou redução de tributo.

A esta altura é importante recordar certos conceitos básicos de Direito Tributário, seja em homenagem à idéia de *direito de superposição* referido por Ataliba, seja porque os defensores da tese do crime de dano no art. 1º não explicam o que significa "suprimir tributo" ou "reduzir tributo", especialmente quando se lança mão dessas expressões em oposição a "pagamento de tributo".

Por mais acaciano que seja, não custa lembrar que o *tributo* nasce da lei: "Está criado um tributo desde que expedida a lei que lhe descreve a hipótese de incidência".[11] Já a *obrigação tributária* surge com a ocorrência do fato gerador, também chamado fato imponível: "O vínculo obrigacional que corresponde ao conceito de tributo nasce, por força de lei, da ocorrência do fato imponível".[12]

Momento culminante da relação jurídico-tributária é o lançamento. Conquanto a doutrina se incline majoritariamente por sua conceituação como ato administrativo meramente declaratório do crédito tributário, o direito positivo – que nos parece bastante aos estreitos limites deste estudo – o tem, através do art. 142 do Código Tributário Nacional, como *procedimento* que visa à *constituição do crédito tributário*. A boa doutrina, mais exata do que o Código, ensina que a *obrigação tributária* (que compreende o crédito, tanto quanto o débito) nasce no momento em que ocorre fato que se ajuste à previsão legal, mas que, sem *lançamento*, não se pode falar em *exigibilidade* do crédito tributário, como bem destaca Geraldo Ataliba.[13] Paulo de Barros Carvalho[14] afirma, na mesma linha, que o lançamento *formaliza* o crédito tributário.

Mas, para o Direito positivo, o lançamento *constitui* o crédito tributário. O que antes era meramente fato ajustado à hipótese de incidência – conquanto já fosse *obrigação* – só com o lançamento se torna obrigação *líquida, certa e exigível*. Ou, como diz Hugo de Brito Machado, "o lançamento é *constitutivo do crédito tributário* e apenas declaratório da obrigação correspondente".[15]

Vistos esses três grandes momentos da relação jurídico-tributária (hipótese de incidência, fato imponível, lançamento), cabe recolocar a pergunta: O que significa *suprimir tributo* ou *reduzir tributo*? Se o tributo é ente jurídico criado pela lei que lhe definiu a hipótese de incidência, só a revogação ou alteração desta o poderia *suprimir* ou *reduzir*. Portanto, a primeira conclusão é de que a Lei n. 8.137/90 não quis dizer "suprimir" ou "reduzir" no sentido técnico.

Já a obrigação tributária (que, à míngua de qualquer rigor terminológico, poderia se ver chamada de "tributo") também não se suprime ou reduz pelas condutas elencadas nos incisos do art. 1º. É que, nascendo do fato imponível, só a não ocorrência deste poderia suprimir aquela, ou a ocorrência de fato imponível diverso poderia reduzi-la. No entanto, fazer com que o fato imponível não aconteça é direito sagrado do cidadão.[16] A segunda conclusão, pois, é no sentido de que a norma em exa-

11. Geraldo Ataliba, *Hipótese de Incidência Tributária*, p. 109.

12. Idem, p. 65.

13. *Apontamentos de Ciência das Finanças, Direito Financeiro e Tributário*, p. 277.

14. *Curso de Direito Tributário*, p. 233.

15. *Curso de Direito Tributário*, p. 119.

16. Alfredo Augusto Becker, *Teoria Geral...*, cit., pp. 122 e ss. O autor cita Rubens Gomes de Sousa, que afirma a distinção entre evasão e fraude a partir do tempo em que praticado o ato atribuído ao contribuinte: Se anterior ao fato imponível, seria mera evasão, se posterior, fraude.

me não se referiu nem a "tributo" no sentido técnico, nem com essa palavra quis significar "obrigação tributária".

Resta, pois, analisar o lançamento. Usando o conceito legal de que o lançamento é um *procedimento*, veremos que não raro o contribuinte é chamado a participar dele,[17] seja nos casos de homologação, seja nos mistos. Essa participação se dá, geralmente, por uma *declaração* que deve ser prestada pelo contribuinte ao Fisco, no bojo da qual afirmações falsas ou omissão podem levar à *redução ou supressão do crédito tributário a ser constituído pelo lançamento*.

Parece fora de dúvida – e não só por exclusão – que ao utilizar a palavra "tributo" no *caput* do art. 1º, a Lei n. 8.137/90 quis se referir ao valor do crédito tributário constituído pelo lançamento.

Porém, na prática, o dispositivo se torna inaplicável, além de ter sua exclusão determinada pelo inc. I do art. 2º, que é lei especial e, simultaneamente, lei mais benigna. É que o lançamento tributário pode ser revisto de ofício,[18] constituindo, assim, o crédito tributário na medida arbitrada pelo Fisco.

Assim os casos de *efetiva* supressão ou *efetiva* redução, como frisam os autores que pensam diversamente, comporão o *chiffre noir* da criminalidade tributária, aquele dos casos que nunca chegam às Cortes ou às estatísticas, por não serem descobertos. Descoberta que seja a fraude, a autoridade administrativa, de ofício, constituirá o crédito tributário, fazendo com que nada tenha de *efetiva* a supressão ou redução debalde almejada pelo contribuinte. Constituído o crédito tributário, verificar-se-á que o devedor omitiu informação *com o fim de* suprimir ou reduzir o valor devido, o que é rigorosamente o mesmo que dizer *para eximir-se total ou parcialmente do pagamento de tributo*. Será inevitável, nessa hipótese, o afastamento do n. I do art. 1º pelo n. I do art. 2º.

Não se pode dizer que seja serôdia a constituição do crédito tributário através do lançamento de ofício, pois, nos termos do art. 34 da Lei n. 9.249/95, o tempo para a reconstituição do lançamento vai até o recebimento da denúncia.

É necessário, também, salientar que o Direito Penal é indiferente ao inadimplemento das obrigações, conquanto se interesse por sua constituição. Assim, por exemplo, quando se vê elemento de estelionato na *intenção preordenada de não adimplir*, não se está criminalizando a inadimplência, mas o vício na formação da obrigação. Pretender o contrário em desfavor do réu seria intervenção vedada, por compreender a possibilidade de prisão por dívida. Portanto, em matéria tributária, o Direito Penal pune a conduta que, com a fraude, se dirige ao fim de não adimplir e não o inadimplemento.

Os dois tipos em exame preocupam-se com a *constituição do crédito tributário pelo lançamento* (conforme a terminologia do art. 142 do CTN), nas hipóteses em que este exige a participação do contribuinte através da entrega de uma declaração, sendo indiferente ao Direito Penal a satisfação ou não desse crédito tributário.

A discussão, no entanto, poderia se alongar antes do advento da Lei n. 9.249/95, cujo art. 34 reintroduziu em nosso Direito positivo a extinção da punibilidade dos crimes contra a ordem tributária pelo pagamento do *quantum debeatur* (assim entendido o tributo elidido mais seus consectários) antes do recebimento da denúncia.

A restauração do texto original da Lei n. 8.137/90 (pois, na verdade, o art. 34 da Lei n. 9.249/95 revigorou o art. 14 daquele diploma) reforça a idéia de que não há crime contra a ordem tributária sem ilícito tributário patrimonial, pois sua retificação

17. CTN, art. 147.
18. CTN, art. 149, ns. IV a VII.

tempestiva – como já ocorria, mas limitada aos termos do art. 138 do CTN[19] – é incompatível com a existência do delito. Importantíssimo é recordar que, se "não posso exigir que uma repartição fiscal receba dinheiro e me dê quitação antes do lançamento",[20] pois "tal exigência, antes de ser legal é lógica: não se pode cumprir obrigação ilíquida",[21] é relevante, tanto no caso do art. 138 do CTN como no do art. 34 da Lei n. 9.249/95, a *retificação do lançamento* que antecede ao pagamento, muito embora sem ele não se dê a extinção da punibilidade.

Estabelecido que a punibilidade se extingue com o pagamento anterior à denúncia, tem-se que a interpretação dos doutrinadores mencionados conduz à inaceitável abrogação da *lex mitior* pela *lex gravior*, pois nunca se poderia receber denúncia na hipótese de apenamento mais benigno do n. I do art. 2º: Se a omissão fosse com o fim de reduzir tributo, mas esse fim não tivesse sido atingido em razão do pagamento integral, estaria extinta a punibilidade; se pagamento algum fosse feito, ter-se-ia – por aquele raciocínio – consumado a figura do n. I do art. 1º. Tal interpretação, mesmo que pudesse ser lógica, seria inegavelmente iníqua.

Mais nítido agora se revela o acerto da posição há tempos defendida por Hugo de Brito Machado a respeito do tema: "O tipo descrito no art. 2º, I, descreve, com maior especificidade, o mesmo fato descrito de forma genérica no art. 1º, I, da Lei n. 8.137/90. Assim, seja em virtude do princípio segundo o qual, em matéria penal, deve prevalecer a interpretação mais favorável ao réu, seja em face do princípio da especialidade, tem-se que o fato de omitir informação ou prestar declaração falsa às autoridades fazendárias, deve ser capitulado no art. 2º, submetendo-se seu autor à pena neste cominada, restando inútil a norma do art. 1º, I".[22]

Ainda que não se chegue ao extremo de afirmar a cabal inoperância da figura descrita no art. 1º, o certo é que, seja por ser *lex mitior*, seja por ser *lex specialis*, a norma do n. I do art. 2º prevalece quando se trata de "omitir informação sobre rendimentos", que é o objeto de nosso estudo.

Prosseguimos, pois, tomando como certo que a omissão dolosa de rendimentos na declaração anual configura em tese o delito previsto no n. I do art. 2º da Lei n. 8.137/90.

4. Principais características do tipo em exame

É conhecida a objeção naturalista à causalidade omissiva: Se a omissão é um não-fazer e o não-fazer é um nada, o nada nada pode criar, não podendo a omissão ser causa de qualquer resultado.

A realidade, no entanto, é que a omissão não é um simples não-fazer, mas sim "não fazer algo determinado".[23] Assim, o primeiro requisito de qualquer crime omissivo é a existência da *situação típica*, que é aquela que "permite deduzir em cada caso o conteúdo concreto do dever de atuar",[24] dever esse cuja inobservância leva a um resultado vedado pela norma.

Além do elemento objetivo, que é a existência real da situação típica, há, nos delitos omissivos de um modo geral, o elemento subjetivo, que inclui o conhecimento do agente quanto à existência da situação típica, de seu dever de agir, e sua consciência e vontade de não fazer o que a lei determina para aquela situação.[25] Por for-

19. V. Ataliba, "Denúncia espontânea...", cit. na nota 5, *supra*.

20. Ataliba, *Apontamentos*, cit., p. 278.

21. Idem, p. 277.

22. "Ilícito Tributário", in *RT* 709/289.

23. Hans-Heinrich Jescheck, *Tratado de Derecho Penal – Parte General*, II/848.

24. Idem, ibidem.

25. Cf. o monumental estudo de Alberto Cadopi, *Il Reato Omissivo Proprio*.

ça do princípio da excepcionalidade da culpa,[26] nem só a omissão involuntária, resultante de esquecimento, deixa de ser punível: Também a omissão que resulte de franca negligência para com o cumprimento do dever ou da realização de uma tarefa com manifesta imprudência serão imunes à persecução penal pois, como é notório, inexiste crime culposo contra a ordem tributária.

Na figura que estudamos há, além disso, um elemento subjetivo do tipo, consistente no fim especial de agir para suprimir ou reduzir o pagamento de tributos. A culpa do réu, é cediço, não se presume, cabendo à Acusação a prova do dolo e da intenção especial exigida por lei.

A omissão de quem pretende se eximir parcialmente do pagamento de tributo há de acarretar efeito fiscal de alguma relevância no confronto com a obrigação tributária. A omissão de pequeno porte induz ao convencimento da falta de dolo, além de ter sua tipicidade desnaturada pela insignificância.[27]

Por fim, vemos que a lei trata a omissão como fraude (tanto que se refere a "outra fraude" além da declaração falsa ou da omissão), o que fortalece a interpretação de que o tipo em questão é forma de falsidade ideológica[28] qualificada pela intenção do agente. Por isso o tipo omissivo não alcança o contribuinte remisso, que não entrega sua declaração no prazo, pois esse comportamento não pode equivaler a fraude alguma. O crime será cometido quando a declaração é entregue como se completa fora, mas dela tenham sido omitidas informações obrigatórias, com o fim de obter vantagem fiscal.

Assim, ao lado dos remissos, estão também fora da esfera de incidência da norma penal os que omitirem informações que não levem à incidência ou ao acréscimo de imposto.[29]

Também a omissão inidônea ao efeito para o qual praticada é alheia ao Direito Penal. Um indivíduo que em determinado ano ganhou 100 e declarou somente 20, omitindo 80, mas acusou em sua declaração de bens que seu patrimônio saltou de 200 para 250 não praticou fraude alguma, por manifesta ausência de potencialidade lesiva, já que não é preciso sequer o uso da inteligência para descobrir que algo está faltando: Uma simples máquina o faz, o que ocorre quando o computador "rejeita" uma declaração nesses termos.

Do que se expôs neste item já é possível desdobrar o ônus probatório da Acusação quando imputa esta figura penal a alguém. Ao autor da ação penal caberá alegar e provar além de qualquer dúvida razoável:

a) *A existência da situação típica* – A denúncia deverá descrever que o agente teve rendimentos, descrevendo-os com suas circunstâncias, como exige o art. 41 do CPP.

b) *O conhecimento que o réu tinha da situação típica* – Ninguém pode ser responsabilizado porque deixou de incluir na declaração rendimentos dos quais não teve conhecimento. Por isso a inicial deverá afirmar e o Ministério Público fica com o ônus de na instrução provar que o réu sabia da existência da situação típica, mas se omitiu intencionalmente.

c) *O direcionamento consciente da conduta para a evasão fiscal* – Somente a omissão decorrente da vontade de se eximir total ou parcialmente do pagamento de tributo é punível.

26. Código Penal, art. 18, parágrafo único.

27. Sobre o princípio da insignificância como excludente de tipicidade, v. Toledo, *Princípios...*, cit., p. 133.

28. Cf. Rui Stoco, ob. cit., p. 1.483.

29. Assim, por exemplo, quem omite a existência de um filho como dependente, não se exime parcialmente do pagamento de imposto de renda, antes se onera. Quem omite rendimento tributável exclusivamente na fonte pagadora não causa reflexo algum na regular constituição do crédito tributário.

d) A idoneidade da omissão para atingir o fim colimado.

Sem a fundada afirmação desses elementos não pode haver processo. Sem sua prova em Juízo, à luz do contraditório, não pode haver condenação.

5. *Imprestabilidade das presunções, "mesmo para a pretensão fiscal"*

Como dissemos no item 1 supra, se presunções pudessem servir de fundamento à pretensão fiscal, nem mesmo assim se prestariam a embasar um pedido de condenação criminal.

No entanto, o mero fato de ter alguém depósitos em sua conta corrente é tão insignificante que não se presta sequer para embasar a pretensão fiscal. É evidente que esse mero fato poderia dar ensejo à apuração detalhada do que se pretende provar contra o contribuinte; o que a jurisprudência não admite é que ele e só ele seja bastante para a constituição de um crédito tributário, por se *presumir* tratar-se de rendimento, sem qualquer prova disso.

Por serem reiterados os pronunciamentos jurisdicionais nesse sentido, o extinto Tribunal Federal de Recursos já editara o verbete n. 182 de sua *Súmula*, assim escrito: "É ilegítimo o lançamento do Imposto de Renda arbitrado com base apenas em extratos ou depósitos bancários".

E torrencial é a jurisprudência, da qual se destacam alguns exemplos: "Imposto de renda. Lançamento 'ex officio'. É processo de arbitramento que não pode limitar-se a tomar como rendimento a soma dos depósitos bancários efetuados pelo contribuinte no exercício em causa".[30] "O sinal exterior de riqueza, os depósitos bancários que evidenciaram a renda auferida ou consumida pelo contribuinte deve ser o marco inicial da investigação do Fisco, e não o objetivo final. Impossibilidade da tributação incidir simplesmente sobre os depósitos bancários".[31] "Os depósitos bancários, embora possam refletir sinais exteriores de riqueza, não caracterizam, por si sós, rendimentos tributáveis".[32] "O imposto de renda arbitrado, exclusivamente, com suporte em extratos de contas bancárias, já não encontra qualquer suporte legal após a edição do Decreto-lei n. 2.471/88, que, em seu art. 9º, inc. VII, proibiu o lançamento do IR com base exclusiva nos extratos bancários".[33] "É ilegítimo o lançamento do imposto de renda arbitrado com base apenas em extratos ou depósitos bancários (Súmula 182/TFR)".[34] "Imposto de renda. Arbitramento com base em extratos bancários. A questão está abrangida pelo disposto na Súmula n. 182 do extinto TFR".[35] "É ilegítimo o lançamento do imposto de renda arbitrado com base apenas em extratos bancários (Súmula 182 do extinto TFR). A mera presunção não permite autuação fiscal, que deve ser anulada".[36] "Descabe lançamento de imposto de renda por presunção de omissão de receitas com base exclusivamente em depósitos bancários, a menos que comprovada, inequivocamente, a distribuição disfarçada de lucros. (...) Apelação parcialmente provida para anular lançamento quanto à omissão de receitas com base exclusivamente nos depósitos bancários...".[37]

Se esse cômodo procedimento de fabricar a responsabilidade do contribuinte

30. TFR, agr. pet. 28.991-SP, Rel. Min. Décio Miranda, *Resenha Tributária*, 1.2, n. 166/70.

31. TFR, remessa *ex officio* 77.266-SP, Rel. Min. Carlos Mário Velloso.

32. TFR, 5ª Turma, in *Fisco & Contribuinte* n. 7, p. 653; *DJU* 30.5.85, p. 8.411.

33. TRF/1ª, remessa *ex officio* 89.01.10986-1/MG, Rel. Juiz Gomes da Silva, j. 14.2.90.

34. TRF/1ª, remessa *ex officio* 89.01.24082-3/MG, Rel. Juiz Eustáquio Silveira, *DJU* de 25.11.93, p. 50.900.

35. TRF/2ª, ap. civ. 91.02.00695-2/RJ, Rel. Des. Fed. Tânia Haine, j. 8.6.92.

36. TRF/3ª, ap. civ. 89.03.31644-4, Rel. Juíza Diva Malerbi, j. 12.5.93.

37. TRF/3ª, ap. civ. 89.03.05181-5, Rel. Juíza Ana Scartezini, j. 10.3.93.

com base em mera presunção não ampara nem mesmo a pretensão tributária, como admitir que ele possa ser o *único* subsídio de uma pretensão de natureza penal?

As decisões acima transcritas revelam que um auto de infração lavrado contra pessoa física com base exclusiva na apuração de depósitos em conta corrente é ineficaz. Absurdo, pois, é pretender fazer dele o supedâneo único da responsabilização criminal de um indivíduo.

6. Dimensão constitucional do tema

Denúncia que se limite a copiar os termos de uma representação fiscal sem atentar para a necessidade de incorporar os elementos referidos no item 4 supra, consuma gravíssimo constrangimento ilegal, que desafia, a um só tempo, os direitos individuais instituídos na Lei Maior pelos incs. LIV, LV, LVII e LXII de seu art. 5º.

Realmente, o que uma denúncia nessas condições pretende é que um cidadão seja submetido a processo penal porque agentes fiscais presumiram que existiu um fato (percepção de rendimentos que teriam sido depositados em contas bancárias), o qual, se tivesse mesmo existido criaria para o acusado a obrigação de declará-lo e que, ao não declarar o que não se sabe – mas se presume – que existiu, um crime teria sido perpetrado!

Essa proposta subverte valores consagrados pelos povos livres desde a Revolução Americana, que hoje se acham inscritos na Constituição do Brasil.

E é importante que, antes mesmo de descer ao exame da legislação ordinária, se proceda ao exame da compatibilidade da acusação aos cânones consagrados nas cláusulas pétreas da Carta Magna, até porque, na sempre lembrada advertência de Ferrajoli, "una Constituición puede ser avanzadíssima por los principios y los derechos que sanciona y, sin embargo, no passar de ser un pedazo de papel si carece de técnicas coercitivas – es decir, de garantías – que permitan el control y la neutralización del poder y del derecho ilegítimo".[38]

Na hipótese em debate, uma teia de garantias constitucionais entrelaçadas foi devastada de um só golpe: O devido processo legal exige que as ações penais apenas se instaurem quando houver justa causa, cuja existência principia pela razoabilidade da acusação; a ampla defesa impõe o conhecimento, pelo acusado, já desde o ajuizamento da ação, das provas a serem produzidas no curso da instrução;[39] a inocência, até o momento da condenação, é a única presunção que se admite no processo penal[40] e tem como corolário o direito ao silêncio, mercê do qual ninguém pode ser acusado ou condenado pelo que deixou de falar ou deixou de provar. Assim, a se observarem, com o respeito que merecem, os direitos individuais consagrados pela Constituição, é impossível dizer que, por ter o réu deixado de comprovar isso ou aquilo, *presume-se* que tenha tido rendimentos e, portanto, que os tenha omitido.

O verdadeiro significado dessa importante conquista da civilização, que é a presunção de inocência, é o de que o Juiz deve assumir, *juris tantum*, que o imputado não é responsável pela conduta descrita. Enquanto presunção *juris tantum*, cabe, por óbvio, a prova em contrário, que é da

38. Luigi Ferrajoli, *Derecho y Razón*, p. 852. Não custa, ainda, lembrar que além das atitudes de franco desprezo pelas garantias constitucionais, há as "formas subliminares de tangenciá-las", tão bem lembradas por Silva Franco (*Temas de Direito Penal*, p. 2).

39. CPP, art. 41, *in fine*. A oportunidade do art. 499 diz respeito, apenas, a diligências "cuja necessidade ou conveniência se origine de circunstâncias ou de atos apurados na instrução".

40. Cf. a esse propósito, Luiz Flávio Gomes, "Acusações genéricas, responsabilidade objetiva e culpabilidade nos crimes contra a ordem tributária", in *RBCCrim* 11/249: "A presunção que existe em Direito Penal (e que funciona como premissa geral impostergável) é a de inocência (ou da não-culpabilidade)".

essência do processo. Mas esse ônus é exclusivo da Acusação não podendo, sob nenhum pretexto, ser carreado à Defesa: "La presunción de inocencia (...) es una presunción iuris tantum que atribuye la carga de la prueba de los hechos supuestamente delictivos a quienes tratan de articular sobre ellos una acusación, de manera que aquél a quien se acusa no soporte ningún tipo de carga probatoria, aunque con evidencia admite prueba en contrario y se destruye siempre que haya existido una actividad probatoria suficiente".[41]

Não se está a afirmar o absurdo de que o réu não produz prova no processo, até porque a ampla defesa – garantia constitucional de igual relevo – inclui o direito de se defender provando, ou seja, destruindo o panorama construído pela prova acusatória.[42] O que se diz (e é inquestionável) é que a acusação deve partir de peças de informação que revelem a existência *efetiva*, e não presumida, de uma determinada situação típica, e se propor a fazer na instrução a *prova* dessa *efetiva* existência e não a mera prova de que alguém *presumiu* a existência de um ilícito e, pior, presumiu-a do *silêncio* do imputado!

Esse é o sentido da Declaração Universal dos Direitos Humanos (que hoje goza do elevado *status* que lhe foi outorgado pelo § 2º, *in fine*, do art. 5º da Constituição) ao estabelecer: "*Artigo XI* – Toda a pessoa acusada de um ato delituoso tem o direito de ser presumida inocente até que a sua culpabilidade tenha sido *provada de acordo com a lei*, em julgamento público no qual lhe tenham sido asseguradas todas as garantias necessárias à sua defesa" (grifo nosso).[43]

Evidentemente o que se há de *provar de acordo com a lei* não é a existência de uma presunção deduzida do silêncio do acusado, mas sim a de um *fato*, o que se faz por elementos hábeis a demonstrá-la. Recorrendo novamente a lições do Tribunal Constitucional espanhol, cabe relembrar: "Tal presunción [de inocência] supone que la carga probatoria corresponde a los acusadores y que toda acusación debe ir acompañada de probanzas de los hechos en que consiste".[44]

E os elementos que levem à convicção da viabilidade do pedido e da proposta probatória – ensejando assim a decisão liminar de recebimento da denúncia – devem vir com a inicial, sob pena de faltar justa causa à ação penal. Quanto a isso é importantíssima a lição de Canuto em boa hora lembrada por Marta Thereza Rocha de Assis Moura e Cleunice A. Valentim Bastos no sentido de que a defesa ampla e real exige: "a) a fixação dos termos da imputação e *a determinação das provas incriminatórias que constituem a acusação*; b) que o acusado tenha conhecimento de toda a postulação *e de todas as provas incriminatórias*; c) que o juiz fique limitado pelas questões resultantes da contrariedade entre a acusação e a defesa".[45]

E se a presunção de inocência é, já de si, corolário do *due process of law*,[46] tem ela como decorrência necessária a consagração do direito ao silêncio:[47] A presunção de inocência implica em atribuir à Acusação a incumbência de demonstrar,

41. Decisão do Tribunal Constitucional da Espanha citada por José F. Lorca Navarrete em *Derechos Fundamentales y Jurisprudencia*, p. 214.

42. V., a propósito, Ada Pellegrini Grinover, *O Processo em Evolução*, p. 323.

43. Também esse orgulho da América Latina que o Pacto de San José ao qual o Brasil igualmente deu autoridade constitucional, afirma que a presunção de inocência vigora até que "se comprove legalmente a culpa" (art. 8, alínea 2).

44. Decisão citada por José Antônio Tomé Garcia em *Protección Procesal de los Derechos Humanos ante los Tribunales Ordinarios*, p. 128.

45. Maria Thereza Rocha de Assis Moura e Cleunice A. Valentim Bastos, "Defesa penal: Direito ou garantia", in *RBCCrim* 4/110, esp. p. 117 – grifamos.

46. Cf. a propósito Rogério Lauria Tucci, *Direitos e Garantias Individuais no Processo Penal Brasileiro*, pp. 401 e ss.

47. Garantia constitucional explicitada no art. 5º, n. LXIII.

acima de qualquer dúvida razoável, a culpabilidade do réu, sem depender do que ele diga ou deixe de dizer. Como registra Antônio Magalhães Gomes Filho, para a necessária demonstração da tese acusatória, "a atividade probatória deve tender à verificação da existência dos fatos imputados, e não à investigação sobre as desculpas apresentadas pelo acusado"[48]

Afirmar que houve rendimento omitido porque o réu – que, na forma da legislação vigente, não escriturou sua movimentação financeira – não respondeu satisfatoriamente à interpelação do Fisco com documentos "hábeis e idôneos" é pretender extrair a responsabilidade penal do exercício do direito ao silêncio. Este, se pode ser questionado em sede tributária, há que ser sempre reconhecido em matéria penal, seja por imposição da lógica (como decorrência da presunção de inocência), seja – e *tollitur quœstio* – por sua explicitação no elenco das garantias individuais.

Por esse motivo, impossível se torna a pretensão de responsabilização criminal do contribuinte em razão do que deixou de dizer e provar, e a decisão que a admite assume foros de constrangimento ilegal. Como ensina Rogério Lauria Tucci, "consistiria inominado absurdo entender-se que o exercício de um direito, expresso na Lei das Leis como fundamental do indivíduo, possa acarretar-lhe qualquer desvantagem".[49] É que "tendo sido consagrado constitucionalmente, em nosso País, o direito do imputado permanecer calado, nenhuma ilação dele poderá ser tirada".[50]

Para dar vida à Constituição, para fazer com que ela não se reduza a um pedaço de papel com belas palavras, é preciso repelir com vigor esse tipo de violência contra os direitos individuais que é a incriminação por mera presunção.

7. *Ainda sobre a justa causa*

É pacífico em nossos Tribunais o entendimento de que não pode a ação penal ser proposta sem a demonstração prévia do *fumus boni juris* que indique a viabilidade da pretensão. Em sua aferição consiste o juízo de prelibação, expresso no despacho de recebimento ou rejeição.

Para que isso fosse possível, criou-se a Polícia Judiciária,[51] hoje com *status* constitucional.[52] Se é certo que o inquérito policial não é adendo obrigatório da denúncia, certo é também que sua dispensa somente se admite "se com a representação forem oferecidos elementos que habilitem [o Ministério Público] a promover a ação penal".[53] E esses elementos, segundo nossa Suprema Corte, são os que caracterizam a materialidade e autoria do delito.[54] Em opúsculo clássico afirma Sérgio Pitombo que o inquérito policial exerce a *função legalizadora da acusação*: "É da índole do sistema não se admitirem acusações sem liminar base objetiva, não podendo o juiz, para apreciação dos fundamentos objetivos da denúncia ou queixa, encontrá-los senão no resultado da atividade da Polícia e corpo de delito".[55]

A questão merece reexame à luz da Constituição de 1988, que estendeu a garantia do contraditório ao inquérito policial.[56] E o importante a destacar é que mesmo no Código de Processo do Estado Novo, baixado pelo Executivo sob a "po-

48. *Presunção de Inocência e Prisão Cautelar*, p. 40.
49. *Direitos e Garantias...*, cit., p. 396.
50. Idem, p. 397.

51. CPP, art. 4º.
52. Constituição, art. 144, § 1º, ns. I e IV e § 4º.
53. CPP, art. 39, § 5º.
54. *RTJ*, 76/641 e 64/343, cit. por Damásio de Jesus em nota ao art. 12 em seu *Código de Processo Penal Anotado*, Saraiva, São Paulo, 4ª ed., 1991.
55. *Inquérito Policial – Novas Tendências*, p. 20.
56. Constituição, art. 5º, ns. LV e LXIII.

laca" de 1937, o inquérito policial ostenta um compromisso com a verdade acima de sua função acusatória, desde a determinação genérica à Autoridade de "colher todas as provas que servirem para o esclarecimento do fato e suas circunstâncias"[57] (e não somente à prova do crime), até seu dever específico de buscar "objetos necessários à defesa do réu".[58]

Ora, nos casos que inspiraram este estudo havia, de fato, uma representação fiscal, de cujos documentos talvez se pudesse inferir (o que se diz apenas para argumentar) uma responsabilidade tributária, mas que não descrevem, não suportam e não caracterizam a materialidade de delito algum. Além do mais, a fiscalização representa o interesse arrecadatório da entidade tributante, sem maiores compromissos legais com a verdade, como os que são atribuídos ao inquérito policial.

O máximo que se admite de participação do acusado não guarda relação alguma com o contraditório, sendo mera intimação a que apresente "documentos hábeis e idôneos" sobre toda sua movimentação bancária dos últimos anos. Mas, para uma pessoa física, que não tem o dever legal de manter escrita contábil, que ao longo dos anos faz sua movimentação sem a preocupação de anotá-la ou de arquivar e relacionar documentos que um agente fiscal se digne a considerar "hábeis e idôneos", isso é o mesmo que exigir a prova diabólica! Não tendo sucesso, o contribuinte sofre a mais severa das punições: A presunção de veracidade da imaginação fiscal com suas conseqüências penais.

Não se nega que a existência de depósito em conta bancária gere suspeita, mas suspeitas devem ser investigadas e não apresentadas como prova plena de culpabilidade por presunção.

Assim, as peças que têm acompanhado as denúncias não habilitam o Ministério Público à propositura da ação penal, porque inconclusivas quanto à materialidade do fato imputado.

8. Conclusão

Resumindo a exposição feita até aqui, podemos arrolar as conclusões a que chegamos da seguinte forma:

1. A omissão de declaração de rendimentos havidos, na forma e prazos estabelecidos pelas normas tributárias, tendente à supressão ou redução do lançamento tributário, configura, em tese, o delito do n. I do art. 2º da Lei n. 8.137/90 (não o do n. I do art. 1º).

2. A omissão penalmente relevante pressupõe uma *situação típica*, caracterizada pela existência material de fato que se ajuste ao dever de declarar. Além disso deve ser fraudulenta e idônea para o fim de eximir o agente, total ou parcialmente, mas significativamente, do pagamento de tributo.

É essencial que a denúncia descreva todos os elementos da omissão apontada, inclusive e especialmente a efetiva existência da situação típica e os meios com os quais pretende prová-la.

3. O simples fato de que conta bancária do contribuinte recebeu depósitos em volume maior do que os rendimentos declarados, conquanto possa sugerir investigação, não é suficiente para evidenciar que o contribuinte percebeu rendimentos cuja declaração omitiu.

4. Falta justa causa à ação penal iniciada por denúncia que se estriba somente em auto de infração decorrente de presunção sem nenhum elemento indicativo da efetiva existência da situação típica, nem o requerimento de provas nesse sentido.

5. O recebimento de denúncia em tais condições configura constrangimento ilegal, com violação das garantias constitucionais dos incs. LIV, LV, LVII e LXII do art. 5º da Constituição.

57. CPP, art. 6º, n. III.

58. CPP, art. 240, § 1º, alínea *e*.

6. Para que a Constituição tenha real eficácia e não seja reduzida a um mero pedaço de papel cheio de belas palavras é indispensável o repúdio judicial a denúncias nessas condições.

São Paulo, maio, 1996

Bibliografia

ASSIS MOURA, Maria Thereza Rocha de e BASTOS, Cleunice A. Valentim, "Defesa penal: Direito ou garantia", in *RBCCrim* 4/110.

ATALIBA, Geraldo, *Apontamentos de Ciência das Finanças, Direito Financeiro e Tributário*, Ed. RT, São Paulo, 1969.

– "Denúncia espontânea e exclusão de responsabilidade penal", in *Revista de Informação Legislativa* 125/241.

– *Hipótese de Incidência Tributária*, 2ª ed., Ed. RT, São Paulo, 1984.

BECKER, Alfredo Augusto, *Teoria Geral do Direito Tributário*, 2ª ed., Saraiva, São Paulo, 1972.

CADOPI, Alberto, *Il Reato Omissivo Proprio*, Cedam, Pádua, 1988.

CARVALHO, Paulo de Barros, *Curso de Direito Tributário*, 2ª ed., Saraiva, São Paulo, 1986.

COSTA JÚNIOR, Paulo José e DENARI, Zelmo, *Infrações Tributárias e Delitos Fiscais*, Saraiva, São Paulo, 1995.

DECOMAIN, Pedro Roberto, *Crimes contra a Ordem Tributária*, 2ª ed., Obra Jurídica, Florianópolis, 1995.

FERRAJOLI, Luigi, *Derecho y Razón – Teoría del Garantismo Penal*, ed. Trotta, Madri, 1995.

GARCIA PABLOS, Antonio, *Derecho Penal – Introducción*, ed. Complutense, Madri, 1995.

GOMES FILHO, Antônio Magalhães, *Presunção de Inocência e Prisão Cautelar*, Saraiva, São Paulo, 1991.

GOMES, Luiz Flávio, "Acusações genéricas, responsabilidade objetiva e culpabilidade nos crimes contra a ordem tributária", in *RBCCrim* 11/249.

GRINOVER, Ada Pellegrini, *O Processo em Evolução*, Forense, Rio, 1996.

JESCHECK, Hans-Heinrich, *Tratado de Derecho Penal – Parte General*, trad. S. Mir Puig, Bosch, Barcelona, 1981.

LORCA NAVARRETE, José F., *Derechos Fundamentales y Jurisprudencia*, ed. Pirámide, Madri, 1994.

LUISI, Luiz, *Os Princípios Constitucionais Penais*, Sérgio Antônio Fabris Editor, Porto Alegre, 1991.

MACHADO, Hugo de Brito, *Curso de Direito Tributário*, 11ª ed., Ed. RT, São Paulo, 1995.

– "Ilícito Tributário", in *RT* 709/289.

PITOMBO, Sérgio Marcos de Moraes, *Inquérito Policial – Novas Tendências*, Ed. Cejup, Belém, 1986.

SILVA FRANCO, Alberto, *Temas de Direito Penal*, Saraiva, São Paulo, 1986.

– *et alii*, *Leis Penais Especiais e sua Interpretação Jurisprudencial*, Ed. RT, São Paulo, 1995, especialmente o capítulo "Sonegação fiscal", de responsabilidade de Rui Stoco.

TOLEDO, Francisco de Assis, *Princípios Básicos de Direito Penal*, 4ª ed., Saraiva, São Paulo, 1991.

TOMÉ GARCIA, José Antônio, *Protección Procesal de los Derechos Humanos ante los Tribunales Ordinarios*, ed. Montecorvo, Madri, 1987.

TUCCI, Rogério Lauria, *Direitos e Garantias Individuais no Processo Penal Brasileiro*, Saraiva, São Paulo, 1993.

PARECERES

ORÇAMENTO ESTIMATIVO: INTERPRETAÇÃO DO § 2º, II, DO ART. 40 DA LEI N. 8.666/93

EROS ROBERTO GRAU
Professor Titular da Faculdade de Direito da Universidade de São Paulo – Professor Visitante da Faculdade de Direito da Universidade de Montpellier I (França) (1995-1996)

A C. S. A. encaminhou-me a seguinte

Consulta

Assunto: Orçamento estimativo (inc. II, § 2º, art. 40, Lei n. 8.666/93) – edital de contratação de prestação de serviços.

1. Debateu-se, quando da publicação do edital, a conveniência de a eles anexar-se um orçamento estimativo, atendendo-se à exigência da Lei n. 8.666/93. No entanto, algumas considerações foram feitas no sentido de não se adotar tal procedimento, entre as quais se destacam:

– impossibilidade de estimar-se o número de homens-hora e respectivo preço, visto que cada concorrente deveria propor sua metodologia de trabalho e indicar suas equipes;

– não existência, no País, de trabalhos de tal complexidade, que pudessem referenciar o preço dos serviços, uma vez que os trabalhos de privatização entre nós realizados jamais contemplaram uma reestruturação societária e patrimonial como a demandada no caso;

– possibilidade de caracterizar-se o orçamento estimativo como *preço-base ou mínimo*, contrariando objetivos da lei de licitações;

– possibilidade de orientar a formação de preços, prejudicando a concorrência ou, ainda, subestimando ou superestimando preços.

Cumpre destacar que a licitante fez previsão orçamentária para a contratação no seu orçamento anual.

Em função do exposto e da possibilidade de impugnações ao edital, motivadas por uma leitura simples da Lei n. 8.666/93, solicitamos seu parecer quanto à viabilidade/legalidade da adoção de tal procedimento, até porque o tema é polêmico, existindo posicionamentos doutrinários e, ainda, decisão do Tribunal de Contas do Município do Rio de Janeiro, que entendem que esse dispositivo da lei citada não é impositivo, mas, sim, facultativo.

2. Existe uma dificuldade adicional, decorrente da inexistência de orçamento no edital: a dificuldade de julgar preços inexeqüíveis ou excessivos.

Adicionalmente, como no edital o preço fixo (*Remuneração pelas Etapas Indicadas no Cronograma* – segundo os editais) não é considerado para efeito de classificação, existiria a possibilidade de um concorrente elevar o valor do preço fixo e ser beneficiado por uma redução na *Remuneração sobre o Valor de Venda* (percentual), realizando uma simples transferência de valores.

A propósito, argumenta-se no sentido de que, no caso da Comissão de Julgamento considerar que um determinado valor é inexeqüível ou excessivo, o ônus da prova caberá ao licitante. Seria correto tal entendimento?

Parecer

1. As indagações propostas na consulta reclamam a introdução de breves observações a respeito do tema da interpretação do direito.

Interpretar é, em *sentido amplo*, *compreender*. Diante de determinado signo lingüístico, a ele atribuímos um específico significado, de pronto colhido, definindo a conotação que expressa, em coerência com as regras de sentido da linguagem no bojo da qual o signo comparece. Praticamos, então, exercício de *compreensão* daquele signo (buscamos entendê-lo). *Interpretar*, pois, em sentido amplo, é *compreender* signos lingüísticos.

Em *sentido estrito*, contudo, o verbo *interpretar* assume distinta conotação, que a seguir explicito.

Qualquer ato de comunicação pode ensejar uma ou outra das seguintes situações: (i) as palavras e expressões da linguagem nela utilizadas são suficientemente claras, verificando-se, então, uma situação de *isomorfia*;[1] (ii) inexiste essa clareza e dúvidas se manifestam quanto ao sentido preciso de tais palavras e expressões.

Demanda-se assim, nesta segunda situação, como antecedente indispensável à plenitude da *compreensão*, a determinação do significado das palavras e expressões de que se cuida, no que se busca precisar os seus sentidos. Aqui, portanto, a *interpretação* (*em sentido estrito*) – exercício complexo, distinto da pronta coleta de um específico significado – antecede, na medida em que a viabiliza, a plenitude da *compreensão*. Interpretamos, *em sentido estrito*, para compreender; *compreender é interpretar em sentido amplo*.

2. Raras vezes nos colocamos, no uso da linguagem jurídica, diante de *situações de isomorfia*. Em regra nela afloram *situações de interpretação*. Ambigüidade e imprecisão das palavras e expressões da linguagem jurídica encaminham, inexoravelmente, a instalação de situações de *interpretação em sentido estrito*.

Ademais, sempre, ainda quando se trate de situações de *isomorfia*, o exercício de determinação do sentido das palavras e expressões se impõe. Note-se que mesmo palavras e expressões unívocas, na linguagem usual, assumem – ou deveriam assumir – na linguagem jurídica, sentidos mais precisos do que os naquele primeiro nível a elas atribuídos.[2]

Além disso, tanto a *situação de dúvida* (*situação de interpretação*) quanto a *situa-*

1. Cf. Jerzy Wróblewski, *Constitución y teoría general de la interpretación jurídica*, trad. de Arantxa Azurza, Civitas, Madri, 1985, p. 23.

2. Vide Karl Larenz, *Methodenlehre der Rechtswissenschaft*, 5ª edição, Springer Verlag, Berlim, 1983, p. 83. Daí porque se há de tomar sob reserva a afirmação de que *in claris cessat interpretatio*, à qual se contrapõem as máximas de Ulpiano – *Quamvis sit manifestissimum edictum praectoris, attamen non est negligenda interpretatio* (*Digesto*, liv. 25, tit. 4, frag. 1, § 11) – e de Celso – *Scire legis non hoc est, verba earum tenere, sed vim ac potestatem* (*Digesto*, liv. 1, tit. 3, frag. 17).

ção de isomorfia dependem de atos concretos de comunicação, não podendo ser consideradas *in abstracto*: o mesmo texto é claro ou dúbio segundo os contextos concretos do seu uso; a clareza (isomorfia), destarte, é noção pragmática, comprometida com alguns caracteres semânticos da linguagem jurídica.[3]

3. O fato é que a interpretação do direito se realiza não como mero exercício de leitura de textos normativos – para o que bastaria ao intérprete ser alfabetizado – porém como discernimento dos significados dos enunciados semânticos que consubstanciam esses textos.

Daí dizermos que a interpretação do direito é, em um primeiro momento, *interpretação semântica*, voltada à determinação do *significado* das palavras e expressões contidas nos textos normativos. Isto é: refere-se a "normas reveladas por enunciados lingüísticos",[4] não a intenções ou vontades do texto ou do legislador.

Observei, em meu *La doppia destrutturazione del diritto*,[5] ser ela um processo intelectivo através do qual, partindo de *fórmulas lingüísticas* contidas nos *textos, enunciados, preceitos, disposições*, alcançamos a determinação de um *conteúdo normativo*; mais, observei ser ela atividade voltada ao discernimento de enunciados semânticos veiculados por *preceitos* (*enunciados, disposições, textos*). Interpretar – completei – é atribuir um significado a um ou mais símbolos lingüísticos escritos em um *enunciado normativo*.

Daí a necessidade de considerarmos a distinção entre *texto* e *norma*. O texto, preceito, enunciado normativo é *alográfico*.[6] Não se completa no sentido nele impresso pelo legislador. A "completude" do texto somente é realizada quando o *sentido por ele expressado* é produzido, como *nova forma de expressão*, pelo intérprete. Mas o "sentido *expressado* pelo texto" já é algo novo, distinto do *texto*. É a *norma*.

Temos assim bem clara a distinção entre o *texto* (*enunciado, disposição*) e a *norma*.[7] Um e outra (*texto* e *norma*) não se identificam: o *texto* é o *sinal lingüístico*; a *norma* é o que se *revela, designa*.[8] Daí também dizermos ser, a *interpretação*, uma atividade *que se presta a transformar disposições* (*textos, enunciados*) *em normas*.

4. Além disso, cumpre termos bem presente que *interpretação* e *aplicação* não se realizam autonomamente. O intérprete discerne o sentido do texto sempre a partir e em virtude de um determinado caso dado.[9] A interpretação do direito consiste em *concretar a lei* em cada caso, isto é, na sua *aplicação*.[10] Assim, existe uma equação

3. Vide Wróblewski, ob. cit., p. 24.

4. Vide José Joaquim Gomes Canotilho, *Direito Constitucional*, 4ª ed., Almedina, Coimbra, 1987, p. 148.

5. Edizioni Unicopli, Milano, 1996, p. 59. Esta parte da exposição que produzi neste livro, editado apenas na Itália, não foi publicada em português; é o seguinte o texto italiano: "L'interpretazione dunque è un processo intellettivo tramite il quale, partendo da *formule linguistiche* contenute nei testi, enunciati, precetti, disposizioni, si stabilisce un *contenuto normativo*. Questa attività interpretativa è volta al discernimento degli enunciati semantici veicolati dai precetli (enunciati, disposizioni, testi). (...) Interpretare è attribuire un significato a uno o più simboli linguistici scritti in un *enunciato normativo*".

6. Vide meu *La doppia destrutturazione del diritto – Una teoria brasiliana sull'interpretazione*, cit., pp. 57 e ss.

7. A respeito da distinção entre *texto* e *norma*, vide Ricardo Guastini, "Interprétation et description de normes", in *Interprétation et Droit*, publié sous la direction de Paul Amselek, Bruylant, Bruxelles, 1995, p. 325 e *Le fonti del diritto e l'interpretazione*, Giuffrè, Milano, 1993, p. 18; tb. Neil MacCormick, "La texture ouverte des règles juridiques", in *Controverses autour de l'ontologie du droit*, publié sous la direction de Paul Amselek et de Christophe Grzegorczyk, Presses Universitaires de France, Paris, 1989, pp. 93-96.

8. Cf. José Joaquim Gomes Canotilho, *Direito Constitucional*, 5ª ed., Almedina, Coimbra, 1991, p. 225.

9. Cf. Hans-Georg Gadamer, *Verdad y método*, 4ª ed., trad. de Ana Agud Aparicio y Rafael de Agapito, Ediciones Sígueme, Salamanca, 1991, p. 397.

10. Idem, p. 401.

entre interpretação e aplicação: não estamos, aqui, diante de dois momentos distintos, porém frente a uma só operação.[11] *Interpretação* e *aplicação* se superpõem.[12]

Por isso a *interpretação*, sendo concomitantemente *aplicação* do direito, deve ser entendida como *produção prática do direito*, precisamente como a toma Friedrich Müller, para quem inexiste tensão entre *direito* e *realidade*; não existe um terreno composto de elementos *normativos*, de um lado, e de elementos *reais* ou *empíricos*, do outro. Assim, a articulação *ser e dever-ser* (a relação *norma-fato*) é mais do que uma questão da filosofia do direito; é uma questão da estrutura da norma jurídica tomada na sua transposição prática e, por conseqüência, ao mesmo tempo uma questão da estrutura deste processo de transposição.[13]

Isso significa que a *norma* é produzida, pelo intérprete, não apenas a partir de elementos que se despreendem do *texto* (mundo do dever-ser), mas também a partir de elementos do caso ao qual será ela aplicada, isto é, a partir de elementos da realidade (mundo do ser).

5. Outro ponto a mencionar diz com o fato de a interpretação do direito ser interpretação *do direito*, e não de textos isolados, desprendidos *do direito*.

Não se interpreta *textos de direito*, isoladamente, mas sim o *direito*, no seu todo.[14-15] Dizendo-o de outro modo: não se interpreta o direito em tiras, aos pedaços.

A Constituição também, não se a interpreta em tiras. A interpretação de qualquer texto de direito impõe ao intérprete, sempre, em qualquer circunstância, o caminhar pelo percurso que se projeta a partir dele – do texto – até a Constituição.

Por isso insisto em que um texto de direito isolado, destacado, desprendido do sistema jurídico, não expressa significado normativo nenhum.[16]

A interpretação do direito desenrola-se no âmbito de três distintos contextos – o lingüístico, o sistêmico e o funcional.[17] No contexto lingüístico é discernida a *semântica* dos enunciados normativos. Mas o *significado normativo* de cada texto somente é detectável no momento em que se o toma como inserido no contexto do sistema, para após afirmar-se, plenamente, no contexto funcional.

6. Por fim, desejo ainda, sucintamente, lembrar a lição de Carlos Maximiliano:[18]

11. Marí, Enrique E., "La interpretación de la ley. Análisis histórico de la escuela exegética y su nexo con el proceso codificatorio de la modernidad", in *Materiales para una teoría crítica del derecho*, Enrique E. Marí *et alii*, Abeledo-Perrot, Buenos Aires, 1991, p. 236.

12. Cogitando da justiça da decisão do juiz, Jacques Derrida (*Force de loi*, Galilée, Paris, 1994, pp. 50-52) sustenta que ela não será justa senão quando for um "jugement à nouveaux frais" ("fresh judgmente", na dicção de Stanley Fish). Ainda que essa decisão deva ser conforme uma lei preexistente, a sua interpretação é "ré-instaurative", "ré-inventive". E assim é porque cada caso é um outro caso, cada decisão é diferente e requer uma interpretação absolutamente única, que nenhuma regra existente e codificada pode e deve garantir de modo absoluto.

13. Cf. Friedrich Müller, *Juristische Methodik*, 5ª ed., Duncker & Humblot, Berlin, 1993, pp. 145-146.

14. Meu *La doppia destrutturazione del diritto – Una teoria brasiliana sull'interpretazione*, cit., p. 80; referindo-me à interpretação da Constituição, meu *A ordem econômica na Constituição de 1988 (interpretação e crítica)*, 2ª ed., Ed. RT, São Paulo, 1990, pp. 181-182.

15. Santi Romano (*Fragmentos de un dicionario jurídico*, trad. de Santiago Santis Melendo y Marino Ayerra Redin, Ediciones Juridicas Europa-América, Buenos Aires, 1964, p. 211) insiste em que a interpretação da lei é sempre interpretação, não de uma lei ou de uma norma singular (interpretação de *texto*, insisto; não de *norma*), mas de uma lei ou de uma norma (= *texto*) que é considerada em relação à posição que ocupa no todo do ordenamento jurídico; o que significa que o que efetivamente se interpreta é esse ordenamento, e, como conseqüência, o *texto* singular.

16. As normas – afirma Bobbio (*Teoria dell'ordinamento giuridico*, Giappichelli, Torino, 1960, p. 3) – só têm existência em um contexto de normas, isto é, no sistema normativo.

17. Vide Wróblewski, ob. cit., pp. 38 e ss.

18. *Hermenêutica e aplicação do direito*, 6ª ed., Livraria Freitas Bastos, Rio de Janeiro, 1957, p. 210.

"deve o direito ser interpretado *inteligentemente*: não de modo que a ordem legal envolva um *absurdo*, prescreva inconveniências, vá ter a conclusões inconsistentes ou impossíveis" (grifos no original).

As observações acima enunciadas, inclusive a derradeira, brevíssima, iluminarão o exercício, a seguir desenvolvido, de interpretação do texto do § 2º, II, do art. 40 da Lei n. 8.666/93, no quadro das circunstâncias aludidas na consulta.

7. Esse § 2º, II, do art. 40 da Lei n. 8.666/93 define constituir anexo do edital de licitação, dele fazendo parte integrante, o *orçamento estimado em planilhas de quantitativos e preços unitários*.

A interpretação desse texto há de ser empreendida no contexto da Lei n. 8.666/93, inicialmente; após, no contexto do *direito brasileiro*, até a vertente da Constituição.

Isso nos permitirá verificar, desde logo, que a integração do *orçamento estimado em planilhas de quantitativos e preços unitários* ao edital instrumenta, imediatamente, a realização do princípio da *igualdade* – a publicidade desse orçamento permite a todos os eventuais licitantes igualmente conhecer o objeto licitado. O preceito confere concreção, destarte, ao princípio (da igualdade), neste sentido prestando acatamento ao disposto no art. 3º da própria Lei n. 8.666/93 e no art. 5º, *caput*, da Constituição de 1988.

De outra banda, a leitura completa da lei deixará evidente a correlação entre o texto do § 2º, II, do seu art. 40 e o disposto no § 2º, II, do seu art. 7º, que afirma que as obras e os serviços somente poderão ser licitados quando existir *orçamento detalhado em planilhas que expressem a composição de todos os seus custos unitários*.

8. O *orçamento estimado em planilhas de quantitativos e preços unitários*, referido pelo § 2º, II, do art. 40, corresponde precisamente ao *orçamento detalhado em planilhas que expressem a composição de todos os (seus) custos unitários*, referido pelo § 2º, II, do art. 7º da lei.

Por isso, ao indagarmos se é obrigatória a inclusão, no edital da licitação, do *orçamento estimado em planilhas de quantitativos e preços unitários*, estamos a indagar se a existência de *orçamento detalhado em planilhas que expressem a composição de todos os (seus) custos unitários* consubstancia, em qualquer caso, antecedente necessário da licitação.

Esta, em rigor, é a questão a solucionar. Pois é óbvio que a integração, ao edital, de *orçamento estimado em planilhas de quantitativos e preços unitários* apenas poderá ser tida como obrigatória quando a existência de *orçamento detalhado em planilhas que expressem a composição de todos os (seus) custos unitários* consubstanciar antecedente necessário da licitação.

Em outros termos: não se poderá ter como obrigatória a integração daquele primeiro orçamento no edital quando a existência do segundo *não* puder ser concebida como antecedente necessário da licitação.

9. Daí porque a resposta a ser dada à primeira indagação proposta na consulta encontra-se já na exposição nela produzida.

Manifesta-se, no caso, "impossibilidade de estimar-se o número de homens-hora e respectivo preço, visto que cada concorrente deveria propor sua metodologia de trabalho e indicar suas equipes". Além disso, verifica-se também a "não existência, no País, de trabalhos de tal complexidade, que pudessem referenciar o preço dos serviços, uma vez que os trabalhos de privatização entre nós realizados jamais contemplaram uma reestruturação societária e patrimonial como a demandada no caso".

A interpretação do direito, vimos acima, é produção prática do direito: a norma é produzida, pelo intérprete, não apenas a partir de elementos que se depreendem do texto (mundo do dever-ser), mas também a partir de elementos do caso ao qual será ela aplicada, isto é, a partir de elementos da realidade (mundo do ser).

Ademais, é também certo que o direito deve ser interpretado *inteligentemente*, "não de modo que a ordem legal envolva um *absurdo*, prescreva inconveniências, vá ter a conclusões inconsistentes ou impossíveis".

Logo, é evidente que, no caso, não se pode tomar como impositiva a exigência veiculada pelo § 2º, II, do art. 7º da lei.

No caso, cada licitante definirá a metodologia de trabalho que adotará, indicando a equipe que será alocada à realização do serviço, o que torna impossível a estimação do número de homens-hora aplicado à execução do objeto da licitação e o respectivo preço. A isso se deve ainda acrescer a circunstância da "não existência, no País, de trabalhos de tal complexidade, que pudessem referenciar o preço dos serviços, uma vez que os trabalhos de privatização entre nós realizados jamais contemplaram uma reestruturação societária e patrimonial como a demandada no caso".

Assim, no caso, mais do que inconveniente, e impossível, agrediria o *interesse público* a elaboração, pela Administração, de um orçamento, ainda que *estimativo*, *detalhado em planilhas que expressem a composição de todos os custos unitários* dos serviços licitados. Inexistindo parâmetros que ao menos permitam o conhecimento seguro da composição desses custos, a elaboração desse orçamento consubstanciaria um exercício de improvisação, adverso – repito – ao *interesse público*.

De outra parte, as previsões orçamentárias feitas pelas consulentes, em seus orçamentos anuais, não suprem a inexistência daqueles parâmetros, visto que essas previsões orçamentárias são dotadas de valor apenas referencial, e para efeitos distintos daqueles contemplados pela lei de licitações.

10. Resulta óbvio, destarte, não poder ser tida como compulsória, no caso, a inclusão, no edital de licitação, do *orçamento estimado em planilhas de quantitativos e preços unitários* referido pelo § 2º, II, do art. 40 da Lei n. 8.666/93.[19]

11. Quanto à segunda indagação, a aparente dificuldade de julgamento de preços inexeqüíveis ou excessivos desaparecerá no momento em que o licitante definir a metodologia de trabalho que adotará, indicando a equipe que será alocada à realização do serviço, o que permitirá a análise e ponderação da proposta, no que concerne ao número de homens-hora aplicado à execução do objeto da licitação e respectivo preço.

Essa ponderação permitirá à Administração, quando o caso, concluir, motivadamente, pela inexeqüibilidade ou pelo excesso de preço, hipótese em que caberá ao licitante, a teor do art. 48, II, da Lei n. 8.666/93, o ônus da prova em contrário.

12. Em face de todo o exposto dou as seguintes respostas às indagações propostas na consulta:

• não se pode ter como compulsória, no caso, a inclusão, no edital de licitação, do *orçamento estimado em planilhas de quantitativos e preços unitários* referido pelo § 2º, II, do art. 40 da Lei n. 8.666/93;

• a ponderação da proposta do licitante, na qual será definida a metodologia de trabalho que adotará, bem assim a indicação da equipe que será alocada à realização do serviço, permitirá à Administração, quando o caso, concluir, motivadamente, pela inexeqüibilidade ou pelo excesso de preço, hipótese em que o ônus da prova caberá ao licitante, a teor do art. 48, II, da Lei n. 8.666/93.

É o que me parece.

São Paulo, 24 de março de 1997

19. Em sentido análogo, Marçal Justen Filho, *Comentários à Lei de Licitações e Contratos Administrativos*, 4ª ed., Aide, Rio de Janeiro, 1993, p. 59; tb., ainda que sob diversa fundamentação, decisão do Tribunal de Contas do Município do Rio de Janeiro citada por Jessé Torres Pereira Júnior, *Comentários à nova lei das licitações públicas*, Renovar, Rio de Janeiro, 1993, p. 260.

PARECERES

A EFICÁCIA CONSTITUCIONAL E O ATO JURÍDICO PERFEITO

VALMIR PONTES FILHO

Professor Titular de Direito Constitucional da Universidade de Fortaleza, de Hermenêutica Jurídica da Faculdade de Direito da Universidade Federal do Ceará e Mestre em Direito Constitucional pela Pontifícia Universidade Católica de São Paulo

Parecer

Consultam-me as ilustres professoras e advogadas "A" e "B", uma vez tendo aceito o patrocínio, em juízo, dos interesses e direitos do Sr. Fulano, sobre a seguinte questão, a seguir resumidamente exposta:

a) em data de 6 de dezembro de 1973, nesta cidade de Fortaleza, foi o já referido Sr. Fulano, neto de Beltrano, por este *adotado como filho*, adoção formalizada, com a expressa concordância de sua esposa, por via de instrumento público lavrado nas notas do Cartório "Z" e que se fundou nas disposições da Lei n. 3.133, de 8 de maio de 1957, então vigente;

b) falecidos o adotante e sua mulher – Da. Sicrana – cuidou-se de dar cumprimento, sucessivamente, aos testamentos por cada um deles deixados, sem que, em qualquer dessas declarações de vontade, haja sido o *filho adotado* – até porque não beneficiado pelas prescrições da legislação civil à época em vigor – contemplado na sucessão hereditária dos bens deixados pelos *de cujus*;

c) com a superveniência da Constituição Federal de 5 de outubro de 1988 – cujo art. 227, § 6º, confere aos filhos *adotivos* os mesmos direitos dos havidos na constância do casamento – teria o mencionado Sr. Fulano passado a ter o direito de reivindicar, como herdeiro necessário, parcela dos bens deixados por seus pais adotivos?

Este o problema posto à minha análise, a demandar resposta que se há de dar, por óbvio, à luz da Teoria Constitucional.

É certo, por um lado, haverem os pais adotivos do Sr. Fulano disposto, em momento anterior ao da edição da Lei Suprema de 1988, sobre sua própria sucessão, por meio de testamentos públicos em que nenhum direito hereditário lhe foi reconhecido. Isso inclusive porque, como dantes ressaltado, à luz do ordenamento normativo-jurídico de então inexistia mandamento que equiparasse os filhos adotivos (ou os havidos fora do casamento) aos então tidos como "legítimos".[1]

Se, portanto, o ato (de declaração de última vontade, consubstanciado no testa-

1. Tanto assim que o primeiro testador, avô o pai adotivo do interessado, expressamente declarou ao titular do Tabelionato que procedia à adoção "...para facilitar e melhorar a educação e a instrução de seus três (03) netos, (...), sem intencionar privilegiá-los na sua sucessão hereditária" (v. Testamento já aludido).

mento) se perfez sob a égide da precitada Lei n. 3.133/57 – sem que as disposições da legislação civil superveniente houvessem podido alterar essa situação – resta indagar, com efeito, que reflexos sobre ele (ato) se fizeram sentir com a promulgação da Carta de Outubro.

De princípio reconheça-se, por imperioso, ser princípio geral extraído de todos os sistemas jurídico-positivos nacionais o de que a lei posterior não pode ter o condão de retroagir para o fim de causar lesão ao *direito adquirido*, à *coisa julgada* e ao *ato jurídico perfeito*, somente se admitindo a retroação da lei nova, quando muito, para, em matéria penal, beneficiar o réu.[2] Qualquer outra retroatividade, a desdúvidas, poderia importar o formidável risco de quebra da *segurança das relações jurídicas*, razão de ser e objetivo maior do Direito enquanto sistema de normas válidas voltadas à regulação da conduta humana em sociedade.

Sem qualquer hesitação, portanto, poder-se-á dizer da intangibilidade do *testamento*, perfectibilizado sob determinado manto jurídico, diante da norma mais recente, de igual hierarquia.[3] O mesmo, porém, não se pode dizer quando se trate de cotejá-lo (ou à lei em que se haja o testamento à época fundamentado) com uma regra jurídica de patamar hierárquico mais elevado – como a Constituição – embora posterior. Explica-se isto mediante a adoção de um raciocínio jurídico lógico e sistêmico, precedido, naturalmente, da relembrança do que vem a ser, para a Teoria Geral do Direito, uma *norma jurídica*.

Se o Direito pode ser visto enquanto subsistema do sistema normativo social, de logo se vê a necessidade de, utilizado um critério razoavelmente seguro, identificar na norma jurídica (do Direito) uma característica que a individualize e diferencie das demais normas sociais. Não basta examinar se ela contém uma *prescrição de conduta*, se admite *descumprimento* e se *prevê sanção* para a hipótese de conduta contrária, por parte do destinatário do discurso normativo, àquela pela norma desejada. Para além disso, é imprescindível indagar a respeito de sua adequação a uma outra norma jurídica que lhe seja hierarquicamente superior e que, por tal razão, lhe possa dar *fundamento de validade* (ou de juridicidade). Assim, não se pode negar seja – ou haja sido – o testamento, sem embargo de tratar-se de um ato pessoal, uma *norma jurídica lato sensu*, na medida em que prescreveu condutas, admitiu descumprimento, estipulou sanção (a consubstanciar-se na nulidade dos atos que contrariem a vontade nele consignada) e, finalmente, quando elaborado, fundou-se em diploma normativo então válido, vigente e a ele superior.

Continua a sê-lo, todavia, nos dias que correm? Esta a indagação crucial a ser respondida.

Recorde-se, por necessário, a circunstância de entre o momento da edição daquela norma testamental (1981) e hoje, restou produzida, por obra do *poder constituinte originário*, a Constituição da República de 1988, norma suprema da ordem jurídico-positiva do país e, exatamente por isso, *fundamentante* de todas as demais manifestações normativas. Posta no ápice da pirâmide jurídica (Kelsen), é a Constituição, enfim, a *lei que diz como se fazem as demais leis* (Tagle Achával). Não se trata, portanto, de regramento que veio à tona pela mera vontade legiferante ordinária, sujeita aos preceitos impostos a quem exerce os poderes constituídos. Ao reverso, é oriunda da vontade política sobera-

2. A atual Constituição consigna fidelidade a essa linha principiológica em seu art. 5º, incs. XXXVI e XL.

3. Tem-se como de igual posição hierárquica a lei *ordinária* e a *complementar*, posto ser sabido que esta última se distingue da ordinária não pelo *quorum* especial de aprovação (o da maioria absoluta), mas sim pelo critério *material*; serão *complementares*, assim, aquelas leis voltadas à regulação de *matérias* reservadas, pela própria Constituição, para trato exclusivo por tal espécie normativa.

na, em dado instante exercida (democraticamente ou não, diga-se de passagem).

O *poder constituinte originário*, observe-se, outra coisa não é senão a capacidade, incontrastável e insubmissa a qualquer regramento jurídico anterior, de produzir a Constituição, norma jurídica de maior hierarquia do sistema jurídico de um Estado soberano e que serve de sustentáculo para todas as demais manifestações normativas que venham, a partir dela, a existir. Daí se tratar, como assinalado, de uma *força* ou *capacidade* de índole *política*, é dizer, não sujeita a quaisquer regras jurídicas pretéritas que lhe gizem a atuação, quer quanto à forma, quer quanto ao conteúdo.

Eis o motivo pelo qual se pode asseverar que o eventual detentor e exercente do *poder constituinte originário* tem o condão de incluir no Texto Constitucional a ser produzido as prescrições que considerar adequadas, independentemente do que os sistemas jurídicos positivados até então hajam disposto. Nenhuma normatização jurídico-positiva anterior lhe cerceará a vontade e o agir, exatamente porque lhe cabe pôr, em caráter originário, a Lei Suprema de um dado Estado soberano. Neste sentido é a sempre segura lição de Paulo Bonavides, para quem é impossível "...conter, debaixo de certos limites, nos moldes de uma Constituição, o poder constituinte. Seu exercício, visceralmente político, não se sujeitaria, por natureza, a confinar-se dentro das fronteiras jurídicas traçadas pelo texto constitucional".[4]

Pois bem. Se assim o é, descabe cogitar da necessidade de adequação da Constituição nova às normas jurídicas anteriores (de índole constitucional ou subconstitucional, não importa). Ao contrário, as regras infraconstitucionais antecedentes à Constituição sobrevinda é que a esta se devem compatibilizar, para que possam ser tidas como válidas (enquanto as que tinham *status* constitucional são simplesmente revogadas). Sobre o tema notáveis são as considerações de Michel Temer:

"A ordem constitucional nova, por ser tal, é incompatível com a ordem constitucional antiga. Aquela revoga esta. Entretanto, não há necessidade de nova produção legislativa infraconstitucional. A Constituição nova *recebe* a ordem normativa que surgiu sob o império de constituições anteriores *se com ela forem compatíveis*. É o fenômeno da *recepção*, que se destina a dar continuidade às relações sociais sem necessidade de nova, custosa, difícil e quase impossível manifestação legislativa ordinária... Explica-se: *com o advento da nova Constituição, a ordem normativa anterior, comum, pede seu antigo fundamento de validade* para, em face da recepção, ganhar novo suporte...".[5]

Há de ter-se como evidente, em conseqüência, que só permanecerão válidas (é dizer, gozando do requisito da *juridicidade*) aquelas normas antigas (produzidas sob o manto de constituições anteriores) que, por não se mostrarem incompatíveis com a nova *Lex Fundamentalis*, por esta tenham sido *recepcionadas*. Indiscrepante, note-se, a respeitabilíssima opinião de Luís Roberto Barroso:

"...tem lugar, assim, o fenômeno da *recepção*, pelo qual se intenta remediar a necessidade – materialmente insuprimível – de elaborar, de um dia para o outro, toda uma ordem jurídica fundada na nova Lei Fundamental. Aproveita-se, desse modo, tudo o que já existia, *desde que compatível com o regime que se vem de implantar*. Doutrinariamente, este processo é descrito como sendo a substituição do fundamento de validade da legislação ordinária, que passa a irradiar-se da nova Carta, não da anterior".[6]

4. *Curso de Direito Constitucional*, Malheiros Editores, 5ª ed., p. 130.

5. *Elementos de Direito Constitucional*, Ed. RT, 7ª ed., p. 39.

6. *Direito Constitucional e a Efetividade de Suas Normas*, Ed. Renovar, 2ª ed., p. 251.

Noutro passo não caminha, frise-se bem, a doutrina tradicional, embora considerando que, na espécie, ocorre uma revogação ou derrogação da lei anterior incompatível com a Constituição nova.[7]

Cabe, a esta altura, enfrentar, agora mais incisivamente, o problema relativo à validade ou não do testamento – assim como da disposição da lei civil com base na qual foi elaborado – do Sr. Beltrano, já que, tanto naquele como nesta, o filho adotivo não foi contemplado, é dizer, não teve reconhecido o direito a participar da sucessão hereditária dos bens do *de cujus*.

Mesmo que se possa, numa primeira e apressada análise da questão, imaginar que o testamento se tornou, quando lavrado em notas de Tabelionato Público, um "ato jurídico perfeito" (exatamente porque fundado em lei, naquele momento válida e vigente), duas são as razões pelas quais sou levado a crer na sua atual insubsistência (ao menos parcial).

A uma, porque as prescrições legais (da Lei n. 3.133/57, já aludida, ou mesmo do Código Civil) antigas, as quais inadmitiam pudesse o filho adotivo gozar dos mesmos direitos dos "legítimos", cederam passo ao que passou a dispor, sobranceiramente, a Constituição da República Federativa do Brasil, de 5 de outubro de 1988, em seu art. 227, § 6º, *in verbis*:

"Art. 227. (*omissis*)

"§ 6º. Os filhos, havidos ou não da relação do casamento, *ou por adoção*, *terão os mesmos direitos* e qualificações, proibidas quaisquer designações discriminatórias relativas à filiação."

Demonstrada, às escâncaras, a flagrante incompatibilidade entre a legislação anterior e a Carta de 88, daí resulta não ter sido aquela recepcionada por esta. Perderam a Lei n. 3.133/57, o Código Civil e o testamento, neste particular, seu antigo fundamento de validade, e novo não ganharam com o novo sistema constitucional positivo!

A duas, porque também não se pode supor aceitável a prevalência de "atos jurídicos perfeitos" contra a Constituição. E é simples explicar: o ato (o testamento, no caso sob exame) se "perfectibilizou" à luz de um dado ordenamento normativo *ordinário* que vigeu até certa quadra histórica. Uma vez havendo esse ordenamento perdido sua validade por força da superveniência de norma *constitucional*, jamais caberá imaginar que esse suposto ato "perfeito" se possa opor aos ditames da nova Constituição.[8] Afinal, se a Lei Maior de 88

7. Para João Barbalho (*Constituição Federal Brasileira – Comentários*, 1924, pp. 487-488), " ...o que unicamente existe em vigor da anterior legislação é o que nela não se acha em atinomia com o novo regime e com seus princípios fundamentais"; Pontes de Miranda (*Cons. da Rep. dos Estados Unidos do Brasil de 1934*, vol. II, p. 560), por seu turno, enfatiza que "..as leis que continuam em vigor são todas as que existiam e não são incompatíveis com a Constituição nova".

8. Entendo conveniente repetir, neste passo, o que tive a oportunidade de escrever em parceria com o mestre Carlos Ayres Britto ("Direito Adquirido contra as Emendas Constitucionais ", in *Revista Forense*, 202/75): "*1. A Constituição como norma que se põe na linha de largada do Direito.* 1.1 Há direito adquirido, sim, contra as emendas constitucionais. O que não há é direito adquirido contra a Constituição, tal como originariamente posta, porque a Constituição originariamente posta é o começo lógico de toda a normatividade jurídico-positiva de um Estado soberano (Kelsen), é a 'lei que diz como se fazem as demais leis' (Achával). Logo, não tem compromisso com a ordem jurídica anterior, justamente por ser inaugural de uma nova ordem, cujo primeiro efeito é sepultar a própria Constituição primitiva. 1.2 Noutros termos, então, somente a Constituição originária é que se põe na linha de largada do Direito Positivo. Sua irrupção no cenário jurídico significa a postura do começar tudo de novo, e não simplesmente a do ajeitar as coisas. Isto, pelo fato de que seu órgão de elaboração (Assembléia Nacional Constituinte, no caso brasileiro), é o único a se caracterizar como instância capaz de normar sem ser normada; vale dizer, como instância que tem a exclusiva força de preservar, ou deixar de fazê-lo, toda e qualquer norma produzida à luz da velha ordem jurídica. E ela, enfim, a única norma do sistema produto do exercício do poder constituinte originário, de índole política e, por tal circunstância, insubmisso a qualquer regramento jurídico anterior. 1.3 Nada escapa à força de constru-

houvesse querido manter íntegros os atos jurídicos perfeitos a ela anteriores, teria consignado, em seu art. 5º, XXXVI, não a expressão " a *lei* não prejudicará..." mas, sim "*esta Constituição* não prejudicará..."

Quando muito admitir-se-ão imodificáveis – e portanto não sujeitos à incidência da nova normatização constitucional – aqueles atos cujos efeitos concretos já se tenham operado completamente e em definitivo, antes da entrada em vigor da Constituição. Mas este não é caso, obviamente.

Embora o testamento seja pretérito à CF/88 – assim como o falecimento do testador e de sua mulher – é absolutamente inegável que os *efeitos* daquele ato pessoal não se fizeram sentir, todos, de imediato ou por completo. Muito ao contrário, perduraram, como perduram, através dos tempos, já que: *a*) o inventário e a partilha dos bens do testador ainda está por concluir-se, e já sob o necessário influxo da nova ordem constitucional; *b*) os direitos hereditários do filho adotivo (ainda vivo) hão de ser reconhecidos de acordo com esse novo ordenamento. Inquestionável, pois, o dever de fazer incidir o novo Direito Constitucional sobre a relação jurídica (de natureza sucessória) cujos efeitos ainda se fazem sentir... e que se farão sentir no futuro!

Não é silente, a respeito do assunto, a melhor doutrina. Dissertando, de forma magnífica, sobre o tema da retroatividade das leis, José Eduardo Martins Cardozo assim se expressa:

"Hoje, em pensamento, é perfeitamente possível se considerar que o passado não se fez idealmente realizar desta ou daquela forma, *para os fins presentes que de momento se pretendem ver alcançados*. É o que ocorre com o universo formado pelas normas jurídicas. Por serem realidades ideais, *podem agir valorativamente sobre o passado, para disciplinar condutas no tempo presente*... Claro, assim, ao contrário do que parecem mesmo pensar alguns, a retroatividade de uma lei não implica que se pretenda 'comandar' o passado, visto que tal seria impossível. Sua 'invasão' ao período anterior à sua vigência implica unicamente que juridicamente o passado será 'valorado' diferentemente, para fins de que no presente sejam dadas de certa forma as condutas humanas que se pretende prescrever. Valorará um passado (positivo ou negativo), anteriormente considerado como juridicamente irrelevante, como relevante (ou vice-versa); *afirmará que os efeitos de um fato jurídico passado, definidos de acordo com a lei de seu tempo, passam a ser valorativamente outros, desde o início de sua projeção. Tudo, para disciplinar – insista-se – condutas no presente*."[9]

O raciocínio – arguto e brilhante – do juspublicista de São Paulo, calha à fiveleta, notadamente quando se trata de trabalhar as hipóteses de incidência ou eficácia da Lei Suprema. Tanto assim é que o mesmo autor prossegue:

"De imediato, parece-nos importante precisar que, embora o art. 5º, XXXVI, da Constituição, *não iniba que uma nova norma constitucional possa vir a desrespeitar direitos adquiridos, atos jurídicos perfeitos e a própria coisa julgada* deve ele, por evidência, servir como parâmetro interpretativo para as novas regras que passam a integrar o universo constitucional de um ordenamento jurídico".[10]

ção e ao mesmo tempo de demolição normativa da Constituição originária, no sentido de que tudo que ela disser de forma expressa, ou até mesmo implícita, passa a vigorar como norma jurídica e tudo o que não estiver de acordo com ela deixa de vigorar como norma jurídica (princípio da instantânea perda de eficácia das normas não recepcionadas pela nova ordem constitucional) . É exprimir: todas as relações possíveis e imagináveis se devem quedar mesurosas à Constituição e por isso é que se pode ajuizar que contra ela não há direito adquirido".

9. "Da Retroatividade da Lei", *RT*, 1995, pp. 258-259.

10. Ob. cit., p. 314.

Já quando comentou, preciosa e irrepreensivelmente, a Carta de 1969, José Celso de Mello Filho assim exteriorizou seu pensamento:

"A incidência imediata das normas constitucionais, 'todas elas revestidas de eficácia derrogatória das regras e dos atos dotados de positividade jurídica anterior, *não permite que se invoque contra elas qualquer situação juridicamente consolidada*'. Assim o ato jurídico perfeito, a coisa julgada e o direito adquirido, embora imunes à ação legislativa ordinária, que não poderá afetá-los, *mostram-se irrelevantes em face da inquestionável supremacia formal e material das regras constitucionais*... idem voto do Min. Djaci Falcão, no julgamento da Rp. 875... 'com efeito, é pacífico, entre os constitucionalistas, que as normas constitucionais se aplicam de imediato, sem que se possa invocar contra elas a figura do direito adquirido. Mesmo nas Constituições que vedam ao legislador ordinário a edição de leis retroativas, declarando que a lei nova não prejudicará o direito adquirido, o ato jurídico perfeito e a coisa julgada, esse preceito se dirige apenas ao legislador ordinário, não ao constituinte'...".[11]

Definitivamente não me parece, à vista de todos esses argumentos, se possa ter como ainda válido – e portanto capaz de surtir os efeitos jurídicos respectivos – cláusula de testamento excluidora (por força de lei anterior ou da vontade do testador, pouco importa) do filho ilegítimo do rol daqueles que devam, necessariamente, herdar os bens deixados pelo autor do ato testamental. Isso porque, é bom repetir, as normas dotadas de dignidade constitucional têm eficácia "retrooperante", no dizer lúcido e insuspeito de Maria Helena Diniz:

"É preciso não esquecer que as normas constitucionais incidem sobre a realidade, atuando sobre ela espácio-temporalmente. Segundo a *teoria dogmática da incidência normativa* (Tércio Ferraz), incidência consistiria na configuração atual de situações subjetivas e produção de efeitos em sucessão... Eficácia se refere à possibilidade de produção de efeitos e incidência diz respeito aos efeitos já produzidos... Por isso se pode dizer que há... *eficácia retrooperante*, ou retroeficácia da nova norma constitucional, regendo o passado, alcançando situações constituídas sob a égide da norma constitucional anterior, desde que não contrariem seus dispositivos... Sua vigência é para o futuro, mas a eficácia pode ser para o futuro ou para o passado. A nova norma constitucional teria vigor para o futuro e regeria certas situações anteriormente constituídas. Repercutiria ela sobre os fatos pretéritos, já consumados sob a égide da velha lei constitucional, afetando efeitos produzidos por situações já passadas ou incidindo sobre efeitos presentes ou futuros de situações passadas. A nova Carta pode, portanto, modificar ou restringir efeitos jurídicos já produzidos na vigência da antiga Constituição".[12]

Ao cabo e por fim, respondo à consulta – uma vez amparado por boa doutrina – no sentido de ter o Sr. Fulano,[13] direito de reivindicar, na qualidade de filho e à luz do art. 227, § 6º, da Constituição em vigor, sua participação na partilha dos bens deixados por seus pais adotivos.

Fortaleza, aos 5 de março de 1997

11. *Constituição Federal Anotada*, Saraiva, 1986, 2ª ed., pp. 431-432.

12. *Norma Constitucional e seus Efeitos*, Saraiva, 1989, pp. 47-49.

13. ...de quem as doutas consulentes são patronas.

ISONOMIA – OFENSA AO PRINCÍPIO – CONTRIBUIÇÃO SOCIAL SOBRE O LUCRO – INSTITUIÇÕES FINANCEIRAS

J. A. LIMA GONÇALVES
Professor Doutor em Direito Tributário da Pontifícia Universidade Católica de São Paulo

Consulta

Os ilustres advogados Drs. Pedro Luciano Marrey Jr. e Roberto Quiroga relatam que as instituições financeiras têm estado sujeitas ao recolhimento da contribuição social sobre o lucro (instituída pela Lei n. 7.689/88) calculada com base em alíquotas mais gravosas do que as aplicáveis às demais empresas.

Desejam saber se em nossa opinião esta circunstância discriminatória é válida dentro do sistema constitucional brasileiro.

Sobre a consulta formulada é o seguinte o nosso parecer.

Parecer

Resenha legislativa

Por meio da Lei n. 7.689/88 foi instituída contribuição social sobre o lucro das pessoas jurídicas, nos seguintes termos:

"Art. 1º. Fica instituída contribuição social sobre o lucro das pessoas jurídicas, destinada ao financiamento da seguridade social.

"Art. 2º. A base de cálculo da contribuição é o valor do resultado do exercício, antes da provisão para o imposto sobre a renda. (...)

"Art. 3º. A alíquota da contribuição é de 8%.

"Parágrafo único. No exercício de 1989, as instituições referidas no art. 1º do Decreto-lei n. 2.426," (instituições financeiras) 'de 7 de abril de 1988, pagarão a contribuição à alíquota de 12%'

"Art. 4º. São contribuintes as pessoas jurídicas domiciliadas no país e as que lhes são equiparadas pela legislação tributária."

Posteriormente, a Lei n. 7.689/88 foi alterada pelos seguintes diplomas:

(*a*) Lei n. 7.856/89 que, no seu art. 2º, dispôs:

"A partir do exercício financeiro de 1990, correspondente ao período base de 1989, a alíquota da contribuição social de que trata o art. 3º da Lei n. 7.689, de 15 de dezembro de 1988, passará a ser de 10%.

"Parágrafo único. No exercício financeiro de 1990, as instituições referidas no art. 1º do Decreto-lei n. 2.426, de 7 de abril de 1988," (instituições financeiras) 'pagarão a contribuição à alíquota de 14%'.

(*b*) Lei n. 8.114/90 que, no seu art. 11, dispôs:

"A partir do exercício financeiro de 1991, as instituições referidas no art. 1º do

Decreto-lei n. 2.426 (instituições financeiras)," 'de 7 de abril de 1988, pagarão a contribuição prevista no art. da Lei n. 7.689, de 15 de dezembro de 1988, à alíquota de 15%'.

(*c*) Lei n. 8.212/91 que, no seu art. 23, consolidando as alterações anteriores, dispôs:

"As contribuições a cargo da empresa provenientes do ... Lucro, destinadas à seguridade social, ..., são calculadas mediante a aplicação das seguintes alíquotas:

"(...)

"II – 10% sobre o lucro líquido do período base, antes da provisão para o imposto sobre a renda, ajustado na forma do art. 2º da Lei n. 8.034, de 12 de abril de 1990.

"§1º. No caso das instituições citadas no parágrafo primeiro do art. 22" (instituições financeiras) 'desta lei, a alíquota da contribuição prevista no inciso II é de 15%'.

(*d*) Lei complementar n. 70/91 que, no seu art. 11, dispôs:

"Fica elevada em oito pontos percentuais a alíquota referida no parágrafo primeiro do art. 23 da Lei n. 8.212, de 24 de julho de 1991, relativa à contribuição social sobre o lucro das instituições" (instituições financeiras) "a que se refere o parágrafo primeiro do art. 22 da mesma lei, mantidas as demais normas da Lei n. 7.689, de 15 de dezembro de 1988, com as alterações posteriormente introduzidas".

(*e*) Emenda Constitucional de revisão n. 1/94, que dispôs:

"Art. 1º. (...)

"III – A parcela do produto da arrecadação resultante da elevação da alíquota da contribuição social sobre o lucro dos contribuintes a que se refere o parágrafo primeiro do art. 22 da Lei n. 8.212, de 24 de julho de 1991, a qual, nos exercícios financeiros de 1994 e 1995, passa a ser de 30%, mantidas as demais normas da Lei n. 7.689, de 15 de dezembro de 1988; ..."

(*f*) Lei ordinária n. 9.249/95, que dispôs:

"Art. 19. A partir de 1º de janeiro de 1996, a alíquota da contribuição social sobre o lucro líquido, de que trata a Lei n. 7.689, de 15 de dezembro de 1988, passa a ser de 8%.

"Parágrafo único. O disposto neste artigo não se aplica às instituições a que se refere o parágrafo primeiro do art. 22 da Lei n. 8.212, de 24 de julho de 1991, para as quais a alíquota da contribuição social será de 18%."

(*g*) Emenda Constitucional n. 10/96, que dispôs:

"Art. 2º. (...)

"III – A parcela do produto da arrecadação resultante da elevação da alíquota da contribuição social sobre o lucro dos contribuintes a que se refere o parágrafo primeiro do art. 22 da Lei n. 8.212, de 24 de julho de 1991, a qual, nos exercícios financeiros de 1994 e 1995, bem assim no período de 1º de janeiro de 1996 a 30 de junho de 1997, passa a ser de 30%, sujeita a alteração por lei ordinária, mantidas as demais normas da Lei n. 7.689, de 15 de dezembro de 1988; ..."

Em todas essas oportunidades, permaneceu incólume a existência de comando normativo prescrevendo alíquota mais gravosa para a quantificação da contribuição social sobre o lucro das instituições financeiras, em comparação às demais empresas.

Que a natureza jurídica da contribuição social sobre o lucro é tributária, não há mais divergência com fôros de seriedade. Vejam-se a propósito (i) a lição do Professor Américo Lacombe,[1] ilustre Magistrado

1. "Então o regime jurídico tributário dessas contribuições não se discute mais. Ora, tudo aquilo que está sujeito ao regime jurídico tributário é tributo. Se vamos classificar as instituições pelo regime jurídico, e isto é o correto, a natureza de qualquer instituição é definida pelo regime jurídico ao qual elas estão submetidas e, evidentemente, essas contribuições têm a natureza jurídica de tributo" ("Contribuições no Direito Brasileiro", in *RDT*, v. 47, p. 191).

do Tribunal Regional Federal da 3ª Região, e (ii) o teor do acórdão[2] do Plenário do Supremo Tribunal Federal no julgamento do recurso extraordinário n. 146733-9 SP. Não percamos tempo com este aspecto da questão; sua natureza jurídica é tributária aplicando-se-lhe, portanto, o regime jurídico constitucional respectivo.

Conteúdo das normas aplicáveis

Para os fins do presente trabalho, as normas tributárias veiculadas pelos supratranscritos dispositivos legais podem ser traduzidas nas seguintes proposições descritivas:

(*a*) todas as pessoas jurídicas domiciliadas no país,[3] quando auferirem lucro (tal como definido no art. 2º da Lei n. 7.689/88) devem efetuar o recolhimento da contribuição social sobre o lucro;

(*b*) a alíquota a ser utilizada para cálculo do montante devido a título de contribuição social sobre o lucro será: (i) para as pessoas jurídicas em geral, de 8%; e (ii) para as instituições financeiras, de 30%.

Detectação do problema

Não é preciso esforço hermenêutico para se concluir que, em matéria de cálculo do montante devido a título de contribuição social sobre o lucro, as instituições financeiras recebem das normas jurídicas em vigor tratamento diferente do dispensado às demais empresas que operam no país.

A norma jurídica tributária discrimina as instituições financeiras impondo-lhes regime tributário mais oneroso do que o aplicável aos demais agentes econômicos.

Enquanto as pessoas jurídicas em geral estão sujeitas à aplicação da alíquota de 8%, as instituições financeiras, atualmente, sujeitam-se à aplicação da alíquota de 30% – sendo certo que, conforme se constata da resenha legislativa efetuada acima, desde a instituição da exação sob análise, a alíquota aplicável ao cálculo do tributo devido pelas instituições financeiras sempre foi superior à aplicável às demais pessoas jurídicas.

É sabido, entretanto, que a só constatação de existência de discriminação não é suficiente para que se conclua pela ofensa ao princípio da isonomia. Deveras, há discriminações que são consentidas – e outras até mesmo sugeridas – pelo próprio sistema constitucional.[4]

Impõe-se, pois, verificar se a discriminação de que se trata é ou não conforme com o sistema brasileiro.

Isonomia

Preceitos constitucionais

Dispõe a Constituição Federal:

"Art. 5º. Todos são iguais perante a lei, sem distinção de qualquer natureza, garantindo-se aos brasileiros e aos estrangeiros residentes no País a inviolabilidade do direito à vida, à liberdade, à igualdade, à segurança e à propriedade, (...)".

"Art. 150. Sem prejuízo de outras garantias asseguradas ao contribuinte, é ve-

2. "Ementa: Contribuição social sobre o lucro das pessoas jurídicas. Lei n. 7.689/88. Não é inconstitucional a instituição da contribuição social sobre o lucro das pessoas jurídicas, *cuja natureza é tributária....*"

3. A lei não esclarece, mas somente as pessoas jurídicas que sejam "empregadoras" é que podem ser alcançadas pelo comando normativo, por força do teor inequívoco do art. 195, I da Constituição Federal. Por escapar do objeto deste trabalho, não desenvolveremos aqui esta questão.

4. Veja-se, a propósito, Celso Antônio Bandeira de Mello, no seu *O conteúdo Jurídico do Princípio da Igualdade*: "Com efeito, há espontâneo e até inconsciente reconhecimento da juridicidade de uma norma diferençadora quando é perceptível a congruência entre a distinção de regimes estabelecida e a desigualdade de situações correspondentes" (p. 47).

dado à União, aos Estados, ao Distrito Federal e aos Municípios: (...)

"II – instituir tratamento desigual entre contribuintes que se encontrem em situação equivalente, proibida qualquer distinção em razão de ocupação profissional ou função, por eles exercida, independentemente da denominação dos rendimentos, títulos ou direitos; ..."

A clareza das disposições constitucionais dispensaria maiores discussões acerca do conteúdo e alcance do princípio da isonomia. Bastaria recordar a clássica lição de Ruy Barbosa, segundo a qual a regra da igualdade não consiste senão em quinhoar desigualmente os desiguais, na medida em que se desigualam, para se ter a exata medida do teor semântico do preceito.

Onde houver identidade de situações, deve haver identidade de regimes jurídicos. Se e quando houver diferença de situações – e na medida dessas diferenças – caberá distinção de regimes jurídicos.

Daí Ruy Barbosa[5] ter dito: "... tratar com desigualdade a iguais, ou desiguais com igualdade, seria desigualdade flagrante, e não igualdade real".

Perceba-se que, em matéria tributária, o constituinte não se satisfez com a menção genérica – que por si só já seria suficiente – do art. 5º, veiculador do rol não exaustivo de direitos e garantias individuais; foi o constituinte mais cauteloso, recordando e enfatizando, no art. 150, que o preceito da isonomia em matéria tributária é mesmo intransponível, vedando, peremptoriamente, a "instituição de tratamento desigual entre contribuintes que se encontrem em situação equivalente".

O legislador federal, no entanto, parece não ter percebido a clareza desse irresistível preceito.

Questões preliminares

O preceito dirige-se primeiramente ao legislador.

Antes de qualquer outra cogitação, relembre-se que a norma de igualdade dirige-se não só ao aplicador da lei – o executivo e o judiciário – mas também ao próprio legislador.

Duguit[6] afirmou categoricamente:

"Le principe d'egalité est une règle de notre droit public positif s'imposant au legislateur et toute loi que la violerait serait une loi inconstitutionnelle".

O princípio vincula necessariamente o próprio legislativo, impondo-se a igualdade na própria lei. A respeito advertiu San Tiago Dantas:[7]

"Toda ênfase posta nas proclamações da igualdade estaria, porém, condenada a se tornar puro verbalismo se não se franqueasse a terceira etapa do problema – forçando o legislador a fazer leis iguais para todos" (p. 56).

"... aprofundando o exame do sistema constitucional vigente, podemos ver que o seu centro gerador, o eixo em torno do qual se cristalizam as normas e instituições de direito público, é, precisamente, o conceito da igualdade" (ob. cit., p. 56).

E arrematou ensinando que a regra da igualdade "... a todos concede igual favor e impõe igual sacrifício" (ob. cit., p. 58).

O saudoso constitucionalista A. de Sampaio Dória[8] referia-se à igualdade perante a lei como "... o ambiente indispensável à democracia" (p. 185).

E esclarecia: "... característica máxima da igualdade: *ausência de posições privi-*

5. "Oração aos Moços", in *Escritos e Discursos Seletos*, José Aguilar, 1960, p. 685.

6. *Traité de Droit Constitutionnel*, 3ª ed., p. 638.

7. "Problemas de Direito Positivo", *Revista Forense*, 1953.

8. *Direito Constitucional*, v. 1º, t. 1º, Max Limonad, São Paulo, 1958.

legiadas. Têm todos os mesmos direitos fundamentais, a garantia dos mesmos tribunais. Não há privilégio no tratamento das leis. A lei é a mesma para todos" (grifos do original) (p. 186).

Tomemos, pois, como premissa aceita, que o próprio legislador e, portanto, a própria lei deve obedecer o cânone da isonomia, que passamos a analisar.

Os chamados direitos e garantias individuais também aplicam-se às pessoas jurídicas

A advertência não é cerebrina. Já ocorreram manifestações de pensadores sérios tendentes a sustentar o ponto de vista de que os direitos e garantias individuais previstos na Constituição não protegem as pessoas jurídicas, mas somente as físicas.

Tal inteligência não se sustenta, não reflete comando dedutível da sistemática constitucional brasileira. Já há muito tempo, Ruy Barbosa[9] ensinou:

"Não se comprehende, em senso commum, que o legislador constituinte dissese aos indivíduos: – 'Eu vos garanto o direito de vos associardes; mas os direitos, com que entrardes para a associação, perderão *ipso facto* a minha garantia'. Ora, é justamente o que teria estatuido, se direitos imprescindiveis à existência das associações, à realização dos fins, para que ellas se organizaram, não fossem assegurados às associações pelas mesmas garantias constitucionaes, que os asseguram aos indivíduos. *Tamanha inépcia, tão grosseiro absurdo não se pode atribuir ao legislador*.

"... para evitar o escandalo do absurdo, ... obvio é que, na phrase ... 'a Constituição assegura a brasileiros e a estrangeiros residentes no paiz' se deve entender a referencia, não só aos indivíduos, mas tambem aos entes dotados de individualidade jurídica, isto é, capazes de direito" (g.n.) (pp. 202 e 203).

Trabalhemos, portanto, com o dado certo de que os direitos e garantias individuais previstos na Constituição Federal atribuem proteção assim às pessoas jurídicas como às físicas,[10] e passemos a analisar o tema da isonomia propriamente dito.

Há duas maneiras de abordar a questão da isonomia jurídica, a saber: (i) a partir de seus aspectos semântico/valorativos; e (ii) a partir de seu aspecto normativo.

Consideração valorativa

Diversos autores ocuparam-se do princípio da isonomia a partir de seu aspecto valorativo, tentando explicitar-lhe o conteúdo semântico, a sua significação.

Carlos Maximillano[11] assim se manifestou: "Não é lícito ao legislador dar vantagens para alguém com desvantagem para outrem.

"Ir a norma positiva, no abandono da igualdade *absoluta*, mais longe do que a igualdade *proporcional* importa em se revestir dos característicos da *lei arbitrária*, lei contra o Direito, insubsistente em face do código fundamental" (p. 37).

"Os impostos 'progressivos' não contrariam o princípio da igualdade. É cânon tributário que deve cada um contribuir para as despesas do Estado na *proporção das suas faculdades*: daí a objeção; porém aquele *ônus* é, sob outro aspecto, geral também; pois *recai sobre todos os que estejam em iguais condições*" (p. 39).

Pela objetividade e autoridade, é sempre oportuno invocar Fábio Comparato[12]

9. *Commentarios à Constituição Federal Brasileira*, v. V, Livraria Academica, São Paulo, 1934.

10. No mesmo sentido, veja-se Pontes de Miranda, *Comentários à Constituição de 1967*, Ed. RT, São Paulo, 1970, t. IV: "O princípio ampara as pessoas físicas e as pessoas jurídicas", p. 691.

11. *Comentários à Constituição Brasileira*, v. III, Livraria Editora Freitas Bastos, São Paulo, 1948.

12. *Direito Público – Estudos e Pareceres*, Editora Saraiva, São Paulo, 1996.

que, sobre a isonomia, escreveu: "A lei não é, pois, uma deliberação coletiva qualquer, mas somente aquela que 'parte de todos para se aplicar a todos'" (p. 49).

"O critério da *generalidade* da imposição legal *supõe*, em particular, *que os encargos* criados pelo Estado para o atendimento de finalidades gerais *não sejam atribuídos a uma só categoria de agentes. É isto que a Constituição explicita em matéria de tributos* (art. 150, II) e é este mesmo princípio que deve ser aplicado em relação a quaisquer outras imposições administrativas" (g.n.) (p. 124).

E, recordando que o professor Comparato classifica os princípios como "normas superiores" (ob. cit., p. 48), impõe-se verificar sua advertência no sentido de não aceitarmos as tão banalizadas "justificativas econômicas" invocadas sem cerimônia para tentar contornar as exigências do princípio da isonomia:

"Não importam as justificativas econômicas que se dêem para tanto – e *Deus sabe quantas explicações* científicas ou pseudocientíficas podem ser dadas para qualquer decisão de política econômica governamental. *O que importa é o respeito escrupuloso aos princípios e normas constitucionais*. Se a Constituição fixa, tradicionalmente, o princípio da isonomia, é *desamparadamente inconstitucional a lei que atribui encargos* públicos de natureza econômica *a alguns apenas e não, proporcionalmente, a todos os agentes da economia* nacional" (g.n.) (ob. cit., p. 124).

E, tratando de norma que atribuía encargo somente às instituições financeiras – e não aos agentes econômicos em geral – concluiu Comparato: "... essa futura imposição legal será claramente inconstitucional, porque *dirigida unicamente a certas entidades* particulares e *não a todos os agentes econômicos* (quebra do princípio da isonomia)" (g.n.) (ob. cit., p. 128).

Na análise de outra norma discriminatória, que ele identificou como "questão ... de apuração do lucro real dos contribuintes pessoas jurídicas" (p. 137), o renomado professor advertiu: "Quebra de isonomia haveria, sem dúvidas, se o legislador *discriminasse*, nesse particular, *entre as próprias pessoas jurídicas* – distinguindo abusivamente, por exemplo, entre as *instituições financeiras* e as *demais sociedades*" (g.n.) (ob. cit., p. 137).

E explicitou o *iter* de seu raciocínio: "De acordo com o princípio da isonomia, ou igualdade jurídica formal, *se a lei tem por objeto o gênero, não pode, obviamente, discriminar entre as espécies*" (g.n.) (ob. cit., p. 136).

É irresistível já ir retomando a noção central posta na consulta, no sentido de que a norma tributária em questão trata da instituição de contribuição social sobre o lucro das pessoas jurídicas empregadoras em geral (gênero), não sendo tolerável a discriminação das espécies (empresas em geral, de um lado, e instituições financeiras – com regime mais oneroso –, de outro).

Geraldo Ataliba[13] escreveu páginas magistrais – nas quais o preceito isonômico é abordado na elevada estatura sistemática compatível com sua importância –, ensinando que:

"Firmou-se a isonomia, no direito constitucional moderno, como direito público subjetivo a tratamento igual, de *todos* os cidadãos, pelo Estado.

"Como, essencialmente, a ação do Estado reduz-se a editar a lei ou dar-lhe aplicação, o fulcro de questão jurídica postulada pela isonomia substancia-se na necessidade de que as leis sejam isônomas e que sua interpretação (pelo Executivo e pelo Judiciário) leve tais postulados até suas últimas conseqüências, no plano concreto da aplicação" (p. 132).

"Não há ato ou forma de expressão estatal que possa escapar ou subtrair-se às exigências da igualdade" (ob. cit., p. 134).

13. *República e Constituição*, Ed. RT, São Paulo, 1985.

"A adoção de instituições republicanas teve por principal escopo a exclusão do arbítrio, como expressão de poder. A segurança dos direitos e a fixação destes em leis impessoais e genéricas impede peremptoriamente o emprego caprichoso dos instrumentos do poder. A experiência histórica da reincidência dos governantes em desvios despóticos e arrogâncias personalistas ensinou a civilização ocidental a ir engendrando instituições que buscassem pautar o exercício do poder de modo a traçar a nítida separação entre a pessoa do governante e suas funções" (ob. cit., p. 135).

Roque Antônio Carrazza,[14] por sua vez, expôs: "O princípio da igualdade exige que a lei, tanto ao ser editada, quanto ao ser aplicada: a) não discrimine os contribuintes que se encontrem em situação jurídica equivalente; b) discrimine, na medida de suas desigualdades, os contribuintes que não se encontram em situação jurídica equivalente" (p. 57).

Pontes de Miranda[15] tratando dos direitos e garantias individuais asseverou: "Nenhuma lei brasileira pode ser interpretada ou executada em contradição com os enunciados da Declaração de Direitos, (...) alguns dos incisos do art. 153" (dentre os quais o autor inclui o que se refere à isonomia) "*são acima do Estado*, (...)" (grifos do original) (p. 624).

E atento às peculiaridades técnicas que envolvem o exercício da tributação, disse:

"O princípio não veda que se acolham critérios diferentes para tributação, *salvo se a não-igualdade é dissimulada pelos diferentes critérios*" (g.n.) (ob. cit., p. 701).

Invoque-se, também, a lição de A. R. Sampaio Dória:[16] "Esta concepção do princípio da igualdade exprime-se, na esfera tributária, pela conclusão de que a taxação deve ser idêntica para as pessoas ou atividades igualmente situadas e desigual para aquelas que entre si desigualem e, 'se possível' na exata medida da desigualdade apurada. O *consenso* de opiniões de quantos escreveram sobre o tema, como *doutrinadores* ou *magistrados*, é, em nosso direito, *absoluto*" (g.n.) (pp. 193 e 194).

E cita, em abono de sua afirmação, os Ministros Hermenegildo de Barros, Arthur Ribeiro, Ribeiro da Costa e Abner de Vasconcelos, e os doutrinadores Francisco Campos, Amílcar Falcão, Baleeiro, Victor Nunes, Barbosa Nogueira e Martins de Andrade (ob. cit., p. 194).

Em magistral síntese de seu pensamento, ensina: "O que se requer, pois, é a existência de '*distinções substanciais entre as sociedades diferentemente taxadas*'; ... para a legitimidade das discriminações tributárias" (g.n.) (ob. cit., p. 224).

Em face dessas diversas considerações do conteúdo semântico do princípio da isonomia, verifica-se que a lei só poderia tratar desigualmente as instituições financeiras se elas fossem distintas dos demais agentes econômicos, sob a ótica do critério de diferenciação supostamente adotado (perspectiva de rentabilidade, natureza e montante do lucro) – o que não ocorre.

E aqui vai o cerne da questão: ainda que se quisesse considerar – o que veremos ser impossível – que o potencial de rentabilidade das instituições financeiras é maior que o das demais pessoas jurídicas, todos os agentes econômicos que em certos períodos auferissem o mesmo lucro deveriam ser tributados de modo rigoroso e escrupulosamente idêntico.

A conclusão é irresistível. É que, se se quisesse implementar progressividade, onerando de forma mais acentuada os agentes econômicos que auferissem mais lucro – base de cálculo da contribuição – então esse ônus maior deveria ser aplica-

14. *Curso de Direito Constitucional Tributário*, Malheiros Editores, São Paulo, 1993.

15. *Comentários à Constituição de 1967*, Ed. RT, São Paulo, 1970, t. IV.

16. *Princípios Constitucionais Tributários e a Cláusula "Due Process of Law"*, Tese de concurso, São Paulo, 1964.

do, *progressivamente*, *a todos* os agentes econômicos, indistintamente, por faixas de lucro.

Não se tolera que a lei se refira ao gênero – base de cálculo é o lucro das pessoas jurídicas empregadoras – para discriminar as espécies – pessoas jurídicas em geral que aufiram lucro "x" são tributadas a alíquota inferior em relação às instituições financeiras que aufiram, no mesmo período, o mesmo lucro "x". A suposta progressividade só estaria sendo implementada se existissem alíquotas progressivas, crescentes na mesma proporção do incremento do lucro, o que não ocorre. Na hipótese analisada, o que existe é simplesmente uma única alíquota maior para as instituições financeiras, o que não é possível, pois o lucro delas é igual – manifesta a mesma capacidade contributiva – ao lucro das demais pessoas jurídicas para fins de quantificação de base de cálculo que o tome – o lucro – como perspectiva dimensível.

Daí resultar, de forma exuberante e evidente, a falácia do argumento que pretenda justificar a discriminação com fundamento em rentabilidade supostamente superior das instituições financeiras. Tais lucubrações não possuem a virtude de legitimar a pretendida e odiosa discriminação. Aliás, relembre-se a já transcrita advertência do experiente Comparato: "... Deus sabe quantas explicações científicas ou pseudocientíficas podem ser dadas para qualquer decisão de política econômica governamental. O que importa é o respeito escrupuloso aos princípios e normas constitucionais".

Não há, pois, como justificar a variação de alíquota – implementadora de desejável progressividade – sem que o ônus da progressividade seja escrupulosamente repartido por todos os que se encontrem na mesma situação – determinado padrão de rentabilidade, em determinado período, tudo medido a partir do critério legal objetivo que é a base de cálculo (lucro, de acordo com certos critérios).

Importa aqui adiantar outro aspecto, para aqueles que consideram que, por tratar-se de contribuição social (muito embora com materialidade e base independentes de qualquer atuação estatal), deveria ser analisada a referibilidade indireta – da materialidade ou da base de cálculo – com a atuação estatal de prover a seguridade social (arts. 194 e ss. da Constituição Federal).

Tal análise, longe de auxiliar o pretenso fundamento para a discriminação procedida, somente termina de evidenciar sua total inépcia. É que qualquer observador mediana e pedestremente esclarecido admitirá que a atividade financeira dá causa a muito pouca demanda de serviços por parte da seguridade social, especialmente no seu ramo previdenciário, seja em função das condições de trabalho – extraordinariamente mais saudáveis que as oferecidas, por exemplo, no ambiente industrial –, seja em função da progressiva redução do volume do contingente de segurados, em decorrência da especialização e da automação bancária.

A todas as luzes, parece não haver, no plano semântico, nenhuma justificativa, sequer razoável, que possa servir de fundamento para a válida manutenção da discriminação onerosa que se tem imposto às instituições financeiras.

Consideração normativa

Para evitar as incertezas conceituais inerentes à manipulação das categorizações propostas pela doutrina tradicional – que preocupou-se apenas com a manipulação das noções valorativas que circundam a questão da isonomia – elaboramos, no passado, estudo voltado à criação de modelo mais objetivo para análise da questão. A nossa proposta foi concebida sobre o modelo teórico idealizado por Celso Antônio Bandeira de Mello, no seu já clássico *O Conteúdo Jurídico do Princípio da Igualdade*.

Em síntese – e no que pertine especificamente à matéria tributária –, escrevemos:[17] "Nossa proposta, como já dissemos, visa a facilitar a atividade do analista que desejar aferir a adequação da norma de tributação ao princípio constitucional da isonomia, hipótese na qual deve observar a seguinte e sistemática sugestão:

"1. Dissecar a norma jurídica tributária, a regra matriz de incidência, em seus cinco critérios, que, repita-se, são o material, o temporal, o pessoal, o espacial e o quantitativo.

"2. Detectar a existência de discriminação implementada pela regra matriz de incidência analisada.

"3. Identificar qual é o elemento de discriminação utilizado pela norma analisada.

"4. Uma vez identificado o discrímen, analisar se a norma onera ou beneficia singularmente um indivíduo ou categoria ou atividade desde já determinadas e se o elemento de discriminação reside na própria pessoa ou situação discriminada.

"5. Aferir a existência de correlação lógica entre o elemento de discriminação e o tratamento diferenciado.

"6. Perquirir a efetiva ocorrência da relação de subordinação e pertinência lógica entre a discriminação procedida e os valores positivados no texto constitucional" (p. 69).

Dediquemos um pouco mais de atenção aos itens quarto e quinto listados acima. A norma jurídica não pode singularizar de modo absoluto o destinatário – do benefício ou do gravame – pois, assim o fazendo, estará beneficiando ou onerando um só indivíduo ou uma só categoria de indivíduos. E sempre que essa categoria de indivíduos não esteja em situação diferenciada em relação às demais categorias não abrangidas pela norma analisada, terá ocorrido evidente atentado à regra da isonomia.

Ainda neste particular, relembre-se que o traço diferencial eventualmente alegado, utilizado para tentar justificar tratamento diferenciado, deverá residir na própria pessoa ou classe de pessoas discriminada. É que somente elementos que existam nelas mesmas podem servir de base para submetê-las a regimes jurídico tributários diferentes. Escrevemos: "... daí dizer que o traço diferencial há de residir na própria coisa, situação ou pessoa discriminada ... para que possam servir de elemento de discriminação, pois só nas pessoas, fatos e situações podem residir diferenças" (p. 44).

Sobre este aspecto Celso Antônio[18] escreveu: "... é simplesmente ilógico, irracional, buscar em um elemento estranho a uma dada situação, alheio a ela, o fator de sua peculiarização. Se os fatores externos à sua fisionomia são diversos ..., então, percebe-se, a todas as luzes, que eles é que se distinguem e não as situações propriamente ditas.

"Ora, o princípio da isonomia preceitua que sejam tratadas igualmente as situações iguais e desigualmente as desiguais. Donde não há como desequiparar pessoas e situações quando não se encontram fatores desiguais" (p. 35).

Esta advertência é de extraordinária importância, posto que, havendo identidade de natureza entre duas pessoas consideradas, devem ambas receber idêntico tratamento. Inexistentes os "fatores desiguais", não se poderá cogitar de desequiparação possível entre duas pessoas ou classes de pessoas.

Aliás, a só inexistência de fatores desiguais entre as classes de pessoas consideradas, já seria suficiente para suspender a análise da norma jurídica, concluindo-se pela sua insubsistência como entidade vá-

17. *Isonomia na Norma Tributária*, Malheiros Editores, São Paulo, 1993.

18. *O Conteúdo Jurídico do Princípio da Igualdade*, Ed. RT, São Paulo, 1968.

lida perante o sistema constitucional tributário brasileiro, por ofensa à isonomia.

Já se pode adiantar, desde logo, que nada é declaradamente mencionado pelas normas sob análise que possa fundamentar pretenso argumento de que as instituições financeiras são entidades distintas das demais pessoas jurídicas de direito privado, para fins de tributação por meio da contribuição social sobre o lucro. Não há referência nos textos normativos a nenhum elemento que pudesse ser invocado como suficiente e bastante à conclusão de que há "fatores desiguais" entre (i) instituições financeiras, por um lado, e (ii) demais pessoas jurídicas de direito privado, de outro.

As instituições financeiras são espécies do gênero pessoas jurídicas de direito privado, ao lado de todas as demais organizações de esforços privados para perseguição de lucro, que denominam-se "empresas". São empresas como quaisquer outras, sujeitas a elevado grau de controle e fiscalização do Estado, por meio do Banco Central do Brasil, tudo nos termos da lei própria.

Ademais, como qualquer outra empresa, estão as instituições financeiras sujeitas às variações do ambiente sócio-econômico, que influenciam, e até mesmo determinam, as suas perspectivas de rentabilidade ao longo de períodos considerados – aliás, como acontece com qualquer outra pessoa jurídica ou física que trabalhe visando ao lucro. Apenas para considerar a veracidade desta assertiva, note-se que, desde a implantação do último plano de estabilização econômica, com a drástica redução da intensidade do fenômeno inflacionário, nenhum outro setor da atividade econômica no nosso país teve sua rentabilidade tão comprometida como as próprias instituições financeiras.

Estas observações bem demonstram o caráter verdadeiro de duas premissas fundamentais que já se vão fixando, quais sejam: (i) a maior ou menor rentabilidade da atividade desenvolvida pelas instituições financeiras varia ao sabor da conjuntura sócio-econômica; e (ii) por isso mesmo, essa maior ou menor rentabilidade – além de ser episódica – é fator externo à própria atividade comercial das instituições financeiras; o nível de rentabilidade está vinculado a fatores externos e alheios às instituições financeiras. Só esta constatação já bastaria para lançar pá de cal sobre qualquer argumento que pretenda sustentar a possibilidade de proceder-se à distinção entre instituições financeiras, por um lado, e demais pessoas jurídicas, por outro, com base nas perspectivas de rentabilidade de seus respectivos ramos de atividade.

É que as perspectivas de rentabilidade, repita-se, são determinadas, ao menos parcialmente, por elementos externos às empresas em geral, não configurando características próprias puras de cada empresa considerada, o que – conforme já demonstramos, com apoio em Celso Antônio – já elimina a possibilidade de tomá-la – a rentabilidade – como possível elemento de discriminação.

Conforme já antecipado, a maior ou menor rentabilidade seria perfeitamente elegível como critério implementador de progressividade, se essa progressividade fosse irrestritamente aplicável a todo o universo de contribuintes, a todas as empresas. Mas esse critério – perspectiva de rentabilidade ou natureza do lucro –, da forma discriminatória posta, sobrecarrega somente as instituições financeiras, não se confundindo com progressividade eventualmente pretendida. Repita-se: a norma de tributação analisada *dirige-se ao gênero* (pessoas jurídicas que auferem lucro) mas *discrimina as espécies* (empresas em geral, de um lado, e instituições financeiras – com alíquota mais gravosa –, de outro), configurando genuína discriminação inconstitucional, que não se confunde com progressividade.

Mas não paremos por aqui. Vamos admitir, apenas para argumentar, (i) que seja possível – o que não é – sustentar-se seriamente que as instituições financeiras sejam, por si só, mais rentáveis que as demais pessoas jurídicas de direito privado, e (ii) que a norma tributária tenha singularizado a classe em função dessa sua peculiar rentabilidade. É que supondo ser possível admitir-se que as instituições financeiras possuem, em si mesmas, algum elemento que possibilite apartá-las das demais empresas, podemos proceder à análise da próxima etapa do sugerido processo de verificação da compatibilidade da discriminação com o sistema constitucional brasileiro.

Seria necessário, então, perquirir-se a existência de correlação lógica entre o elemento de discriminação e o tratamento diferenciado. Se fosse verdadeira a afirmação de que as instituições financeiras têm, por suas próprias características, rentabilidade diferenciada em relação às demais pessoas jurídicas que operam no território nacional, haveria nexo lógico entre este elemento de discriminação e o tratamento diferenciado consistente no dever de contribuir mais onerosamente com os gastos públicos. Só que não basta essa correlação lógica para que a discriminação seja reputada válida perante o sistema jurídico brasileiro. Impõe-se, ainda, que haja consonância entre a discriminação procedida e os interesses protegidos pela Constituição.

Recordemos as lições de Celso Antônio:

"Para que um discrímen legal seja convivente com a isonomia, consoante visto até agora, impende que concorram quatro elementos: *a*) que a desequiparação não atinja, de modo atual e absoluto, um só indivíduo; *b*) que as situações ou pessoas desequiparadas pela regra de direito sejam efetivamente distintas entre si, vale dizer, possuam características, traços nelas residentes, diferenciados; *c*) que exista, em abstrato, uma correlação lógica entre os fatores diferenciais existentes e a distinção de regime jurídico em função deles estabelecida pela norma jurídica ; *d*) que, *in concreto*, o vínculo de correlação supra-referido seja pertinente em função dos interesses constitucionalmente protegidos, isto é, resulte em diferenciação de tratamento jurídico fundada em razão valiosa – ao lume do texto constitucional – para o bem público" (p. 41).

"Não basta, pois, poder-se estabelecer racionalmente um nexo entre a diferença e um conseqüente tratamento diferenciado. Requer-se, demais disso, *que o vínculo demonstrável seja constitucionalmente pertinente*. É dizer: as vantagens calçadas em alguma peculiaridade distintiva hão de ser conferidas *prestigiando situações conotadas positivamente* ou, quando menos, *compatíveis com os interesses acolhidos no sistema constitucional*. ...

"À guisa de conclusão deste tópico, fica sublinhado que não basta a exigência de pressupostos fáticos diversos para que a lei distinga situações sem ofensa à isonomia. Também não é suficiente o poder-se argüir fundamento racional, pois não é qualquer fundamento lógico que autoriza desequiparar, mas *tão-só aquele que se orienta na linha de interesses prestigiados na ordenação jurídica máxima. Fora daí ocorrerá incompatibilidade com o preceito igualitário*" (pp. 42 e 43) (g.n.).

A análise do texto constitucional em vigor demonstra que não há interesses protegidos pela Constituição que possam servir de fundamento para a discriminação procedida.

Aplicação das categorizações propostas à hipótese da consulta

A regra matriz de incidência da contribuição social sobre o lucro é composta pelos seguintes aspectos ou critérios: (i) material – auferir lucro em determinado período; (ii) espacial – território nacional; (iii) temporal – encerramento de determinado período; (iv) pessoal – pessoas jurídicas empregadoras, que auferem lucro; (v) quantitativo – a base de cálculo é o lucro (calculado de acordo com regras próprias), sobre o qual aplica-se a alíquota de 8% para os contribuintes em geral, e 30% para as instituições financeiras em particular.

Essa regra matriz impõe tratamento diferenciado mais oneroso às instituições financeiras, por meio do agravamento da alíquota.

Ao fazê-lo, discrimina singularmente e sem nenhuma razão objetiva, uma determinada categoria (espécie – instituições financeiras) de contribuintes (gênero – empregadores que auferem lucro); fato esse que, por si só, já é suficiente para comprometer a constitucionalidade da norma de tributação.

Não há como sustentar que o suposto elemento de discriminação (perspectiva de rentabilidade, grandeza ou natureza do lucro) seja inerente à classe de pessoas atingidas pela alíquota mais onerosa (as instituições financeiras). Em outras palavras, em nada seria reprovável que a norma previsse alíquota mais gravosa para os contribuintes (empregadores em geral) que auferissem maiores montantes de lucro, sem discriminar entre esses contribuintes uma determinada espécie (a das instituições financeiras).

E recorde-se que a maior ou menor rentabilidade não é circunstância puramente intrínseca, inerente às atividades desenvolvidas pelos contribuintes, variando, em maior ou menor intensidade, de acordo com as condições e o ambiente sócio-político-econômico. O volume de lucro em um determinado período não é, portanto, elemento singelamente residente, decorrente ou determinado pelas características das próprias atividades desenvolvidas pela classe de contribuintes discriminada.

O potencial de rentabilidade é elemento – total ou parcialmente – alheio às atividades desenvolvidas pelos contribuintes em geral e pelas instituições financeiras em particular.

Ao cabo de tudo quanto foi aqui exposto e considerado, percebe-se que a distinção procedida – detrimentosa às instituições financeiras – só poderia, por hipótese, se salvar, se se pudesse encontrar autorização constitucional que induzisse à conclusão de que as instituições financeiras devessem sofrer agravos; ou que a própria atividade financeira devesse ser desincentivada; ou que a função financeira tivesse recebido *status* constitucional menos nobre ou relevante, assim no plano social como no político-econômico.

Inútil procurar no texto ou mesmo na sistemática constitucional indicações nesta direção. Muito pelo contrário. Dentre tantas outras, a atividade financeira foi merecedora de especial atenção do legislador constituinte, certamente em face da grande relevância sócio-político-econômica que as instituições financeiras desempenham na sociedade moderna em geral, e na brasileira em particular.

Em suma, não há valor positivado na Constituição Federal que indique, suponha, demande ou determine que a sistemática normativa deva estipular ônus extraordinários às instituições financeiras. Perceba-se, a propósito, que nenhuma das sucessivas normas tributárias que impuseram a discriminação analisada ousou explicitar a motivação de tal proceder. Em nosso entender a razão de tal omissão é simples: inexiste fundamento que possa justificar essa descarada discriminação.

Sustentar o contrário é explicitar preconceitos, é fazer política legislativa, é laborar à margem do direito constitucional posto, contrariando-o e recusando-lhe eficácia, o que é vedado ao legislador – primeiro intérprete da Constituição –, conforme deverá ser tranqüilamente reconhecido pelo Poder Judiciário.

Conclusão

Como base nas considerações efetuadas deflui serenamente a conclusão segundo a qual, sob todos os aspectos a partir dos quais a questão pode ser abordada, a discriminação detrimentosa às instituições financeiras, em matéria de contribuição social sobre o lucro, não encontra fundamento de validade no sistema constitucional brasileiro, sendo a norma jurídica que a veicula rigorosamente inválida, neste particular discriminatório.

Deveras, a "generalidade ... supõe ... que os encargos ... não sejam atribuídos a uma só categoria de agentes" (Comparato), sendo irrelevantes "as justificativas econômicas que se dêem para tanto" (Comparato), de forma tal que é "desenganadamente inconstitucional a lei que atribui encargos ... a alguns apenas e não, proporcionalmente, a todos os agentes da economia nacional" (Comparato). Quando a base de cálculo for o lucro, representa "quebra de isonomia" discriminar "entre as próprias pessoas jurídicas – distinguindo abusivamente ... entre as instituições financeiras e as demais sociedades" (Comparato).

É que "o fulcro de questão jurídica postulada pela isonomia substancia-se na necessidade de que as leis sejam isônomas e que sua interpretação (pelo Executivo e pelo Judiciário) levem tais postulados até suas últimas conseqüências, no plano concreto da aplicação" (Ataliba). Só assim assegurar-se-á que a lei "tanto ao ser editada, quanto ao ser aplicada ... não discrimine os contribuintes que se encontrem em situação jurídica equivalente" (Carrazza).

Trata-se de postulado que está "acima do Estado" (Pontes). Trata-se de questão sobre a qual "o consenso de opiniões de quantos escreveram sobre o tema, como doutrinadores ou magistrados, é, em nosso direito, absoluto" (Dória).

Nessa linha de raciocínio, o lucro das instituições financeiras reveste-se das mesmas características do auferido pelas demais sociedades "donde não há como desequiparar pessoas e situações quando não se encontram fatores desiguais" (Celso Antônio).

Todavia, ainda que se procure sustentar a existência de características diferenciadoras, a análise criteriosa demonstrará "que não basta a exigência de pressupostos fáticos diversos para que a lei distinga situações sem ofensa à isonomia. Também não é suficiente o poder-se argüir fundamento racional, pois não é qualquer fundamento lógico que autoriza desequiparar, mas tão-só aquele que se orienta na linha de interesses prestigiados na ordenação jurídica máxima. Fora daí ocorrerá incompatibilidade com o preceito igualitário" (Celso Antônio).

Na hipótese analisada, não há pressupostos fáticos diversos, não há fundamento lógico que justifique a desequiparação e, finalmente, não há interesses constitucionalmente prestigiados que autorizem a discriminação.

Pelo contrário, há determinação para que se implemente a eqüidade na forma de participação no custeio (art. 5º, *caput*, 150, II, e 194, V da Constituição), bem como expressa referência e destaque à função desempenhada pelas instituições financeiras, que são agentes da relevante missão constitucional de implementar "o desenvolvimento equilibrado do país e a servir aos interesses da coletividade (...)" (art. 192 da Constituição).

Em síntese, é inválida – e assim deverá ser reconhecida pelo Judiciário – a disposição normativa que impõe alíquota mais gravosa às instituições financeiras para cálculo da contribuição social sobre o lucro, devendo prevalecer, para todas as empresas empregadoras, que tenham o mesmo volume de lucro, uma mesma alíquota.

Esse é o parecer, s.m.j.

São Paulo, 9 de abril de 1996

PARECERES

SERVIÇO PÚBLICO: INTRIBUTABILIDADE POR MEIO DE IMPOSTO – SERVIÇOS DE TRANSPORTE AÉREO E ICMS

AIRES F. BARRETO
Professor de Direito Tributário – Diretor da Faculdade de Direito da UNISA – Presidente do Instituto Geraldo Ataliba-IDEPE

Súmula: Serviços de transporte aéreo constituem serviço público *ex vi constitucionis*. Serviços públicos: não perdem essa qualificação jurídica pelo fato de serem prestados por empresas, qualquer que seja a forma jurídica de que se revistam (empresa pública, sociedade de economia mista ou empresa privada), mediante delegação ou concessão. Empresas prestadoras de serviços de transporte aéreo prestam serviço público. Sobre suas atividades não incide ICMS. Remuneram-se pelo regime de taxas (art. 145, II, da CF).

Consulta

Consultam-nos entidades que congregam empresas de navegação aérea sobre questão jurídica a seguir sintetizada.

Referidas empresas dedicam-se à prestação de serviços de transporte aéreo, na qualidade de concessionárias de serviço público.

Sobre tal atividade vêm os Estados exigindo ICMS, sob o fundamento de que, diante da competência que lhes foi outorgada pela Constituição de 1988, cabe-lhes a tributação dos serviços de transporte intermunicipais e interestaduais. Nesse sentido, dispõem assim o convênio 66/89, como as várias leis estaduais.

A seu turno, entendem as consulentes que os serviços por elas prestados, dada a sua natureza pública, não comportam tributação, por via de ICMS (ou de qualquer outro imposto).

Em face da profunda divergência entre tais entendimentos, pedem as consulentes nosso parecer sobre a questão.

Sobre essa temática central – e desdobramentos particulares que a hipótese da consulta sugere – são, pois, as seguintes considerações que consubstanciam nosso

Parecer

Intróito

Como relatado na consulta, a questão posta consiste em definir se – à luz do nosso sistema constitucional – é admissível a tributação de serviços públicos por via de imposto sobre operações relativas à circulação de mercadorias e prestação de serviços (ICMS), seja quando de prestação direta, pelo Poder Público, seja quando essa prestação é efetuada por terceiros, empresas permissionárias ou concessionárias, sujeitas ao regime do art. 175 e seu parágrafo único da Constituição Federal.

Para resolvê-la, em termos rigorosamente jurídicos, é necessário, preliminarmente, analisar a hipótese de incidência do ICMS – em especial a situação que corresponde ao aspecto material dessa hipótese de incidência tributária. Isto feito, será necessário precisar o conceito constitucional de serviços (referido pela Constituição Federal ao atribuir competências ao Estado e aos Municípios, para tributar os serviços que discrimina).

Depois disso, será imperioso considerar a classificação dos tributos. À luz de critérios extraídos diretamente da Constituição Federal, ver-se-á que é preciso distinguir as espécies tributárias *impostos* e *taxas* e, a partir daí, expor os desdobramentos determinados pela correspectiva distinção entre os regimes jurídicos de cada uma dessas espécies.

Chegados a tal ponto, será de rigor, ainda, precisar o que seja serviço público – sempre e só em face do nosso sistema constitucional – e examinar, ainda que em breve lanço, as noções elementares sobre a concessão do seu exercício ou exploração.

Só então será a hora de examinar e demonstrar a natureza jurídica dos serviços de navegação aérea – ou de transporte aéreo para, a final, expor as conclusões sobre a questão e responder aos quesitos em que se decompõe.

Sob esse esquema desenvolveremos o tema proposto, desdobrando-o, pois, nos tópicos que se seguem.

I – Consistência material da hipótese de incidência do ICMS

O imposto sobre operações relativas à circulação de mercadorias e prestação de serviços de transporte intermunicipal e interestadual (ICMS) foi conferido à competência dos Estados, pela Constituição de 1988, nos seguintes termos:

"Art. 155. Compete aos Estados instituir imposto sobre:

"I – (*omissis*)

"II – operações relativas a circulação de mercadorias e sobre prestações de serviços de transporte interestadual e intermunicipal e de comunicação, ainda que as operações e as prestações se iniciem no exterior;"

Diante dessa descrição legislativa, qual o conjunto de atos, fatos e situações que se compreende nessa dição constitucional? Em outras palavras: qual o alcance (possível) que poderá dar o legislador estadual à hipótese de incidência desse tributo, diante da cláusula constitucional permissiva da criação do chamado ICMS?

1. O conceito vulgar de serviço

O conceito vulgar de serviço atina ao desempenho de qualquer esforço humano (realização de ação pessoal) objetivando proporcionar a outrem, um proveito, utilidade ou comodidade.

Incorporado ao Texto Constitucional, sofre, porém, esse conceito comum (*ad hominis*), influência ditada pelas balizas e princípios do sistema no qual se insere (interação recíproca do conjunto de normas constitucionais, cada qual influenciando – e sendo influenciada – as demais normas do sistema).

É nesse estádio, e com essa grave limitação, que ganha relevo o conceito constitucional de serviços tributáveis, para o intérprete do direito. Conclusões nesse campo, portanto, haverão sempre de resultar da acurada exegese do conceito de serviço, como sistematicamente posto pela Constituição. Nesse sentido, o conceito é representativo de (*a*) um comportamento humano (amplamente considerado) que (*b*) tenha serviço por objeto, por ser certo que tributos só incidem sobre ações pessoais ou comportamentos. Essa conjugação é que consubstancia o arquétipo constitucional da hipótese de incidência do ICMS.

Pontes de Miranda ensina que "serviço", em sentido amplo, é "qualquer obrigação de fazer" (*Tratado de Direito Privado*, t. XXII, p. 3). O vocábulo designa a atividade pessoal de prestar utilidade a terceiros, tendo por fim um resultado (empreitada) ou tendo em mira o mero desempenho da atividade em si mesma (serviço, em sentido estrito).

Não se entenda, porém, seja o serviço, em si considerado, o cerne da consistência material do tributo atribuído aos Estados. Definitivamente, não o *é*. É que a *consistência do aspecto material da hipótese de incidência reflete sempre certa conduta (em sentido amplo) de uma pessoa*. Tributável não é o serviço, em si mesmo, mas a conduta humana que tem um fazer obrigatório – serviço – por objeto. E essa conduta humana pode, no caso, ser sintetizada, em sua essência, num prestar esforço pessoal (serviço). Aliás, por isso, o que se tributa pelo ICMS é, na verdade, a execução do serviço e não sua singela estipulação (*v.g.*, o contrato de serviço).

Essa síntese – "prestar serviço" – envolve ainda latitude conceptual, em rigor incompatível com a Constituição, que circunscreve o amplo espectro da tributação "aos signos presuntivos de riqueza", na expressão de Alfredo Augusto Becker (vale dizer, ao respeito à "capacidade contributiva"). A consideração isolada da cláusula simplificada "prestar serviços" poderia conduzir à ilação, equivocada, de que tributáveis poderiam também ser as atividades exercidas em benefício próprio.

Não há, porém, prestação de serviços no desenvolvimento de atividade em favor do próprio prestador. Da perspectiva jurídica, aí não há serviço. O proveito, necessariamente, há de ser de outrem; há de favorecer a terceiros; jamais ao próprio prestador.

Impende ainda acrescer que não basta reflita a prestação de serviços, em si considerada, um "signo presuntivo de riqueza". É imprescindível que a prestação tenha efetivo e real conteúdo econômico: que haja preço (como refere o Decreto-lei n. 406/68).

Só as condutas humanas "remuneradas" (onerosas) relativas àqueles serviços referidos pela Constituição podem, em tese, render ensejo à exigência do imposto estadual. Afastados estão, destarte (do campo de incidência do ICMS), quaisquer serviços de cunho caritativo, filantrópico, destituídos que são desse conteúdo oneroso. Falta-lhes, nessas hipóteses – conforme ensina Geraldo Ataliba, secundado por Roque Carrazza – caráter negocial.

O núcleo do serviço tributável, por via de ICMS corresponderá, assim, a uma "prestação de serviço de transporte intermunicipal ou interestadual e de comunicações, em favor de outrem, com conteúdo econômico".

A par disso, esse fazer haverá de ser habitual. Prestação "eventual" de serviço inocorre em contexto negocial, que caracteriza o exercício de qualquer atividade econômica (por isso, o Decreto-lei n. 406/68 limita a incidência do tributo a serviços prestados por empresa ou profissional autônomo).

2. *Conceito constitucional de serviço tributável por via de imposto*

Ora, se os sinais de denotação do conceito de "serviço" se esgotassem aí, ter-se-ia que o ICMS poderia alcançar tanto os serviços prestados sob regime de direito privado, como os submetidos a regime de direito público (serviços públicos, de utilidade pública etc.).

Assim não o *é*, contudo. Como ensina Baleeiro, "o fato gerador pressupõe prestação de serviços a terceiros *como negócio ou profissão*" (Aliomar Baleeiro, *Direito Tributário Brasileiro*", 10ª ed., Forense, 1981, p. 282; grifos nossos).

Paulo de Barros Carvalho, jurista de maior suposição, também abona esse entendimento, ao discorrer sobre o ISS:

"Temos para nós que a prescrição correta sobre o sujeito capaz de realizar o fato jurídico tributário do ISS haveria de ser quem prestasse utilidades, materiais ou imateriais, com conteúdo econômico, habitualmente, e *sob regime de Direito Privado*" (*RDT* 17/18, pp. 198/199; grifos nossos).

E, mais adiante, arremata:

"quem quer que preste serviços, assim entendida a prestação de utilidade a terceiro, materiais ou imateriais, com substância econômica, em caráter habitual e *debaixo de regime de Direito Privado*, estará realizando o fato imponível do imposto sobre serviços de qualquer natureza" (*RDT* 17/18, p. 200; grifamos).

Manifestando igual pensamento, Pontes de Miranda é categórico:

"O contrato de serviços e o contrato de trabalho, estrito senso, são, no Código Civil e na legislação do trabalho, *contratos de direito privado. A semipublicidade não os deslocou para o direito público*, a despeito de estarem cercados e por vezes invadidos por algumas regras jurídicas publicisticas" (*Tratado de Direito Privado*, 2ª ed., t. XLVII, Borsói, Rio de Janeiro, 1964, p. 9; grifamos).

O ICMS como se vê, só pode incidir sobre fatos decorrentes de contratos de cunho eminentemente privado. O serviço sobre o qual pode recair o imposto é, exclusivamente, o regido pelo direito privado, isto é, o serviço (de transporte supramunicipal e de comunicações) situado no "mundo dos negócios", cujos timbres são a igualdade das partes contratantes e a autonomia das vontades.

A previsão do art. 155, II, da CF esgota-se nas prestações de serviço realizadas no âmbito e sob regime privado. Não colhe a prestação de serviço público. Isso é incontroverso, inequívoco, fluindo ainda da classificação jurídica dos tributos, como adiante passaremos a ver.

Por fim, não é despiciendo referir que os serviços que estiverem referidos na cédula constitucional privativa dos Municípios, só por essas pessoas poderão ser tributados; *apenas os de transporte interestadual e intermunicipal e os de comunicação podem ser colhidos pela lei estadual sob o alcance do preceito constitucional* (art. 155, II).

Em face dessas considerações, podemos, agora, de modo firme, enunciar que o *conceito de serviço tributável pelo ICMS*, como referido pelo art. 155, II, da CF, *corresponde à*:

– *prestação, em caráter habitual, por empreitada, ou por qualquer outro modo, de utilidade (material ou imaterial) qualificada como de transporte interestadual ou intermunicipal ou ainda como de comunicação, em favor de outrem (terceiro), com conteúdo econômico, sob regime de direito privado.*

II – Impostos e taxas – Critério diferenciador dessas espécies tributárias – Regimes jurídicos distintos

Os tributos, como excelentemente expõe Geraldo Ataliba (*Hipótese de Incidência Tributária*, Ed. RT, 3ª ed., São Paulo, 1985), são "*vinculados* ou *não vinculados*". Resulta essa classificação da "radical diversidade de regimes jurídicos a que se submetem" (Geraldo Ataliba, ob. cit., p. 113).

O ponto nuclear do discrímen exposto, pioneiramente, por Geraldo Ataliba e acolhido pela nossa melhor doutrina (entre outros, Rubens Gomes de Sousa, Ives Gandra da Silva Martins, Souto Maior Borges, Hector Villegas, Paulo de Barros Carvalho, Roque Carrazza e Agostinho Sartin) repousa no sistema jurídico, nas normas constitucionais. É a partir do direito positivo que encontra apoio, razão bastante para que, juridicamente, tal critério distintivo dos tributos se sobreponha aos demais.

Com efeito, o exame da materialidade de todas as hipóteses de incidência tributária conduzirá, sempre, à verificação de que, seu aspecto material, ou (*a*) consiste em uma atividade do poder público (ou em repercussão desta), ou (*b*) consiste num fato ou acontecimento qualquer, diferente de uma atuação estatal. Em outras palavras, ou a hipótese de incidência traduz-se na descrição de uma ação ou atuação do Poder Público, ou a lei erige por hipótese de incidência (fato gerador de tributo) um fato qualquer não expressivo de atividade estatal. O critério classificatório referido afasta um terceiro gênero (*tertius genus excluso*), já que cobre, pela contradição absoluta de seus elementos, todo o universo das situações consideradas.

Decorre daí que *não pode existir hipótese tributária "híbrida"*, diante da estrutura do nosso sistema tributário brasileiro: ou o fato tributado é realizado pelo Poder Público, sob regime público e na qualidade de ato estatal – e só poderá render ensejo a tributo vinculado (taxa ou contribuição, inclusive diante das impropriamente designadas "tarifas") – ou o fato se realiza no domínio privado, sob regime de direito privado – e só autorizará a cobrança de impostos!

Será, pois, logicamente aberrante (e inconstitucional) a previsão de imposto recaindo sobre o patrimônio, as rendas e os serviços das pessoas públicas – por isso, inclusive, referidos pela regra imunitória do art. 150, VI, *a*, da Constituição Federal. Como será inconstitucional a instituição de taxa sobre atos jurídicos privados, ou que tome o valor desses atos como base de cálculo (art. 145, II e § 2º, da Constituição Federal).

Com sua linguagem candente, Geraldo Ataliba sintetiza a questão:

"*Se a h.i. consistir numa atuação estatal, o tributo será uma taxa ou contribuição (tributo vinculado); se* consistir em *outro fato qualquer o tributo será não vinculado* (ou imposto)" (ob. cit., p. 123).

Essa classificação radica-se na Constituição encontrando respaldo, ademais, no art. 16 do CTN que, de modo juridicamente irrepreensível, estatuiu:

"Art. 16. Imposto é o tributo cuja obrigação *tem por fato gerador uma situação independente de qualquer atividade estatal* específica dirigida ao contribuinte" (demos ênfase).

A definição legal de imposto elimina qualquer dúvida: os tributos que, por efeito dessa classificação, tenham por consistência uma atividade estatal não poderão ser da espécie imposto. Se forem definidos como tal serão inconstitucionais e inválidos, ineficaz a lei que assim, erroneamente, os haja criado.

Em resumo: ou se tem tributo que não incide sobre atividade do poder público (que dela "independe", como diz o art. 16 do CTN), ou se tem situação de fato ligada a atuação do poder público. Só caberá imposto no primeiro caso, nunca no segundo.

Foi afirmado, e demonstrado, que o ICMS incide sobre a "prestação de utilidade (material ou imaterial) a outrem, em caráter negocial". Destacou-se, também, que, fosse o conceito assim tão amplo, abrangidas nele estariam as prestações de utilidade tanto sob regime de direito público, como sob regime de direito privado.

Temos, no entanto, que, no sistema brasileiro, todo tributo cuja hipótese de incidência consista numa atividade estatal jamais poderá assumir a natureza de imposto; ou seja, nenhum imposto poderá incidir sobre situação "dependente" de atividade estatal (art. 16 do CTN).

Disso resulta evidente e manifesto que a prestação de serviços públicos – típica e ontológica atividade estatal que é – não pode consistir em hipótese de incidência de imposto; de nenhum imposto; inclusive, obviamente, do ICMS.

É esse, também, o escólio de Elizabeth Nazzar Carrazza: "Em primeiro lugar, cumpre assinalar que os serviços alcançados pelo ISS" (ou pelo ICMS) "são aqueles prestados em regime de direito privado.

"(...)

"Dessa forma, os serviços tributáveis pelo ISS" (ou ICMS) "não se confundem com os serviços públicos que estão submetidos a regime jurídico diverso, na sua prestação" (*RDT* 19/10, p. 255). Esclarecemos.

E, mais adiante, conclui: "Até porque, pela prestação de um serviço público só é possível cobrar-se taxa" (ob. cit., p. 256).

Ora, todo serviço público subordina-se (sempre e unicamente) ao regime de direito público. Falar em serviço público e cogitar de regime jurídico privado, ou diverso do público, é *contraditio in terminis*, como será exaustivamente demonstrado no tópico seguinte.

III – Conceito de serviço público

A questão posta na consulta versa a possibilidade de serem tributados, pelo ICMS, as prestações de serviços de transporte aéreo, executadas por empresas concessionárias ou por permissionárias de serviço público.

Cravadas as balizas evidenciadoras de que:

a) o ICMS só pode incidir sobre prestações de serviço submetidas ao regime de direito privado e que

b) os serviços públicos, como as demais atuações estatais, somente podem constituir hipótese de incidência da espécie tributária taxa, cumpre examinar, para dar seguimento à análise da questão posta, o que – de uma perspectiva estritamente jurídica – vem a ser serviço público.

Há serviço público, como ensina Celso Antônio Bandeira de Mello, naquela "atividade de oferecimento de utilidade ou comodidade material fruível diretamente pelos administrados, prestada pelo Estado *ou por quem lhe faça as vezes, sob um regime de direito público* – portanto, consagrador de prerrogativas de supremacia e de restrições especiais – instituído pelo Estado *em favor dos interesses que houver definido como próprios no sistema normativo*" (*Prestação de Serviços Públicos e Administração Indireta*, Ed. RT, 2ª ed., p. 1; grifamos).

Trata-se de conceito essencialmente concorde com a noção que Aliomar Baleeiro tão elaboradamente construiu nas magistrais lições dos seus *Limitações Constitucionais ao Poder de Tributar* (5ª ed., p. 117) e *Clínica Fiscal* (Ed. Bahia, 1958, p. 151). Este mestre, inteiramente apoiado na Constituição Federal, serviu de inspiração para Rubens Gomes de Sousa e Gilberto Ulhôa Canto, quando esboçaram o anteprojeto que se converteu na Emenda Constitucional n. 18/65, a qual, no particular, e para efeitos tributários, permaneceu, em suas linhas gerais, na Constituição vigente.

Não existe dissenção alguma quanto a configurarem serviços públicos aqueles diretamente executados pelo Estado. A presença da pessoa pública, nesses casos, desempenhando atividade de interesse público, sob regime administrativo, afasta qualquer tipo de dúvida a respeito.

Ora, em termos estritamente jurídicos, exatamente o mesmo se passa quando os serviços públicos – por simples conveniência da administração – têm sua prestação delegada a terceiros, pessoas físicas ou jurídicas, públicas ou privadas. Aliás, mesmo por isso (por ser público o serviço) é que sua titularidade é absolutamente indelegável; só o exercício das tarefas materiais de execução é que podem sê-lo. É que a natureza pública de um serviço não se altera em razão da qualidade da pessoa que o exercita.

E isto porque a atribuição do qualificativo público a determinado serviço de-

corre da Constituição ou da lei: se assim a Constituição ou a lei os designam é o que basta para subordiná-los, obrigatoriamente, a regime jurídico específico (o administrativo), que não é afastado pela contingencial ou aleatória circunstância de, em certas situações, sua execução vir a ser delegada ou concedida a terceiros.

De resto, é exatamente assim que se contrapõem serviços públicos e serviços privados. Estes são marcados pela vontade das partes; aqueles submetem-se apenas à vontade da lei. Os últimos regem-se pelas normas de direito privado; às normas de direito público, submetem-se os primeiros.

Em qualquer caso, o serviço público se tipifica pela realização de ato estatal; o estado é seu único e exclusivo titular; sua instituição e desempenho visam a atender, sempre, o interesse público (Celso Antônio Bandeira de Mello). Já o serviço privado se faz no interesse particular das partes, consubstanciando ato independente de qualquer atividade estatal (art. 16 do CTN).

A qualificação de um serviço como público resulta não da sua ontologia, não da sua materialidade, mas da atribuição dessa qualidade a um dado serviço, pela lei ou pela Constituição – como no caso dos serviços de navegação aérea, dentre outros listados no inc. XII do seu art. 21.

Não é por outra razão que Ives Gandra Martins afirmou, nos seus *Comentários à Constituição do Brasil*, promulgada em 1988: "São serviços públicos aqueles inerentes ao Estado, denominados essenciais, além daqueles cuja atividade econômica não compete originariamente à iniciativa privada" (...) "dependendo da disciplina legal" (*Comentários à Constituição do Brasil*, v. 6, t. I, Ed. Saraiva, São Paulo, 1990, p. 47).

Esposamos esse entendimento de há muito. Nos idos de 1979, dizíamos: "A execução de determinada prestação, sob regime administrativo, é feita independentemente da ocorrência de pagamento pelos usuários, eventual e futuro. A atuação se dá por força da lei, que assim o impôs. Se o serviço é público (por força de lei) essa prestação sob regime de direito público não pode dar ensejo a preço, mas tão-somente à taxa.

"Em outras palavras, ou se cogita de preço, quando a hipótese não é de serviço público ou deste se cuida e só se poderá ter, sem contradições, a taxa.

"Mesmo que o serviço possa ser público, sob o ângulo da sua substância, não o será se a lei não lhe atribuir (forma) essa condição. Ao revés, se, formalmente, for público (por força de lei), o regime público derrogará o privado" (*Comentários ao Código Tributário Nacional*, v. 5, co-ed. IBET e Ed. Res. Trib., São Paulo, 1979, p. 22).

E, arrematando, esquematizávamos:

SERVIÇO PÚBLICO (FORMALMENTE, *EX VI LEGIS*) → EXIGÊNCIA ADEQUADA TAXA

SERVIÇO NÃO PÚBLICO (PRIVADO, MESMO QUE PÚBLICO SUBSTANCIALMENTE) → REMUNERAÇÃO POSSÍVEL PREÇO

Marco Aurélio Greco, há vários lustros, advertia: "afirmar que um serviço público está sendo remunerado por preço é contradição nos termos. Pois, uma determinada atuação ou se submete a regime de direito público (configurando "serviço público"), e por conseqüência não dará origem a relações de direito privado (preço), ou se submete a regime de direito privado, dando origem a preço, mas – nesta hipótese – não será serviço público (do ponto de vista estritamente formal, podendo sê-lo do substancial), porque este se caracteriza pelo regime público, derrogador do privado.

"Em resumo, podemos dizer que serviço público só pode dar ensejo a taxa, e aquela atuação que der nascimento a preço (tarifa) não será serviço público, mas atividade desenvolvida em regime idêntico ao dos particulares e, pois, não qualificáveis como serviço público em termos jurídicos" (Geraldo Ataliba, *Hipótese de Incidência Tributária*, Ed. RT, São Paulo, 1973, p. 179).

Preço é a contrapartida de uma prestação contratual, livremente pactuada, em regime de igualdade entre as partes. Sob o império do direito privado. É rigoroso sinônimo de tarifa. Tarifa e preço são a mesma coisa, juridicamente.

Para a cobertura de custo de serviço público, por parte dos seus usuários, a Constituição previu uma figura típica: a taxa, espécie de tributo, *in verbis*:

"Art. 145. A União, os Estados, o Distrito Federal e os Municípios poderão instituir os seguintes tributos:

"I – impostos;

"II – *taxas*, em razão do exercício do poder de polícia ou *pela utilização* efetiva ou potencial, *de serviços públicos específicos e divisíveis*, prestados ao contribuinte ou postos a sua disposição" (grifamos).

Preço é a contraprestação de uma prestação contratual livremente fixada entre partes iguais. Ora, o serviço público é regulado por lei, indisponível e obrigatório para o administrador (e, às vezes, também para o administrado, como vacinação, água, esgoto, internação hospitalar em caso de certas moléstias, sepultamento etc.)

A atividade que a Constituição qualifica como serviço público é "originariamente pública, que se apresenta como conteúdo de uma prestação da qual advém uma utilidade ao destinatário" (Marco A. Grecco e H. Dias de Souza, *A natureza jurídica das custas judiciais*, Ed. OAB-SP e Resenha Tributária, 1983, p. 54).

O que é indispensável, como ensina o eminente professor de Direito Financeiro da Universidade de Brasília, Igor Tenório, é que o serviço público seja "específico e divisível, isto é, um serviço especializado para o atendimento de uma determinada necessidade pública, e cuja prestação possa ser mensurável em termos de consumo individual, em qualquer módulo considerado razoável como unidade de contagem" (Igor Tenório, *Direito Penal Tributário*, Ed. Bushatsky, 1973, São Paulo, p. 3).

O excelente mestre e ministro do Supremo Tribunal Federal, Carlos Mário Velloso, após sublinhar a distinção entre serviço público e serviço privado, acolhe a extensibilidade do regime da administração direta às empresas estatais, quando prepostas a serviço público, como forma de proteger o interesse público (RDP 83/151).

O mesmo ocorre se a empresa é privada, porque não é admissível que o Estado possa livrar-se de deveres, encargos e *munus* postos pela Constituição, mediante o expediente de colocar atividades suas (serviço público) em regime plenamente privado.

Essas considerações mostram que não se pode tratar indiferenciadamente uma entidade, só por ser ela empresa privada. É imprescindível verificar – como o fez o ministro Carlos Velloso (*RDP* 83/151) – se ela desempenha serviço público (art. 175 da Constituição) ou atua no domínio econômico (art. 173).

É que, sendo público o serviço (e isso ocorre *ex vi legis* ou, o que é mais forte, *ex vi constitucionis*) é irrelevante a natureza jurídica do prestador. Quando essas atividades são desenvolvidas por empresa privada, esta o faz na qualidade de delegada ou concessionária do Estado (União, Estados ou Municípios), para prestação de serviço público. Levam consigo, pois, como instrumentos de seu correto desempenho, todos os meios, prerrogativas e potestades inerentes ao serviço público – que emanam da Constituição e nem a lei pode afastar sua presença.

Por isso, em resumo, diante da Constituição de 1988, impõe-se concluir que: *Se se tratar de atividade pública (art. 175) o correspectivo será taxa (art. 145, II); se se tratar de atividade de natureza econômica (art. 173) a remuneração far-se-á por preço.*

Há muito houvéramos anotado que, ou "se cogita de preço, quando a hipótese *não* é de serviço público ou deste se cuida e só se poderá ter, sem contradições, taxa" ("As taxas na Constituição e no CTN", in *Comentários ao CTN*, v. 5, Resenha Tributária, Co-edição IBET, São Paulo, 1979, p. 22).

Se a atividade é essencial às funções estatais, só cabe taxa (Alberto Xavier, *Manual de Direito Fiscal*, Lisboa, 1974, p. 54). Relações que concernem a atividades tipicamente estatais só comportam "prestações a cargo dos privados em caráter de taxa, não sendo mesmo concebível que as respectivas relações entre a entidade pública e os particulares sejam configuradas como negócios jurídicos privados" (A. D. Giannini, *Istituzioni di diritto tributario*, 1968, Milão, Ed. Giuffrè, p. 68). É que "não pode haver troca, em sentido econômico, entre dinheiro do particular e uma contraprestação de soberania do Estado" (M. Pugliese, *Le tasse nella scienza e nel diritto positivo italiano*, 1930, Ed. CEDAM, Pádua, p. 33).

Serviço público desempenhado mediante delegação ou concessão, por empresa estatal ou privada, é, por isso, intributável por imposto. Exploração de atividade econômica pelo Estado é tributável.

Versando a matéria, Roque Carrazza conclui que: "se o legislador quiser fazer ressarcir, pelos usuários, serviços públicos específicos e divisíveis, efetivamente prestados ou postos à disposição, só poderá fazê-lo por meio de taxa (de serviço, no caso) (*Curso de Direito Constitucional Tributário*, Ed. RT, 2ª ed., São Paulo, 1991, p. 249).

E acrescenta, a seguir: "Este quadro não se altera se os serviços forem prestados mediante concessão ou permissão" (ob. loc. cits.).

Esse posicionamento de doutrina, assim moderna como categorizada, sequer pode ser suposta avançada. Não se olvide, como ensina Paulo de Barros Carvalho, até a hipótese extrema da "possibilidade jurídica de uma pessoa física vir a ser sujeito ativo de obrigação tributária. A hipótese traz como pressuposto que tal pessoa desempenhe, em determinado momento, atividade exclusiva e de real interesse público. Concorrendo os requisitos, nada conspiraria contra a indicação de sujeito de direitos, pessoa física, para arrecadar taxas, por exemplo" (Paulo de Barros Carvalho, *Curso de Direito Tributário*, Ed. Saraiva, 4ª ed., São Paulo, p. 202).

E como esclarece, brilhantemente, Celso Antônio Bandeira de Mello, a prestação de serviço público não se confunde, jamais, com a exploração de *atividade econômica*, que não incumbe ao Estado e que a Constituição reservou à iniciativa privada (art. 173): *nesta, a remuneração a finalidade dos agentes* (necessariamente privados); *na prestação de serviço público, a remuneração é mero meio de seu custeio* (cf. *Prestação de Serviço Público e Administração Indireta*, p. 37).

IV – Concessão de serviços públicos

Os traços fundamentais do instituto da concessão de serviço público, hoje, já não são objeto de controvérsia. Há, quanto a seus caracteres essenciais, um consenso doutrinário. A jurisprudência, a seu turno, vem prestigiando as posições clássicas, de forma a deixar bem nítido seu perfil.

A mais atualizada síntese, a respeito dessa matéria, no Brasil, encontra-se em Celso Antônio Bandeira de Mello, no seu *Prestação de Serviços Públicos e Administração Indireta* (Ed. RT, São Paulo, 1973). Define esse autor a concessão como: "O ato complexo através do qual o Estado atribui a alguém o exercício de um serviço público e este aceita prestá-lo" (...) "remunerando-se pela cobrança de tarifas diretamente dos usuários do serviço e tendo a garantia de um equilíbrio econômico-financeiro" (p. 35).

Essa conceituação capta, em linhas gerais, o pensamento predominante da doutrina a propósito da essência do instituto. Uma ou outra discrepância existe cá ou acolá mas não são relativas a pontos fundamentais à sua definição. Por exemplo, Hely Meirelles, conceituando-o, diverge de Celso Antônio. Dá ênfase à sua perspectiva contratual. Todavia, seja qual for a posição adotada pelo jurista – acompanhando uma ou outra corrente – o resultado, no que concerne à tese em desenvolvimento, é idêntico (v. Hely L. Meirelles, *Direito Administrativo Brasileiro*, 12ª ed., Ed. RT, São Paulo, pp. 322 e ss.).

Analisando, ponto por ponto, item por item, a concepção de Celso Antônio, Geraldo Ataliba, em parecer inédito, sublinha que, na concessão "atribui-se ao concessionário o exercício de determinada atividade, que se configura como serviço público. Esta afirmação não exclui que outros atos administrativos também possam atribuir – na forma da lei – a terceiros (públicos ou privados) o exercício de certos serviços públicos".

E prossegue: "o concessionário prestará o serviço público por sua conta e risco, ficando o Estado na posição inafastável de titular da atividade que é prestada em seu nome".

Mais adiante, acresce que o concessionário é "movido a estabelecer esse tipo de relacionamento com o poder público com o objetivo de lucro", arrematando que, "para o concessionário, a prestação do serviço é um meio através do qual obtém o fim que almeja: o lucro que propicia ao concessionário é meio por cuja via busca sua finalidade que é a boa prestação do serviço" (Celso Antônio, ob. cit., p. 37).

É evidente, pois – e isso revela a harmonia do instituto – que *o intuito de lucro do privado é o meio de o poder público obter sua colaboração na produção do serviço.*

A interpretação sistemática da Constituição deixa-o claro, inquestionável.

Embora a questão aqui posta não tenha sido ferida pelo Supremo Tribunal Federal, nele já se proclamou que, quando se trata de atuação específica do Estado, repugna sua remunerabilidade por preço (*RTJ* 67/349). Definido um serviço como público, não cabe falar-se em preço (*RTJ* 67/513).

V – Navegação aérea é serviço público

É certa, entre nós, a natureza pública, *ex vi legis*, dos serviços de transporte aéreo. Até porque, se assim não fosse, não poderiam ser prestados – como freqüentemente o são – por empresas de características nitidamente públicas (*v.g.*, por sociedades de economia mista). De feito, como adverte Celso Antônio Bandeira de Mello, "no âmbito estadual só podem existir sociedades de economia mista que sejam prestadoras de serviços públicos propriamente ditos" (*Prestação de Serviços Públicos e Administração Indireta*, 28ª ed., Ed. RT, São Paulo, 1983, p. 106). O fato de serem "serviços públicos propriamente ditos" é que legitima sua prestação por sociedade de economia mista dos Estados.

A qualificação dos serviços de transporte ou navegação aérea como serviço público decorre diretamente da Constituição Federal, ao prescrever que:

"Art. 21. Compete à União:

"(...)

"XII – explorar, diretamente ou mediante autorização, concessão ou permissão:

"(*omissis*);

"c) a navegação aérea, aeroespacial e a infra-estratura aeroportuária."

A atribuição da prestação do serviço público de transportes aéreos a criaturas estruturadas sob o regime de direito privado – para torná-la mais ágil e expedita – não poderia ter por efeito (como não tem) descaracterizar essa atividade; *era serviço público e continua serviço público*. Nenhuma decisão infraconstitucional pode modificar a Constituição. O legislador jamais poderia alterar a qualificação que a Constituição atribui a uma atividade. Daí que continua sendo serviço público, embora desempenhado sob a forma, por processos, meios e instrumentos de direito privado.

É que, quando o de que se trata é de *desempenhar serviço público*, a forma da empresa prestadora é mero figurino, que pode ou não ser estritamente observado, já que o Estado pode prossegui-lo (o serviço público) seja diretamente, seja indiretamente, inclusive por via de empresas privadas. Como o "próprio do direito administrativo é regular o serviço público" (Rui Cirne Lima), a lei administrativa (federal, estadual ou municipal) poderá variar do puro esquema publicístico (administração direta ou autárquica) para o privado (empresas), podendo estabelecer formas intermediárias de diversos graus, somando as vantagens de ambos, combinando seus ingredientes e soluções conforme melhor lhe parecer.

Eis porque – sejam prestados por órgãos do Estado, sejam prestados por empresas privadas, por delegação dele – subordinam-se, sempre, a regime de direito público – que, como visto, assenta exclusivamente na lei. Não escapam dos rigores do regime legal, pela circunstância de terem seu exercício outorgado a um particular. A lei não é – e não pode ser – "revogada", pela mera vontade da administração ou do concessionário! Muito menos a Constituição.

Dentre outros, esse pressuposto permitiu a Celso Antônio asseverar, com extrema firmeza: "por igual razão da natureza do serviço, os de transporte que não transponham mais de um Estado ou mais de um Município, são, respectivamente, serviços públicos estaduais ou municipais" (ob. cit., p. 25).

Aliás, bem por isso é que, em matéria de transportes aéreos, alude-se a "tarifas" como forma de remuneração do concessionário ou permissionário! É que tarifa tem cabimento quando se trate de serviços públicos, como deixa manifesto o art. 175 e seu parágrafo único da Constituição de 1988.

Desnecessário enfatizar que é reconhecida como serviço público a atividade desempenhada pelos permissionários ou concessionários de transporte público, inclusive aéreo. O Texto Constitucional não deixa margem para nenhuma dúvida no caso dessa espécie de serviço: além de, no seu art. 21, XII, incluí-lo, expressamente, como serviço cuja exploração compete à União (qualificando-os como públicos), no seu art. 175, parágrafo único, remete ao regime tarifário para aludir à remuneração dessas empresas.

Daí ser incontroverso que a prestação de serviços de transportes aéreos, ainda que desempenhada sob regime de permissão ou concessão, configura serviço público.

Sua natureza pública, como demonstrado, independe da natureza da pessoa que o exercite, dada a inafastável conclusão de que sua submissão ao regime de direito público (administrativo) é decorrente da Constituição mesma. Daí que só pode dar ensejo à exigência tributária cujo fulcro seja, precisamente, uma atividade estatal (pública, por natureza ou qualificação legal), é dizer, à taxa.

Os critérios expostos harmonizam-se com os adotados pelo nosso direito constitucional positivo; satisfazem às exigências capitulares do nosso sistema, como, *v.g.*, as traduzidas no art. 145, II, da Constituição de 1988.

É irresistível, assim, a conclusão de que diante de serviços de transportes aéreos – postos pela Constituição como serviços públicos – só cabe o tributo taxa. Jamais imposto, seja ICMS ou qualquer outro.

E tanto assim é que – diante das normas constitucionais então vigentes, de alcance e sentido idênticos aos das veiculadas pelos arts. 21, XII, e 145 da atual Constituição – juristas da maior suposição, reunidos no *VI Curso de Especialização em Direito Tributário*, coordenado por Geraldo Ataliba e Paulo de Barros Carvalho, na PUC-SP, *já em 1975* concluíam:

"*A VASP* é titular de uma *taxa federal, porque* dispõe o item V, letra 'c' do art. 8º, da Constituição que *a navegação aérea é serviço público federal* e o item I, do art. 18, *impõe que serviço público seja remunerado por taxa, independentemente de ser executado diretamente ou mediante concessão*" (*VI Curso de Especialização em Direito Tributário*, v. 1, Ed. Res. Trib., São Paulo, 1978).

Isto posto, é preciso demonstrar a argumentação jurídica que conduz, irrefragavelmente, ao quanto já se entrevia nessa conclusão, firmemente esboçada pela nossa melhor doutrina, há quase vinte anos.

VI – Serviço público só é tributável por taxa

É cediço que a Constituição está acima de todas as leis e que, por conseqüência, estas com ela se devem conformar para serem legítimas. Se o legislador discrepa das exigências constitucionais, o próprio sistema prevê a intervenção judiciária para declarar a invalidade da lei, assegurando, assim, a supremacia constitucional (art. 101, III, *b*, da CF). A Constituição, por outro lado, não é um conjunto de recomendações, nem aos particulares, nem, muito menos, aos órgãos públicos. Pelo contrário, constitui um sistema de mandamentos imperativos e categóricos, que se põem como obrigatórios a todos, principalmente aos órgãos públicos, agentes e autoridades que ela mesma cria e institucionaliza, delimitando-lhes o âmbito de atuação. Nesse sentido, a Constituição não contém sugestões, mas ordena, comanda, impõe, determina, de modo inexorável. José Afonso da Silva, estudando a aplicabilidade das normas constitucionais, diz, com toda clareza, aquilo que é a súmula das melhores lições de direito constitucional a esse respeito, prevalecentes no Brasil. Esse mestre sublinha que "as normas constitucionais pertencem essencialmente ao *ius cogens* (*Aplicabilidade das Normas Constitucionais*, São Paulo, 1968, p. 63).

Por seu lado, Francisco Campos sublinha a inexistência de liberdade para o legislador – diante dos preceitos constitucionais – quanto a dar-lhes ou não obediência; diz, das normas do Texto Supremo, que: "Todas elas, de ordem constitucional, terão, igualmente, a mesma força que lhes provém, não de sua matéria, mas do caráter do instrumento a que aderem, não podendo conceber que se reserve ao legislador o arbítrio de distingui-las, para o efeito de sua observância, em essenciais ou substanciais, a saber, imperativas ou mandatórias, e em acessória ou de mera conveniência, isto é, diretórias" (*Direito Constitucional*, v. I, 1965, p. 32).

Isso significa não tolerar, o sistema, ordem jurídica infraconstitucional incompatível com a Constituição. Lei alguma valerá, portanto, se infringente, formal ou substancialmente dos imperativos ou dos nortes constitucionais. E essa exigência é absolutamente impostergável especialmente em matéria de discriminação de competências tributárias.

Ora, o art. 145, da Constituição de 1988, dispõe:

"Art. 145. A União, os Estados, o Distrito Federal e os Municípios podem instituir os seguintes tributos:

"I – impostos;

"II – *taxas*, em razão do *exercício do poder de polícia ou* pela utilização, efetiva ou potencial, de *serviços públicos específicos e divisíveis*, prestados ao contribuinte ou postos à sua disposição;"

Impõe-se, destarte, a conclusão de que, toda vez que se criar tributo sobre serviços públicos, necessariamente terá ele a natureza de taxa (ou "tarifa", como por vezes impropriamente chamado), ou então será inconstitucional.

Fica evidente que, essa disposição, ao associar a "remuneração" dos serviços públicos à taxa, não se está limitando a fazer recomendações ou sugestões ao legislador ordinário. Pelo contrário, está determinando que, se o legislador decidir remunerar a prestação de um serviço público (desde que esse serviço seja específico e divisível) terá que adotar, necessariamente, como instrumento para tanto, a espécie tributária taxa. Em outras palavras, a Constituição, nessa matéria – até para impedir invasão de competências – não tolera qualquer liberdade do legislador ordinário para optar entre taxa e qualquer outro tributo. Aí há imperativo constitucional categórico. Se se quiser remunerar serviço público, só caberá taxa; e nenhum outro tributo. Excluída está a liberdade do legislador para a eleição de qualquer outra figura tributária (como a do imposto) nessas hipóteses. Igualmente, fica-lhe vedado remunerar tais serviços por meio de preços contratuais, incompatíveis com o serviço público.

Daí porque o Código Tributário Nacional, ao prescrever que:

"Art. 77. As taxas" ... "têm como fato gerador a" ... "utilização efetiva ou potencial de serviço público específico e divisível prestado ao contribuinte ou posto à sua disposição", está simplesmente desdobrando a Constituição Federal, para reiterar aquilo que nela já se contém de modo bastante claro. Ademais disso, é interessante sublinhar que essa disposição deixa manifesto não só a plena aplicabilidade do regime da taxa aos serviços públicos, mas a impossibilidade destes serem objeto de tributação por via de ICMS (ou de ISS, se fosse o caso), em face da compartimentalização que caracteriza o nosso sistema. Rígido e exaustivo que o sistema é, não oferece, nesse campo, qualquer margem de opção. Nenhuma possibilidade de escolha entre alternativas, simplesmente porque estas não existem.

Deveras, ou se está diante de serviço público, e só se pode criar taxa para remunerá-lo – afastadas, automaticamente, quaisquer outras espécies tributárias – ou se está diante de outra situação em que serviço público não há, caso em que não cabe qualquer cogitação da aplicabilidade de taxa (tributo vinculado).

No Brasil, hoje, é pacífica a conclusão no sentido de que, onde haja serviço público, de nenhum modo se poderá considerar aplicável o regime dos impostos.

Ora, como já se demonstrou, transporte aéreo é nítido serviço público; logo, só comporta remuneração por via de taxa. Esse, e só esse, o regime tributário aplicável, toda vez que se estiver diante de serviço público. Em outras palavras, os princípios e regras constitucionais concernentes ao exercício da tributação possibilitam a exigência de taxa – afastando peremptoriamente a incidência de imposto – quando se tratar de prestação de serviço público. Por definição, onde cabível a exigência de imposto, não haverá prestação de serviço público ou qualquer outra atuação estatal; onde houver serviço público, a única espécie tributária cabível será a *taxa*.

Na prática do direito brasileiro tem-se, geralmente, querido adotar um chamado "regime tarifário", para a remuneração de serviços públicos.

Quando se fala, no Brasil, presentemente, em tarifa, quer-se fazer referência a uma entidade jurídica que se reconhece como "preço". Ora, preço é a contrapartida de uma obrigação *ex voluntate*. É, portanto, a remuneração de uma obrigação contratual. O preço se insere, sempre, dentro de um contexto contratual (v. Orlando Gomes, *Contrato de adesão*, Ed. RT, São Paulo, 1973, p. 3). Ora, se o serviço público, por definição, é *res extra commercium*, há uma *contradictio in terminis*, quando se fala em serviço público, de um lado, e a sua remuneração por preço, de outro.

É impossível, portanto, haver preço e, concomitantemente, serviço público. Onde houver preço, não há possibilidade de haver serviço público. Onde houver serviço público será impensável o preço.

Adotando o pressuposto de que o Direito Financeiro, o Tributário e o Econômico só se seccionam para fins didáticos, com apoio em Klaus Vogel, Ives Gandra da Silva Martins admite sejam os preços públicos uma sexta espécie tributária. Deveras, depois de evidenciar as semelhanças entre contribuições e as tarifas, prossegue:

"As taxas, mesmo cobradas diretamente pela administração, têm idêntica finalidade, não se devendo esquecer que o contrato de adesão, a que se faz menção na exigência tarifária, se assemelha muito a técnica impositiva, o mesmo podendo dizer-se em relação às contribuições previdenciárias, no concernente à participação de assalariados ou autônomos.

"Pelo exposto, nesta tentativa de formulação de uma teoria geral da imposição, no plano formal e estrutural, não poderíamos deixar de considerar o aspecto pertinente aos preços públicos, que julgamos constituir nova espécie tributária (sexta), na medida em que compreendamos o direito impositivo como integrado pelos três ramos já discutidos, conforme determina a nova teoria alemã internacional" (Ives Gandra, *Teoria da Imposição Tributária*, Ed. Saraiva, 1983, São Paulo, pp. 104 e 105).

É exata a observação, no sentido em que autores do porte de Seligman, Hugh Dalton, ou Einaudi trataram desta categorização a ponto até de criarem a categoria chamada "preço público", em oposição a preço político etc. Não se ignora que Aliomar Baleeiro, nas suas clássicas lições, contidas na *Introdução à Ciência das Finanças*, as reproduz. Entretanto, essas são categorias pré-jurídicas; são elaborações financeiras, objeto de preocupação do legislador, na fase pré-legislativa. Na verdade, para o direito, preço é preço, nítida categoria jurídica de direito privado. A adjetivação "público" ao substantivo "preço" é manifesta contradição nos termos. Juridicamente, ou há "preço" e o adjetivo "público" é incabível, ou se algo é "público" não pode vir vinculado a preço. Não há a figura híbrida do "público e não público" (regido pelo direito privado) assim como não há entidade "privada e não privada" (regida pelo direito público).

Portanto, confirma-se que, se há serviço público – no Brasil, hoje, diante do art. 145, II da CF – somente pode haver taxa. E, se (impropriamente) por vezes se o submete ao regime das tarifas, é absolutamente certo que nunca poderá permitir a incidência de impostos.

A Constituição, ao qualificar certas atividades como serviço público, "retira-as do mercado" (Marco Aurélio Greco e Hamilton Dias de Souza, *A natureza jurídica das custas judiciais*, Ed. OAB-SP e Resenha Tributária, 1983, p. 55) e as confere, como dever-poder (Santi Romano) ao Estado. O Estado *deve* desempenhá-las, não para ter receita, mas para atender ao imperativo constitucional. Daí serem as utilidades assim produzidas qualificadas como *res extra commercium*. Estão fora da livre disposição da vontade de qualquer pessoa, inclusive do Estado, pelos órgãos administrativos e judiciais. Por isso não lhes são aplicáveis os institutos, fórmulas e regime jurídico próprios das relações privadas.

"Exatamente por isso é que entendemos que a eventual contraprestação pecuniária que o usuário do serviço for obrigado a desembolsar não pode ter natureza de *preço* pois esta é figura nitidamente decorrente de Relações de disponibilidade e liberdade estipulativa, o que não ocorre no serviço público que é por determinação constitucional, uma das entidades fora do mercado" (Marco Aurélio Greco e H. Dias de Souza, p. 56).

Não é possível olvidar que o serviço público, mesmo quando exercido por pessoa diversa do Estado, é sempre informado por um regime publicístico e que só se desempenha em nome do poder público. Em outras palavras: regime que qualifica os bens jurídicos – em torno dos quais se estrutura – como indisponíveis. Regime, como vimos, peculiarizado pela inexorável característica de ser governado pela vontade da lei – salvo os casos de discricionariedade administrativa – com base imediata na *voluntas legis*, implicando, *ipso facto*, exclusão tanto da vontade dos administradores, quanto da vontade dos administrados.

Portanto, no âmago e na essência de toda essa problemática está o regime público. A circunstância de algumas das formas operacionais desenvolvidas serem semelhantes às do direito privado, ou de, na sua ação, apropriarem-se de formas e categorias de direito privado, não descaracteriza a essência pública que não pode ser perdida de vista pelo intérprete, nem pelo aplicador. *Em todos os casos o serviço continua público.*

A proteção jurídico-normativa ao interesse público – que está no cerne do serviço público – continua sempre a existir. O que a Constituição consente, nesta matéria, é apenas que as formas de exercício, de desempenho dos atos concretos tendentes à produção e à prestação de serviço público, sejam submetidas a formas de direito privado. Tem-se em vista, aí, agilizar o desenvolvimento do serviço público, tornar expedito o desenvolvimento dessas atividades; fazer versátil o funcionamento das entidades que os desempenham.

Tudo isso, entretanto, não significa que o serviço tenha deixado de ser público. Jamais será qualificável como *res in commercium*, só pela circunstância de as formas, mediante as quais se os desempenha, serem privadas. Serviço público é *res extra commercium* e, portanto, jamais poderá ser ele em si mesmo, objeto de atos, situações ou negócios livremente firmados (o único objeto que autoriza a incidência de impostos).

Portanto, em rigor, só taxa pode remunerar os serviços públicos, seja qual for a forma operacional adotada pelas entidades que os desempenhem. O que se concede não é o serviço, mas sim a sua execução. O serviço é sempre público, o titular é sempre a pessoa pública.

O exercício material – ou seja, o desempenho das atividades materiais, em que se traduz a prestação de serviço – é que pode ser entregue em mãos de pessoa diversa do próprio titular, que é necessariamente uma pessoa pública.

Não cabe, na espécie, nenhuma situação intermediária, híbrida. Transporte aéreo é, entre nós, serviço público. Se o serviço é prestado pelo próprio Estado, cometido a concessionário seu, ou conferido a particulares, é o que menos importa. O serviço, em qualquer caso, seguirá sendo público, porque "Nei concetti giuridici non ci sono dei gradi, essi esistino o non esistino" (Santi Romano, *Scritti Minori*, 1950, v. II, p. 49).

Assim, importa ter presente que "inexiste lugar para Estados como protagonistas no campo da exploração do domínio econômico"; por isso, "só há lugar para sociedade de economia mista cuja missão seja gerir serviços públicos propriamente ditos" (Celso Antônio, ob. cit., p. 109).

Independentemente de quem o executa o serviço de transporte aéreo é (e continua sendo) serviço público – instituto absoluta, completa e totalmente inconciliável com o do imposto.

Daí já se vê o quão despropositado é admitir-se imposição tributária sobre o serviço público de transporte aéreo, seja quando exercitado pelo próprio Estado (administração direta), seja quando executado por delegado, concessionário ou permissionário, seu.

Por último, convém repisar aspecto não raras vezes suscitado quando se expõem essas noções jurídicas, hoje já assentadas. É que, aos menos avisados, pode parecer estranho que a um particular seja titular da exigência de taxa. As lições de Paulo de Barros Carvalho e de Roque Carrazza, entre outras, expõe razões jurídicas que permitem afastar estupefações sobre essa possibilidade.

Nada obstante, no caso – bem de rigor – não é isso o que ocorre. Ou seja, não se tem, juridicamente falando, um particular a exigir taxa dos utentes do serviço de transporte. O Estado continua sendo o sujeito ativo da taxa e, o utente, o sujeito passivo. O que se tem é mecanismo pelo qual o utente, ao invés de pagar taxa ao Estado para que este remunere o concessionário do serviço, paga diretamente ao concessionário. É visível, destarte, a existência de duas relações jurídicas absolutamente distintas: (*a*) uma, entre o usuário do serviço e o Estado e (*b*) outra, entre este e o concessionário.

Não é por outra razão que Roque Carrazza – após ensinar que, se o legislador quiser fazer ressarcir a prestação de serviços públicos específicos e divisíveis, só poderá fazê-lo mediante taxa – pôde afirmar: "A política tarifária, a qual alude o art. 175, parágrafo único, III, do Diploma Fundamental, deve ser realizada, *não* pelo utente do serviço público, mas pela pessoa política que o concedeu ou o permitiu. Melhor dizendo, *o destinatário imediato* dessa norma constitucional não é o fruidor do serviço público concedido ou permitido mas o Poder Público concedente ou permitente (ob. loc. cits.).

Já resta evidenciado, portanto, que a pretensão dos Estados-membros (ou do Distrito Federal) em haver ICMS das consulentes é, juridicamente, insustentável. Independentemente de quem o exercite, o serviço público é sempre intributável pelo ICMS (de resto, por qualquer imposto), dado não se incluir, na esfera constitucional de competência impositiva (relativa a impostos) da União, Estados e Municípios, a faculdade de instituição dessa espécie tributária sobre situação expressiva de atividade ou atuação estatal que, no nosso sistema, só pode render ensejo à cobrança do tributo "taxa".

VII – Conclusões

Do que se expôs, já é possível, em síntese, firmar as seguintes conclusões:

a) a hipótese de incidência do ICMS se esgota na prestação, em caráter habitual, de utilidade (material ou imaterial) identificável como serviço de transporte intermunicipal ou interestadual ou como de comunicação, a outrem, com conteúdo econômico, sob regime de direito privado;

b) *ergo*, não se pode alcançar, por via de ICMS, a prestação de serviço público, subordinada que está ao regime de direito administrativo;

c) transporte aéreo é nítido serviço público, quer quando executado diretamente pelo Estado, quer quando o seu exercício – mediante concessão ou permissão – é conferido a outra pessoa, física ou jurídica, pública ou privada;

d) no nosso sistema, impostos são tributos não vinculados a qualquer atividade estatal, sendo, destarte, constitucional (arts. 153, 155 e 156, da CF) e legalmente (art. 16 do CTN) inexigíveis em relação à prestação, pelo Estado ou por entes privados, de serviços públicos;

e) o pressuposto constitucional das taxas (tributos vinculados) é, precisamente, a "remuneração" de serviços públicos específicos e divisíveis, prestados ao contribuinte ou postos à sua disposição (além do exercício do poder de polícia); (art. 145, II da CF, explicitado nos arts. 77 a 79, do CTN). Só por meio de taxa podem ser tributados os serviços públicos.

Estas conclusões – extraídas, como visto, de atento estudo do nosso sistema constitucional – permitem, agora, responder aos quesitos objeto da consulta, como segue.

VIII – Respostas aos quesitos

1º Quesito: "É correto afirmar que não há incidência do ICMS sobre a prestação de serviços públicos?"

Resposta: Sim. Diante das balizas postas pela Constituição, o ICMS só incide sobre a prestação de serviços, em regime de direito privado, excluídas, assim, as prestações de serviço público subordinadas a regime jurídico diverso (administrativo), como é o caso do transporte aéreo.

2º Quesito: "Em caso de resposta positiva ao 1º quesito, o fato de os serviços públicos serem prestados por pessoa privada, tem o condão de transmudar sua natureza jurídica para serviços 'privados', para fins de submetê-los ao imposto referido?"

Resposta: Sendo público o serviço (por força da Constituição ou da lei) o Estado não pode transferir sua titularidade, mas, simplesmente, delegar, conceder ou permitir a alguém a execução dos atos materiais em que eles se podem traduzir. Como o Estado prossegue sendo – sempre – o titular do serviço público, embora confira o seu exercício a pessoa privada, ele (serviço) continua sendo público. Logo, é insuscetível de tributação por via de imposto (ICMS), mesmo quando prestado por empresas privadas, mediante delegação, concessão ou permissão.

É o parecer, s.m.j.

São Paulo, 25 de agosto de 1993

Impressão e acabamento
Gráfica e Editora FCA
Tel. (011) 419-0200

REVISTA TRIMESTRAL DE DIREITO PÚBLICO

HOMENAGEM A GERALDO ATALIBA — Roque Antonio Carrazza • *DOUTRINA*: O PRINCÍPIO DA IRRETROATIVIDADE DA LEI TRIBUTÁRIA — Carlos Mário da Silva Velloso • DIREITO ADMINISTRATIVO PARTICIPATIVO — Caio Tácito • SIGNIFICAÇÃO DO PRINCÍPIO DA ISONOMIA NA CONSTITUIÇÃO DE 1988 — José Souto Maior Borges • ESTADO DE DIREITO E DEVIDO PROCESSO LEGAL — Lucia Valle Figueiredo • O DIREITO À LIBERDADE EM FACE DA PRISÃO PROVISÓRIA NO REGIME CONSTITUCIONAL DE 1988 — Sérgio de Andréa Ferreira • CONTRATOS ENTRE ÓRGÃOS E ENTIDADES PÚBLICAS — Marçal Justen Filho • AÇÃO AFIRMATIVA — O CONTEÚDO DEMOCRÁTICO DO PRINCÍPIO DA IGUALDADE JURÍDICA — Cármen Lúcia Antunes Rocha • A DEMOCRACIA E SUAS DIFICULDADES CONTEMPORÂNEAS — Celso Antônio Bandeira de Mello • CONCEITO DE SERVIÇO PÚBLICO — Adílson Abreu Dallari • A COMPENSAÇÃO DE CRÉDITOS NO ICMS E NO IPI — TRANSFERÊNCIA DE CRÉDITOS DO ICMS COM DESÁGIO — O PRINCÍPIO DA NÃO-CUMULATIVIDADE — REFLEXOS NO IMPOSTO DE RENDA — Sacha Calmon Navarro Coêlho e Misabel de Abreu Machado Derzi • O REGIME CONSTITUCIONAL DOS PROVENTOS DA APOSENTADORIA DO SERVIDOR PÚBLICO EFETIVO — Carlos Ayres Britto • DIREITO E JUSTIÇA: UM COMPROMISSO (BREVES ANOTAÇÕES) — Sergio Ferraz • OS JUIZADOS ESPECIAIS E OS MEIOS PARA SUA AGILIDADE — Michel Temer e Johann Homonnai Júnior • OS CONCEITOS DE REAJUSTE, REVISÃO E CORREÇÃO MONETÁRIA DE PREÇOS NOS CONTRATOS ADMINISTRATIVOS — Antônio Carlos Cintra do Amaral • OMISSÃO DE RENDIMENTOS PRESUMIDOS — Arnaldo Malheiros Filho • *PARECERES*: ORÇAMENTO ESTIMATIVO: INTERPRETAÇÃO DO § 2º, II, DO ART. 40 DA LEI N. 8.666/93 — Eros Roberto Grau • A EFICÁCIA CONSTITUCIONAL E O ATO JURÍDICO PERFEITO — Valmir Pontes Filho • ISONOMIA — OFENSA AO PRINCÍPIO — CONTRIBUIÇÃO SOCIAL SOBRE O LUCRO — INSTITUIÇÕES FINANCEIRAS — J. A. Lima Gonçalves • SERVIÇO PÚBLICO: INTRIBUTABILIDADE POR MEIO DE IMPOSTO — SERVIÇOS DE TRANSPORTE AÉREO E ICMS — Aires F. Barreto

MALHEIROS EDITORES

REVISTA TRIMESTRAL DE DIREITO PÚBLICO

21/1998

M